本书受 2018 年国家自然科学青年科学基金项目"精益政府理论与实践研究：精益治理工具的开发与应用"（项目批准号：71804081）、2022 年国家社会科学基金一般项目"精益政府理论视角下有效市场和有为政府更好结合的途径机制研究"（项目批准号：22BZZ056）、2024 年湖北省社科基金一般项目（后期资助项目）"精细治理与'匠人政府'"资助。

珞珈政管学术丛书

精益治理与"匠人政府"
政府治理现代化的未来

Lean Government and "Craftsmanship Government"
The Future of Modern Governance

潘墨涛 ◎ 著

中国社会科学出版社

图书在版编目（CIP）数据

精益治理与"匠人政府"：政府治理现代化的未来／潘墨涛著. -- 北京：中国社会科学出版社，2024.5.（珞珈政管学术丛书）. -- ISBN 978-7-5227-3716-4

Ⅰ. D630.1

中国国家版本馆 CIP 数据核字第 2024XU0647 号

出 版 人	赵剑英
责任编辑	郭曼曼
责任校对	韩天炜
责任印制	李寡寡

出　　版	中国社会科学出版社
社　　址	北京鼓楼西大街甲 158 号
邮　　编	100720
网　　址	http://www.csspw.cn
发 行 部	010-84083685
门 市 部	010-84029450
经　　销	新华书店及其他书店
印　　刷	北京君升印刷有限公司
装　　订	廊坊市广阳区广增装订厂
版　　次	2024 年 5 月第 1 版
印　　次	2024 年 5 月第 1 次印刷
开　　本	710×1000　1/16
印　　张	22.5
字　　数	330 千字
定　　价	128.00 元

凡购买中国社会科学出版社图书，如有质量问题请与本社营销中心联系调换
电话：010-84083683
版权所有　侵权必究

《珞珈政管学术丛书》
出版说明

　　自2013年党的十八届三中全会提出"国家治理体系和治理能力现代化"的重大命题以来,"国家治理"便成为政治学和公共管理的焦点议题。相比于"政府改革""政治发展"和"国家建设","国家治理"是一个更具包容性的概念,也是内涵本土政治诉求的概念。改革开放以来尤其是近十年来,中国在此领域的自觉追求、独特道路、运作机理和丰富经验,成为中国政治学和公共管理研究的富矿所在。对此主题展开自主挖掘和知识提纯,是政治学者和公共管理学者义不容辞的责任。

　　武汉大学政治与公共管理学院由政治学和公共管理两个一级学科构成,每个一级学科的二级学科较为完备,研究方向也比较齐全,形成了颇具规模的学科群。两个一级学科均学术积累深厚,研究定位明确,即始终注重对政治学和公共管理基本问题的理论探讨与实践探索。从内涵上讲,不管是政治学,还是公共管理,探讨的问题都属于"国家治理"的范畴,也无外乎理念、结构、制度、体系、运行、能力和绩效等不同层面。在此意义上,持续探索国家治理现代化的理论与经验问题,也就成为学院人才培养、科学研究和学科发展的主旨。

　　对社会科学学者而言,专著相比于论文更能体现其长远的学术贡献。对科学研究和学科建设而言,代表性著作和系列丛书更是支撑性的评价维度。为迎接武汉大学130周年校庆,更为了集中呈现学院教师十余年来学术研究的最新进展,激励老师们潜心治学、打磨精品,同时也为了促进学院的学科建设，推出有代表性的学者和作品，学院经讨论后决定启动《珞珈政管学术丛书》出版计划，并与长期以来与学院多有合作的中国社会科学出版社再续前缘。经教师个人申报，学院教授委员会把关，2023年共有十份书稿纳入此套丛书。

这套丛书的内容，大体涉及政治学、国际关系和公共管理三大板块。既有国内治理，也有国际关系；既有经验挖掘，也有理论提炼；既有量化研究，也有质性研究；既有个案呈现，也有多案例比较。但大都围绕国家治理现代化的重大现实议题展开，因此初步形成了一个涵盖问题较为丰富的成果集群。需要说明的是，这次的丛书出版只是一个开端。《珞珈政管学术丛书》是一套持续展开的丛书，今后学院教师的学术书稿在经过遴选后，仍可纳入其中出版。相信经过多年的积累，将会蔚为大观，以贡献于政治学界和公共管理学界。

学者靠作品说话，作品靠质量说话。这套丛书的学术水准如何，还有待学界同行和广大读者的评鉴。而从学术角度所提的任何批评和建议，都是我们所欢迎的。

武汉大学政治与公共管理学院院长

刘伟

2023年8月24日

目　录

引论　政府治理的历史与未来
　　——科学与人性的百年研磨　/ 1
　第一节　管理理论发展中的科学与人性　/ 2
　第二节　精益管理的简明溯源　/ 6
　第三节　政府精益变革与人性化转向　/ 11
　第四节　面向未来的中国政府变革　/ 15
　第五节　内容安排　/ 18

上篇　精益治理

第一章　精益治理的思想基础与理论演进　/ 25
　第一节　日本企业"幕藩体制"的文化底色　/ 26
　第二节　丰田管理的持续改善思想　/ 31
　第三节　精益思想与精益管理　/ 35
　第四节　精益治理的其他相关理论基础　/ 42
　第五节　精益治理的理论演进　/ 48
　小　结　精益治理理论简评　/ 57

第二章　精益治理的哲学理念　/ 61
　　第一节　精益治理的核心内涵　/ 62
　　第二节　精益治理的基本逻辑　/ 66
　　第三节　精益治理的重要理念　/ 71
　　小　结　精益治理哲学理念的时代合理性与
　　　　　　发展趋势　/ 79

第三章　精益治理的工具系统　/ 83
　　第一节　政府政策与决策精益化工具　/ 84
　　第二节　政府流程精益化工具　/ 91
　　第三节　政府精益变革保障工具　/ 109
　　小　结　精益治理工具系统简评　/ 132

第四章　精益治理的案例分析　/ 137
　　第一节　全球精益治理变革的基本情况　/ 138
　　第二节　西方国家政府精益治理变革　/ 149
　　第三节　中国政府"放管服"改革与优化营商
　　　　　　环境　/ 182
　　小　结　精益治理实践的价值与局限　/ 203

下篇　"匠人政府"

第五章　匠人与匠人精神　/ 212
　　第一节　匠人与匠人精神的历史源流　/ 213
　　第二节　匠人：从私人领域迈向公共领域　/ 228

第三节 公共行政的匠人精神：从"劳动之兽"到
        "创造之人"的转化 / 233
小　结 社会学对公共管理学科的新启发 / 238

第六章 从精益治理到"匠人政府" / 241
第一节 "精益之人"与"匠人" / 242
第二节 政府治理中的匠人精神 / 250
第三节 "匠人政府"的可能性 / 263
小　结 精益治理与匠人精神 / 269

第七章 "匠人政府"理论与变革路径 / 274
第一节 匠人政府的根本性征与突出特点 / 275
第二节 匠人政府的理论体系与多重限定 / 281
第三节 "匠人化"要素与"匠人政府"变革
        路径 / 287
小　结 匠人政府：理解政府治理的"公共性" / 298

第八章 "匠人政府"的变革实践 / 300
第一节 "匠人政府"变革的整体概况 / 301
第二节 国外政府的"匠人化"治理案例 / 305
第三节 中国政府的"匠人政府"变革实践 / 312
小　结 "匠人政府"的边界问题 / 328

结论 "作为选择的"政府治理现代化 / 331

主要参考文献 / 339

后　记 / 352

引 论
政府治理的历史与未来
——科学与人性的百年研磨

对于政府治理现代化的讨论，始终是人文社科的经典课题。抛去对"现代性"的哲学研究，思考现代经济社会与民族国家需要建构怎样的政府，理解政府治理的本质、逻辑、手段与方向，都是"现代化"过程中需要持续讨论的课题。讨论政府治理的现代化，势必思考其历史变迁的过程、如何从传统走向现代，以及未来将向何处去。本书的开端，就以当前各国政府的精益变革为切口，从讨论政府治理的过去、现在和未来展开。

面对2008年国际金融危机后中国发展的重大历史变迁期，面对新冠疫情与"紧缩时代"的到来，中国政府行政现代化发生重要转向。2019年习近平总书记指出，"党和政府带头过紧日子，目的是为老百姓过好日子"[1]；2020年国务院《政府工作报告》要求："各级政府必须真正过紧日子"；2021年国务院《政府工作报告》强调："各级政府都要节用为民、坚持过紧日子"；2022年国务院《政府工作报告》再次强调："要坚持政府过紧日子，更好节用裕民"；2023年国务院《政府工

---

[1] 《习近平关于"不忘初心、牢记使命"论述摘编》，党建读物出版社、中央文献出版社2019年版，第245页。

作报告》总结五年来的工作时指出："各级政府坚持过紧日子，严控一般性支出，中央部门带头压减支出，盘活存量资金和闲置资产，腾出的资金千方百计惠企裕民，全国财政支出70%以上用于民生。"可以说，五年来，"成本最小化"的政府治理思维正逐步优化、补充着"效用最大化"的传统理念，这便是政府治理走向精益化的重要表现。

显而易见，在新冠疫情的深远影响下，片面追求效用的政府行政已不合时宜。重新审视政府行政的成本与效用的关系，正重新塑造着"政府治理现代化"的"现代性"意义。在此背景下，中国政府行政改革的理论发展与实践指导开始由"效用最大化逻辑"转向"成本最小化逻辑"，继续沿着"极盛"科学性的路径推进政府理论与实践的变革，政府改革正式步入"精益化时代"。不过，精益治理（lean government，亦翻译为"精益政府"）变革不可能成为世界范围内各国政府行政改革的"终结"，管理科学化发展中除理性的人性外其余部分如何安置，面向未来的政府变革应是何种愿景，政府治理持续"现代化"的方向指向何方，是应该反思的重要问题。

第一节 管理理论发展中的科学与人性

近现代的政府治理是基于管理理论的发展而不断演进的。作为管理理论重要的实践者，政府在行政过程中表现出来的基本理念、价值取向与工具手段，均代表着不同时代管理理论的特质。因此考察政府治理的现代化过程，必须从管理理论的发展脉络入手，了解政府具体实践背后的理论思潮。而对于认识管理理论的发展脉络，探讨"科学"与"人性"两个紧密相关的范畴是最好的切入点。

一 科学与人性：应然的关系

科学与人性并非对立的范畴。从概念内涵来讲，人性的原始精神包括理性与非理性"二元"①。科学是人性的重要指向,科学所依赖的理性是人性的重要构成。关于人性之理性精神,马克斯·韦伯认为"工具理性"(即"目的合乎理性")和"价值理性"(即"价值合乎理性")是人类理性之构成,因此真正的科学依赖工具理性与价值理性的融通,进而精练知识求得规律。作为一门科学的管理学是人类理性的产物,其从管理学科体系诞生起,即踏上了不断科学化的发展路径。与之相对的是科学以外人性部分在管理学理论建构中的式微。

一般意义上,所谓管理的科学化即向着理性主义发展的管理理论与实践,而管理的人性化则是对理性主义之外的人性的观照,将科学化的发展拉回完整人性的轨道上。管理科学化以降低人类认知客体的复杂性为目的,体现在以"化约主义"(reductionism,或译为"还原主义")为根本逻辑推进发展;管理的人性化则相反,"化约主义"并不与人性思维必然相关,人性化的管理克服管理问题复杂性的工具不是"化约",而是"整体论"(holism)或"系统论"(systems theory)。"喜爱复杂性但不采用化约主义的是艺术,喜爱复杂性同时也采用化约主义的,就成了科学。"② 因此,人性化的管理可被视为一种艺术。比如,从管理决策来看,"心理因素对人类决策和行为的驱动作用不亚于理性。情感(affect)和认知(cognition)的互动在很大程度上左右人们的选择"。③

所谓人性与科学在管理发展历程中的研磨,即正视百年管理科学化的历史发展中独重工具理性而忘却价值理性,同时忽视非理性在管理中意义的问题,以人性的"价值合乎理性"部分对偏重"目的合乎理性"的管理科学化加以"调和",使之回归理性的"工具"与"价值"中和路线,重视人性中非理性部分对管理发展的重要影响,追求更为"人性化"管理的未来。

---

① 何颖:《多维视野中的非理性及其价值研究》,博士学位论文,黑龙江大学,2002 年。
② [美]爱德华·威尔逊:《知识大融通:21世纪的科学与人文》,梁锦鋆译,牟中原、傅佩荣校,中信出版社2016年版,第80页。
③ 熊易寒:《自负的深刻:社会科学何以洞察人性》,《探索与争鸣》2017年第5期。

二 管理科学化：实然的扭曲

人类的科学信仰，可上溯到启蒙运动时期。作为神学"婢女"的科学，在启蒙运动中得到传播并最终成为人们的坚定信仰。弗朗西斯·培根曾断言："唯有对哲学一知半解的人才可能会变成无神论者，而继续深入钻研就会把他带回到宗教。"① 因此，科学从宗教神学中始露锋芒，"文明的未来在科学"。② 从对世界认知的思想到对人类社会改造的方法，理性主义也逐渐成为人类降低人生不确定性、提高环境可预知性的依靠，替代了上帝与神明。美国作为理性主义的"试验田"，自独立起便尝试将理性主义引入国家各个领域的建构。"美国和法国共和政体的缔造者们希望能以科学的方式，打造出一套理想的社会制度和政治制度。从那时起，这种理性主义的愿景一直支配着社会科学。"③

实践的推进刺激着思想理论的发展，在管理科学领域，以追求极致客观性和去人性化为基础的管理科学化，却不可避免地走向了理论与实践的偏激，在管理发展实践中扭曲了应然的逻辑。管理科学化同时也是对理性的偏离，即过分强调"工具意义"，偏重于管理手段的选择。基于管理发展实践，理论建构进而出现了概念范畴的扭曲，忽视了"科学"与"人性"的逻辑关系，缩小了"科学"的概念内涵，使之逐渐与人性或"人文性"所对立，逐渐成为"工具理性"的同义词，将"科学"与"人性"置于了管理学频谱的两端。这种扭曲体现了科学的终极目标——"统一知识"，追求极盛的"理性主义"而摒弃"非理性"的干扰。应当看到，这种近代性科学化的管理理念是一种僭妄，"有形知识"和"无形知识"④的分野使极端管理科学化无法解释管理

---

① ［英］弗朗西斯·培根：《学术的进展》，刘运同译，上海人民出版社2007年版，第7页。
② ［美］爱德华·威尔逊：《知识大融通：21世纪的科学与人文》，梁锦鋆译，牟中原、傅佩荣校，中信出版社2016年版，第39页。
③ ［英］约翰·凯伊：《市场的真相：为什么有些国家富有，其他国家却贫穷？》，叶硕译，上海译文出版社2018年版，第369页。
④ "无形知识"，或称为"不可言说的知识"。

中的人性元素，管理科学化本身始终只是对管理人性化的重要补充。

三 "极盛"科学性：精益变革与政府行政改革

所有的运动都有趋于极端的倾向，任何制度与技术发展的"惯性"不可避免地给人类带来了适应性的成本。20世纪是管理追求极致科学化的世纪，最终达到一种"极盛"科学性的状态，其标志便是延续科学管理运动发展而来的精益管理变革潮流。精益管理变革以精益思想理论为内核，秉持"花得更少、做得更多"（do more with less）的理性主义价值观，重构管理的价值与工具。"精益思想（Lean Thinking）是精益的，因为它提供了以越来越少的投入（较少的人力与设备、较短的时间和较小的场地）获取越来越多产出的方法，同时也越来越接近客户，提供他们确实需要的东西。"[1] 精益管理变革在理性主义的引导下不断推进管理的科学化发展，"理性主义采用成本效益分析的评估方法。一般来讲，理性主义模式以公共政策的效果（Effectiveness）、效率（Efficiency）、效能（Efficacy）及其充分性（Adequacy）为判断政策的成功失败的评估标准"[2]。可以说，精益管理与六西格玛质量管理的结合标志着管理科学化达到了极致。如果精益管理思想由于追求变革的成本最小化而部分关注了人性的因素，那么与六西格玛质量管理的融合则完全走向科学测量与极致秩序。

管理的变革带动了政府行政的发展。先进管理制度与技术源于组织内外部竞争环境更加激烈的企业。企业向政府进行管理制度与技术的转移，是百年来政府行政管理变革的主线。从21世纪开始，在新公共管理运动的助推下，西方发达国家广泛开展精益政府变革实践，并随之影响了其他地区政府行政改革的方向。"精益管理通过定位组织低效成因，构建管理系统和能力素质以支撑工作新方式，吸引管理者和职员将

---

[1] [美]詹姆斯·P.沃麦克、[英]丹尼尔·T.琼斯：《精益思想》，沈希瑾、张文杰、李京生译，机械工业出版社2011年版，第2页。

[2] 鄞益奋：《公共政策评估：理性主义和建构主义的耦合》，《中国行政管理》2019年第11期。

持续改进作为每个人日常工作的一部分,最终帮助公共部门简化流程。"① 政府行政管理改革对"极盛"科学性的追求,清晰勾勒出政府治理现代化图景,最大限度实现政府行政"花得更少、做得更多"。不过,由于"极盛"科学性政府改革的"路径依赖",路径选择的"副作用"也必将逐步显现。对此,讨论政府精益变革追求极致科学化的"副作用",预期人性化政府管理回潮的意义与愿景,是具有重要意义的。

第二节 精益管理的简明溯源

"精益"的概念未曾出现在日本管理理论中,却被公认为日本管理的基因。与一般研究将精益管理源于丰田管理的看法不同,丰田管理对西方管理模式(尤其是福特模式)的发展超越亦有其历史"底色",东亚作为工业化"后进者"的"发展型国家"对管理现代化的主动学习接纳,是为精益管理的开端。在服务国家发展战略的管理"去人性化"时代,科学管理是日本等后发工业化国家赢得国际竞争的唯一选择,因此这种管理的科学化必然走向"极盛"。

一 从西方向日本的知识扩散:科学管理原理与产业合理化政策

20世纪上半叶日本管理的现代化有两个源头:美国的科学管理运动与德国的科层官僚体制。一方面,20世纪20年代,科学管理运动兴起并迅速在工业生产领域获得成功,迅速提升了美国工业效率、个人劳动效率和社会整体效率,为日本提供了国家进步模板;德国在同时期推进的技术更新与产业改组运动,实现了同样高效率的工业合理化,给日

---

① McKinsey Center for Government, "Transforming Government Performance through Lean Management", December 12, 2012, https://www.mckinsey.com/~/media/mckinsey/dotcom/client_service/Public%20Sector/PDFS/MCG_Transforming_through_lean_management.ashx.

本决策者以极大的刺激。"1933年前德国的工业合理化规划给岸信介同样的人留下了深刻的印象。"① 另一方面，科学管理与工业合理化的根本动力成为理论关注重点，政府对后工业化国家的作用被提炼出来，官僚体制成为一种"科学理性"的代表而被赋予发展国家的重任。因此，科学管理运动时代的日本，在政府行政模式方面体现的却是"从马克斯·韦伯到通商产业省"②的德国谱系，这与通商产业省"掌舵者"的德国背景相关，而更重要的原因是科学管理运动与科层官僚体制在深层次上的"适配"。

面对科学管理运动和科层官僚体制的成就，管理科学化在日本工业生产和政府行政两方面同时推进。日本在20世纪20年代后期开始推进"产业合理化（Industrial Rationalization）政策"，即通商产业省1957年《产业合理化白皮书》中定义的："产业合理化包含着一个经济发展的理论，按照这条理论，日本的'国际落后状态'得到承认，技术、设施、管理、产业区位和产业组织各个领域里的'矛盾'得到正视，并且得到了解决。"③ 这种产业合理化政策实质是国家以微观政策形式干预和改善私有企业经营管理的有效路径，既体现了科学管理运动的效率，也体现了科层官僚体制的功能。1929年日本首相滨口雄幸曾向商工省审议会解释和倡导："产业合理化不仅仅是一个权宜之计，而且要成为一项全民运动。"20世纪50年代初，面对战争破坏的现实，战后日本政府围绕重点产业，制定了"产业合理化政策"，其中重点目标包括以设备与技术现代化为中心的生产合理化方针，降低原材料、能源等方面的生产成本并提高产品质量，改善管理方式方法并提供职业教育训练，等等。通过产业合理化政策的实践，去军事化的日本企业现代化加

---

① ［美］布鲁斯·康明斯：《无蜘蛛之网，无网之蜘蛛：发展型国家的系谱》，［美］禹贞恩：《发展型国家》，曹海军译，吉林出版集团有限责任公司2008年版，第82页。
② ［美］布鲁斯·康明斯：《无蜘蛛之网，无网之蜘蛛：发展型国家的系谱》，［美］禹贞恩：《发展型国家》，曹海军译，吉林出版集团有限责任公司2008年版，第77页。
③ ［美］查默斯·约翰逊：《通产省与日本奇迹——产业政策的成长（1925—1975）》，金毅、许鸿艳、唐吉洪译，曹海军校，吉林出版集团有限责任公司2010年版，第28页。

速，社会整体"劳动生产率在 1951—1955 年提高了 76%"①。

二 从日本向西方的知识扩散：丰田管理与精益管理理论

随着对战争的反思和战后繁荣的出现，日本社会逐渐意识到"竞合"对于整体社会的生存发展意义。"合理化愈来愈强调企业间的竞争应该被'协调'所取代，企业活动的主要目的不是赚钱，而应该是降低成本。"② 在"协调"意识与东亚传统"克己"文化的指导下，在经济腾飞与企业获得全球竞争优势的背景下，丰田模式逐渐受到西方世界追捧，基于"改善"哲学的丰田生产与管理实践逐渐被西方学者理论化，逐步凝练为"精益"（lean）概念。"精益思想发展的三个过程：日本丰田方式的形成与完善阶段，这是第一个阶段，在这个阶段主要是日本在推动；第二个阶段是将丰田的这种方式总结升华使之系统化的过程，在这个阶段，美国是精益思想系统化的推动者；第三个阶段是，在现有的基础上如何才能使精益思想发挥更大的作用，如何才能使之与现在高速发展的经济，以及高度的信息化相接轨，是精益思想革新的时代。"③

基于对 20 世纪 80 年代日本汽车企业精益生产方式取得巨大成功的经验借鉴，1996 年，美国人詹姆斯·P. 沃麦克、英国人丹尼尔·T. 琼斯合著的《精益思想》首次出版，其所提出的精益思想针对公司如何避免资源浪费和创造财富的问题，将"精益"引入学界视野，从此精益思想由生产经验上升为管理理论。他们认为，"精益思想是精益的，因为它提供了以越来越少的投入（较少的人力与设备、较短的时间和较小的场地）获取越来越多产出的方法，同时也越来越接近客户，提

---

① ［日］大来佐武郎：《东奔西走——一个经济学家的自传（中译本）》，丁谦等译，国际文化出版公司1985年版，第49、50页。
② ［美］查默斯·约翰逊：《通产省与日本奇迹——产业政策的成长（1925—1975）》，金毅、许鸿艳、唐吉洪译，曹海军校，吉林出版集团有限责任公司2010年版，第119页。
③ 王磊：《面向客户需求的精益产品开发方法研究》，博士学位论文，上海交通大学，2011年。

供他们确实需要的东西"①。毫无疑问，丰田主义乃至其后为美国学界所总结的精益管理理论体系，是"东亚化"的科学管理，是工业时代向后工业时代转型期的适应性的管理理论创新。在工业时代管理理论发展进程中，体现了管理制度与技术在国际范围的"收敛性"，即东西方管理知识的创新、学习与再扩散。

三 精益变革实践在中国扩散：从企业管理到政府改革

精益变革在中国的扩散表现在企业管理和政府行政两个领域，其中企业管理的精益变革基本与世界同步，但政府行政方面的精益变革才刚刚开始。

企业管理方面，中国管理的现代化发展，以一种外生制度嵌入和国际知识"渗透"（penetration）的方式，体现出国家赶超时代对管理科学化的战略选择。20世纪60年代社会主义建设时期，中国在工业生产管理的实践探索中，借鉴国外先进经验，与日本同时期出现了对科学管理、福特主义的反思，如"鞍钢宪法"追求民主管理、干部参加劳动、工人参加管理，强调管理者和工人在生产实践和技术革命中相结合，被视为"全面质量管理"和"团队合作"理论的中国实践。但由于国家经济整体的问题，相关实践并未抽象为管理理论，是为"精益思想"的实践萌芽。改革开放之后，中国汽车企业开始实践精益管理，直至2010年前后，精益管理方才开始在不同行业的企业中推广。近年来，精益管理在江浙一带企业中广泛流行，取得了不错的管理绩效，但同时也出现了"水土不服"的问题。比如，精益管理强调"花得更少"，但并非"成本第一战略"，中国企业往往将降低成本视为精益的根本，而非将成本降低视为精益变革减少浪费②和提高质量的结果。

政府行政方面，随着精益思想发展"第三个阶段"的推进，精益

---

① ［美］詹姆斯·P. 沃麦克、［英］丹尼尔·T. 琼斯：《精益思想》，沈希瑾、张文杰、李京生译，机械工业出版社2011年版，第2页。
② 最重要的"浪费"是时间浪费，即表现为"交期"。

思想在政府管理领域发挥着越来越大的作用，英美国家延续新公共管理运动的改革方向，世纪交替之际在国家军队建设、各级政府、公共部门等领域推动精益变革，在压缩行政成本并一定程度提高公共服务质量方面取得了立竿见影的效果。随着企业精益变革的展开，中国政府也在逐渐调整以学习和适应市场企业的管理改革，精益政府变革成为中国政府行政改革的有益路径。目前行政改革已透露出精益变革的特质。在"放管服"和优化营商环境相关改革中，精益变革模式已成为部分地方政府改革的实际选择之一①，而随着近几年的疫情影响，中国多次提出政府"带头过紧日子"的调整改革方向，政府精益变革的意义与趋势更加明显。

总而言之，政府行政改革的基本进程包括两条路径：第一条是，发达商业社会企业管理精益→形成管理哲学与实践理论→改造发达商业社会的政府行政管理→向后发国家政府行政改革领域扩散；第二条是，发达商业社会企业管理经验→嵌入后发国家企业管理→经济发展理论与管理哲学的融合→形成管理理论与实证经验以刺激政府行政管理的反思→改造政府行政管理（图0-1）。精益政府理论的形成与扩散同时历经了

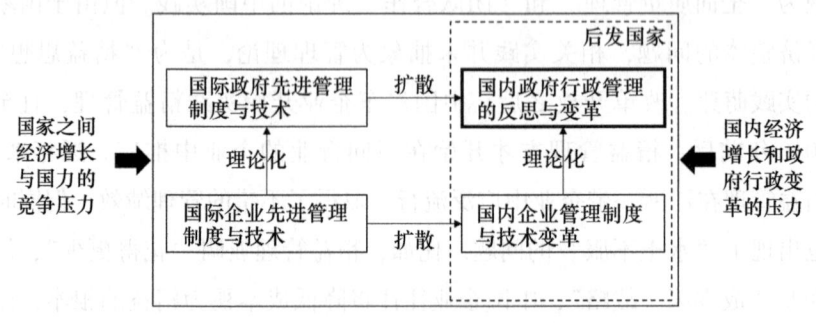

图0-1 政府行政改革的基本进程

资料来源：笔者自制。

---

① 孟健军、潘墨涛：《'におけるÔÆɪにする——Ôとリンガバメントの》，https://www.rieti.go.jp/jp/publications/dp/20j026.pdf.

这两条路径，其起点即在残酷国际竞争中企业管理所形成的先进管理与技术经验，而最终开启了中国政府行政管理进一步科学化的改革。

第三节 政府精益变革与人性化转向

精益管理源于管理的科学化发展，追求管理的工具理性进化的同时，也在最大限度地强调价值理性回归，但根本上依然刻着"科学"而非"人性"的标识。从20世纪初科学管理运动开始，工业组织科学管理与公共组织科学管理的发展演进，最终在当代呈现出精益管理与精益政府变革的"极盛"科学性全景（图0-2）。从21世纪初至今，站在各国开启政府精益变革的历史节点上，评估改革实绩并预测未来的发展，从管理科学化与人性化的"研磨"逻辑中可以尽可能推演出政府改革的方向。

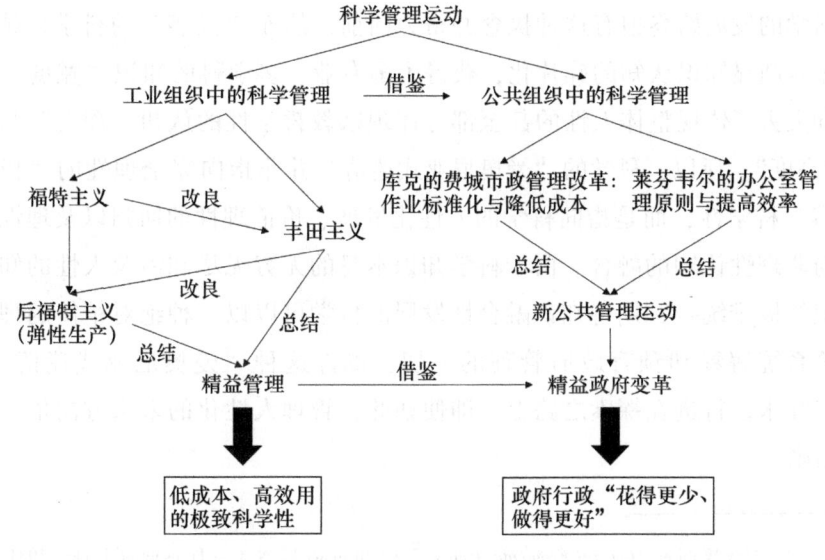

图0-2 "极盛"科学性的演进

资料来源：笔者自制。

一 科学的"爱奥尼亚式迷情"

马克斯·韦伯早就断言:"现代资本主义国家只有在合理化的国家中才会繁荣昌盛。"① 新公共管理运动以来所推进的在公共部门引入竞争的改革,不可避免地在"合理化"动机下走向了"极盛"的科学性。作为政府行政管理科学化"极盛"的表现,精益变革为政府开启了"效用最大化"之外的"另一扇门",即以"成本最小化"为核心逻辑发展政府管理科学化。精益变革涉及专门的政策技术、管理工具,是政府行政中"不会带来过多成本的最佳可行技术"②。

不过,科学性的"极盛"也意味着"过度",科学理性越发展,人性的价值越珍贵。科学发展有一个悖论:科学以对理性的追求为驱动,但理性并非唯一方向,最终科学的目标是多元知识的融合,最简约、普适地认知解释世界。此即是科学的"爱奥尼亚式迷情"——一种"世界的物质基础和自然界的统一性"的哲学思想——对科学知识统一性的执念,促使他们寻找一种超越专业科学的、多元知识认知的世界观。科学的发展始终抱有这种执念并奋力向前,然而"极盛"的科学化越来越凸显知识认知的碎片化,获得了多专业、多学科的知识"宽度",却失去了体现整体人性的甚至部分体现宗教哲学性的认知"深度"与"高度"。所以,科学的"爱奥尼亚式迷情"并非指向完全理性的"极盛"科学性,而是指向科学的人性化发展、价值理性的回归以及理性与非理性认知的融合。由于科学知识本身的无穷无尽和涉及人性的知识的极难统合,期待知识融合性发展的科学可以以一种绝对精简的理论系统解释和预言政府管理的一切,也许这种"爱奥尼亚式迷情"终究永远行进在探索之路上。即便如此,管理人性化的未来方向依然清晰。

---

① Max Webber, *General Economic History*, New Brunswick, N. J.: Transaction Books, 1981, p. 339.
② [英]约翰·凯伊:《市场的真相:为什么有些国家富有,其他国家却贫穷?》,叶硕译,上海译文出版社2018年版,第314页。

二 人性的"普罗米修斯之火"

科学只是信仰之一,人性才是一切认知之源。科学"爱奥尼亚式迷情"最终指向了知识大融合,而这种知识融合又必须重新回顾价值理性与非理性在政府行政中的意义,强调人性作为"普罗米修斯之火"的根本开创性力量。政务工作本身的"极盛"科学化不仅降低了"非理性"的满足感,同时忽视了价值理性给政务工作带来的多元性可能,无法回应人性多元性和人生价值多元性的诉求。管理人性化的回归,即寻回理性管理的价值意义,将业已隐藏于工具目的之后的、体现人性无条件的固有价值重新引入管理之中。

比如,近40年来,英国政府治理改革,始终沿着新公共管理运动所确定的方向变迁,体现了一种严重的路径依赖,在地方公共服务方面,英国"从选举产生的地方政府所主宰的体制,转向由更广泛的机构和行为者参与到地方政策和服务中的体制"①,这种改革选择最终清晰地表现出一种"三者不可同时达成定律",即在追求效率、减少成本和张扬人性的目标之间,选择了效率与成本。因此,"去人性化"是改革最终广为诟病的本因。在英国国家医疗服务体系(National Health Service,NHS)医疗体制改革中,长期的"内部竞争"与对流程改善的工具理性认知,导致了医疗服务"去人性化"问题,医疗技术和"成本—收益"改善的同时,人性化医疗关照相对匮乏。忽视科学与人性的融通,公共部门的改革面临社会严重的质疑。所以,"市场化""竞争性""私营化""科学化""技术理性"等辞藻描绘出的未来政府行政变革愿景开始动摇,政府的精益化变革开始回顾人性,同时在理论上强调知识的完整性。

三 面向后现代的政府精益变革

"无论是过去还是未来,人类心智一向尝试达成的最高目标,是把

---

① [英]斯托克:《转变中的地方治理》,常晶等译,吉林出版集团股份有限公司2015年版,"序言"第3页。

科学和人文结合起来。"① 这种尝试在政府改革的实践中也屡屡体现，即在科学知识"爆发"的同时期待人性之美。虽然百年来管理的主流底色是"科学性"，但事实上，在管理"极盛"科学性的演进过程中，每一步变迁都透露出对于人性的更深层次的理解。精益管理长于科学管理工具，重视降低成本甚于提升效用，在流程改善和战略设计中已较"福特主义"与"后福特主义"有了更多的"人性元素"，但依然在基于人性的灵活协调方面存在缺陷。"协调"的缺位，将导致管理出现严重的浪费现象，这正是科学的精益管理所不能容忍的问题。这种"协调"表面上可以制度化为行为流程，实质上是一种人性的回归。因此，后精益管理的未来也必将从对人性更深层理解中汲取变革营养，发展出新的管理模式。

政府行政管理的"人性化"变革分为组织内部管理人性化和对外服务人性化两部分，无论是政府组织内部管理还是与市场社会"面对面"的现场管理，作为艺术的管理应当成为改革的重要方向。在从系统的、整体的视角理解政府行政并重塑管理方面，艺术性将弥补科学性的不足，成为认知与实践的重要基准。因此，面向后现代的政府精益变革是在科学化的工具理性基础上重塑政府管理艺术，以价值理性和非理性的系统性思维打磨"极盛"科学性的精益管理，改变管理实践的同时纠正科学与人性的概念扭曲。当前已出现精益管理理论与实践的调适，"超越精益"的改革呼声与理论建构尝试充斥了企业界。"传统的精益原则有许多局限。经典的精益工具包应用在更广泛的企业层面上时，并不会造就成功。""过度关注手上的工具包，试图将之用在所有地方"②，就是企业精益管理失效的教训。埃里克·莱斯更是提出了"精益创业2.0版"，强调"精益创业2.0思维最大的作用不是创造更好、更能赚钱的公司，而是作为一套体制，创造一个更包容创

---

① [美]爱德华·威尔逊：《知识大融通：21世纪的科学与人文》，梁锦鋆译，牟中原、傅佩荣校，中信出版社2016年版，第13页。
② [美]德博拉·奈廷格尔、[美]贾亚堪斯·瑞尼瓦萨：《超越精益：推动企业升级的整体性策略》，蔡春华译，浙江教育出版社2018年版，第7页。

新的社会"①。实际上,无论是"超越精益"的呼声还是"精益2.0版",都是对精益管理思想在工具理性上越走越远的反思,其强调知识的系统性和整体性,而非科学所依赖的化约性。这种整体性、系统性创造知识与引导实践的思维,是基于价值理性的,而非纯粹工具理性引导的微观改革。

总之,沿着管理科学化的方向发展,政府精益变革亦将回顾管理的人性化,提高政府管理对后现代时期面临风险的适应性。"适应的结果是效果的最大化,但并不是产出的最大化。"② 在精益政府管理工具不断推向精微的同时,管理制度将围绕人性化变迁,追求治理的艺术感,体现制度之美。

第四节 面向未来的中国政府变革

回到对当下中国政府变革的讨论,中国政府在近年来"放管服"与优化营商环境相关改革中凸显了从追求"做得更多"向同时重视"花得更少"的方向转变。成本最小化逻辑开始指导改革实践以弥补效用最大化逻辑的片面性。面向未来,在政府管理人性化转向的判断下,中国政府变革也会在"花得更少、做得更多"基础上,反思价值理性与非理性的管理学意义。这种未来指向如同启蒙运动的进路,其自追求人性而生,期待人的心灵从"缺乏人性的牢笼"中挣脱出来,却最终带来了科学主义。当前政府行政则在追求科学性的、更有预期的管理过程中,重新找回人性化的意义,体现管理的科学与人性伴生。

一 当前中国政府改革的基本方向:简化与低成本

随着"放管服"和优化营商环境相关改革在各地方政府形成

---

① [美]埃里克·莱斯:《精益创业2.0》,陈毅平译,中信出版社2020年版,第256页。
② [英]约翰·凯伊:《市场的真相:为什么有些国家富有,其他国家却贫穷?》,叶硕译,上海译文出版社2018年版,第405页。

"锦标赛",极致性的追求改革指标已经扭曲了科学化本身的意义,而随着"过紧日子"的战略方向性调整,低成本完成简化政府行政、重塑"政府—市场"关系的改革目标,成为当前中国政府改革的基本方向。

(一)简化

"人们需要务实、理智的政府"①,这种"理智"在于"政府本身的工作必须简化"②。显然,面对日益复杂的经济社会,政府职能不可避免的扩张将带来更加复杂化的行政,作为现代化"副产品"的"复杂化"是政府改革的主要对象。因此,"放管服"改革以"简政"为先,优化营商环境则以简化审批流程、压缩办事时限为重要指标,中国的政府改革在简化方面已经取得举世瞩目的成绩,以简化为核心指标基本实现了跨区域的政务服务均等化。

(二)低成本

马克思早已指出:"行政权是最难阐述的。与立法权相比,它在更大程度上属于全体人民。"③ 政府的行政改革核心在于如何付出最小的代价达成更高的目标,不断积累而非消耗人民财产。优化营商环境相关改革以降低营商成本为要旨,然而并未明确指出要降低包括改革成本在内的各种行政成本。在"放管服"和优化营商环境相关改革成绩基础上,党和政府提出"过紧日子",要求在"做得更多"基础上"花得更少",为中国政府改革指明了精益化方向。

二 中国政府精益变革的未来转向:价值理性与非理性因素

精益变革强调价值拉动生产,但这种"价值"却处处体现工具理性。政府的精益化变革将行政工作变成计量成本收益的科学量化模

---

① [美]卡斯·桑斯坦:《简化:政府的未来》,陈丽芳译,中信出版社2015年版,"前言"第XV页。
② [美]卡斯·桑斯坦:《简化:政府的未来》,陈丽芳译,中信出版社2015年版,第245页。
③ 《马克思恩格斯全集》(第三卷),人民出版社2002年版,第69页。

型,而非体现多元价值的管理艺术。随着中国经济发展步入"新常态"、新发展理念对发展认知的多元化以及社会需求的变化,政府精益变革可以在追求效率、减少成本和张扬人性三者中以后两者为重点目标,降低对行政效率的追求,增加政府改革的人性从容感。

(一) 价值理性回归的重点在于制度变革

科学与人性在概念上扭曲并在实践上发生冲突,其逻辑为:"由科学的发展引起制度的改变,由制度的改变引发与人性的冲突。"[1]因此,管理工具的科学性伤害人性甚少,而追逐科学性所催生的制度变迁,则是管理人性化的"大敌"。根本上的变革是制度层面而非技术层面的变革,理想的知性政府具有一种融合科学管理与人性管理的共同心智,这种共同心智即政府追求持续精进的行政文化。而行政文化本质上是一种制度建构,需要在认知层面为理性主义"降温"。可以说,工具理性的精益治理变革浪潮方兴未艾,如在此时同时关注价值理性的回归,则可以控制政府治理相关制度变迁的方向,避免步西方国家的后尘而导致政府治理过度理性化伤及经济发展与社会团结。

(二) 非理性因素的价值在于为改革提供"氧气"

中国某些地方政府在疫情治理中已暴露出工具理性泛滥而人性不足对社会的伤害。科学化的效率至上主义实际上存在巨大的管理成本,高效变革的同时带来了不必要的紧迫感。所以,中国精益政府变革未来的根本转向,是在政府科学化变革赛道上"呼吸氧气"——管理的人性化回归。世界的发展是一种"有氧运动",人类的进步是一场"马拉松"。管理知识与技术竞争的同时,需要保持适度的"舒适感",在竞争中寻找"呼吸"的机会,是发展被忽视的真谛之一。对于政府而言,后现代性的政府变革是一种"有氧运动",其在追逐科学性以实现成本效用比最大化的同时,也重现了人性中非理性因素的价值。这是一种良性竞争的可持续性,也是良好适应性的表现。

---

[1] 卢敦基:《科学与人性的冲突及其可能的未来——读爱德华·威尔逊〈知识大融通〉》,《浙江社会科学》2017 年第 5 期。

(三)"匠人政府"的隐喻与政府改革的未来？

管理学自始至终都是一门交叉学科，公共管理、政府管理、行政管理的这种学科交叉性质更加明显。在政府治理现代化的"马拉松"中持续前行，避免"百米赛"式的"无氧运动"，必须从当前极致科学化的改革中寻找人性的因素，在管理学之外寻找新的理论"增长点"。如果说，从经济学中汲取理论营养，"企业家政府"（entrepreneurial government）的假设使政府改革走向"3E"的价值方向，提高了政府治理的科学性，那么从社会学的视角出发，提出"匠人政府"的隐喻，也许可以促进管理学中政府治理的人性化回归。如果说，"企业家政府"将政府理性化变革推进至现代化极致，那么"匠人政府"也许更多关注政府治理中的非理性因素，让科学无止境的政府治理现代化凸显一些人性的美感。所谓"企业家政府"，即具有"企业家精神"的政府；所谓"匠人政府"，则自然是具有"匠人精神"的政府。政府治理可以从企业家身上寻找答案，自然也可以从匠人身上开拓思维。那么，政府治理事业能否被转化为一种匠艺活动？政府具体行政工作能否由糊口的"工作"转向具有群体精神信仰的"职业"，进而培养成为个体人生的"志业"？本书也期望就这些问题给出具有一定说服力的答案。

第五节 内容安排

本书的主旨在于厘清精益治理理论的内涵与发展趋势，介绍当前精益治理实践的基本情况与经验教训，探索中国精益治理变革的可行路径，引出"匠人政府"的理论与实际证据，初步提出和探讨政府治理"匠人化"的理论假设，讨论"匠人政府"的建构路径与边界限制等问题，最终回到中国的治理现代化主题，重新反思国家治理与政府治理的现代化究竟存在多少种可选路径方向，并给出一种客观中立、包容开放的结论。

依据研究主旨，本书分为两部分——"精益治理"部分与"匠人政府"部分。除引论与结论外，本书分为八个章节，分布于上、下两篇中。

上篇聚焦于"精益治理"，涉及精益思想、精益管理与政府的精益变革等具体主题，整体研究思路围绕"精益治理的整体系统"的基本模型（图0-3）展开。其中，第一章，"精益治理的思想基础与理论演进"，作为整体研究的一个文献梳理与理论综述部分展开，依靠文献研究、理论分析与历史分析，从日本企业管理文化的源头切入，通过阐释丰田管理的持续改善思想，以及美国学者引进吸收丰田经验后所总结的"精益管理"理论体系，引出对于"精益治理"的理论演进过程讨论。第二章，"精益治理的哲学理念"，从"精益治理的整体系统"的基础出发，依靠理论分析与逻辑思辨的方法，依据企业精益管理的哲学思维讨论和建构完整的精益治理哲学体系，并以此作为展开对精益治理工具讨论的价值依据。第三章，"精益治理的工具系统"，将"精益治理的整体系统"中"技术工具"与"管理工具"更加具象化为"政府政策与决策精益化工具""政府流程精益化工具"与"政府精益变革保障工具"，完整呈现精益治理工具的多样性、系统性与开放性，将企业精益管理工具更和谐地引入政府治理活动当中。第四章，"精益治理的案例分析"，从科学性而言，案例分析是更好理解管理实践的最有效办法之一，通过对国内外具体精益治理实践案例进行描述分析，此章将尽可能完整呈现21世纪以来全球精益治理发展情况，同时对2013—2023年中国在行政审批改革、"放管服"改革与优化营商环境的具体实践中所体现出来的精益治理展开实证分析，依据现实证据讨论精益治理模式与传统政府管理模式的差异，并最终落脚于对精益治理实践的价值与局限的探究。

下篇聚焦于"匠人政府"的隐喻假说，旨在全面了解精益治理的理论与实践信息的基础上，思考一种对精益治理、政府治理极致科学

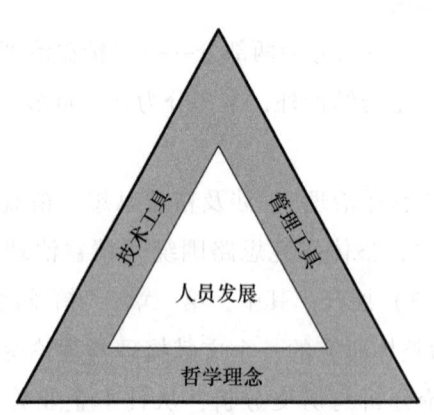

图0-3 精益治理的整体系统

资料来源：笔者自制。

化未来的"超越"。第五章，"匠人与匠人精神"，从上半部分小结对精益治理的局限性切入，提出政府治理变革中引入社会学思想的重要意义，依靠理论分析与逻辑思辨，解剖匠人与匠人精神的历史渊源，在已有知识与研究资料中寻找政府治理中的匠人精神。第六章，"从精益治理到'匠人政府'"，论证政府治理的精益变革未来走向与开创一种富有匠人精神的治理模式之间存在逻辑递进性，指出"匠人政府"在延续政府治理精益变革路径上的可能性。第七章，"'匠人政府'理论与变革路径"，首次明确提出"匠人政府"的概念与理论体系，展开描绘"匠人政府"的想象图景，给予政府治理现代化超越经济"3E"思维的另一种选项，围绕政府治理的"公共性"伦理为构建"匠人政府"夯实合法性基础。第八章，"'匠人政府'的变革实践"，用理论指导变革实践，依据手工业者个体"匠人化"的实证考察，将理论化的匠人化要素作为指导"匠人政府"变革的依据，为政府体制创新、制度创新和文化创新提供新的选项，并探讨每一种可能选项的适用边界问题，对中国政府治理现代化给予一定的政策贡献。

结论部分，"'作为选择的'政府治理现代化"作为全书的总结，从探讨"现代性"问题引入，再一次点明本书所阐释和回答的核心问题：中国的现代性政府应当以什么样的理论与实践呈现在经济社会面前？围绕这个问题和本书两个核心关键概念——精益治理与"匠人政府"，本书结论重点强调人类现代化的多样性，亦即在政府治理现代化的进程中，对于政府"现代性"的解读可以更加趋于多样，任何强势理论都必然将实践带入极端，而如提出"匠人政府"概念与理论一般，不断地经过慎思而提供一些具有想象力和洞察力的现代性诠释，是解读中国政府治理现代化的更有意义的办法。总之，虽然客观上横向比较人文社科各学科所关注的重点课题，对于政府治理现代化的讨论尚显枯燥，但通过拓展对"现代性"的多样化认知，基于社会学传统的田野调查，以及对于"匠人""匠人精神"，及所引出的"匠人政府"隐喻的讨论，可以让这个课题更加"鲜活"，也可以让极致科学性的政府精益变革更具现实的社会意义，使日趋"无氧运动"的政府治理变革更加从容不迫。

上 篇
精益治理

上 篇

精益求精

第一章

精益治理的思想基础与理论演进

清代段玉裁《说文解字注》中注到：精，"米字各本夺。今补。择米谓道择之米也。庄子《人闲世》曰：鼓策播精。司马云：简米曰精。简即柬，俗作拣者是也。引申为凡取好之称。拨云雾而见青天亦曰精。韩诗于定之方中云：星、精也"[1]。益，有"学习""变革"之意，"食部曰：饶，饱也。凡有余曰饶。易象传曰：风雷益，君子以见善则迁，有过则改"。所谓"精益"（lean），即"精益求精"的简称，"少而精"之意，英文单词"lean"即有"瘦弱、贫瘠、细小、干瘦、扁平、精确、精准"的含义。简单而言，"精益"就是指通过学习，做得更多、消耗更少。从"精益"（lean）到"精益思想"（lean thinking）和"精益管理"（lean management），意即在管理中学习先进方法，探求精益求精，以更少的成本追求更多的效益，以专注的态度和问题意识求得"拨云见日"、去伪存真，达成"少而精"的目的。

毫无疑问，在公共行政学科中，近年来对于精益管理引入政府行政改革的讨论虽已经初步展开，但精益治理理论确实还是一种全新的理论，是一片尚待开采的富矿。不过，"精益"的管理思维已走过半

---

[1] 摘自清代段玉裁的《说文解字注》。

个世纪的发展路程，是确确实实的"传统"理论。精益管理从第二次世界大战后丰田精益生产模式而来，从对生产中细节问题的思考解决而来，这种模式经过不断发展和总结，从持续改善、精益思想、精益管理一步步完善，最终被用以关注和解决政府治理中的浪费问题。同时，为政府改革实践提供指导的精益治理理论，其基础还包括科学管理理论、企业家政府理论和治理理论等。可以说，精益治理理论可被视为进一步挖掘科学管理在优化政府行为中的潜力的努力，也是企业家政府理论的当代延伸，是进一步将企业家精神与企业管理先进工具及理念引入政府治理的尝试。而治理理论则在宏观层面框定了精益治理变革的界限，并使政府精益化的公共性得到应有保障。

本章从精益的源头——日本企业管理的"幕藩体制"文化——展开，基于对丰田"持续改善思想"的讨论，阐释精益思想与精益管理的发展脉络，总结精益治理相关理论的思想基础，最终以"精益治理的理论演进"作为落脚点，从中详细说明精益治理理论的国内外研究情况，是为比较精细化、逻辑化的"研究综述"。

第一节　日本企业"幕藩体制"的文化底色

20世纪后半期，由于日本经济的腾飞与民族自信的上升，对于日本企业管理与西方英美企业管理文化差异的讨论，是日本管理学界的热点。关于日本企业在管理中采取了哪些特殊的方式方法以支撑战后国家经济起飞，也是美国学者关注的重点。一时间，"东亚管理传统""日本管理文化"相关研究汗牛充栋，其中对于日本企业管理文化底色的研究，最具说服力的是将日本企业管理的制度源头指向明治维新之前的封建"幕藩体制"。

明治维新之后，东亚传统时代"士农工商"的身份体系被废除。尤其对于武士阶层的强制性的转型，收回了包括武士阶层食俸与不参与生产劳动的特权，导致武士阶层彻底分化。一部分家业尚且殷实的武士，依靠家族积累与社会关系，开始经商以维持生计；另一部分武士则沦为贫民，更多只能选择寄人篱下，甚至依附于新生的町人（商人）家族，作为管家或家丁参与到近现代企业的生产之中。"今天的日本经济似乎有许多地方源自幕府体制下武士阶级长期积累的文化遗产。……从文化人类学来看，今天日本大企业的原型可以追溯到幕藩体制下的藩。"[①] 而诸如丰田财阀中对于董事与经理人的称呼依然保持"番头""奉公人"的幕藩时代特质，恰恰证明了这一点。

表1-1　日本传统封建领主集团与现代日本企业的相似之处

传统封建领主集团	现代日本企业
1. 武士阶层对领主大名的依附	1. 员工对企业的绝对依附
2. 领主豢养武士，武士献出忠心	2. 终身雇用，企业更多社会责任而非市场责任
3. 稳定的阶层地位与功绩制	3. 年功序列缓慢晋升
4. 以勤恳为美	4. 以勤劳工作、企业为家为职业道德
……	……

资料来源：笔者自制。

在"幕藩体制"的文化底色影响下，长期以来对日本企业管理与西方之间差异的讨论也就有了更深刻的结论：传统文化在现代企业管理中并未"退场"，而是浸透在各种具体的制度安排之下，同时塑造了世界各国企业管理不同的现代性特质。

一　"万众一心""金城汤池"的"人本"企业管理

在讨论日本管理与西方英美管理模式之间差异的研究中，一个重要的对比讨论是从"能力主义"与"实力主义"的视角来理解日本

[①] ［日］名和太郎：《经济与文化》，高增杰、郝玉珍译，中国经济出版社1987年版，第11页。

与西方管理的不同。"历来的日本式经营,与其说是重视雇员的实际表现能力(发挥出来的能力),即重视实际业绩的实力主义,不如说是重视潜在能力(本身具有的能力),即重视狭义能力的能力主义,并以此作为员工待遇的标准。"① 从传统"幕藩体制"的文化底色来看,这种日本式的能力主义实质上是日本企业"年功序列""工会主义""多能工培养"等所组成的制度体系的具体表象。

例如,在年功序列工资制度与多能工培养方面,为了调动员工对企业如"武士"般的忠诚度与奉献精神,就不能以"一局定胜负"的"实力主义"思维进行人事管理,而必须将员工之间的竞争放在整个职业生涯之中,提供多次竞争机会以充分发挥忠心耿耿的员工的能力。即"日本企业内的竞争并非是'没有复活赛的淘汰赛'"②。另如,为了约束"幕藩体制"下企业对员工"家长式的"强权管理,工会组织的作用开始放大。第二次世界大战之后,应美军要求,日本广泛成立了工会组织。在诸多对企业管理改革的要求中,工会"撤销工职差别"以建立日本式能力主义平等体系便是核心之一。这种要求与企业改革的回应,直接引致日本企业内部形成了强大的"小集团活动"文化,表现为各种"品质管理小组"的活动。"品质管理活动尽管是在企业的引导下,但还是由雇员'自发地'组成活动小组,开展提高技能、确保安全、消除浪费、提高产品合格率和设备运转率,乃至名副其实地削减工序、提高生产效率等改良活动。"③

以上各种制度安排,突出了日本企业在"幕藩体制"传统文化下,营造内部和谐的人本管理思维。企业通过创造"人和",同时期待及时抓住市场变化的"天时"而实现永续发展。"日本文化的一个

---

① [日]熊泽诚:《日本式企业管理的变革与发展》,黄咏岚译,商务印书馆2003年版,第3页。
② [日]熊泽诚:《日本式企业管理的变革与发展》,黄咏岚译,商务印书馆2003年版,第39页。
③ [日]熊泽诚:《日本式企业管理的变革与发展》,黄咏岚译,商务印书馆2003年版,第22页。

特征就是采用'万众一心、金城汤池'的方式，重视人和，公司上下同心协力地引进和消化新技术和新方法，不断进行小的改良，将它们改造发展，使之成为自己的东西。"① 其中，所谓"小的改良"以及持续的细节化改善，这种日本企业文化自可引出后文对丰田管理持续改善思想的讨论。

二 "和衷共济""风险分担"的企业社会责任

日本企业对于个体的责任最终汇集成对于整体社会的责任。这种责任完全超出市场竞争的本职，凸显着"幕藩体制"传统文化的特质，"终身雇用"便是最重要的制度安排。通过"终身雇用"，企业如"藩"对"武士"一般，对员工几乎担负了人生的无限责任，如家人般的内部社会整合模式也使二战后日本企业可以迅速依靠集体的力量发展壮大。在20世纪70年代末石油危机之后，日本企业面对成本上涨的压力，依然想方设法承担作为"藩"的社会责任，坚决避免裁员的发生。如在困难的时刻，面对"泡沫"开始破裂的经济环境，"丰田汽车公司在1992年秋季确定了这样的方针，即从次年1月起派出100名白领雇员去支援工厂的生产线"②。宁愿让艰难时局下最远离真正价值（产品生产）的白领员工在企业内部分流，培养其多职能岗位的服务能力，也不会通过裁员为企业减压，这种文化被丰田公司延续至今。

如此，日本企业管理制度更多体现了企业组织与员工个体之间签订的"社会契约"，企业肩负着更大的社会责任，不只要追求利润以对自身负责，同时也要对员工的整个人生负责、对社会的稳定与发展负责。不得不说，肩负超出市场竞争的社会责任，使日本企业往往更加稳定，但也更加封闭。对变化的感知能力与对变革的开拓能力是其

---

① [日] 名和太郎：《经济与文化》，高增杰、郝玉珍译，中国经济出版社1987年版，第21页。

② [日] 熊泽诚：《日本式企业管理的变革与发展》，黄咏岚译，商务印书馆2003年版，第80页。

最大的短板。如同"幕藩体制"塑造了日本历史相当稳定的社会，首次文化影响下的企业管理模式也在塑造二战后日本相对稳定的社会市场环境，使企业员工更具从容心态以不断精进自身能力，并依靠组织集体应对市场变化与技术变革的巨大风险。这些具体的制度安排充满了文化的路径依赖，并影响了现代日本企业管理的性格，促进了"精益管理"模式与员工"匠人精神"的形成。

三 "幕藩体制"衰败与日本企业管理的变化

不过，亦不能否认的是，进入21世纪以来，在"失去的二十年"时代背景下，日本越来越多的企业在经营压力下开始放弃"幕藩体制"文化约束的社会责任。面对外部竞争压力时，更多的企业（尤其是中小企业）开始选择将人才教育培养的责任还给社会，企业只保留能产生实际价值的人才，各种"变相裁员""吸血企业"的现象开始增加。"吸血企业用工问题和传统的劳动问题性质最大的不同之处在于，它反映出劳动者对于企业异常的服从，以及企业对劳动者施加的人格破坏。"[①] 当今的日本企业显然开始了"去社会化"的进程。一旦企业尽可能地"去社会化"，传统日本企业"幕藩体制"文化也将随风飘散。虽然抗风险能力更强的、在财团"庇护"下的大型公司还未做出这样的改变，但作为"藩"的社会责任依然在被坚定履行中，不过在可见的未来内应是难以为继了。"一些坚持传统日式雇佣制度的大型制造业企业中也出现了类似吸血企业的'套路'。"[②] 也许丰田汽车在中国新能源汽车的全球竞争压力下，将会成为新的巨型吸血企业，也许这种日本企业界的"倒幕运动"正在迅速发生。

日本企业正逐渐尝试抛弃传统文化底色对管理的束缚，虽然这种变革的手段略显"生硬"，但这种趋势已经不可逆转。而传统文化所

---

① ［日］今野晴贵：《吸血企业：吃垮日本的妖怪》，王晓夏译，上海译文出版社2022年版，第10页。
② ［日］今野晴贵：《吸血企业：吃垮日本的妖怪》，王晓夏译，上海译文出版社2022年版，第199页。

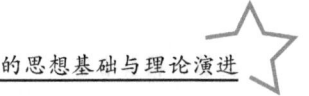

养成的企业管理模式——被总结为"精益管理"的完整体系——对于始终滞后于企业管理变革的政府行政管理而言，依然具有重要学习借鉴意义。基于对日本企业"幕藩体制"及其对丰田管理在内的日本式企业管理影响的认识，接下来将集中展开对精益管理的探讨，继而引出"精益治理"的话题。

第二节 丰田管理的持续改善思想

精益管理源于丰田管理，丰田管理的精髓在于持续改善，持续改善则是在"幕藩体制"日本企业文化影响下生成的企业性格。

持续改善是对第二次世界大战后日本企业管理"改善"（kaizen）思维的深入阐发。"改善的要义简单又直接：改善意味着改进。此外，改善意味着涉及所有人的持续不断的改进，……改善哲学认为，我们的生活方式——包括工作生活、社会生活以及我们的家庭生活——理应得到不断的改进。"[1] 在改善的语义下，管理工作主要包括两项功能：维护和改进。维护是指维持现行管理、技术和操作标准，以及通过培训、纪律以支持现行标准；改进是指提升现行标准的活动，具体分为改善和创新，改善是较小的持续改进，创新则是剧烈的改进。所以，要将"改善"理解为不断的、持续的、精进的改进，PDCA 循环与 SDCA 循环是其重要的开端。

一 PDCA 循环与 SDCA 循环

改善过程的第一步就是建立组织的 PDCA 循环（图 1-1）。PDCA循环具有"改进"功能，从计划—执行—检查—行动（Plan-Do-Check-Act, PDCA）出发，根据现状问题建立改进目标，制订行动计

---

[1] ［日］今井正明：《改善：日本企业成功的奥秘》，周亮、战凤梅译，机械工业出版社 2015 年版，第 3 页。

划并实施，检查执行过程是否符合预期，最终建立和执行新的标准化程序。其中，任何阶段都可以发现关键的浪费问题，所以需要将发现问题的关键方法运用到全循环流程中，比如"5 Why"① 等。更重要的是，在"执行"阶段，同样要重视执行内部的 PDCA 循环，以检验执行行动计划不同层面的效果。

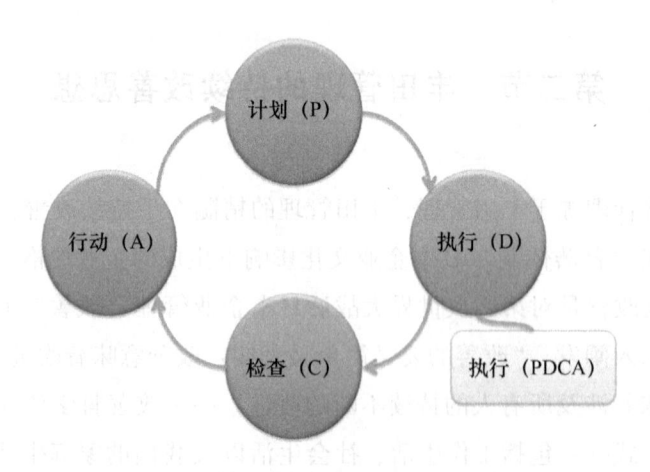

图 1-1　以实现改进为目标的 PDCA 循环模型

资料来源：笔者自制。

SDCA 循环则担负着"维护"的责任。由于在初始阶段，任何新的工作都不稳定，所以在执行 PDCA 之前，任何现行过程必须通过 SDCA 循环以实现稳定化（图 1-2）。"SDCA 循环的目的是使现行的流程标准化和稳定化，而 PDCA 循环的目的是对现行的流程加以改进。SDCA 强调的是维护，而 PDCA 循环强调的是改进。"② 毫无疑问，SDCA 循环为精益思想"标准化操作"理念的落实提供了最基本的方法，任何改善、任何变革都是为了更好更优的标准化工作方法与

---

① 5 Why，即对于发现的浪费现象进行五次"为什么"的提问，一般都可以找到问题的根源。

② ［日］今井正明：《现场改善：低成本管理方法的常识》，周健等译，机械工业出版社 2015 年版，第 6 页。

流程，而 SDCA 标准化之后则是新一轮的改善，这是精益思想的初衷。

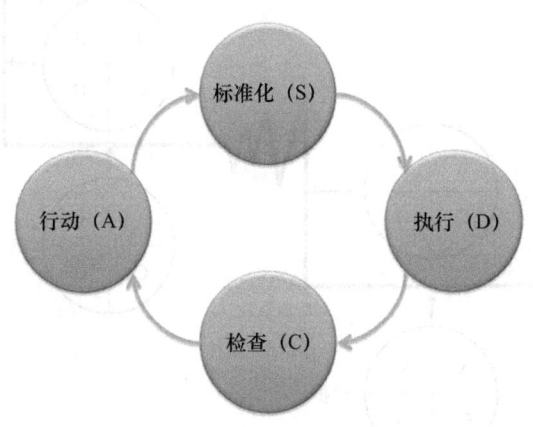

图 1-2　以实现稳定化为目标的 SDCA 循环模型

资料来源：笔者自制。

围绕着 PDCA 和 SDCA 循环，日本管理者打造出持续维持和改进标准以推进改善的完整模式（图 1-3）。改善活动从组织暴露的问题出发，当现行标准存在漏洞时，依靠 SDCA 循环发挥维护作用，找出问题并采取补救措施以稳定行动标准；当组织已具备完整标准且无异常状况时，则依靠 PDCA 循环发挥改善作用，调整现状并提升标准。PDCA 循环之后，则继续以 SDCA 循环维护和巩固改善而来的新标准，并不断修补新标准的漏洞，形成新的上升循环。

二　消除公共部门的浪费现象

随着改善思想的发展，日本企业在不断改善中加深了对组织管理问题的认识，认为"浪费"是制约企业发展的核心问题。改善的重点也开始聚焦于如何消除组织行为中的浪费现象。具体而言，"浪费"的意义不仅指资源的无效使用，其深层含义在于：工作的每一流程都应当创造附加价值，浪费即指不能创造附加价值的所有行为。

随着改善思想在企业管理实践中的影响力不断扩大，管理者产生

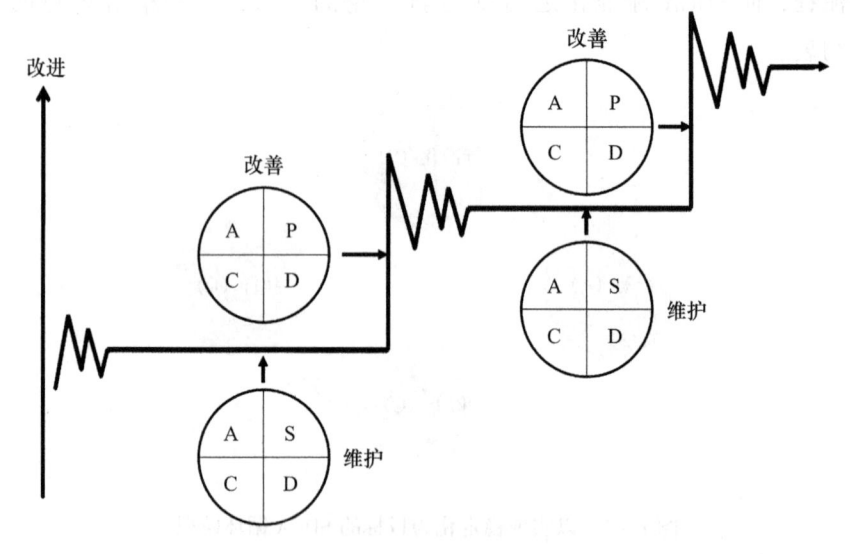

图1-3　改进活动在SDCA循环和PDCA循环之间交互进行

资料来源：笔者自制。

了"任何组织都可以应用改善以提高行动价值"的理念，并逐渐意识到在政府和其他公共组织中同样存在着各种形式的不能创造附加价值的"浪费"现象，改善在公共组织中大有用武之地。为了在公共部门实施改善，全球改善咨询集团结合公共部门的实际情况，制定了一系列改善的准则，设计了公共部门改革的4P模型（图1-4），以推进公共部门持续改善。

公共部门改革的4P模型基本上针对政府和其他公共部门在公共产品生产与供给中的"流程"问题，聚焦公共价值准确、及时地在公众身上实现，从"工作现场改进""流程改进""政策评估""人员参与"四方面将改善思想在公共部门中较为适用的工具"串"了下来。虽然其提出了对政策的评估，但并不涉及政府及其他公共部门的公共决策改进，即不涉及"公共性"、公共价值流的公众"拉动"问题，这与之后发展出以精益思想改善政府治理的思维有所区别。

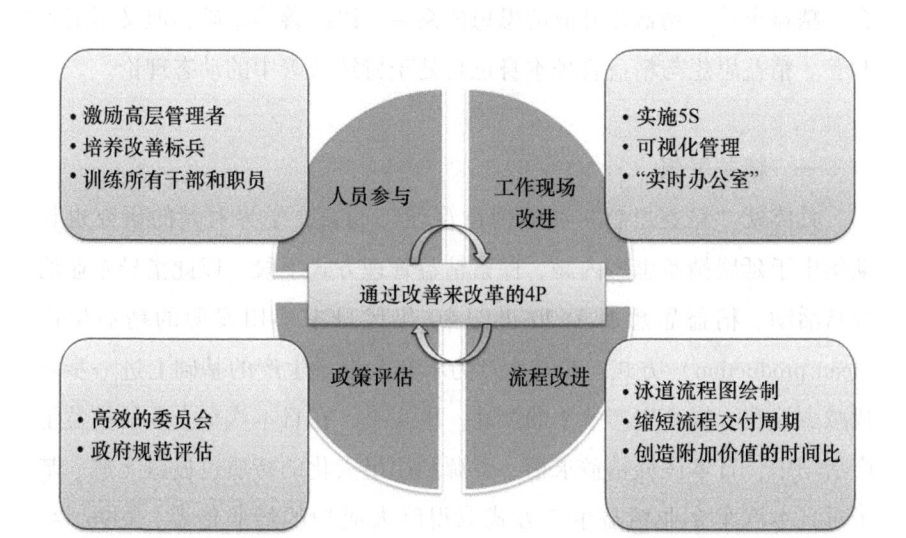

第一章　精益治理的思想基础与理论演进　　35

图1-4　公共部门改革的4P模型

[图示：通过改善来改革的4P，包括人员参与、工作现场改进、政策评估、流程改进四个方面]

- 人员参与：
  - 激励高层管理者
  - 培养改善标兵
  - 训练所有干部和职员
- 工作现场改进：
  - 实施5S
  - 可视化管理
  - "实时办公室"
- 政策评估：
  - 高效的委员会
  - 政府规范评估
- 流程改进：
  - 泳道流程图绘制
  - 缩短流程交付周期
  - 创造附加价值的时间比

资料来源：[日]今井正明：《现场改善：低成本管理方法的常识》，周健等译，机械工业出版社2015年版，第73页。

第三节　精益思想与精益管理

事实上，持续改善在实践中也遇到了一些问题。随着改善思想的发展，精益思想得以明确提出，并对持续改善进行了发展与丰富。在理论上，精益思想以持续改善为基础，并超出"改善"的作用范围，从单纯的"现场改善"、流程改进扩展到包括办公室精益化等领域；在工具上，将精益的基本思想与六西格玛管理方法相结合，创新出"精益六西格玛"，在最简单基础的"PDCA—SDCA"方法之外，将原本的六西格玛管理工具与改善的理念相结合，开发出包括DMAIC、复杂价值流程图（CVSM）在内的近100个管理工具，拓展了改善、精益管理的实际应用范围。可以认为，与"改进"的意义相近，精益即"改善+创新"，即在改善的基础上，不断追求工作精进，不放过任何变革的机会，精益求精。精益是开放的思想体系——以改善为基础，但又不限于改善。精益思想与精益管理本身也是处于持续改善中的动态理论。

一 精益思想

具体就"精益思想"和"精益管理"而言，学界对其的研究也长期集中于延展精益思想内涵、探索精益管理方式手段，以此指导企业的经营活动。精益思想源于20世纪80年代日本丰田发明的精益生产（lean production）方式，精益生产力求在大批量生产的基础上进一步寻找减少浪费、提高生产效率的余地。事实上，在日本汽车企业的精益生产活动中，日本民族精益求精、资源利用最大化的特质也显露无遗。基于对日本汽车企业精益生产方式取得巨大成功的经验借鉴，1996年，美国人詹姆斯·P.沃麦克、英国人丹尼尔·T.琼斯合著的《精益思想》首次出版，将"精益"引入学界视野，从此精益思想由生产经验上升为管理理论。同时该书提出了精益思想的五个原则（图1-5）：精确地确定特定产品的价值；识别出每种产品的价值流；使价值不间断地流动；依靠客户需求拉动价值流；永远追求尽善尽美。

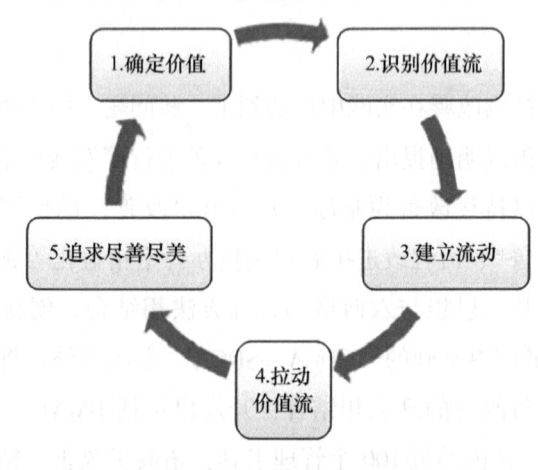

图1-5 精益思想五原则

资料来源：笔者自制。

具体而言，詹姆斯·P. 沃麦克等认为，"精益并不是一个目的站，它不是一蹴而就的，它是一个永久的动态过程，企业要让精益理念成为每日生活中的一部分"。要达成这个目的，必须有实现精益思想五原则的具体工具，这就涉及了具体的精益管理。

二 精益管理

精益管理是基于具体的精益工具之上的，没有解决不同问题的精益工具，精益管理也就会失去其存在意义。为了将精益思想落到实处，包括改善思想、PDCA 与 SDCA 循环在内的一系列精益管理工具在实践中不断被开发出来。简单来说，价值流图（Value Stream Mapping, VSM）、5S 管理等都成了精益管理最为有效的工具手段。

价值流图是对过程流（包括将产品或服务最终交付客户的过程，称为"价值流"）高度可视化表现形式的一种发展。价值流图的勾画专注于确认非增值活动的来源和可能的优先改进活动，一般在 3—4 个工作日内完成。[1] 持续改善来源于日语"改善"（Kaizen）一词，它基于一种改进的哲学，意味着对一切的改变，而不考虑大小、类型或持续时间。同时，改善行为也关注快速的过程改进项目，即组建跨功能团队以研究一个特殊过程并实施过程变革。[2] 5S 管理的运用相当广泛，它是一种工作场所组织方法，包括五个日文单词（翻译成英文为五个首字母为 S 的单词）："整理"（せいり Seiri）（Sort）、"整顿"（せいとん Seitonn）（Set in Order）、"清扫"（せいそう Seisou）（Shine）、"清洁"

---

[1] 参见 http://en.wikipedia.org/wiki/Lean_Government。原文为"Value Stream Mapping (VSM) -Value stream mapping refers to the development of a high-level visual representation of a process flow that is involved in delivering a product or service (called a "value stream") to customers. VSM events, which are typically 3 – 4 days, focus on identifying the sources of non-value added activity and prioritizing possible improvement activities"。

[2] 参见 http://en.wikipedia.org/wiki/Lean_Government。原文为"Kaizen-Kaizen means to change for the good of all and is based on the philosophy of improvement, without regard to its size, type or duration. Kaizen activity is often focused on rapid process improvement events (called kaizen events) that bring together a cross-functional team for 3 – 5 days to study a specific process followed by implementing process changes"。

(せいけつSeiketsu)(Standardize)和"躾"(即素养,しつけShitsuke)(Sustain)。① 另外,精益六西格玛方法也在企业管理中广泛应用,直面企业低产品质量所产生的浪费、不断走向零缺陷的理念使精益六西格玛方法在很多生产领域获得了前所未有的成功。事实上,就方法论层面而言,精益思想是一个开放的体系,只要有益于精益的实现,任何行之有效的办法都可以注入精益思想,成为推动组织精益化的有效途径。

美国麦肯锡咨询公司的研究者对精益管理进行了深入研究,将精益管理的核心理念逐步提炼出来,使之形成了一套系统理论实践体系。他们指出:多数组织的变革聚焦于工具改进和渐进式变革,而精益管理则着力解决系统和管理实践中的关键问题,并持续地推动改进。据此,他们描绘出精益管理的"四象限图"(图1-6),明确提出精益管理是一种"直线驱动"的、关注系统和管理实践的管理模式,是基于问题寻找改进方法的无限的变革过程。

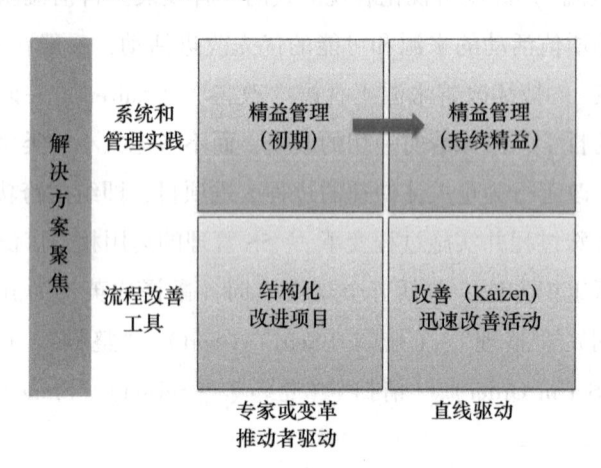

图1-6 精益管理四象限图

说明:即"解决问题焦点:系统和管理实践、流程改进工具"与"专家或变革推动者驱动""直线驱动"的四象限图。摘自McKinsey Center for Government 2012年12月的研究报告:"Transforming Government Performance through Lean Management"。

---

① 参见http://en.wikipedia.org/wiki/Lean_ Government。原文为"5S - 5S is the name of a workplace organizational method that uses a list of five Japanese words which, when translated into English, start with the letter S-Sort, Set in Order, Shine, Standardize, and Sustain"。

此外,该研究团队进一步指出了精益管理与六西格玛方法的根本不同——组织变革推动者所扮演角色的不同。在精益管理中,变革推动者训练管理人员和一线职员以独立运用新工具进行新实践,解决不同问题;而六西格玛的"黑带"通常直接领导改进方案并将这些解决方案带到工作一线。在精益管理中,直线型组织成为变革的主人和真正驱动力,而在六西格玛中,专家队伍成了核心。[①] 这种区分将精益管理独立于一些企业管理方法之外,使其独树一帜。同时,IBM 政府业务中心也对精益管理与六西格玛管理进行了研究,讨论了二者的异同(表1-2)。

表1-2 **精益管理与六西格玛管理之比较**

(Comparison of Lean and Six Sigma)[②]

焦点	精益管理	六西格玛管理
相似性趋势		
主要目标	通过最大限度改善顾客满意度以实现组织生存和/或发展	
对执行的影响	必须致力和积极参与项目的实施与运行	
工具和技术	包括基本的"根本原因分析"、问题解决方案、流程分析,以及数据分析技术	
员工参与	培训员工,并鼓励其对识别问题和问题解决做出贡献	
应用范围	最初聚焦于制造业,但能够并已经应用于其他行业,包括服务业、医疗行业与教育行业	
潜在的区别		
项目管理	倾向于依靠专职工作团队的努力,在几天内迅速改善项目	倾向于应用有序结构,花费几个月的时间对项目深思熟虑
项目聚焦	倾向于聚焦通过浪费行为最小化来改善顾客服务	倾向于聚焦通过变异最小化和减少误差来改善顾客服务

---

① McKinsey Center for Government, "Transforming Government Performance through Lean Management", December 12, 2012, https://www.mckinsey.com/~/media/mckinsey/dotcom/client_service/Public%20Sector/PDFS/MCG_Transforming_through_lean_management.ashx.

② John Maleyetf, *Improving Service Deliveryin Government with Lean Six Sigma*, IBM Center for The Business of Government, 2007.

续表

焦点	精益管理	六西格玛管理
项目选择	倾向于以消除重大浪费现象和/或为顾客提供更多价值为基础，多重准则是被认可的	倾向于以对成本节约和/或收益增长的定量分析为基础
分析技术	（传统上）倾向于与描述性呈现（如流程图）、根本原因分析和误差预防相关的技术	（传统上）倾向于与统计数据分析、控制试验和最优化相关的技术

在国内，学者周晓寒、田辉合著的《精益管理之道：企业持续经营高效运转的逻辑》一书，从中国企业面临的粗放式管理问题出发，明确提出了精益管理的思想。他们认为，"精益管理，就是以满足顾客不断变化的需求，为顾客提供满意的产品和服务为目的，并将这一核心目的转化为企业一系列高效的活动，即通过'工作议程梳理与目标确定、组织分工与人员协调、计划形成与指标设定、目标可视化与PK导入、检查与督导、训练与培训、总结与帮助、激励与考核、处理与改善'等方法的精益求精、精进不懈的运用，最终高效地完成企业'创造顾客，赢得利润'这一终极目的的综合性活动的总称，是对企业的管理方法思路性的、框架性的、体系性的、高度概括的、可复制的精益求精、精进不懈的系统集成"[①]。他们将精益管理分析为"三大块十大步"的概念，"第一大块为计划模块，包括第一步工作议程梳理与目标确定、第二步组织分工与人员协调、第三步计划形成与指标设定三个部分内容；第二大块为执行模块，包括第四步目标可视化与PK导入、第五步为精益操作、第六步检查与督导、第七步总结与帮助、第八步训练与培训五个部分内容；第三大块为改善模块，包括第九步考核与激励、第十步处理与改善两个部分内容"。扬立军和曹春善认为，"精益思想就是在组织、管理以及用户的关系、供应链、产品开发和生产运作等各

---

① 周晓寒、田辉：《精益管理之道：企业持续经营高效运转的逻辑》，机械工业出版社2015年版，第21页。

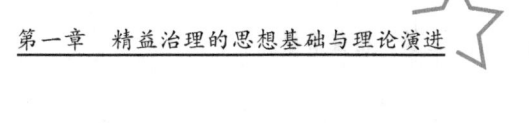

方面以杜绝浪费，创造财富为出发点的精益思维方式。它以越来越小的投入——较少的人力、较少的设备、较少的时间和较少的场地来获得较大的收益"[1]。他们指出，精益思想在企业管理中的应用主要表现在：将生产过程由成批生产变为"单件流"生产；顾客拉动——准时化生产；供应、销售环节采取顾客拉动系统；一体化的扁平式组织结构。

理解精益管理，需要打破对现代管理理念的惯性依赖。精益管理虽然在实际操作中强调渐进的、问题解决型的小变革，实际上却带来了对当前管理理念的革命性发展。依照表1-3，与现代管理体系相比较，可以从另一个角度更加清晰直观地理解精益管理的要点，从而更好地为精益管理引入政府治理领域寻找切入点。其中，精益管理更强调改善生产、减少浪费的责任，关注变革的过程和过程的变革，以提问的形式探讨当前存在的问题，以实验的形式寻找问题解决方案，以现场学习代替正规教育培训以彻底务实，以切身了解问题并拥有问题解决技能意识的一线生产团队负责改善流程和执行标准化生产，并根据现场观察得来的经验进行管理决策，改现代管理关注组织纵向结构为精益管理关注"横向的"一个个问题解决小组，以从慢到快的渐进步伐推进精益变革。

表1-3　　　　　　现代管理体系 VS 精益管理体系

现代管理体系	VS	精益管理体系
权力	VS	责任
结果	VS	过程
回答	VS	提问
计划	VS	实验
正规教育	VS	现场学习
建议小组负责改善流程	VS	一线生产团队负责改善流程

[1]　扬立军、曹春善：《精益思想与精益生产》，《经营与管理》2003年第1期。

续表

现代管理体系	VS	精益管理体系
根据数据远程决策	VS	根据现场观察决策
精益小组执行标准化	VS	一线生产团队执行标准化
从快到慢	VS	从慢到快
纵向关注	VS	横向关注

资料来源：笔者自制。

第四节 精益治理的其他相关理论基础

毫无疑问，精益治理理论源于企业管理的精益思想与精益管理，但从其发展方向来看，政府公共行政理论体系同样是"精益"引入政府并形成理论体系的重要支撑。所以，简单来讲，精益治理理论汲取了两大方面的理论营养：一是企业管理理论，二是政府公共行政的相关理论。而作为精益治理理论的基础，政府公共行政相关理论中最为重要的是科学管理理论、企业家政府理论、治理理论和新政府治理理论。

一 科学管理理论与精益治理理论

起于20世纪初的科学管理理论是现代管理理论的基石，精益管理虽然与现代管理理论相悖，并在表1-3中表现出"颠覆性"的不同，但实际上二者都是在科学管理理论体系的基础上生长起来的形式不一的管理模式。大部分学者认为，精益管理的源头是丰田管理，而丰田管理则是对泰罗制直接影响下的福特主义的改造，因此精益理念所提出的"理想方式是对弗雷德里克泰勒提出的'最佳方法'一词的重新表述"[①]。如丰田即时组织生产方式（Just-In-Time，JIT）那般，"日本式的多能技工

[①] [英] 约翰·比切诺、[英] 马蒂亚斯·霍尔韦格：《精益工具箱》，王其荣译，机械工业出版社2016年版，第7页。

的操作循环是用泰罗的管理手法逐一加以分析的划一的简单劳动的密集连环,最大限度地减少了干活停手的时间"①。丰田管理引出的精益管理及当前的精益治理理论,均有一个世纪之前科学管理理论的"魅影"。

具体而言,精益管理继承了泰勒科学管理的基本特性,即实践性、科学性、规范性、协调性、效率性,而政府精益变革同样需要发扬这五大特性。首先,科学管理理论具有实践性,泰勒认为管理实践先于管理理论,实践是理论之源。精益管理继承了这一点,强调从实际问题出发,在实践中寻找不断精益的方法,并逐步吸收进入理论体系。其次,科学管理理论具有科学性,强调用科学研究和方法代替纯粹的个人经验,精益管理从科学管理理论中借鉴了很多科学研究方法,用以系统研究流程精益化问题,并依据实际问题不断开发出各种精益管理工具。再次,科学管理理论具有规范性,规范化、标准化的管理是科学管理的基本要求。精益管理从改善思想上发展而来,自然继承了高度重视标准化的 SDCA 循环理念,追求规范和标准的不断精进也是精益的根本目标。复次,科学管理理论具有协调性,即追求人与人、人与事、事与事之间的协调,协调同样为实现精益管理的重要基础,精益管理特别强调现场环境与人的协调,探求改变现场环境以求得人与工作流程的最大协调,并以此为基础追逐精进。最后,科学管理理论具有效率性,强调提高效率是科学管理的出发点和归宿。精益管理虽然更加注重过程,对结果更加"泰然处之",但实际上仍然以效率为中心,或者说以"3E"②为价值指向。精益治理也如此,只不过认为"3E"的价值取向略为偏狭,于是在"3E"基础上加上了"社会公平"的第四个"E"。

以上作为精益管理基础的科学管理理论之各个特性,毫无疑问也将成为精益治理理论的理论基础。同时,在坚持正确的理论特性基础上,

---

① [日] 熊泽诚:《日本式企业管理的变革与发展》,黄咏岚译,商务印书馆 2003 年版,第 161 页。

② 3E,即经济性(Economy)、效率性(Efficiency)、效果性(Effect)。精益治理理论所强调的 4E 则加入了"社会公平"(Social Equity)。

对于这些特性当应有适宜于公共部门行为的新发展。

二 企业家政府理论及相关反思与精益治理理论

企业家政府理论是美国学者戴维·奥斯本和特德·盖布勒于20世纪90年代在《重塑政府》一书中提出的一种旨在运用企业家精神来对政府进行重新塑造的政府管理理论。该理论是伴随着西方传统政府官僚体制的危机而出现的，不仅对政府的本质及其存在的必要性做出了新的回答，还对企业家政府的本质与特征作了简洁而形象的刻画。

奥斯本和盖布勒指出，在现代政府中，传统官僚体制已越发不适应经济社会发展的需要，并暴露出与政府现代化不可调和的矛盾。官僚体制的危机是企业家政府理论产生的最重要背景。企业家政府的实质，即是将"企业家精神"（entrepreneurial spirit）引入政府管理之中，包括十大特征：政府的中心工作是掌舵而不是划桨；政府管理应重视妥善授权而非事必躬亲；政府公共管理应引入竞争机制；政府应注重目标使命而非繁文缛节；政府应重视公共产出而非只关注投入；政府公共管理应培育"顾客意识"；政府应当减少浪费并获得收益；政府应当重视预防公共管理中的问题而非专注于事发后的治疗；政府应重视参与协作的分权模式而非层级节制的集权模式；政府应重视市场机制调节而非行政指令控制。

而随着企业家政府理论、新公共管理运动的发展，种种相应的理论反思出现，并影响了企业家政府的具体实践。登哈特夫妇提出的新公共服务理论的要旨在于针对新公共管理理论（尤其是企业家政府理论）的缺陷，认为政府在经济社会发展中所扮演的角色绝不应是追求效益的"企业家"那样简单，公共部门与企业营利组织有根本的区别，必须改变政府的"企业家"性质，本着政府所应有的使命向社会公众提供更好的服务。

登哈特夫妇认为，所谓"新公共服务"，就是关于公共行政在以公民为中心的治理系统中所必须扮演角色的一套理论。具体而言，新公共服务理论包括几个基本观点：政府的职能应是服务而非掌舵；公共利益是政府目标而非副产品；政府在思想上应有战略性，而在行动上必须具有民主性；政府应为公民而非顾客服务；政府所负担的公共责任不能忽视；政府应更加重视人而非生产率；公民权与公共服务比企业家精神更为重要。

比较当前国外精益治理理论、实践与20世纪末的企业家政府理论，不难看出，精益治理是企业家政府理论与实践的延伸。两个理论秉承创造最大限度生产率和实效的企业家精神，关注当前不够"经济"的问题，开发全新、高效的公共产品生产与供给方法，为社会提供更优质高效的公共服务。而与新公共服务理论相比较，精益治理可谓在实践中对新公共服务理论做出了回应。精益治理追求更快速、便捷、高质量的公共服务，希望从政府具体行为入手，从公众对政府公共服务的"不满"入手，改变政府行为方式，提升政府公共服务行为的社会满意度。虽然，精益治理理论与实践更多借鉴了企业管理的思路，更多强调以企业家精神服务于顾客，但不可否认，关注公共责任、聚焦公共服务的新公共服务理论从根本上形塑了精益治理，调和了企业家政府理论上的不足，并在实践中推动精益治理更加关注服务而非掌舵。

三 治理理论和新政府治理理论与精益治理理论

"治理理论"（governance theory）是精益治理的理论基础，政府公共管理转变为治理，也是精益治理产生与发展最核心的背景。从出现"治理"的权威定义开始，治理就成为政府手中最为合理有效的行为范式。事实上，精益治理诞生于治理理论的浪潮之中，是蓝志勇和罗森布罗姆所谓"市场化的公共行政"的"治理思潮"的具体表现形式[①]。当然，精益治理自诞生于这种公共行政市场化浪潮中开始，就注定要冲破治理理论的牢笼，重新定义政府公共行政的性质，弥合治理理论的缺陷。

---

① Lan Zhiyong, David H. Rosenbloom, "Editorial: Public Administration in Transition?", *Public Administration Review*, Vol. 52, No. 6, pp. 535 – 537.

随着经济社会发展，政府所面对的矛盾问题一次次发生变化，治理理论逐步顺势应时进行了几轮调试。2008 年世界性经济危机爆发以来，治理理论因操作工具不足和脱离实际问题开始了理论转向。经历了"治理失败"的震荡后，学界对治理理论进行了一轮小规模自我调适，对一些新思想、新理论进行整合，并称之为"新政府治理理论"（New Governance Theory）。"新政府治理理论"直面治理理论的现实缺陷，针对西方各国政府在危机中暴露出的治理手段不足问题，认为"构建权威的框架之于多中心治理体系不可避免"[1]，在理论上重新审视曾饱受非议的"管制型资本主义"（Regulatory Capitalism）[2] 理念，重塑政府责任意识，关注和创新具体的治理工具，力求治理真正由理论嵌入实践之中。新政府治理理论强调非正式合作、公私伙伴关系，相关利益团体的协作过程，并探讨作为治理主体的国家和政府的角色定位，其创新点主要体现在"回应型规制"[3]、"政府—社会"的协作关系[4]和强调对"公

---

[1] 出自哈佛大学肯尼迪政府学院教授 John Gerard Ruggie 的会议发言 "Global Governance and 'New Governance Theory': Lessons from Business and Human Rights"，原文针对企业权力和人权问题，认为构建权威性框架在多中心治理的发展中不可避免。

[2] Braithwaite, *Neoliberalism or Regulatory Capitalism* (Austl. Nat'l Univ. Regulatory Insts, Network, Occasional Paper, No. 5, 2005) at 8, 18, Regulatory Capitalism is a theory that suggests the global political economy is evermore reliant on administrative rules even though suchrules many not emanate from traditional sources like national legislatures and courts. Itrejects the central argument of deregulation that there is a decline in regulation, providing much empirical evidence to the fact that there is a profound expansion of regulation. See generally David Levi-Faur & Jacint Jordna, "The Rise of Regulatory Capitalism: The Global Diffusion of a New Order", *The American Academy of Political and Social Science*, Vol. 598, No. 1, March 2005.

[3] "回应型规制"根本上是一种政府与社会的相互规制，是在政府利用现代管理技术充分融合社会多方利益需求的前提下，科学制定规制，加强对公共事务的监管的手段。"回应型规制"目的在于调动各方积极性，提高治理的自愿性。它并不强调规制与政府规章的"最大一致性"，而是在政府与公民之间建立沟通的桥梁，通过相互多轮信息反馈的"回应"以影响各主体治理行为，融合公共性的政府规制和个体性的社会规制，构建一种有广泛社会基础的、多元的规制体系，最大限度规避各治理主体的理性不足。

[4] 治理的多元化并不能理解为多中心化，将"协作"作为新"政府—社会"关系的核心，倡导包含"主从"理念的"协作"（collaboration）而不是"绝对平等"的"合作"（cooperation），在公共责任（accountability）面前，政府必须成为绝对的主体，必须承担社会公共事务的根本责任，社会应接受国家"协作性"的规制，在政府监管下履行公共职能。

共性"的管理①三方面。

所谓新政府治理,是一种对新公共管理运动和早期治理理论的全面反思,从理论上向詹姆斯·罗西瑙《没有政府的治理》发起挑战,从根本上否定了在治理中政府的"次要角色",否定了现代政府向着"企业家政府"方向的发展,比新公共服务理论更具可操作性和现实意义。莱斯特·M. 萨拉蒙曾在文中写道:"改革的核心不只是政府管理的范围与规模发生了根本性的变化,政府的基本形式(form)——公共行为的工具(tool),即解决公共问题所使用的手段(instruments)或方法也发生了根本性的变化。"②"在新政府治理中,我们需要的是掌握促进不同组织互动工具的专家,而不是目前培养的仅仅了解政府官僚机构的专家。"③ 政府因此在新政府治理的体系中获得了更为重要的位置。所以,新政府治理在继承治理理论倡导的"多元化、多中心化的治理""沟通协作"等核心理念的同时,重新将政府在国家、社会治理体系中的角色问题摆上了台面,关注重点从宏观问题逐渐走向微观问题,从中央层面逐渐直面基层的社会治理难题。

总之,治理理论和新政府治理理论,将公共行政的研究重点从重塑政府转向治理工具精细化,昭示着政府治理向着更加精益化的方向发展,精益治理也从全面向企业学习、弱化政府作用的误区中走出来,引领企业家政府走向具体的工具层。同时,在工具细化的研究基础上,理论的再次提升成为必然,精益治理理论依靠实践中的巨大成功引起学界

---

① "新政府治理理论"认为公私协作应包括两个维度:公共管理的私营化和私人主体的公共化(the "reality of hybridity between the privatization of the public and publicization of the private", John Braithwaite, *Regulatory Capitalism*: *How It Works*, *Ideas for Making it Work Better*),后者更为新政府治理理论所重视。对待实际社会公共治理问题,新政府治理理论以一种整体观来寻找解决方案,通过回应性渠道,统筹各个主体诉求,将个体性在合理框架内转化为公共性,优化治理行为,创新解决问题所需协作治理的基本规制,控制社会的公共性产出,对社会组织和个人的公共性担负起应有责任。

② [美] 莱斯特·M. 萨拉蒙:《政府治理与公共行为的工具:对中国的启示》,李婧、孙迎春译,《中国行政管理》2009 年第 11 期。

③ [美] 莱斯特·M. 萨拉蒙:《政府治理与公共行为的工具:对中国的启示》,李婧、孙迎春译,《中国行政管理》2009 年第 11 期。

关注，理论的抽象研究和提升也成为当前研究的重点。

第五节 精益治理的理论演进

菲利普·塞尔兹尼克指出："人类追求的理想不是过于庞大的政府，……相反，理想状态是老练的政府，侧重实际条件和共同体需要的政府。"① 精益治理即是对如何建设"老练的"政府、体现公共价值的政府的新思考。随着对精益思想和精益管理研究的逐步深入，诸多学者日益认为，较之企业，公共部门更需要进行精益管理以提高成效，减少对公共资源的浪费。

一 精益治理理论提出的背景与初步历史定位

实际上，可以说精益引入政府治理与企业家政府的实践是基本同步的，当奥斯本与盖布勒于1992年出版《改革政府：企业家精神如何改革着公共部门》一书之后，向企业学习的政府部门迅速发现了精益思想和管理的价值，1993年美国军方便出台了"国防制造企业战略""精益航空计划"（Lean Aerospace Initiative）等政府指令性活动。此后，企业家政府、新公共管理理论历经发展变革。经历了新公共服务的反思和2008年全球金融危机后的理论转型，精益思想与管理在政府中的作用也越来越重要，精益治理理论逐步成型。

从公共行政理论发展脉络来讲，如果说20世纪90年代奥斯本等人提出的企业家政府理论是新公共管理理论的1.0版本，经过新公共服务理论对其反思和批判后的丰富与改造是2.0版本，那么，当代的精益治理理论可以称得上在二者的基础上汲取精华，更加务实且理论更加落地的"新公共管理3.0"。新公共管理、企业家政府理论阶段针对的主要

---

① ［美］菲利普·塞尔兹尼克：《社群主义的说服力》，马洪、李清伟译，上海世纪出版集团2009年版，"序言"第8页。

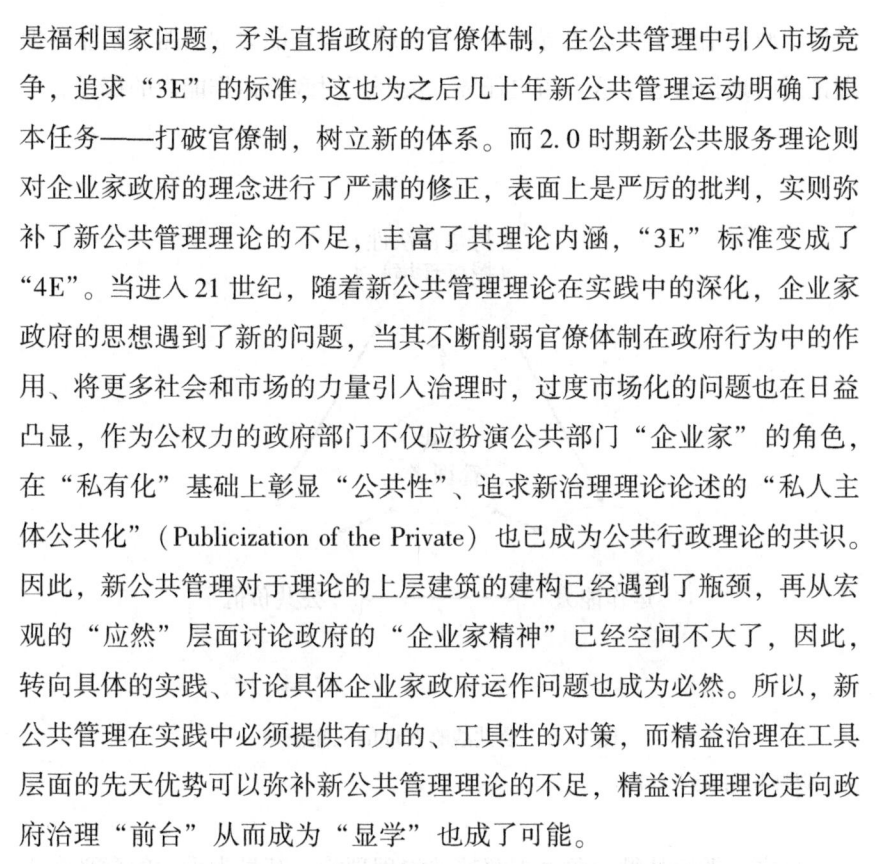

是福利国家问题，矛头直指政府的官僚体制，在公共管理中引入市场竞争，追求"3E"的标准，这也为之后几十年新公共管理运动明确了根本任务——打破官僚制，树立新的体系。而2.0时期新公共服务理论则对企业家政府的理念进行了严肃的修正，表面上是严厉的批判，实则弥补了新公共管理理论的不足，丰富了其理论内涵，"3E"标准变成了"4E"。当进入21世纪，随着新公共管理理论在实践中的深化，企业家政府的思想遇到了新的问题，当其不断削弱官僚体制在政府行为中的作用、将更多社会和市场的力量引入治理时，过度市场化的问题也在日益凸显，作为公权力的政府部门不仅应扮演公共部门"企业家"的角色，在"私有化"基础上彰显"公共性"、追求新治理理论论述的"私人主体公共化"（Publicization of the Private）也已成为公共行政理论的共识。因此，新公共管理对于理论的上层建筑的建构已经遇到了瓶颈，再从宏观的"应然"层面讨论政府的"企业家精神"已经空间不大了，因此，转向具体的实践、讨论具体企业家政府运作问题也成为必然。所以，新公共管理在实践中必须提供有力的、工具性的对策，而精益治理在工具层面的先天优势可以弥补新公共管理理论的不足，精益治理理论走向政府治理"前台"从而成为"显学"也成了可能。

从另一个层面来讲，根据美国学者马克·莫尔的公共战略管理三角模型（图1-7），"公共价值"是政府治理的根本出发点，政府各种管理活动应当以实现公共价值的具体内容为目标；"支持与合法性"关注利益相关者，关注向政府治理行为的有效而充分的授权；"运作能力"则是政府治理具体的行为与活动能力。当三者达到平衡时，政府公共行政的目标就可以实现。反观近30年来新公共管理理论与实践，最初的企业家政府理论将竞争引入政府治理，实际上解构了官僚体制下政府治理的权力架构，重新建构了一种全新的授权环境，基本解决了新公共管理的"支持与合法性"问题；新公共服务理论对企业家政府理论的反思与批判，则弥补了后者在"公共价值"层面的缺陷，将政府的"公共性"问题摆上台面；而在解决了"授权环境"和"公共价值"问题之后，政府治理迫切希望寻找不断提升政府运作能力的出路，精益治理理论适时地担负起了这一历史任务，展开了对政府运作能力的探讨。

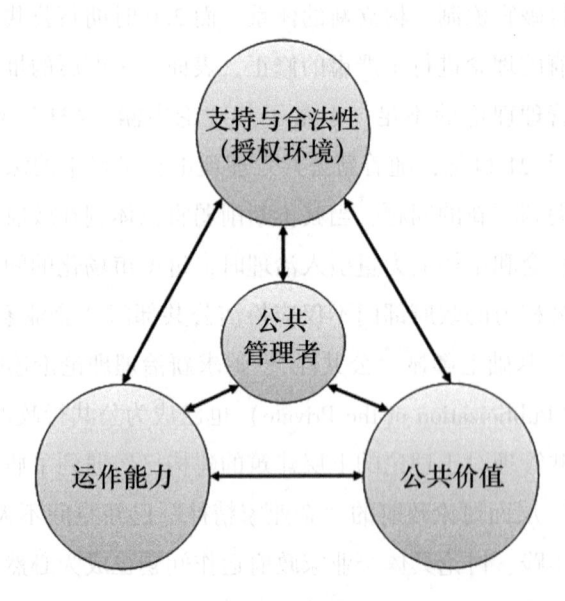

图 1-7　公共战略管理的三角模型

资料来源：笔者自制。

总之，无论从哪一角度理解精益治理理论，其最为重大的意义在于"走向丰富的具体"，其工具领域的成就对于政府治理的意义是不言而喻的。同时，精益治理理论从工具应用的实践出发、从具体问题出发，认为仅仅从工具层面探讨政府治理是无法根本解决问题的，继而继续拓展研究范围，形成了包括精益领导力、精益政策开发等在内的理论体系。从政府治理的微观到宏观，精益无处不在。

二　精益治理理论国内外研究现状

精益治理应用精益的原则和方法，识别和实施最高效的、增值的方式来提供政府服务。政府机构发现，精益方法可以使它们更好地理解机构内所有的过程是如何工作的，有助于快速地识别和实施改进，并建立一种持续改进的文化。精益治理的支持者普遍认为,政府应该减少政府组织中的"浪费"和"低效率",从而为税收支持的项目和服务提供全面的、更好的服务和更多的价值。咨询公司 Lean Breakthru Consulting Group 认为:精益治理是在完成政府服务中不懈追求消除浪费。精益治理意味着少花钱多办事。更少的延误,更少的支出,更少的资源,更少的废话,却在创纪录的时间内产生更多的行动、更有效的立法。精益治理系统是一种方法,它不能容忍浪费同时继续减少对政府服务的需求。

麦肯锡咨询公司也第一时间将精益管理思想引入政府等公共部门的变革之中。他们认为,"精益管理通过定位组织低效成因,构建管理系统和能力素质以支撑工作新方式,吸引管理者和职员将持续改进作为每个人日常工作的一部分,最终帮助公共部门简化流程"[1],并且,他们指出,"关注于单一流程可以达成循序渐进的进步,但还是达不到真正和持久的变革"[2],从而创新提出了公共部门精益管理必须打破"简单"精益管理的束缚,超出精益仅仅关注生产流程的边界,扩展精益的视野,推进变革的五个"镜像"(图1-8)。推动公共部门精益变革应"更多依靠高层领导力的参与和更有能力和天分的、更贴近工作和顾客的一线职员,而非专家所驱动的分析计划或其他特殊设计"[3]。精益管理下的政府更加重视"培训培训师"(Train the Trainer),提升迅速变革能力,使持续变革成为政府内生动力。另外,他们也提出了"精益管理变革的五阶段(5A)模型",将推进政府精益化具体分解为五个可行时间段:立志(Aspire)、评估(Access)、缔造(Architect)、行动

---

[1] McKinsey Center for Government, "Transforming Government Performance through Lean Management", December 12, 2012, https://www.mckinsey.com/~/media/mckinsey/dotcom/client_service/Public%20Sector/PDFS/MCG_Transforming_through_lean_management.ashx.

[2] McKinsey Center for Government, "Transforming Government Performance through Lean Management", December 12, 2012, https://www.mckinsey.com/~/media/mckinsey/dotcom/client_service/Public%20Sector/PDFS/MCG_Transforming_through_lean_management.ashx.

[3] McKinsey Center for Government, "Transforming Government Performance through Lean Management", December 12, 2012, https://www.mckinsey.com/~/media/mckinsey/dotcom/client_service/Public%20Sector/PDFS/MCG_Transforming_through_lean_management.ashx.

(Act)、发展（Advance）。麦肯锡咨询公司对精益管理在政府中运用的聚焦研究，一步步提升了精益管理的理论可操作性。精益思想的"持续改善"不断重塑着政府治理的思维与方式。

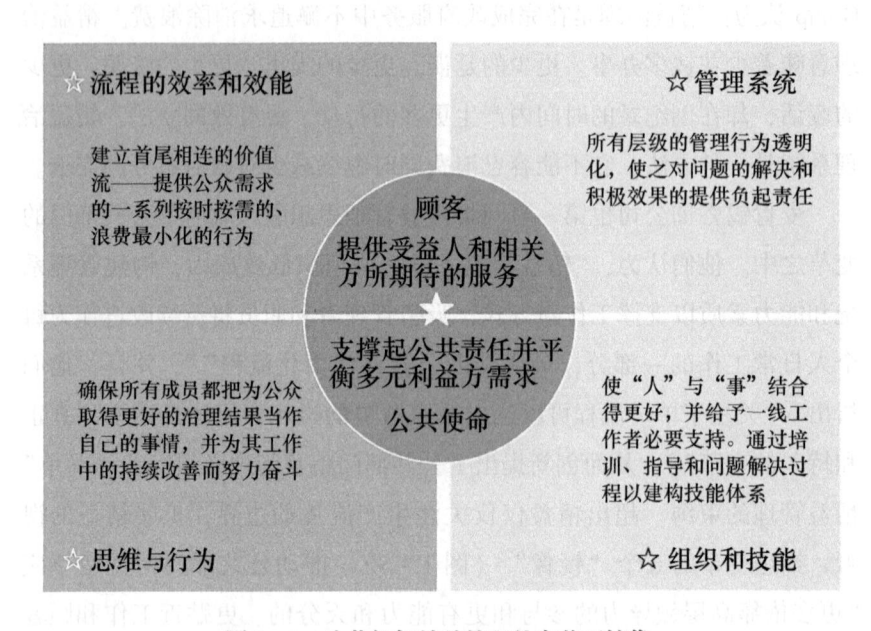

☆ 流程的效率和效能

建立首尾相连的价值流——提供公众需求的一系列按时按需的、浪费最小化的行为

☆ 管理系统

所有层级的管理行为透明化，使之对问题的解决和积极效果的提供负起责任

顾客
提供受益人和相关方所期待的服务

支撑起公共责任并平衡多元利益方需求
公共使命

确保所有成员都把为公众取得更好的治理结果当作自己的事情，并为其工作中的持续改善而努力奋斗

使"人"与"事"结合得更好，并给予一线工作者必要支持。通过培训、指导和问题解决过程以建构技能体系

☆ 思维与行为

☆ 组织和技能

图 1-8 公共部门精益管理的变革五镜像

资料来源：McKinsey Center for Government，"Transforming Government Performance through Lean Management"，December 12，2012，https：//www.mckinsey.com/~/media/mckinsey/dotcom/client_service/Public%20Sector/PDFS/MCG_Transforming_through_lean_management.ashx.

理论的丰富拓展了其研究范围。20世纪90年代，美国进行了一系列的对精益生产的研究，其中包括1993年美国军方出台的"国防制造企业战略""精益航空计划"（Lean Aerospace Initiative）等政府指令性的活动。学者、企业乃至美国政府的研究，证明了精益思想可以作为一种普遍的管理哲学在各个行业传播和应用，出现了"精益服务""精益医保""精益治理"等新概念，使精益思想和管理取得了飞跃性的发展。2006年，大卫·克林斯等便发表了文章《地方政府中"精益"的

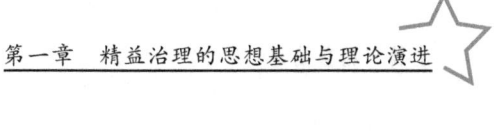

应用》，讨论了"精益生产""精益办公""精益治理"的相关内容，以俄亥俄州辛辛那提始自 2003 年的精益治理实践为例，证实了精益思想对地方政府的重要意义，并提出了地方政府精益化变革的挑战：各种工作流程在不同层级政府中存在重叠，精益行为权责不定导致"谁说了也不算"或"谁都说了算"，对顾客需求多元化的解释，等等，"所有这些地方政府的特征都与精益的哲学与实践背道而驰"[1]。大卫·德里克海默在《应用精益思想重塑城市政府》一文中指出，"精益思想的本质是让政府员工负责重新设计工作，同时牢记要为顾客提供最好的产品或服务"[2]。肯·米勒认为，精益可以承诺改善政府，有三个原因。其一，精益关注操作。精益的整个要点就是重新思考我们的生产方式，提高我们的能力，向我们所服务的顾客提供价值。精益认识到低效存在于我们的系统和操作中，存在于我们设计的工作方式中。精益不是另一个规划模型、测量方法，或者问责制。精益不是一个口号或者告诉员工做什么。精益实际上侧重于该机构的工作。其二，精益有一个可测量的影响在时间、能力和客户满意度上。精益项目产生惊人的效果，它们的完成通常只要不到五天。其三，精益涉及员工。具体来说，在过程或系统中工作的员工被改善。相对于以往员工可以通过建议的方法来提高自己的表现或参与项目并且仅能看到系统的一部分，精益项目涉及所有的关键参与者在一个系统中（包括"客户"）来分析和改善整个系统。[3]此外，由于精益聚焦于减少浪费的具体技术，部分国外学者将精益管理、"精益治理"（lean governance）作为政府治理技术的新变革，Marijn Janssena 和 Elsa Estevez 就提出："精益治理（lean government）是电子政府发展的'第三波'"，与治理相关方协作是精益治理的核心，且

---

[1] David Krings, Dave Levine, "Trent Wall, The Use of 'Lean' in Local Government", *ICMA Public Management Magazine*, Vol. 88, No. 8, 2006, p. 9.

[2] David Drickhamer, "Using Lean Thinking to Reinvent City Government", *Lean Enterprise Institute*, April 1, 2008, https://www.lean.org/the-lean-post/articles/using-lean-thinking-to-reinvent-city-government/.

[3] Ken Miller, "Lean Government's Promise of Going? Lean, Governing", May 21, 2009, https://www.governing.com/blogs/public-great/lean-government.html.

"基于平台的治理"将有益于这种协作。①

在近年的一些文献中,可以发现许多学者已开始从理论研究与实证研究两方面,寻找精益管理的优势和缺陷,对精益治理理论进行更加深入的发掘,不断探索适合于政府等公共部门的精益管理办法。2012 年,英国卡迪夫大学佐伊·拉德纳发表论文《英国政府中的精益:内部效率还是客户服务?》,提出了精益治理内部服务流程(internal service processes)改进和客户服务(customer service)之间关系的问题,认为英国政府精益化更多聚焦内部行为流程的改进而相对忽略了客户,事实上二者理应受到同等关注。② 2015 年,麦卡恩·里奥、约翰·哈萨德、爱德华·格兰特、保拉·J. 海德于《人际关系》(Human Relations)杂志上合作发表论文《精益"魅力"的剥离:精益管理在英国国家医疗服务系统中的推广、稀释和腐蚀》,讨论了精益思想在英国国家医疗服务系统运作中的重要作用,同时也对精益思想在工作中为什么开始时得到广泛支持而随时间推移逐渐被组织成员冷淡作了系统的、实证的分析。在文章摘要中他们提到:"规范的、主流的文献表明,精益正在迅速地在公共部门领域传播。对于政府传统的工作和改善绩效的激励方法,提供了急需的反思。"③ 但作者基于三年来对英国医疗人员的人类学研究发现,这些医疗人员对于"精益"的接受度呈现明显下滑,他们把这一过程形象地描述为"最初的支持,之后被稀释,最终崩毁"④。

---

① Marijn Janssena, Elsa Estevez, "Lean Government and Platform-based Governance—Doing More with Less", *Government Information Quarterly*, Vol. 30, Supplement 1, January, 2013, pp. S1 – S8.

② Zoe Radnor, "Lean in UK Government: Internal Efficiency or Customer Service?", *Production Planning & Control: The Management of Operations*, Vol. 24, Issue 10 – 11, 2013: Operations Management in the Public Sector.

③ Mc Cann Leo, Hassard, John S., Granter Edward, Hyde, Paula J., "Casting the Lean Spell: The Promotion, Dilution and Erosion of Lean Management in the NHS", *Human Relations*, Vol. 68, No. 10, 2015, pp. 1557 – 1577.

④ Mc Cann Leo, Hassard, John S, Granter Edward, Hyde, Paula J., "Casting the Lean Spell: The Promotion, Dilution and Erosion of Lean Management in the NHS", *Human Relations*, Vol. 68, No. 10, 2015, pp. 1557 – 1577.

总之，精益思想和精益管理已在政府治理领域结出丰硕成果，目前理论和实践已经开始反思前一阶段精益思想与精益管理在公共部门的应用，并着力寻找改善精益管理的突破口。当然，政府精细化治理完全照搬企业的精益管理是不明智的，比如精益思想对于"低成本、零缺陷、持续改善"的追求是存在矛盾的，零缺陷的治理并不存在，持续的改善应建立在治理过程中既有缺陷之上；另外，精益治理所应确定的公共价值显然要比精益企业所提倡的价值更为复杂和深刻，确定政府的公共价值是构建精益治理最为复杂的课题。不过应当承认，无论理论还是实践领域，精益思想和精益管理的丰富成果，对于政府公共行政理论走向"宏大"的"精微"将起到重要作用，对于中国政府治理精益化实践也具有借鉴意义。

三 精益治理的整体系统

精益治理的整体系统（引论图0-3）呈现出精益治理理论的总体框架和基本内容，将具体"零散的"精益治理理论知识进一步系统化和逻辑化，为理论的丰富与发展提供了最为核心的框架。其中，"人员发展"是一切组织精益变革的核心，也是政府部门精益变革的核心，把"人"放在核心位置是精益变革得以实现的最为根本的动力。在"人员发展"核心理念的外围，分别由"哲学理念""技术工具"和"管理工具"作为支撑。此三大支撑模块的均衡发展是实现人员发展的基础。因此，为实现人员的发展，精益治理必须持续推进哲学理念、技术工具和管理工具的均衡发展与革新。而实现人员持续发展的过程中，此三大支撑与核心理念的有机组合、相互影响，对于在政府组织内部形成精益文化是至关重要的。

精益治理理论的核心在于始终围绕"人员发展"的目标施以变革。在丰田管理的模式里，总会出现"要造车先造人"的理念，发展员工是改进生产和流程的核心。在精益治理整体的系统中，人员发展指的是构建并落实一种能够培养有力领导者同时向公务员队伍提供必要精益技术手段的"坚实的框架"。人员发展指的并不是一种方法或工具，不是简单特指精益的人力资源管理，而是强调在任何政府公共服务的任何领域、层面的精益变革中，都应以人的发展为核心，真正以人为本，一切指向人的发展，而非其他功利的目的。

精益治理的哲学理念是精益治理理论的基础，也是精益治理整体系统的重中之重。实际上，精益治理的哲学理念回答的是这样的问题，即在当前环境下，政府应有的信念究竟是什么？公共服务的目标又是什么？同时，精益治理的哲学理念不仅对使命、价值观等问题做出抽象的回答，也对具体的精益变革实践做出宏观的指引。更为重要的是，精益治理的哲学理念涉及政府内部不同部门、不同团队的文化问题，这些不同部门、不同层级的政府组织必须细查现有组织文化与精益文化的差异，找出需要改变之处。改变文化确实需要很长时间，但绝不能借此回避政府的精益变革。

精益治理变革的工具是精益治理理论的重要内容，对各种工具的创造、完善以及合理性、适用性研究更是精益治理变革实践的重要基础。精益治理变革的工具包括"技术工具"和"管理工具"，二者与"哲学理念"共同支撑人员的发展。技术工具是具体的、已开发或正在开发的精益方法模型，管理工具则是与精益治理要求相配套的一整套管理模式。关于技术工具，到目前为止，精益治理变革的技术工具基本上已汲取企业精益管理的经验，将改善思想、精益思想等一系列实践经验与政府治理特殊性相结合，尤其将针对问题解决的精益六西格玛管理搬入政府治理，吸收了一大批行之有效的变革工具。比如，前十年美国政府一直实践着精益六西格玛管理的大量工具，各种精益六西格玛工具手册更是各级政府官员的必备工具书，其中近百个工具被政府各级变革推动者学习和选用。不过，在政府精益变革过程中，面对众多实际工具时，应当极力避免产生"精益变革＝精益工具开发与运用"的错误认识，应当以精益不是一种工具也不是一整套工具的理念对待政府精益变革，将政府精益变革视为一种公共行政、治理思维模式的变革，从整个政府系统入手，不断关注可用资源与公共服务需求的关系处理，尽可能消除浪费，运用有限资源创造更多公共价值。这完完全全是一种发现问题与解决问题的新思维，而非仅仅几种具体工具。

关于管理工具，当前西方无论是追求精益化的企业还是正处于精益变革中的政府部门，"通常只专注于效仿那些容易用肉眼看到的工具和实践方法"[1]，然而，"肉眼看不见的管理系统也更加难以模仿"[2]，因此，政府精益变革管理工具的重要性绝不亚于技术工具，精益变革容易学习掌握的技术工具并不是精益治理的全部内容。提升管理工具与技术工具的匹配度，从管理思维变革入手改变政府组织发现问题、应对问题、解决问题的传统思路，辅之以精益的管理手段，是学习和丰富精益治理管理工具的重要任务。精益治理的管理工具应当包括精益领导力、精益人力资源管理、精益会计等。其中精益领导力是对政府精益变革影响最大的关键因素，"领导水平和管理技巧对精益方法的实施起着重要作用"[3]，并且"精益方法的实施也需要稳定的领导层和管理系统"[4]来保障政府公共服务的持续改进。因此，对于精益治理管理工具的研究，应当聚焦在领导力、人力资源管理等方面，并对重点进行详细探讨。

小结　精益治理理论简评

纵观精益治理理论的演进，可以发现其经历了改善思想、精益思想

---

[1]　[美]马克·格雷班：《精益医院：世界最佳医院管理实践》，张国萍等译，机械工业出版社2011年版，第5页。
[2]　[美]马克·格雷班：《精益医院：世界最佳医院管理实践》，张国萍等译，机械工业出版社2011年版，第5页。
[3]　[美]马克·格雷班：《精益医院：世界最佳医院管理实践》，张国萍等译，机械工业出版社2011年版，第27页。
[4]　[美]马克·格雷班：《精益医院：世界最佳医院管理实践》，张国萍等译，机械工业出版社2011年版，第27页。

与精益管理、精益治理三个理论阶段。改善思想应用于政府治理，主要提供了公共部门改革的4P模型，使现场改善思想在政府治理活动中得以落实，初步对政府治理流程进行了改善，并对公务员队伍培训做了相应的探索。精益思想与精益管理阶段的创新在于将精益思想与一些具体的企业管理工具进行结合，形成了一套初步的政府精益管理工具，尤其是"精益＋六西格玛"在政府中应用的成功，大大拓展了理论研究范围，使精益治理理论从基本思想转向工具开发与可行性研究。从此，政府精益变革工具成为理论的重点讨论领域，也为各国实践中的政府精益变革提供了最为具体的理论基础。精益治理阶段则是理论的成熟阶段，精益治理理论已经超出詹姆斯·P.沃麦克、丹尼尔·T.琼斯所理解的精益思想与管理，从其所倡导的精益思想五原则中"跳"了出来，全面探讨和论述精益治理理论，探讨构建全面、自觉精益化的政府治理体系，包括政府的精益领导力、精益文化在内，其研究内容被无限放大，也为未来进一步丰富和发展精益治理理论不断积淀着成果。

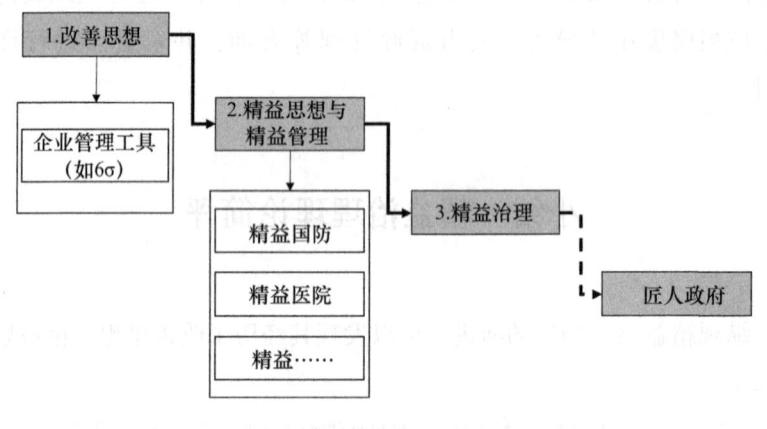

图1-9　"精益治理"理论的演进

资料来源：笔者自制。

分析可见，精益治理理论已经描述出一个政府治理自下而上的变革路径，即从基本的、基层的、简单的治理流程改进出发，向上扩展到政府治理文化、领导力等"上层建筑"的精益化，从而带来政府整体的、持久的变革。

从对精益治理理论的全面理解中可以得出许多启示，尤其对于中国政府的发展变革而言有重要意义。面对后疫情时代经济复苏、大国博弈竞合激烈、利益矛盾尖锐的全球治理大环境问题，各国政府的应对措施是极为相似的，也有相互借鉴意义。政府向社会和市场"让利"以释放活力是解决问题的必然要求，精益治理理论的提出和完善就是在探讨政府如何将更多资源转让供给于社会和市场，如何解决更多的行政资源以获得更大治理效果。这种思考是必要的，也是公共行政理论发展的必然。

不过，我们也应当理性地认识到，当前精益治理理论发展处于初级阶段，对于"精益治理"的理解是比较局限的。大多数专家学者聚焦于精益管理各个工具在政府治理中的运用，这种工具化的、过分专注方法论的理论发展模式有其必然性，但缺陷也十分明显。精益治理在理论与实践中已经显现出"一条腿走路"的"病变"，将精益治理等同于"在政府治理活动中进行精益管理"，严重束缚了理论的发展空间。从图 1-10 可以看出，西方一些学者，尤其是政府部门对精益治理理论的理解还是比较狭隘的，他们将"Lean Government"（政府精益管理）[①]与精益创业（Lean Startup）、软件的敏捷开发（Agile）相并列，作为一种非常具体的政府管理工具来看待，认为只有对待当前的政府工作时才应使用"政府精益管理"的工具，而开发新任务、开发新软件则应换用精益创业和敏捷开发工具。

这种对精益治理工具化的理解将造成很多弊病，最严重的弊病就是过分关注工具开发导致理论储备不足，在实践中明显表现出工具开发多样化和实用化，但每个针对具体问题的工具在解决问题的同时会产生更多的衍生问题，这些问题本可以在理论的发展中受到关注。同时工具的开发和使用削弱了专家学者、政府部门对"人"的关注，这就涉及当

---

① 由于将 lean government 视作一种管理工具，在此也只能将其译为"政府精益管理"。

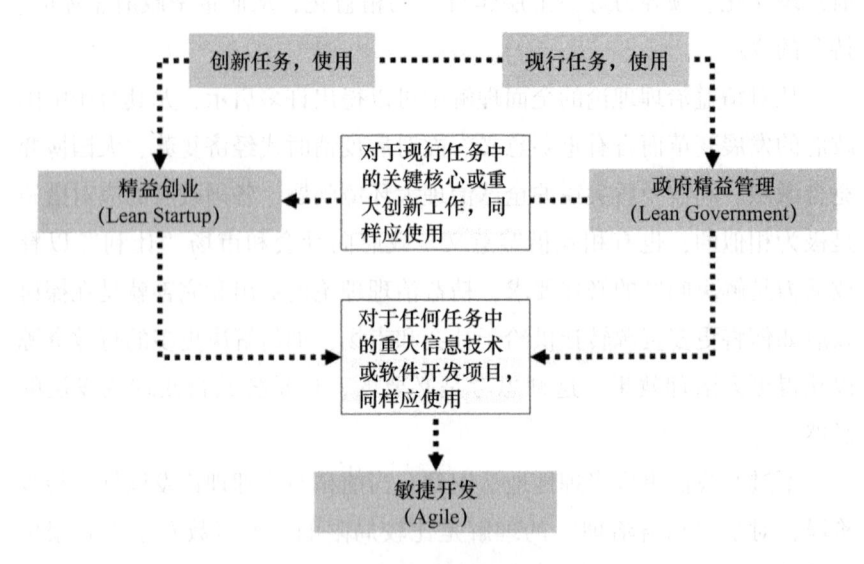

图1-10　如何选择精益实践简介

资料来源："Which Lean Practices Are Right for You?", United States Environmental Protection Agency, https://19january2017snapshot.epa.gov/lean/which-lean-practices-are-right-you_.html.

前精益治理理论向精益领导力、精益文化的转向，关注人和人的行为将是精益工具成败的关键。

所以说，精益治理（Lean Governnace）不仅仅是政府部门的精益管理，其内容应涵盖方方面面，它应当成为一种政府存在的模式、一系列政府行为的理念和一套政府理论的范式，代表着政府公共行政理论走向精细化的必然趋势。在接下来两章中，本书将从理念到工具进行全面思考，集中对精益治理的哲学理念以及技术、管理工具进行探讨，为精益治理理论提供一个完整框架。

第二章
精益治理的哲学理念

从精益治理基本理论中可以明确，精益治理的整体系统以"人员发展"为核心，以"哲学理念"与"工具系统"①为支撑，一切以人的发展、人的工作生活精益化为核心价值。其中"工具系统"是精益治理最为丰满、实用、特色鲜明的部分，是理论的"方法论"，将在第三章详细论述；"哲学理念"是精益治理理论的"认识论"，是精益思想高度抽象的凝结。对于精益治理理论的认识，也必须从理解"哲学理念"开始。

事实上，对任何哲学理念基本内涵的理解，都要诉诸哲学体系的统一原理、理论形态的自我意识和时代精神的理论表征三方面。也就是说，精益治理的哲学理念，实际上包括了精益治理理论最高层面的统一原理，对精益治理本身存在的"自我意识"，以及其时代性的理论要旨。首先，精益治理"理论层面的统一原理"，实际上指可以解释和指引精益治理多元化实践的共相的理念，正如黑格尔所说，"要这样来理解那个理念，使得多种多样的现实，能被引导到这个作为共相的理念上面，并且通过它而被规定，在这个统一性里面被认识"②。这种精益治

---

① 如前文所述，精益治理的工具系统分为"管理工具"和"技术工具"。
② ［德］黑格尔：《哲学史讲演录》（第2卷），贺麟、王太庆译，商务印书馆1960年版，第384、385页。

理的统一性原理具体可以表现为精益治理的"基本逻辑""基本价值""原则""法则"等。其次,精益治理对于本身存在的"自我意识",实际上是政府在精益化变革实践中对政府本身形态、功能的反思,是参与其中的公务员、政府雇员对自我工作生活形态的建构、解构与重构,表现在持续的改善活动之中。这种"自我意识"可具体表现为"核心内涵",即对精益治理本身究竟为何物的不断深化发展的理解。最后,精益治理时代性的理论要旨,实际上回答的是在当前时代背景下精益治理理论的合理性问题。任何一种哲学理念,都具有其时代的合理性和历史的暂时性,因此精益治理哲学理念是相对之绝对:历史意义上的相对,时代意义上的绝对,亦即应当感知精益治理哲学理念的现代形态,同时要看到发展的未来形态,理解当前必然性的相对真理及对其的理性反思。

因此,探讨精益治理的哲学理念,应从其核心内涵、基本逻辑及其他一些相关重要理念入手,并最终总结其时代合理性与未来的发展趋势。

第一节　精益治理的核心内涵

对于精益治理的核心内涵可以做以下简单描述:精益治理的原则在于公共价值导向的不断改善;推崇快速高效、信息透明、个体责任制的决策方式;对于风险的精益治理通常进行风险预测与预案设计;对于绩效则以公共价值为基准,对公共服务效用进行计算;对于改革的态度非常积极,认为改革可以帮助走向卓越;至于政府相关的各利益集团,精益治理认为内部利益集团应当是伙伴关系,是精益变革的重要推动力。将传统政府与精益化的政府作比较(表2-1),可以清晰明了地对精益治理核心内涵加以初步认识。

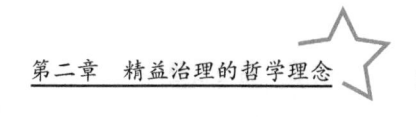

表2-1　　　传统政府与精益治理（精益政府）的比较

特性	传统政府	精益治理（精益政府）
原则	任期制、一致决策、政策	合同制、不断改进、价值
决策方式	严格的决策制度，混乱的责任制度，委员会集体决策，难以收集适当信息	由于审批机构精简而快速，信息透明，独立责任制，危机中仍然能有效工作
风险	害怕或忽视风险，因此恶化了未来的风险	合理计算和预测，通常预先进行方案准备
生产力	通过投入产出比来计算，受制于优柔寡断的决策方式和对风险的惧怕	通过价值和效用来计算，与战略和执行计划相关联
对改革的态度	认为改革威胁了一致原则、文化和传统	认为改革推动了进步、创造了增加系统价值的新途径
利益集团	系统内部的附庸，相互对抗关系	系统内的伙伴，服务改进的推动者

资料来源：笔者自制。

与传统政府比较，精益治理（精益政府）体现出了全面的超越，在"原则""决策方式""风险""生产力""对改革的态度""利益集团"等方面都有理念上的革新。除此之外，理解精益治理的内涵、回答精益治理究竟是什么的问题，还应当从精益治理的"精神"和"愿景"来加以探讨，提炼其存在的方式及自我意识。

一　精益治理的精神

众所周知，企业家政府是指用企业在经营中所追求的讲效率、重质量、善待消费者和力求完美服务的精神，以及企业中广泛运用的科学管理方法，来改革和创新政府管理方式，使政府更有效率和活力。作为新公共管理理论的 3.0 版本，精益治理继承了企业家政府理论的许多精要，企业家政府所秉持的企业家精神也被精益治理批判继承，并形成了精益治理独特的精神内涵。

(一) 根本信仰：尊重人性与"服务满意度"

精益治理的首要精神在于其"信仰"，精益治理的根本信仰是尊重人性与对"服务满意度"的笃信，精益治理一切理念和工具都以此为出发点。精益治理的一切理念与工具都不仅仅以政府绩效、成本效益比为标杆，而是以尊重人性为尺度。在精益治理理论中，有两个特别关注的焦点，一是由公共需求拉动公共服务供给，二是极度聚焦公务员的工作满意度。前者是对公众"人性"的最大尊重，而后者是对公务人员人性的尊重。也就是说，精益治理所考虑的首先是人，是对与政府政务、公共服务相关的所有群体人性的考虑，并由此而衍生出如理顺公共产品价值流、持续改善公共服务细节等更多更直接的价值目标。精益治理对"服务满意度"的笃信是"尊重人性"的直接表现，对服务满意度的笃信与不懈追求是精益治理最显著的精神。服务满意度并不只涉及公共服务"享用方"——社会公众对政府所提供服务的满意度，也包含着公共服务供给方本身对服务的满意度，即公务员或政府雇员本身在提供公共服务过程中的体验感是否达到较高的满意标准。所以，在同时关注公众和公务人员对公共服务的满意度基础上，人性得到最大限度的尊重。

(二) 专注精神：持续追求卓越

精益治理的独特精神内涵之一是专注。所谓精益，是"少而精"而又不断"学习"和"增益"，所以，持续追求卓越是精益治理的核心精神。持续追求卓越的精益治理，其聚焦点永远在"小"不在"大"。政府的精益变革也要求从基层最细小的问题入手，专注于改善这些"大影响"的"小问题"。精益治理的专注精神往往表现出"鸡蛋里挑骨头"的行为，这与"匠人精神"非常相似。政府公共服务的"匠人"往往也会与自己手中的"活儿"较劲，与具体工作的浪费低效问题较劲，而不会像传统政府那样，往往与公众较劲。专注的精神在于全身心的投入，精益治理鼓励专注，将"改善一切"的人性需求激发出来，全身心投入政府精益项目中，让包括公众、公务员在内的所有相关方切身感受到改善的效果与卓越的体验,进而保持对改善的持续专注。

(三)宽容精神:专注过程并放眼长远

精益治理另一独特精神内涵是宽容。宽容精神所指的并非宽容一切,精益治理对于浪费现象永远"零容忍"。宽容精神表现在对"非关键要素指标"的宽容和对"短期结果"的宽容。作为精益治理的领导者,必须有清晰识别与公共价值流密切相关的要素指标的能力,对于之外的"非关键指标"(如公务人员在工作中非程序化、非标准化的"行动"等)都会表现出宽容的精神。另外,精益治理专注细节但放眼长远,对于政务改善"短期收益"的态度并不苛刻,宽容对待短期结果而更加强调过程的专注。实质上,精益治理的宽容是对人性的宽容,是一种人文主义的宽容精神,而不是对问题的容忍。

二 精益治理的愿景

愿景是主体对自身当前与未来存在状态的一种"自我意识",精益治理的愿景表现了其哲学理念的一种重要内涵。毫无疑问,国内外当前对精益治理的研究与理解基本上停留在工具层面,而政府精益变革工具是精益治理理论最重要的一个部分,也是精益治理实践的主要依据。但是,从对相关文献的理解和思考中,还是可以总结出精益治理理论的一些内容,提炼出精益治理变革的愿景。

任何人都不会怀疑这样一个最直接、最浅显的道理:政府行政成本必须降到经济社会可接受的水平,尤其是在经济环境比较困难的时期。2008年以来,经济压力给全球政府都提出了降低行政成本的要求,精益治理理论也因此遇到了在实践中大展拳脚的历史机遇。所以从这个意义上看,精益治理变革最根本的愿景,就是提供一个没有浪费的、行政成本令经济社会能够接受的、解决问题高效的政府。精益治理愿景的另一种表述是"提供公众满意的政府治理",那么,"公众满意"是否可控?是否可以通过精益化变革提升公众满意度?答案当然是肯定的。精益治理理论是开放的理论体系,在面对"公众满意""公众偏好"这种难题时，包括行为经济学在内的各种理论思想都可以借鉴到政府治理中来，以从各个角度推进精益化。

除此之外，精益治理变革从根本上依靠政府"全员提案改善"，因此其愿景必然包含个人愿景与团队、组织愿景。个人愿景涉及政府治理工作与公务员个人及其生活的根本关系，精益治理是建立在对精进有不懈追求动力的政府公务员个体之上的，处理好公务员个体与其工作、生活的关系是精益治理变革的重点。关于公务员个人与政府治理工作关系的愿景，精益治理希望在通过改变工作内容与相关奖惩激励机制的基础上，增大工作的吸引力，提高工作挑战度，消除个体与工作的根本矛盾，加强使命感教育，使公务员个体能够从个体愿望出发关注工作改进；关于政府治理工作与生活关系的愿景，精益治理希望在公务员队伍中改变"工作—生活"的二元对立，将工作寓于生活之中，使精益成为公务员自觉自愿、超出工作时间制的思考行为习惯，这不是简单的"奉献"精神，而是一种全新的"存在"方式。精益治理变革的团队、组织愿景则是基于广泛组织专注于问题处理的精益工作团队之上的，希望通过精益团队的实践，在解决问题中不断学习和开发精益工具，并最终形成一种不断发现问题、找出浪费、追求精进的团队氛围，培养政府的精益文化。

第二节　精益治理的基本逻辑

逻辑是事物的序列和运动的顺序规律，持有什么样的逻辑就会对事物运动变化发展保有什么样的基本认识。因此，精益治理的基本逻辑对认识精益治理本身有决定性影响。精益治理的基本逻辑实际上是指政府精益变革、推进精益项目持续改善时介入的过程活动，这些基本逻辑实际上形成了一种精益特有的思维体系，组成了"精益思维"的基本框架。政府精益变革是一系列要素、环节构成的完整过程，具体抽象的逻辑影响着人的思维模式,而正是这样的精益思维模式对政府精益变革方向与具体行为产生了决定性的影响。

一 "公共性"① 的逻辑

精益治理的哲学理念认为,"公共性"是政府最核心的特性,也是精益治理最基本的存在意义。精益治理"公共性"的逻辑内涵是:只有符合公共性的政府行为才是真正符合精益哲学的,一切政府精益变革行为都应指向公共性,即在公共性的定义本身就具有公共性的前提下,精益治理一切理念、行为或"人员发展"的终极目标,都应符合公共性的要求。事实上,公共性既是个体利益的最大公约数,也是共同利益的最大公约数,所以,公共性是非排他性的、特定范围内社会价值尺度的体系。对于精益治理一切从政府应有的"公共性"出发的逻辑,就是要求政府的精益变革应更多指向公共性,更多依靠公众、服务公众去发现问题和解决问题。

公共性的精益治理行为是非排他性的,即"公共"本身是一种"共性",不排斥任何社会成员。政府本身也应是公共性所包含的主体之一,公务员、政府雇员是公共服务的供给者,也是公共服务的享用者。所以,政府的精益变革不仅应当服务公众,还应当考虑公务员、政府雇员的合理利益诉求。只有当政府公务人员的利益与社会公众利益相一致时,公共性才得以彰显。

公共性的精益治理行为是"个体优先性"的。公共性所涉及的并不是"政府利益",在公共性的范畴里,合理的个体利益的最大公约数是先于任何组织群体利益的。因此,精益治理关键在"精"在"细",任何"公共性"的、精细的行为都应以公共服务对象和公共服务提供者个体为基本单位,包括政府本身在内的任何组织群体的利益都应符合"个体优先性"。政府精益变革的任何项目都应考量相关个体的符合公共性的利益,重视公共服务供给者个体与享用者个体的利益关系,而不

---

① 公共性,即"publicness"。

能将供给方作为利益群体、利益组织与社会公众个体相对立。

公共性的"个体优先性"原则又是有限度的。也就是说,公共性应当表现出个体利益诉求的有限和理性。理性、有限的个体利益的最大公约数才是符合公共性的。个体优先性不意味着个体利益最大公约数的获得可以危害公共利益最大公约数的获得。精益治理关注公民个体,将公共服务推向精细化、专项化,但同时应当警惕利益诉求的"越界",只要是不理性、越界的利益诉求,就一定不符合精益治理的公共性。

二 "价值流"的逻辑

"价值流"的逻辑强调的不是精益治理所认可的政府价值的内容,而是以符合公共性的"价值"为导向的逻辑思维。精益治理的"价值流"逻辑是:只有让符合公共性的公共价值无阻碍地流动起来,价值才能真正得以体现。

"价值流"的逻辑针对阻碍流动的"节点"与"隔阂"。政府公共价值流不够畅通的原因多种多样,过多的"节点"与"隔阂"问题是最为常见的,比如过多的行政审批制度要求。"价值流"的逻辑将培养起政府部门重视价值流动效率的思维,重新认识当前的所有工作,判断是否有利于公共价值流动,并致力于去除繁文缛节。

"价值流"的逻辑针对价值"全流域"的疏通。公共价值的"全流域"实际上强调的是这样的事实,即政府组织不可能控制公共价值流的所有环节。"全流域治理"是"价值流"逻辑的体现。很多情况下,政府部门在公共价值流中仅仅扮演"中介者""掌控者"的角色,要疏通公共价值流的"全流域",要求政府具备全局思维,统筹考虑流域内政府外部各主体制约流动的具体问题,重视"全流域"治理。

"价值流"的逻辑针对"最后一公里"。事实上,"价值流"逻辑在当前政府公共服务中是非常缺乏的,政府生产公共价值但不致力于使其向着公众通畅地流动起来,这往往会产生不同程度的"最后一公里"问题。公共价值流的"最后一公里"问题是流域中直接影响价值实现的核心问题，是"行百里者半九十"的关键问题。因此，精益治理的"价值流"逻辑认为，价值的实现就在于公共产品和服务是否真正流入公众手中并发挥效用，而一切止步于"最后一公里"的公共产品生产与供给都被视为严重的浪费。

三 "简约至上"的逻辑

精益治理的基本逻辑之一是"简约至上"，即认为"政府组成形式、行为模式、公共服务产出等都应向着'极简'的方向发展"。简约至上的政府公共服务符合公共需求和社会发展方向。精益治理理论认为，政府应当是越来越简化的；复杂的、层级节制的官僚体制仅仅是当前政府无法摆脱但在未来又必须摆脱的组织形式；从政府公共决策到最终公共服务的供给，政府的具体行为应当直接指向"公共性"，去掉一切间接的、复杂的管理行为；政府"末梢"的公共服务产出应当越简单直接越好；政府应追求在对的时间、对的地点向公众提供最为直接、最为需要的公共服务，公共服务的具体形式也应简约至上；政府应优化最大多数公众的"服务体验"。

"简约至上"是一种风险规避，意味着政府在复杂多变的公共需求面前即时"转向"能力的提升，以及持续精益变革成本的降低。当组织变得简单，所提供公共服务产品的流程越来越简单直接时，政府在应对随时有可能变化的公共需求方面才有更大的灵活性，能够以最低的成本转向新的、即时的、公共性的方向上来。

"简约至上"是一种公共体验，是政府公共服务"去复杂化"的目标指向，但简约至上并不意味着政府公共服务应当追求"极简主义"。极简主义对公共服务供给是有害的。对于烦琐的公共服务流程，公众体验到的是无知、无奈与失控，而简约至上追求的是"理性的控制"，即合理的简约能够为公众提供一种公共服务在掌控之中的体验。而极简主义则容易漠视和遗漏关键环节。公共服务的简约并不是简化一切，公共价值流中关键环节绝不能"简"，"理性控制"的体验需求也绝不能越界。

"简约至上"是一种决策倾向，意味着更理智地看待专家的意见，把专家的意见当作善意的参考，而真正影响政府行为质量的是喜欢"简单事务"的大多数人。比如，政府在做出提供拥有哪些功能的公共服务的决策时，应当将公共需求细分为"专家型需求"和"普通大众的需求"。专家型用户永远是少数群体，其需求也永远是"非典型的"；普通大众是不会像专家们那样选择复杂、新颖的公共服务功能的，简单的服务对大部分公众而言是最优的。从公共性逻辑来讲，公共性的公共服务一定不复杂，一定是符合所有公众需求的服务，专家型用户的"小众"要求并不符合公共性。所以，简约至上的逻辑将在一定程度改变政府决策模式，决策时更多倾听包括政府一线工作人员在内的普通大众的愿望而非专家的意见是精益治理的特征。

"简约至上"是一种对公众的信任。精益治理始终把政府置于社会之中，强调组织的社会责任，一如丰田对于超出市场盈利行为的社会责任的履行，认为公共事务服务于包括政府公务人员在内的所有社会成员，任何人都有推进其精益化的责任。因此，精益治理变革必须信任公众的能力，也唯有对公众予以信任，不再把公众当作"无知的孩子"，多余的、训导式的公共服务功能才可以"安心"剔除，政府才会提供更为简约有效的公共服务。

四 "改善"的逻辑

实际上，"改善"的逻辑就是指精益治理"问题解决"的逻辑，这里所说的"问题"实际上专指政府运行中存在的各种浪费现象。改善源于问题的暴露，没有问题就没有改善的空间，当然这是不可能的。所以，改善的逻辑在于：没有完美的事物，政府政务有无限的改善空间；改善是全新的认识问题、解决问题的思维模式。

"改善"的前提是主动发现问题。问题是精益治理一切改善行为的起点。问题是肯定存在的，对于问题准确的把握和描述是改善的基础。

因此,"改善"的逻辑要求政府在精益变革中提高对问题的敏感度,"没有问题是最大的问题",只有对问题有主动发掘的意识,政府精益变革才能抓住有效的切入点,改善也才能有的放矢。

"改善"是一种"指导性思维"。一方面,改善以解决浪费问题为"指导",是对问题的"刨根问底",以及解决问题时的"直来直去"。事实上,政府对于自身许多亟待改变的问题并不能很准确地加以把握,需要多问几个"为什么",刨根问底。精益变革经常使用"5 why"方法,即连续询问五个"为什么",一般都可以找出问题的深层原因。这样做可以让政府更为准确地把握问题根源,突出改善的"指导性"。在解决这些问题时,政府往往又会因种种行为定式产生各种繁文缛节,在解决问题的有效行为之外衍生出许多无效的行为,召开更多的会议,批阅更多的文件,看似周全地思前想后实际上怯于行动。"改善"逻辑要求政府对于已经发现的问题,在谋定后尽速直接地加以解决。另一方面,"改善"是持续的循环,是渐进式的变革。改善所坚持的"指导性思维"实际上是一种有着严密组织的心理序列,精益治理更加注重解决细小到不可再分的问题,从这些问题的解决出发影响对宏观问题的解决。这是典型的渐进式变革,是以"改善"为根本目的所决定的一系列由细小问题解决组成的步骤链,是指导性思维所独有的由解决过程各个步骤填充的"心理图式",是一种不断发现问题并加以改善的螺旋上升的循环。

第三节 精益治理的重要理念

精益治理变革的基本理念与精益理念一致,约翰·比切诺和马蒂亚斯·霍尔韦格在《精益工具箱》一书中就提到了精益的一些理念,包括"精益追求'理想方式'""精益不是工具,也不是一套整合的工具""精益是系统""精益是持续学习""精益既是革命也是演进""精益是'分布式决策'"等。但在事实上，由于精益治理是一个专注解决问题的开放理论体系，不断有新的理念、新的思维、新的工具被精益采纳用以减少浪费，所以，对于精益治理变革的理念，学界至今并无权威总结。不过，基于当前对精益治理理论的探讨，可以以政府治理的两种基本价值以及精益治理的减少八种浪费、六项原则、四种关键能力和四项法则来总结其理念。可以预想到，在未来对精益治理理论不断深入的研究中，其理念也将不断得到丰富和完善。

一 政府治理的两种基本价值

"价值"是精益理念的核心，精益治理理论对于政府治理的认识也以对"价值"的理解为基础。精益治理理论认为，政府治理的两种最为基本的价值在于确保向公众提供其所需求的服务（Provides Services that People Want），以及避免损害公众及政府行为公共性的活动（Prevents Activities that Cause Harm）。

（一）向公众提供其所需求的服务

精益治理理论内容虽然以改善流程、开发政府精益工具为主，但究其根本还是围绕"公共性"（Publicness）探讨政府治理的价值。向公众提供其所需求的服务，明确框定了政府精益化变革的客观对象，即对公众确实需求的公共服务供给进行精益化变革。这个价值是精益治理理论最根本的合理性依据。进一步，向公众提供其所需求的服务。精益治理更细化地强调在正确的时间、正确的地点，以正确的手段方式，向正确的公众提供正确的服务。

（二）避免损害公众及政府行为公共性的活动

这是政府治理行为的另一个维度，也是政府公共性的另一种表现形式。精益治理变革不仅应聚焦于必要的公共服务的供给精益化，同时更应从发现"浪费"出发，识别现有的、无用的、冗余的浪费行为，这些浪费行为无疑对公众利益形成了不同程度的损害，这表现了精益聚焦浪费问题的根本价值取向。

二 精益治理所要减少的最常见八种浪费

精益思想认为政府的具体行为只分为三种：明确创造公共价值的行为；不创造价值但当前对于价值创造必不可少的行为，亦即"Ⅰ型浪费"；不创造价值并可以立刻去除的行为，亦即"Ⅱ型浪费"。精益思想正是从后两种浪费问题中得来的，精益直指浪费。精益学者 Christena C. Shepherd 明确指出，政府所要减少的七种浪费包括：运输（Transport）、不必要的移动（Motion）、过量库存（Inventory）、过度生产（Overproduction）、等待（Waiting）、非增值劳动（Overprocessing）以及工作缺陷（Defects）。此外，政府中人力资源的浪费（Waste of Human Resources）也应当受到重视。这八种常见浪费，或多或少都存在于不同国家、不同层级、不同地域的政府部门中，是精益变革关注和直面的问题对象。

（一）运输的浪费（Waste of Transport）

在企业管理中意为不必要的、不增加附加价值的生产原料、制品和成品的运输，包括在没有实现"顾客拉动"生产的条件下，对产量没有精益的计算，导致运输保障过度问题，也包括作为不产生价值的运输成本居高不下的问题。在政府治理领域则具体表现为：无论对人员还是设备的运输，都面临运输成本昂贵、延误、运输损坏、不必要的运输、丢失或错误传达命令等问题。这些问题严重影响了行政效率，也是精益治理变革的"富矿"。政府各部门都应从运输层面出发寻找减少浪费、改进流程的办法。

（二）不必要的移动（Motion/Unnecessary Motion）

在企业管理中特指工具设备、库存、固定装置等位置设计不精确，使工作场所员工无价值地、过量地移动。在政府治理中，尤其是在服务公众的"现场"中往往也会出现这种浪费现象。实际上任何政府"面对面"服务公众的"工作现场"都可以从这个层面寻找浪费点，将办公场所安排得更加有效。在这一层面，电子化办公、具体软件开发将发挥重大作用。

（三）过量库存（Inventory/Excess Inventory）

在企业管理中意为在从制品制成到获得购买订单之间存在的库存浪费，过多的产品库存对空间与时间都是巨大的浪费，会给组织带来超负荷的运用压力。在政府治理领域则表现为：多余的行政设备和各种过剩的行政资产，这些资产的储存不仅占用更多资源，而且不断过时折旧，造成大量浪费。

（四）过度生产（Overproduction）

在企业管理中意为"生产过量或者过分超前的产品"所造成的浪费。在政府治理领域则具体表现为：首先，政府部门能力有限，治理过程中必须依靠社会和市场的力量，在公共产品生产与供给大量外包给市场和社会的状态下，总会出现公共服务因不切实际而没有受众、需要填写的文档和表单工作压力"超载"等问题；其次，政府对于这些公共服务的采购缺乏准确的数量预估手段，使浪费现象在公共产品供给侧不断冒出；最后，传统"文山会海"的浪费问题也未消除，当前更是变异为"垃圾电子邮件超负荷"问题，无效、无价值的邮件在政府内部网络中频频传递，造成了极大的浪费。

（五）等待（Waiting）

在企业管理中表现为价值流动的不畅，即精益思想所针对的"没有让价值无障碍流动起来"的问题。在政府治理领域则表现为公共价值流动的"瓶颈"。政府公共价值流的任何一个环节出现问题，都会出现等待的浪费，这种等待有时候不仅表现在公众等待公共服务的实现，还会表现在政府内部各部门、价值流上每一位公务员的时间浪费。虽然总是被忽视，但这种消耗无疑是巨大的。

（六）非增值劳动（Overprocessing/Non-value Added Processing）

非增值劳动也可从字面译为"过度加工"，在企业管理中表现为现场布置等方面的混乱导致员工经常性做出许多无价值的过度劳动。在政府治理中，这类浪费也屡见不鲜，常表现为一些公共服务计划在实际中基本不符合或超出受众需求，而一些必要的公共服务又在流程上过于复杂，存在许多可精简的非增值环节。

（七）产品缺陷（Product Defects）

在企业管理中，产品缺陷往往被认作浪费的主要原因。缺陷率高证明过多的资源因质量问题被浪费掉，而因此造成的"返工"也消耗了计划外的大量资源。实际上，在政府治理领域，公共产品缺陷往往也是其他上述六种浪费现象的结果，一些公共产品在质量不达标的时候可以返工，造成资源浪费，而另一些公共产品则不得不在质量不达标的情况下提供给公众，其所造成的各种负面影响更是将来治理活动所遇阻力的当前原因，会带来更大、更长期的浪费现象。

（八）人力资源浪费（Waste of Human Resources）

在当前精益思想应用的各个领域中，越来越多的专家学者发现，人力资源的浪费是影响精益水平的根本因素。在政府中也是如此，许多公务员、政府雇员没有感知任何的组织鼓励与认可，没有任何提出意见的想法和渠道，更严重的是没有人力资源发展的有效制度安排。这些在人力资源管理方面的缺失往往会造成政府组织成员身心疲惫、"冷眼看改革"的不良氛围，甚至助长政府"僵尸员工""僵尸部门"等严重问题。另外，如果政府公共服务具体的工作设计不科学、缺乏挑战，那么也会造成人力资源的"不充分利用"，造成人力资源浪费。所以，把人力资源开发的不充分看作政府精益化变革所必须解决的一种重大浪费，是对精益治理理念的重要补充。

三　精益治理的六项原则

精益治理的行为模式有具体明确的原则指向，具体包括对公众问题的彻底解决，节约公众时间，在正确的时间、正确的地点提供正确的公共产品，以及简化公众的决策流程，等等。

（一）彻底解决公众问题

这一原则意义在于政府治理应当有极其强烈的问题意识。各级行政领导和公务员队伍都应意识到：公众是为了解决实际问题才将目光投向政府的，如果不是因为实际问题，政府将"隐没"于社会生活之中。

（二）不要浪费公众时间

这一原则需要政府在具体治理活动中高度重视时间资源，将时间和精力视作社会最为重要的资源，这将是政府治理理念的重大进步。充分利用政府公务员和公众的个人时间及精力去获得价值，已经成为政府的重要目标。

（三）提供给公众真正想要的公共产品

这一原则告诫政府部门在提供公共产品的时候应宁缺毋滥，拒绝"替代品"供给。尤其在政策制定方面，更要服从这一原则，避免替代品供给所衍生的更多矛盾问题。满足真正的公共需求可以避免人为制造更多问题，从这个意义上来说，这也是减少浪费的重要领域。

（四）在公众需要的地方提供价值

这一原则强调"正确的地点"，即在最为合适、最节约资源、最能体现价值的地点向公众提供专门的公共服务。所有公共服务都在同一地点办理和供给是不明智的，将压力都放在基层、放在"行政大厅"也是荒谬的。网络为此提供了新选项，正确的地点需要对此做出灵活的安排。

（五）在公众需要的时候提供价值

这一原则强调"正确的时间"，即在精益化公共消费的世界里，"何时"的概念对不同公众是完全不同的，就如医疗救助政策，在事前、事中还是事后的报销一项，对于不同人群的意义就大不一样。所以，公共产品的供给也需要考虑"市场需求变化"因素，追求"正确"的时间提供"正确"的产品。

（六）减少公众解决问题所需要做出的决定

这一原则主要强调在保证公众对公共产品的自由选择权的前提下，尽可能提高选择条件的明确性与简化性，简化政府治理，更多采用"聪明的"助推方式实现治理的公共性。同时，对于公众在解决问题时不可删减的决策行为,精益治理则力求简化其流程,尽可能为公众节约智力资源,让公众花费最少的时间、精力做出最符合公共性的公共决策,并得到最佳的公共服务。

四 精益治理的四种关键能力

史蒂文·斯皮尔教授曾提出了精益企业的四种组织能力,以此为基础,同样可以提出精益治理所应具备的四种关键能力,这些能力是促进政府公共服务持续精益化、公共价值流顺畅流动的关键。

(一)将具体的政务工作设计成一系列可以及时暴露问题的实验

第一,具体的政务工作、政府精益变革项目需要细致设计,这些工作或变革项目应当是具体的、标准化的,要有统一的工作方法和流程。第二,标准化的工作设计并不意味着僵化,标准化只是暂时地选择现阶段的最优化,一旦有条件改善,就必须重启精益变革,提升精益水平到新的高度,再通过SDCA循环标准化、稳定下来。另外,在已有标准化政务工作内部和外部,都需要相关工作人员打开"脑洞",大胆进行创新,将工作变成有框架、有界限的"永恒的实验"。第三,政府必须采取容易发现问题并及时解决问题的工作组织方式,可以运用各种精益工具将"实验"的问题明确地暴露出来并加以解决。

(二)通过即时实验及时处理问题

在政府精益项目的变革中,"现场改善"的意义重大,当公共服务流程中浪费问题被发现后,必须在问题的发生地点将该问题立刻解决掉。

(三)通过协作试验分享解决方案

这个能力强调政府在公共服务某一领域取得的改善经验应当与其他部门、其他地方政府建立分享渠道,以避免变革改善行为的重复。所以,政府应当建立一种机制,以完善精益的"自适应经验传播方式"。

(四)将各级政府公务员、雇员培养成实验家

让真正切身肩负具体公共服务事项职责的公务员、政府雇员参与到

浪费问题的解决和精益项目的开展过程之中，是精益治理能否卓有成效的关键。精益管理与六西格玛管理不同，六西格玛往往依赖专家的建议，而精益管理更加依赖基层人员的智慧。所以，精益治理应当努力将各级公务员、雇员培养成能够主导"精益实验"的专家，形成持续改善的根本动力。

五　精益治理变革的四项法则

精益治理变革的法则是政府推进精益变革的直接抓手，尤其在持续改善公共服务项目的过程中，依照法则推进改善，势必事半功倍。史蒂文·斯皮尔和肯特·博文在《解密丰田公司的生产体系》一文中，提到了一些精益法则，毫无疑问，[1] 这些法则也可以应用到政府的精益变革之中，是精益治理进行"自适应性[2]设计"[3] 的有效规则。

（一）对具体公共服务事项的内容、顺序、时间和结果都做出明确规定

公共服务事项清单化是推进精益变革的"先手棋"，只有根据具体的公共需求将当前政府正在履行和应当但尚未履行的公共服务职责明确列为清单，详尽注明其具体内容、顺序、时间及符合公共期望的公共产品"产出"，才能进一步运用精益工具选取精益项目加以变革。

（二）每个公共服务的"享用者"和"提供者"必须建立直接的联系，即公众与一线公务员或政府雇员应有更加紧密的直接关系，并以明确的"是与否"的方式传递公共需求及反馈

只有将服务的供给方与购买方距离拉短，服务成本才会更低，服务体验才会更好。对于政府公共部门也是如此，将公共服务"享用者"

---

[1] Spear, Steven, H. Kent Bowen, "Decoding the DNA of the Toyota Production System", *Harvard Business Review*, Vol. 77, No. 5, 1999, pp. 97-106.

[2] 自适应性可以看作是一个能根据环境变化智能调节自身特性的反馈控制系统以使系统能按照一些设定的标准工作在最优状态。

[3] Kenagy, Charles, *Designed to Adapt: Leading Healthcare in Challenging Times*, Bozeman, MT: Second River Healthcare Press, 2009.

与"提供者"之间建立直接的、最好是"面对面"的联系,有助于提升政府服务绩效和公众满意度。当然,在此基础上公共服务体验的提升还需要另一重要条件,即明确、简洁地传递公共需求和服务反馈,也就是尽可能地让"享用者"与"提供者"之间的交流更加简洁通畅,让政府更快、更准确地了解真正的公共需求,避免误解和矛盾的产生,这是"简单至上"逻辑的具体体现。

(三)每一种公共服务或公共产品的全生产、供给流程必须简单而直接

这样做也是"简单至上"逻辑的具体体现。上一条要求公众在向政府传递公共服务的诉求时应尽量简化、直接、准确,这一条则要求政府在掌握公共需求内容后尽可能地简化公共服务的供给流程,缩短公众等待时间,在"正确的时间"向公众提供公共服务。

(四)必须根据科学的方法,在"师父"的指导下尽可能在最基层开展优化改善活动

精益的核心是认识论,即对于现状、问题的认识、观点、角度是不同于以往的。政府精益变革的成败关键在于精益思维的植入,而不仅仅是精益工具的大规模普及。所以,要改变当前政府对于问题、浪费、精益等理念的认识,改造人的思维,就必须根据科学的方法,一步步体验式地学习精益、尝试改善。就当前经验来看,"师徒制""导师制"的"授业模式"是最有效的。

小结　精益治理哲学理念的时代合理性与发展趋势

精益治理的哲学理念所涉及的是精益思维对政府政务工作的认识论问题,是对当下政府公共价值流程中各种浪费问题的基本认识和改善的逻辑,也是对政府在经济社会整体系统中所应发挥功能的全新思考。精

益治理理论是开放的体系,精益思想、精益思维、精益理念在与政府具体的公共事务相结合的过程中,丰富着自己的哲学理念系统,不断适应着政府治理的最新要求。

一 精益治理哲学理念的时代合理性

毫无疑问,精益治理的哲学理念具有时代合理性,是具有时代性的理论要旨。

首先,精益思维是当前政府改善流程的必然选择。政府精益变革实质上是对于公务员队伍认识问题、解决问题逻辑的变革,无论"公共性"逻辑、"价值流"逻辑、"简约至上"逻辑、"改善"逻辑,还是具体于政务改善实践之中的每一种行为决策,都受到精益思维的重大影响。对于当前政府的改革,精益思维给予了一种全然不同的认识论,从根本价值拉动一切政府行为,通过实践回答政府政务"为了谁""依靠谁"的问题,对于政府克服当前科层体制造成的棘手问题是有益的。

其次,精益治理的精神是当前社会对政府的根本要求。精益治理对于"服务满意度"近乎迷信,而这正是出于对人性的尊重,是社会发展对政府的现实要求。专注精神则符合社会发展对"匠人精神"的诉求,要求政府在公共服务价值流中扮演"治理匠人"的角色,专注地投身于公共服务的"志业"。宽容精神则更为实际地为政府的精益变革铺平了道路,降低了变革中的各种阻力。

最后,精益文化是当前政府文化建设重要的改善方向。"文化最简单的定义是:人们所被激励的行为,以及思维、表达、工作、每天的行动方式。"[1] 在企业领域,30 余年精益思想的蓬勃发展,已经基本使推崇精益管理的企业树立起"价值导向的文化变革",形成了已建立起信誉、已打破部门间隔阂的强有力组织。"原先那些高级管理人员,习惯

---

[1] Richard J. Zarbo, "Creating and Sustaining a Lean Culture of Continuous Process Improvement", *American Journal of Clinical Pathology* (*AJCP*), Sep., 2012.

于自上而下管理、命令控制式管理和等级分明的人员,现在被一群新的乐于在以团队为基础的组织中工作的管理人员所替代。"① 毫无疑问,将精益思想应用于政府领域以改善政府文化是重要的目的之一。文化是组织管理系统和结构所提供给每一个人的行为选择,其通过实践方式不断地重复而非单纯训导加以强化,持续改善政府管理系统和结构、专注公共价值流程的精益治理理论对于行政文化有巨大影响。

二 精益治理哲学理念的历史局限性

精益治理的哲学理念在当前时代具有合理性,但可以预见的是,在未来的经济社会发展环境下,还是存在一定历史局限性的。

首先,从精益思想发展历程来看,精益的哲学理念来自实践,是对精益生产实践核心理论部分的提炼。而精益治理哲学理念体系也来源于对具体政府实践的认识,以及对精益治理、政府精益管理的合理的理论畅想。可以说,精益治理哲学理念是人们对政府具体实践的初步认识,只是"认识—指导实践—再认识"过程的第一阶段,所涉及内容并不算丰富,思想体系也不够完善。因此,在当前初步认识对接下来政府精益变革实践的指导中,很多粗浅的理念并不符合实践发展规律,需要不断检验和完善。

其次,从具体的理念内容来看,精益治理的很多理念都是非常实际的,针对的是当前的具体问题。可以预见到,这些理念面对未来不断变化的具体政府实践问题是不适用的,有一些理念已经暴露出不完善的弱点。比如"政府精益变革四项法则"中,"根据科学的方法,在'师父'的指导下尽可能在最基层开展优化改善活动"一条,当前,"师徒制"以传承具体的政府公共服务改善技能是有效的,但在未来是否依然有效?"匠人式"的传承方式是否适用于政府治理?这些问题是需要理论论证和实践验证的。再如"精益治理所要减少的八种浪费"实际

---

① [美]詹姆斯·P.沃麦克、[英]丹尼尔·T.琼斯:《精益思想》,沈希瑾、张文杰、李京生译,机械工业出版社2011年版,第98页。

上并不能囊括公共服务中所有的问题，在现实中也确确实实存在其他一些在此八种"浪费"之外的"浪费"问题，如公众在公共价值流程中所消耗的"情感"，公众在政务大厅办事因心理受到各种高压[①]而产生"情绪浪费"，等等。这种理念在未来的实践中需要逐步完善。

三　精益治理哲学理念体系的发展趋势

总结精益治理哲学理念体系的完善与发展趋势，可归纳为两方面。

一方面，精益治理哲学理念向着更宏观抽象的方向发展。宏观是指精益治理哲学理念作为其理论的一部分，需要不断发掘其在更加宏观层面指导实践的价值；抽象是哲学的话语层面的抽象，即对于当前和未来政府精益变革具体实践的凝练，对精益治理相关的"统一原理"的丰富，对"理论层面的自我意识"的检验，即作为政府本身对精益治理具体存在形态的抽象理解的不断深化发展。比如当前对于精益治理"精神"的抽象描述略显单薄，精益治理在政务实践中具体会表现出哪些精神，需要在真正推进政府精益变革过程中不断理解和提炼。另外，精益治理的"基本逻辑"也会在实践中不断得到检验和丰富，并且在更宏观的层面影响精益治理变革。

另一方面，精益治理哲学理念向着更微观具体的方向发展。哲学理念是对具体的抽象，但其必须能够解释微观具体。所以，精益治理哲学理念体系不可能脱离政府实践，必须超越现有"原则""法则"等框架，从更加微观而具体的政府精益变革实践出发，进行哲学思考、凝练哲学理念。比如关于政府的精益文化，更多宏观抽象的描述性分析并不能使政府精益文化更具说服力，文化必须与微观实践相结合。所以，在清楚分析政府组织与企业组织根本不同的前提下，在具体政务工作中解释精益文化扎根政府的可能性、必然性，回答好这样的问题，即在组织使命、动力机制完全不同的情况下，政府如何表现与建构起与企业相同的精益文化。

[①] 这些高压来自方方面面，比如公众因办事产生的过度的交往行为，毫无疑问对公众情绪是一种浪费。

第三章
精益治理的工具系统

精益治理工具系统,也就是国外学者所说的精益治理"工具箱"(the Lean Government Toolbox),它既是精益治理理论重要的方法论,也是精益治理实践的重要基础;既是精益治理理论的重要内容,也是精益治理实践的重要经验与参考。可以说,精益治理工具箱连接着理论与实践,是精益治理由理论走向实践的关键。精益思想与精益管理从现实问题中产生,也是从对问题的思考与解决的尝试中而来,虽然精益治理理论并不等同于精益工具,但其工具性、方法论意义是不容忽视的,在很大程度上说,精益治理由解决实际问题的精益工具中孕育而来,"精"于工具,"长"于实践。

客观认识精益治理的工具系统,需要以精益治理理论的发展脉络为参照,分阶段进行思考。前文提到了"精益思想发展的三个阶段",实际上就每一个阶段而言,精益的工具都是不同的,是随着精益面临的矛盾问题而不断改进与创新的。比如,在精益思想的第三阶段,即"在现有的基础上如何才能使精益思想发挥更大的作用,如何才能使之与现在高速发展的经济,以及高度的信息化相接轨,是精益思想革新的时代"[1],我们就可以看到,众多领域的技术革新给了精益

---

[1] 王磊:《面向客户需求的精益产品开发方法研究》,博士学位论文,上海交通大学,2011年。

以全新的"工具箱",如"精益IT""敏捷开发"等技术工具,这与之前关注流程改进、不涉及计算机技术自动化的精益是完全不同的。精益治理理论走过改善思想、精益思想与精益管理、精益治理三个阶段,精益治理工具箱也从现场改善的简单 PDCA – SDCA 循环、精益六西格玛发展到精益 IT、精益治理领导力、精益培训等多个领域,完善和配套了许多管理工具,扩大了工具来源与适用范围。

当前,精益治理"工具箱"中堆积了大大小小具体工具近百个,仅是"PDCA 循环"的变体就有 DMAIC、8D、IDEA、TWI 等,对数量众多的精益工具进行归类整理是非常困难的工作。所以,本章将对这些工具进行主观的初步归类,参考政府治理的特殊性与变革基本思路,分为政府政策与决策精益化工具、流程精益化工具和精益变革保障工具三类,择其最重要的内容进行深入探讨,尝试将精益治理的理论与实践有机整合在一起,希望更好地、完整地理解政府部门的精益化内涵。

第一节 政府政策与决策精益化工具

政府政策与日常决策供给是政府公共服务的重要内容,构建符合政府精益变革发展要求的政策、决策供给模式,推动供给质量不断优化,是相关精益工具可发挥关键作用的舞台。择其精华,政府精益创业循环、"助推"(Nudge)、"影响力—困难度"矩阵、"项目有利条件"矩阵等技术工具最具代表性,在实践中也备受重视。

一 政府精益创业循环

精益创业循环是企业开发产品时所能用到的一种精益的技术工具,它尤其对产品开发与创新有效。将精益创业循环应用于政府治理,对于政府政策制定(尤其对于制定全新的政策)将有一定的指导意义。简单来讲,精益创业循环是一种以顾客需求、顾客实际愿望为核心的产品开发思路，它的精益循环模式始终围绕最根本的顾客利益，"赢得顾客就赢得了生存"，追求一种推出产品、发现问题、及时解决的"螺旋上升"发展。

具体而言，精益创业方法的推动者、《精益创业》(Lean Startup)一书作者美国学者埃里克·莱斯在开发这一管理方法时就认为，精益创业完全可以使新项目利用"常常迷失在项目管理中"的创新行为，迅速越过探索和创建的过程。精益创业循环包括三大步骤（图3-1）。第一步，必须定义"价值"，即"识别潜在产品或服务的价值"，聚焦"究竟需要解决的问题是什么""应当提供什么价值"以及"最关键的设想和假设是什么，其中又有哪些是无法确定的"等几个问题。第二步，通过对价值的识别和确定，设计和构建"最小可行性产品"，即设计一些产品雏形并推向市场，最初的最小可行性产品很可能只是通过书面或个人沟通向顾客介绍产品概念，通过顾客反馈加以改进。设计最小可行性产品将充分考虑对产品使用和满意度信息的"持续获取"和"反馈"，目的在于围绕客观实际与顾客群体建立稳定的联系。第三步，汇总用户数据，即通过测量最小可行性产品使用者的相关数据，对用户的反馈情况进行评估，聚焦"用户是否认可产品价值并感知到现有问

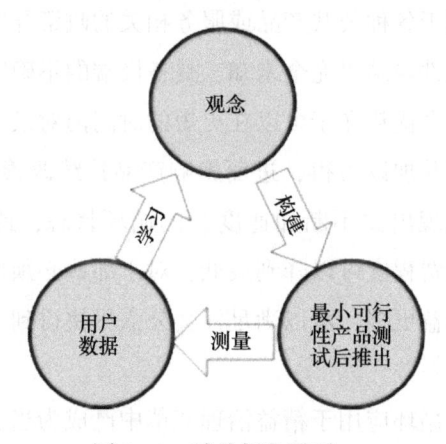

图3-1 精益创业循环

资料来源：笔者自制。

题""企业获得的哪些东西是对用户真正重要的""哪些可以得到用户认可并最起码不会招致抵制"以及"用户反馈是否建议重新考虑整体产品或项目的设想"等问题,对"最小可行性产品"进行周密的反思,对"关于产品价值的理念"进行修正,完成一次精益创业循环。精益创业循环方法即是如此不断设计最小可行性产品、不断从顾客反馈中反思价值,最终设计出价值最大的产品,取得高效业绩。

精益创业循环价值的关键在于能够对理念中的产品"快速建模",提供给社会一个简化的"最小可行性产品",得到正面反馈后再进行具体产品的开发,降低生产不合时宜、不符合社会需求的"无价值"产品的可能性。将精益创业循环应用于政府政策开发领域也是非常可行的。首先,精益治理的核心目标就是"花得更少、做得更多",而无价值、不符合社会需求的政策开发将造成更大的公共资源浪费,往往"做得不多但花得不少"。所以,将精益创业循环引入政府政策开发,利用"最小可行性的公共政策"收集社会公众反馈数据,进而影响和改善政策开发的基本观念,形成良性开发循环,降低制造"垃圾政策"的风险。其次,埃里克·莱斯将"创业"(Start up)定义为:当机构决定设计一种新产品或服务时处于极端不确定的处境。因此,精益创业循环工具比较适用于各种公共产品或服务相关的政策开发阶段,此时政策开发与执行的条件与结果完全未知,具备极端的不确定性。再次,精益创业工具的另一个优势在于可以在更短的时间内对最小可行性产品的社会反馈收集整理并加以习得,进而影响产品持续改善。在具体实践中,精益创业循环呈现出"不断加速度"的循环状态,这个循环的效率非常之高,时间浪费程度可以降到最低,对于那些必须快速反应、尽速出台的政策开发助益更多,可以满足社会公众尽快得到所希望的公共产品或服务的诉求。

将精益创业循环应用于精益治理变革中已成为当前发达国家政府精益变革的必然选项。在美国,精益创业的核心理念已经被成功应用于联邦政府各个部门,比如美国卫生与公众服务部在一系列关键决定中都以精益创业工具开拓公共产品"市场"。此外，2010年7月，奥巴马签署《多德·弗兰克华尔街改革和消费者保护法案》（The Dodd-Frank Wall Street Reform and Consumer Protection Act, 简称《多德·弗兰克法案》）后，埃里克·莱斯受邀参加"金融消费者保护局"（the Consumer Financial Protection Bureau, CFPB）的筹建。他将金融消费者保护局的创立视为一次精益创业，并且探索精益创业循环的思想如何应用于该局实践，精益创业技术如何使金融代理方的服务更为精益。

二 "简化"政府的工具："助推"

"简化"而不弱化政府是美国奥巴马政府白宫信息与监察事务办公室（White House Office of Information and Regulatory Affairs）负责人卡斯·桑斯坦的重要理念。卡斯·桑斯坦于2009—2012年担任白宫信息与监察事务办公室负责人，并在奥巴马领导下，提出简化政府管理工作的建议，包括"法规用语凝练直白，减少繁文缛节，化繁为简，减少颁布成本高、意义不大的规章制度等"①。他主张，应当"按照行为经济学的原理，以简单、低成本、追求自由的方式，'循循善诱'地实现政府对人民的承诺"②。简化政府的具体工具可以归纳为"助推"（Nudge），即在任何政策与决策的制定、出台与执行中，在保证公众对该政策与决策拥有参与与否的完全自由选择权的前提下，都尽量以间接的、柔性的、看不见的方式"旁敲侧击"地影响公众选择，助推政策与决策目标的实现。"在不强迫人们做任何事情的前提下，助推能产生积极的变化。"③"助推"是一组以成本效益分析为基础、以行为经济学原理为指导所开发的"工具箱"，最关键在于"选择框架的搭建"。

---

① ［美］卡斯·桑斯坦：《简化：政府的未来》，陈丽芳译，中信出版社2015年版，"前言"。
② ［美］卡斯·桑斯坦：《简化：政府的未来》，陈丽芳译，中信出版社2015年版，"前言"。
③ ［美］卡斯·桑斯坦：《简化：政府的未来》，陈丽芳译，中信出版社2015年版，第36页。

选择框架的搭建所关注的是在政府政策与决策中,怎样提供相关"选项"以供公众选择,助推理念偏爱于应用行为经济学原理预测公众在此选择框架下的选择行为,并以此为标准回答"先提供哪一选项""如何使用'默认处理机制'或'个性化的默认处理机制'""如何简化选项以便于影响和预测选择行为""如何推进'智能信息披露'以方便公众做出选择"等选择框架搭建问题。

助推的手段是美国奥巴马政府时期简化政府最重要的工具箱,也是推进政府政策与决策精益化的重要工具。比如,在401(k)退休计划的推广中,奥巴马政府以"默认处理机制"为助推手段,即在公众个人选择是否参加退休计划的选项时,规定"除非明确选择'不参加',否则默认为参加计划",这样简单的政策助推方式使401(k)退休计划参与人数翻了几番。再如,奥巴马政府出台政策时非常重视所提供的选择信息的"架构方法",将公众"注意力"视为稀缺资源并加以利用,在"对于同等水平的损失和收益,人们对前者的厌恶大大超越对后者的喜欢"的原理下,放大公众做出如"继续食用快餐垃圾食品"错误选择的"损失",在不影响公众自由选择权的前提下引导其做出正确的公共选择。另外,同样在《多德·弗兰克法案》制定过程中,作为白宫信息与监察事务办公室负责人的卡斯·桑斯坦做了大量工作,保证了此法案的核心特征就是助推,而非刚性的规制。

不过,对于简化政府而言,简化的过程和结果也非常有可能"异化",这种危险在美国学界已经点明。部分专家认为,简化政府有两个维度:其一即为"助推",其二为"更加简单和直接化",避免政策"拙劣拼凑"。"更加简单和直接化"强调政策规制逻辑的清晰简洁和政策手段的简单直接,它不像"助推"那样保留完整的选择自由,但是能够刚性地彻底规避一些与政策目标不符的选项,以达到公共性的目的。比如,彻底禁止卡路里超过一定限度的高热量食品进入市场以减少肥胖者数量,或者高速公路严格限速。单纯应用助推手段简化政府并推进政府政策决策精益化,有落入"拙劣拼凑"的危险,不断增加的、循序渐进的、旁敲侧击的柔性助推政策将本来简单的治理问题无限放大，人为造成更多不必要的麻烦，这种担心显然是有道理的。

所以，借鉴简化政府的精益工具，助推非常重要，但也必须防止它的"异化"。必须具体研究在哪些类型的政策开发过程中应当运用助推的精益工具，而在另外一些政策类型开发中则必须运用刚性的、简单直接的办法，更灵活地平衡简化政府的"双重维度"，推进政府政策的精益化。

三 "影响力—困难度"矩阵

在政府政策制定完成并推进实施后，政府日常决策就成为影响政府政务服务精益化的关键。在开启政府精益变革时，其开端一定是识别浪费问题和确定不同政务服务项目精益变革的优先级。而对于确定精益变革项目的优先级，"影响力—困难度"矩阵是最有效、最简单的一种精益工具（图3-2）。

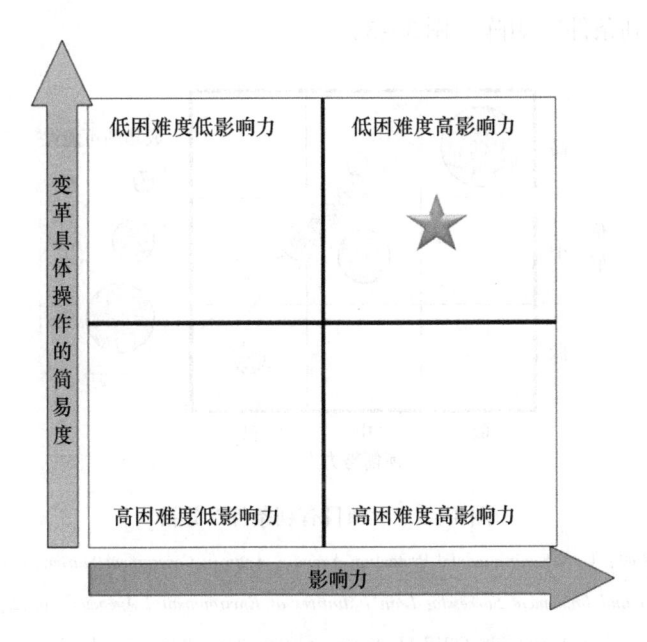

图3-2 "影响力—困难度"矩阵

资料来源：U. S. Environmental Protection Agency, *Lean and Information Technology Toolkit*, December, 2015, p. 25.

"影响力—困难度"矩阵包括四个象限:"高困难度低影响力""高困难度高影响力""低困难度低影响力""低困难度高影响力"。困难度指本项政务精益变革的阻力与压力,影响力则指推进本项政务精益变革的正面影响力,如"正常启动此项事务精益变革后是否对后续其他事务精益变革有重大正面影响"。毫无疑问,在决策何种政务服务的精益变革优先序时,"低困难度高影响力"象限内的对象必然排在前列,其具体实施变革的优先级更高。因此,在日常政府决策哪些政务服务精益化变革应立即实施,哪些则需要逐步跟进时,可以对手头的政务服务项目进行研究定性,将其分列在"影响力—困难度"矩阵的四个象限内,进而帮助决策者有效做出理想的政府精益变革项目决策。

四 "项目有利条件"矩阵

选择精益项目进行变革或排列确定精益项目的优先级还可以用到"项目有利条件"矩阵(图3-3)。

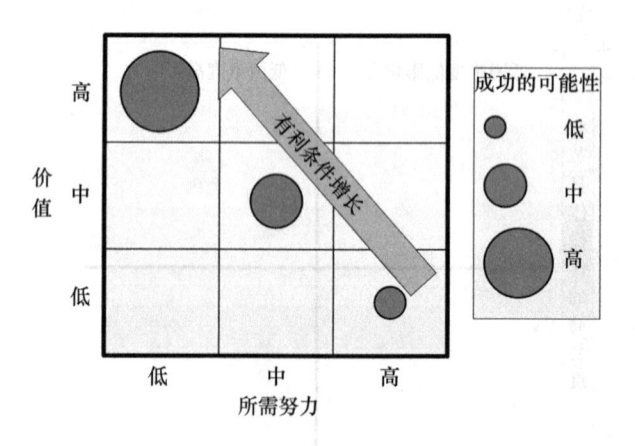

图3-3 "项目有利条件"矩阵

资料来源:U. S. Environmental Protection Agency, *Lean in Government Starter Kit Version* 4. 0: *How to Plan and Implement Successful Lean Initiatives at Environmental Agencies*, p. 22, https: // www. epa. gov/sites/default/files/2017-11/documents/lean-starter-kit-version-4. pdf.

"项目有利条件"矩阵要求在排列政府精益项目优先级时应注意项

目的三个要素：一是精益项目对于政府和公众的价值，这种价值可以表现为政务环境优化、服务质量提升、政府预算资金成本效益比提高等；二是该精益项目实施所需努力的大小，主要包括为了实现价值，投入当前精益项目以及后续活动的时间与资源的多寡，一般而言，拥有复杂和完善流程的精益项目在变革时所需的这种努力是非常高的；三是该精益项目成功的可能性，这种成功概率取决于各种各样相关的风险因素，造成精益项目成功可能性低下的原因可能是大规模的财政投入、一年之内无法获得变革收益，或者需要大量其他岗位工作人员协助等。

第二节 政府流程精益化工具

精益思想和精益管理在企业中经历了数十年的具体实践，其所取得的最大成功即在于产品价值流程方面的精益化。可以说，精益从一开始进入企业管理，所针对的就是流程中的浪费问题。持续改善产品流程、让价值无碍地流动起来是精益思想的核心。政府的治理活动包括众多公共产品生产与供给的流程，这些流程与企业产品生产流程一样，存在不同种类的浪费问题。因此，应用相关精益技术工具，诊治具体流程中的浪费问题，持续改善政府流程以推进精益化，具有非常现实的意义。

政府治理具体项目的清单化是一切政府服务流程精益变革的根本前提，只有实现"单件流"的清单化，价值流图的绘制和流程持续改善才有可能。政府治理改善 PDCA 循环是精益流程循环的基础，是流程精益化的 1.0 版，为流程分析提供了科学客观的思维模式。价值流图的绘制则是流程精益化的 2.0 版，在单件流的基础上，针对单一的产品生产或服务，将流程的精益化进一步细化到了组织分工的每一个环节。对于政府治理的具体"单件"流程而言，价值流图绘制的条件与企业组织完全不同，更加复杂、难以厘清，因此，可以将总的价值流分解为更加细化、更加有针对性的现场价值流和办公价值流，作为流程精益化的抓手，方便分析研究。最后，政务流程持续改善则专注于分析以上流程改善的配套措施，可视化管理是推进流程持续改善的关键。

一　政府治理的具体项目清单化

政府治理项目清单化是流程精益化的基础，是企业精益管理以"单件流"作为改善对象的思想在精益治理变革中的具体实践，也是诸多流程精益化技术工具中重要的管理工具。实际上，对于制造业企业而言，"单件流"是流水线作业中消灭浪费的最佳方法，是解决产品批量作业导致流动不畅、超额生产问题的良方。单件流生产方式是按照产品类别进行的"多制程"生产方式。产品在生产流程中呈现单件流动而非批量流动，它是准时制生产的核心内容。

具体而言，单件流生产方式与批量作业相对，它主要针对当前客户需求越来越多变的特点，主导精益生产以一种"小额度多品种"的模式进行，有更好的灵活度以满足客户需求并适应快速的变化。"单件"可以确确实实指代单一产品，也可以指代"最小单位批次"。单件流要素包括：单件的生产（每次生产一个）、尽可能地连续流动（持续拉动价值流），以及上下工序的恰当衔接。毫无疑问，只有实现了单件流，流程精益化的其他环节才有可能推动变革，其他精益工具也才有可能发挥作用。

对于政府治理活动而言，政府面对的社会公众需求越来越多地呈现多样、多变的态势，针对每一位公众不同需求特点的个性化的公共服务成为未来政府治理的根本变革方向，而推进"单件流"形式的治理项目"清单化"正是对个性化公共服务的探索。对政府治理项目进行细分，将每一个"单件"服务项目明确罗列形成清单，并以此为基础对各个服务项目的流程进行分析，是政府治理流程精益化的开端。比如李克强总理任职时期中国政府坚决推进的"权力清单""责任清单"和"负面清单""三张清单"政府改革，其中"权力清单"和"责任清单"就涉及政府治理"应当做哪些事情"的"清单化"，将这些"能做"和"必须做"的公共服务项目细致罗列出来，将每一个项目尽可能分解为"不可再分"的基本事项，非常有助于"单件流"流程精益化的推进。

二 政府治理的 PDCA 改善循环

政府治理改善循环特指 PDCA 改善循环。可以说，PDCA 循环是精益流程循环的基础，是流程精益化的 1.0 版，任何流程精益化模型都深受 PDCA 的影响，PDCA 真正开创了精益的流程循环思维。前文已简述到，"PDCA"即"戴明环"或"戴明转轮"[①]，指沿着"计划—执行—检查—行动"循环进行的产品改善流程，而"SDCA"则被用来确定和维护标准的优质流程，它也可以被看作 PDCA 大循环中的一个重要环节。日本企业在 20 世纪中叶就引入了 PDCA 戴明环以推进企业改善，并且取得了举世瞩目的成就，真正将 PDCA 循环从思想变为实践的现实。因此，研究 PDCA 循环，必须区分西方与日本在 PDCA 循环管理思维上的不同以正确理解 PDCA 循环的核心内涵。

丰田公司对 PDCA 戴明环进行了全面的改进，使之"不只是一套解决与处理问题的方法，……它成了一种思考方法，是丰田学习理念的核心所在"。半个世纪以来，日本企业流程管理即是建立在这种改善的 PDCA 循环基础之上的，其目的不同于西式关注于"控制"的 PDCA，而在于达到突破性的绩效水准，并在过程中通过尝试去不断学习。可以说，日本对 PDCA 循环的发展是改善思想走向精益的标志，使刻板的"控制"变为灵活的学习，这与建立在学习与改善之上的精益思想非常契合，其核心在于"尝试""学习""员工参与的集体智慧"，这些理念均可以应用于政府治理精益化的实践中。

具体而言，PDCA 循环为政府精益变革中各项事务流程精益化提供了一个"简单框架"，在 PDCA 这种思维方式的框架内，各种流程精益

[①] 西方学者也称之为"Deming PDCA Quality-oriented Process"，即"质量导向的戴明PDCA 流程循环"。

化工具才有发挥功能的大环境。用于具体的治理事务，PDCA 循环可对政务流程改善发挥一定作用（图 3-4），但实际上，PDCA 循环代表的精益思维更为关键。

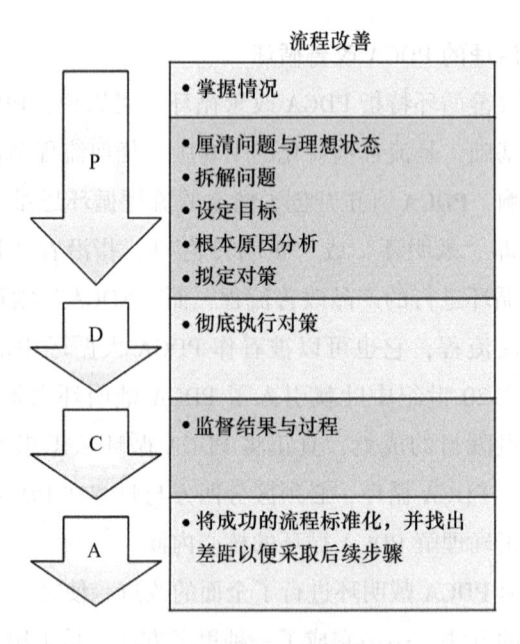

流程改善

P
- 掌握情况
- 厘清问题与理想状态
- 拆解问题
- 设定目标
- 根本原因分析
- 拟定对策

D
- 彻底执行对策

C
- 监督结果与过程

A
- 将成功的流程标准化，并找出差距以便采取后续步骤

图 3-4　PDCA 流程改善

资料来源：[美] 杰弗瑞·莱克、[美] 詹姆斯·弗兰兹：《持续改善：组织基业长青的密码》，曹嬿恒译，中国电力出版社 2013 年版，第 33 页。

首先，PDCA 循环的目的是培养政府治理流程的"调适性"（adaptability），而非简单追求精益解决方案的复制。这种流程"调适性"的载体被认为只存在于相关工作人员的身上，所以，只有让担负政府治理事务的公务员思维"行动"起来，不断学习以适应治理问题，敢于尝试并找到现行最优解决方案，才能时时刻刻皆可展现政府治理流程的"调适性"。

其次，PDCA 循环既是政务流程精益工具，更是人员发展的精益工具。最佳的 PDCA 循环是让人员与流程同步成长的工具。政府流程精益化必须与人员精益化同步。在 PDCA 循环四大环节中，最容易出的问题在于忽视"检查"而专注"执行",检查的学习过程被忽略会导致急功近利的政府组织氛围的产生、人才养成机制的破坏。政府流程精益化必须"沉下心来"戒骄戒躁,任何"救火""抄捷径"的心态都会对精益变革造成严重破坏。应当将 PDCA 的流程持续改善与尊重人员并立为政府精益变革两大支柱,杰出的人才与优异的流程对于政府治理追求卓越同样重要(图 3-5)。

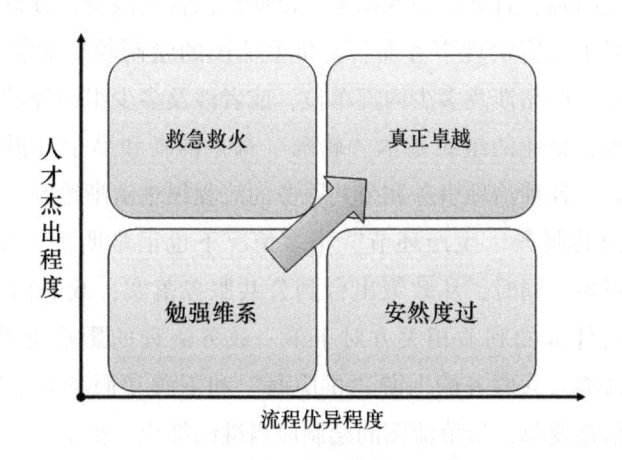

图 3-5 人才杰出与流程优异同样重要

资料来源:[美]杰弗瑞·莱克、[美]詹姆斯·弗兰兹:《持续改善:组织基业长青的密码》,曹嬿恒译,中国电力出版社 2013 年版,第 37 页。

再次,PDCA 循环不是封闭的模型,其中"执行"环节的独立 PDCA 的实现需要形成政府改善的文化,使公务员个体自觉自发在执行中运用 PDCA 检视并改善治理行为。也就是说,PDCA 循环不仅是政府政务流程的循环,更是公务员个体行为改善的循环,是"吾日三省吾身"的学习机制,代表着一种公共生活的模式。只有培养出持续改善的文化,使公务员个人关注与改进自己的行为,并使 PDCA 改善成为一种生活,而不仅仅是对于企业管理的模仿,才能实现持续的精益。

三 现场价值流图的绘制

如果说 PDCA 循环是流程精益变革的 1.0 版，提供了初步的变革思路，那么价值流图的绘制则是流程精益化的 2.0 版，在单件流的基础上，针对单一的产品生产或服务，将流程的精益化进一步细化到了组织分工的每一个环节。价值流图绘制的目的在于当产品价值确定之后，将现有价值流明确、直观地呈现出来，以便提供找出浪费、分析改善方法的基础。对于政府治理事务而言，价值流图的绘制较企业组织更为复杂。无论单一产品涉及多少内部单位，或者涉及多少组织外供应商或下游服务对象，企业的组织基本"轮廓"都是清晰和易于分析的。但对于政府而言，各种治理事务和公共服务的流程很难清晰绘制，各职能部门负责的公共服务"生产环节"很多情况下也很难明确，相互重叠、缺位现象很多。同时，从政策出台到公共服务落实，政府内部的"伙伴"和政府外部的利益相关方对于单一政务流程的影响也是很大的，很难界定这项公共服务的上游"供应商"和下游"服务对象"。因此，对于政府精益变革，价值流图的绘制应当继续细化，更加有针对性，瞄准整体价值流中易于说明、可操作性强、浪费问题明显的关键流程进行分析。

政府的政务服务"现场"就是这种具有高度针对性、操作性且问题突出的场所，其中各种"单件"政务价值流是政府流程精益化的重点变革对象，这种与社会"面对面"、直接向公众提供公共服务的"单件"流程也是政府治理具体项目清单化的重要内容。此外，必须强调的是，公共服务单件流虽然是针对服务项目的"物"而言，但实际上服务的价值则是针对公众的"人"而言，必须将作为服务对象的公众视作现场价值流的载体，在现场，公众走到哪里，哪里就是价值实现的关键环节，唯有如此看待价值流，我们对于政务服务现场的精益化研究才有意义，才有更强操作性。

（一）布局和单元设计

所谓"布局和单元设计"，实际上是对政务"现场"大布局和内部单元进行精益化的安排，简单来说可以分为政务大厅选址、区域布局、单元布局、公务员个体工作位布局等。总之，就是要将关乎作为系统的政务现场公共服务绩效水平的各个"元素"更为精益化地关联起来，使整个系统发挥更强的功能。

1. 政务服务现场总体布局

对于政务服务现场的总体布局应当关注以下几个重点方面。首先，现场的规模非常重要。在企业工厂管理中，"雪恩伯格尔建议以大约5万平方米或者50万平方英尺作为通用的规模上限"①，这对于一座工厂的总体布局而言是不错的，对于政府的政务服务现场，同样需要考虑规模科学化、精益化的问题。政务服务现场的规模过小肯定不利于对公众服务的即时有效，但如果政务服务现场的规模过大、现场服务的公务员人数过多，就会造成现场工作失去重点、沟通不畅的"一锅粥"问题。其次，对于政务服务现场的具体"形状布局"安排，比较好的方式一定是符合"单件流"要求的、对受服务对象进行个体化、"VIP"式、单线程服务的布局。比如，可以采取长方形布局，沿一条"长边"布置众多不同服务类型的入口，另一条长边则是公众接受服务后的出口，入口出口之间则是按照流程科学排布的各个部门办事处多个窗口，公众可以在进入现场前就选择不同服务需求的入口进入，在最短办事流程之后走出出口。同样，也可以采取各种不同的形状创意，比如政务服务现场可以采用沃尔沃的卡尔玛工厂布局经验，设计六边形现场布局，其中一个边用于工作小组和精益团队的流程，而中心区域则是政务服务现场监督人员、协调人员的办公场所。再次，作为现场公共服务价值流动的公众行走工具，完全可以参考各大航空港自动人行道（autowalk）的技术，在必要的现场窗口之间设计自动人行道，以方便"价值"的流动。

2. "细胞式"政务单元布局

企业工厂理想的细胞式生产单元要求"单件流、良好的可见性、

---

① ［英］约翰·比切诺、［英］马蒂亚斯·霍尔韦格：《精益工具箱》，王其荣译，机械工业出版社2016年版，第187页。

最少的工位间库存、与之相匹配的组织结构，还有辅助的超市库存和配送路线，以及具体的防错装置"①。对于政府政务服务现场而言，理想的细胞式生产单元首先一定是团队性的，因此所谓"细胞式"政务单元布局所指的也就是"现场公共服务团队"的布局。具体进行细胞式政务单元布局，应当注意以下几个关键问题。

首先，"瓶颈资源"分析。瓶颈资源是多项公共服务所必需的紧俏的公共资源，应当对每项公共服务涉及瓶颈资源的服务环节进行"贡献度"分析，在"瓶颈环节"贡献度低的服务于优先顺序上应尽量向后排，对贡献度低而又占用大量宝贵瓶颈资源的服务采取大刀阔斧的精益变革。其次，"系统性布局规划"（Systematic Layout Planning，SLP）。这种工具由 Richard Muther 公司开发，第一步按照顺序 AEIOUX：绝对的（Absolute）、至关重要的（Essential）、重要的（Important）、一般的（Ordinary）、不重要的（Unimportant）和不需要的（Undesirable，即"X"），对政府政务服务现场不同单元（部门或窗口）之间期望的接近性关系进行描述和分析，画出相关"三角矩阵"（图 3-6）。然后画出空间关系图和现状布局，找出理想与现实的差距，并寻找重新布置的办法。再次，"单元流动图"。实际上就是用来分析政务流程中各个单位之间的"密度"关系，用不同数量的线条将各个单位连接起来，4 条线表示两个单位间在政务流程中的高密度关系，1 条线则表示密度极低，以此类推。最后，单元形状与流动方向的现有经验。在企业、工厂等生产场所，单元形状设计的共识是"U"形单元最为精益，其"容易平衡、沟通更通畅、有利于质量及其他问题的及时反馈，可见性提高、一个操作人员同时照看第一个和最后一个操作从而简化控制"；流动方向的共识是逆时针流动更为自然，因为这样便于右手的移动。因此，涉及政务服务现场的单元形状与流动方向设计，可以参考这些企业部门的经验。

---

① ［英］约翰·比切诺、［英］马蒂亚斯·霍尔韦格：《精益工具箱》，王其荣译，机械工业出版社 2016 年版，第 190 页。

第三章 精益治理的工具系统

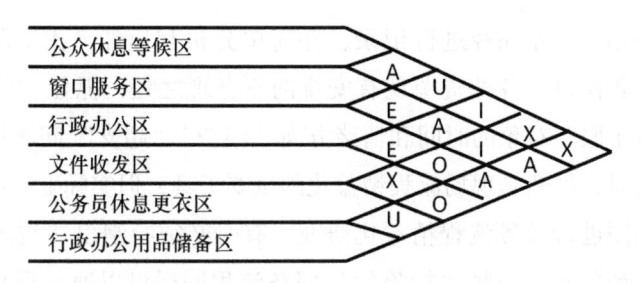

```
公众休息等候区 ┐
              │  A
窗口服务区 ────┤     U
              │  E     I
行政办公区 ────┤           X
              │  E     I
文件收发区 ────┤     O     X
              │  X     A
公务员休息更衣区┤     O
              │  U
行政办公用品储备区┘
```

图 3-6 简单的政务大厅 SLP 布局三角矩阵

说明：本图完全基于假设绘制，用以呈现 SLP 布局三角矩阵在政府政务大厅中运用的具体实例。

资料来源：笔者自制。

3. 其他布局和单元设计的要点

这些要点包括：将工作整合而非细分是流程精益化的重要标准；不应被老旧的办公或服务设施束缚手脚，尽量及时更替，成本很快将在公众满意度上得以体现；将具体办公设计和技术工程部门设置在靠近"面对面"公共服务窗口的地方，最好共享休息区域；将监督管理和控制团队置于现场的最中央，并且不应让政务服务现场主管人员的办公室过于舒适；等等。

（二）"现场行走示意图"

精益管理中有一个著名的"浪费案例"：普惠公司生产车间内的"一个零件在厂内移动的距离（不算在工厂之间移动的距离），经测算总计达到 18 英里"[1]。可以想象，在政府公共服务的"现场"，这种包括物品、人员的"浪费性无价值移动"现象也比比皆是，这就需要对现场关键元素的移动进行精益化管理。

Spaghetti Map（或称为 Spaghetti Plot，Spaghetti Chart，Spaghetti Diagram，Spaghetti Model），可译为"现场行走示意图"，是一种非常重要的政府流程精益化工具，其通过对"单件"公共服务对象在服务"现

---

[1] [美]詹姆斯·P. 沃麦克、[英]丹尼尔·T. 琼斯：《精益思想》，沈希瑾、张文杰、李京生译，机械工业出版社 2011 年版，第 157 页。

场"的办事、行走路径进行记录,并简单分析和论证,找出服务现场各部门、各窗口、各种资源现有安排的不合理之处,抓住"浪费点",尤其是对于服务对象的时间和情绪方面"浪费""超支"问题进行分析研究。同时,虽然是现场流程精益化的重要工具,但实际上,应用现场行走示意图进行政务流程精益化研究,有时必须绘制出"现场"范围之外的各种单元,一些"抽象的"服务流程同样可以通过现场行走示意图来分析和改善。此流程分析工具最大的特点是简便和直观,并行之有效,相信我国基层民政部门对此工具的应用将是"无障碍"的。

具体而言,面对政府政务的现场流程,现场行走示意图的绘制可分为四大步骤:首先,通过办公场所实地勘探按比例准确缩小绘制办公场所的"物理"流程图;其次,组织办公场所内实际操作中的公务员们绘制材料流程图、人员步行移动图和等待时间及焦点停留图;再次,将所有上述线路图用不同颜色的箭头线表示在图中,以方便区分不同问题;最后,对于每一个具体移动,相对应的箭头线都应重新绘制,箭头线越粗,所表示的流程越复杂,检查不应错过每一个小任务、短途移动和重复性动作。

图3-7是一个典型的公立医院医疗服务现场行走示意,它表明了医疗服务的基本流程,除去排队等候的时间,公众顺着这个流程进行医疗诊断与处置。其每一个具体的移动都清晰明确,增值的移动和无效的移动也一目了然。更重要的是,现场行走示意图对于精益公共服务的流程描述完全可以延伸至"现场"之外,更加宏观地对整体服务流程进行分析。比如,可以将不同现场的行走示意图通过其间交通路程及耗费时间的线路图连接起来,绘制出一个作为服务需求方的公众从其家中到接受公共服务的不同现场,再回到家中的完整行走图,对每一阶段耗费的时间明确计量,对耗费的精力则用"笑脸""哭脸",甚至"愤怒"的表情图表示,明确其中"增值"与"浪费"的区间,直观反映出公共服务流程的资源耗费情况(图3-8)。

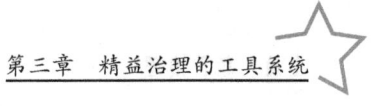

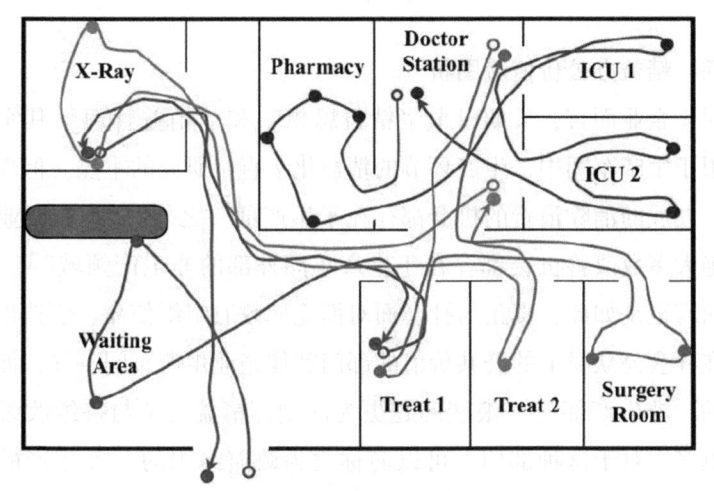

第三章 精益治理的工具系统　　101

图3-7 公立医院现场行走示意图流程分析

资料来源：笔者自制。

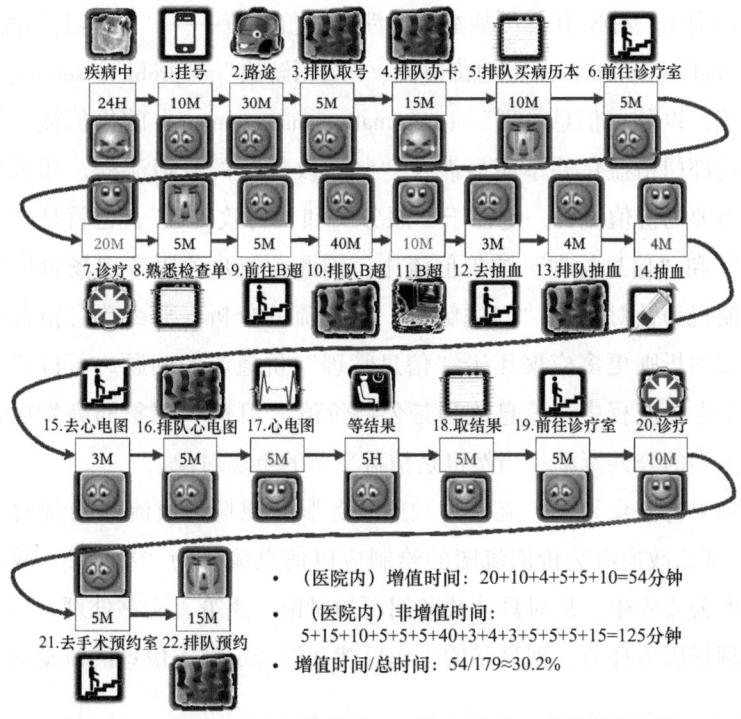

疾病中 1.挂号 2.路途 3.排队取号 4.排队办卡 5.排队买病历本 6.前往诊疗室
24H　10M　30M　5M　15M　10M　5M

7.诊疗 8.熟悉检查单 9.前往B超 10.排队B超 11.B超 12.去抽血 13.排队抽血 14.抽血
20M　5M　5M　40M　10M　3M　4M　4M

15.去心电图 16.排队心电图 17.心电图 等结果 18.取结果 19.前往诊疗室 20.诊疗
3M　5M　5M　5H　5M　5M　10M

21.去手术预约室 22.排队预约
5M　15M

- （医院内）增值时间：20+10+4+5+5+10=54分钟
- （医院内）非增值时间：
  5+15+10+5+5+40+3+4+3+5+5+5+15=125分钟
- 增值时间/总时间：54/179≈30.2%

图3-8 患者于公立医院诊疗（不包括治疗）的价值流图析

资料来源：笔者自制。

四 精益办公价值流图析

对于企业而言,长期以来"精益思想"和"精益管理"其实一直都局限于生产车间中,生产环节的精益化一直是研究的重点。但现实情况是,九成的消除浪费的机会都存在于生产部门之外,"提高企业生产率的绝大多数改善机会都存在于生产车间外部的非生产领域"[①]。对于政府而言也是如此,真正与社会面对面完成政府组织使命、创造出直接体现在社会公众身上的公共价值的部门就像企业生产车间一样,而隐于其后的"非生产部门"浪费问题更为深刻,精益变革与持续改善的机会也更多。对于这种部门,可以简称之为政府组织的"非生产的办公部门"。精益办公部门的价值流图析也是政府流程精益化的重要课题。

在企业精益变革"里程碑式"的著作《精益思想》中,沃麦克和琼斯识别出三种所有公司基本都会涉及的价值流——"物理上的改造"(physical transformation)的价值流、"问题解决"(problem solving)的价值流,以及"信息管理"(information management)的价值流。如果说政府部门精益化并不明显涉及"物质改造"的价值流程,那么政府最为重要的价值流程一定在于"服务"和"行政流程",也就是"问题解决"和"信息管理"的价值流中。因此,把政务服务现场价值流图的绘制视为针对具体"问题解决"价值流的分析,那么政府精益办公价值流图析则更多应聚焦于"信息管理"价值流的问题。可以说,现实政府办公流程中,信息流程是公共价值"浪费"现象的高发区,消耗了太多的公共资源,当然也是精益变革的重点对象。

如果将公众和服务流作为政府政务服务现场价值流图绘制的"标尺",那么政府办公价值流图的绘制应以信息流作为"标尺"。政府具体的办公流程中,从对具体政务问题的讨论、决策、文书处理、信息传递至现场服务环节,到最终的工作反馈和综合定性,信息的流动都是工

---

① [美]鲍·凯特、[美]德鲁·劳克尔:《精益办公价值流:管理和办公过程价值流图析》,张晓光、谢安平译,中国财政经济出版社2010年版,"导言"第1页。

作的核心，信息流流经了政府"办公室工作"的每一个环节。解决好信息处理的精益化问题，绘制出更加精益的信息处理价值流图，也就基本实现了政府"非现场"的办公精益化。所以，对于政府办公价值流的研究，应创新地开发出一套聚焦于信息处理的价值流图析，以信息流为"中线"绘制办公整体价值流，找出其中的浪费问题并探讨改善措施。

绘制精益办公价值流图时应当注意，以"单件"信息流作为标杆进行流程绘制。首先，参考不同的信息流列出政府办公室日常政务清单，将精益团队认为最有可能存在最多浪费现象的工作选出来进行流程图绘制；其次，要对当前该工作流程进行分析，以信息流为中心绘制当前的价值流图，绘制时尽量使用不同符号对问题信息的"产生"（即公共问题的发生）、政府决策团队的信息收集、具体应对研究、信息加工与处理（包括办公室各种细致的文案工作）、决策信息下达、信息反馈等步骤进行标识，辅之以"节拍时间"对每一个步骤进行时间控制，使所有相关信息尽可能完整；最后，依据精益理念和变革的预期对此工作流程进行未来价值流图的绘制，尽可能简化可省略的浪费环节，整合工作重叠部分，并在实践中加以验证。

五　政务流程精益化的辅助工具

探讨政府政务流程的精益化，除了上述具体的、成体系的重点工具之外，也有一些与之相配套的、关键的辅助工具。实际上，这些辅助工具的作用在于使政府政务流程能够按照精益变革既定策略不断推进，在战术层面发挥好、准备好价值"流动"与支持顾客"拉动"的作用。其中，在至今西方政府精益实践中"出镜率"最高、应用最多的辅助工具包括需求管理、政务现场5S、可视化管理和节拍时间等，其中前三种工具属于管理工具，节拍时间属于技术工具。

（一）需求管理

丰田生产方式（TPS）的创始人大野耐一说过："从需求开始。"需求是价值流的开端，也是价值流的根本动力。按一般道理来讲，如何理解需求应当是推进精益变革需要使用的第一个工具，但实际上，这种对需求的感知、理解和管理对于政府政务服务精益化而言，是拉动流程的动力，更是保障流程有效而精益运转的基础，其重要性可以覆盖"全流程"。

具体而言，政府公共服务的需求管理与企业需求管理大致都应包括四个方面。

首先，应主动开拓渠道以倾听公众对公共服务的诉求，明确公共诉求究竟内容与实质。对于公共需求的调查可以使用访谈法、使用点观察[①]等工具。最新颖、最实用的精益工具是 Kano 需求分析。Kano 需求分析可以帮助政府更好地理解公共服务的哪些特点可以给公众带来真正的价值，怎样可以减少提供公共服务出现过分强调无关紧要的特征或者漏掉关键特征或属性的风险。比如对于医疗保险的 Kano 需求分析，可以明确各种医疗保险是否符合公众的根本利益，其中大病医疗保险的哪些特点能够满足公众需求，而其他无用特点能否减少甚至消除。精益治理使用 Kano 需求分析可定义三个层次的公众需求：基本型需求、期望型需求和兴奋型需求。基本型需求是公众认为该公共服务必须有的功能。期望型需求是公共服务比较优秀，但不是必须有的功能，对于这些需求，公众也不太清楚，但只要满足，公众对政府的印象就会极大加分。兴奋型需求则是政府为公众提供一些出人意料的公共服务，即使公共服务未能满足兴奋型需求也无所谓，但一旦满足则对政府公信度大有裨益。在倾听和准确把握公众需求并对不同公共服务的特质所能满足的公众不同需求进行评估后，可以将这些信息进行汇总，对实际内容进行描述和记录，之后用"亲和图"将这些公共诉求整理归类，与政府当前对公共需求的理解进行比对。其中，"公共诉求"和"公共需求"是不同的。"诉求"的所用语句具有强

---

① 即对于公众对个别公共服务的享用情况的观察，观察个别公共服务是否真正对公众有作用。

烈的感染力，分为"理性的、感性的和道义的"，其中感性的诉求并不一定具有"公共性"，而"需求"则是客观存在的、被认为基本合理的要求。所以，分辨有价值的公共需求和失效诉求的需求是管理的关键。

其次，应列出公共诉求的具体来源，按照公众的类型划分需求，或者按照地理、行政区域因素划分。

再次，对信息进行汇总和分析，将这些公共诉求归类划分为"价值需求"和"失效诉求"（即与"公共性"相悖的、占用资源而没有任何价值，或者在当前条件下根本不可能达成的诉求），对于失效的诉求应当被排除在政府公共服务决策之外。

最后，认真考虑"需求如何随着时间的推移而变异"的问题，可以使用"控制图"（图3-9）对公共服务需求进行预测与控制，找出公众获取需求的最佳时间跨度。此外，对于政府来说，对需求进行管理时，管理对象除了组织之外的"公共需求"，还应兼顾组织内部的需求，管理好政务正常运转所需资源，以及正视公务员队伍的合理合法需求。对于公共需求的管理，还可以帮助政府在精益变革的最初切实掌握社会公众的实际需求，列出更加准确而详细的"服务清单"，对政府精益变革的"清单化""单件流"都有极大裨益。

（二）政务现场5S

"5S"理念实际上对于所有组织办公现场的精益化都十分有益，它不仅是对于具体组织功能空间物品的整理，在深层次实际上反映的是精益思想的标准化理念。5S包括"整理"（せいりSeiri）（Sort）、"整顿"（せいとんSeitonn）（Set in Order）、"清扫"（せいそうSeisou）（Shine）、"清洁"（せいけつSeiketsu）（Standardize）和"躾"（即素养，しつけShitsuke）（Sustain）。其中，"整理"即是要求变混乱为整洁，保持"断舍离"的心态以营造干净的办公环境；"整顿"即对环境加以"简化"，对整理后剩下的物品进一步规整，做到"物有其位""科学摆放"；"清扫"即审视和检查，警惕办公环境因工作失序、混乱；

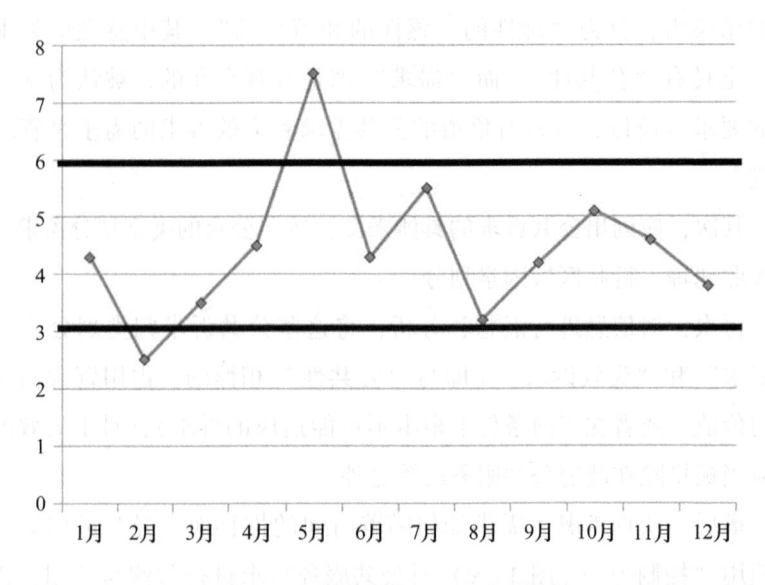

图 3 - 9　公共需求事项 a 的需求控制

说明：X 轴可以是"公共需求的数量"，也可以表示政府满足公共需求所提供的公共产品"储备"情况、"预先提供"情况等任何相关内容；其中"3"与"6"对应的深色线代表"正常范围界限"，即"3"为需求正常下限，"6"为上限，在此区域之外的月份（2 月和 5 月）数据表示公共需求的"变异"，需要进行控制和管理。这种需求控制图对于政府内部的需求管理也会十分有效。

资料来源：笔者自制。

"清洁"即标准化，将改善成绩稳定下来；"素养"即维持和自律，通过鼓励工作现场所有人加入 5S 精益变革，以形成自觉的持续改善习惯。

实际上，5S 所包括的这五项管理举措在政府管理中早已有过实践，但将五种"S"整体化、系统化地加以应用，在政府管理领域做得并不好，每一个"S"都单独进行并发挥作用，没有形成管理体系的合力。将 5S 应用于政府政务和公共服务中，需要对不同的办公场所分类进行（表 3 - 1），同时也要注意到 5S 改善行为本身的成本。不同部门不同办公场所分阶段推进比较明智。

表 3 – 1　　　　　　　　　　5S 在政府中的应用

	办公室或"现场"	电子政务系统	成本系统	档案存储系统
整理	抛弃多余无用的办公用品（断舍离）	删除所有的冗余文件和应用，清理"内存"	精减不需要的政府行政成本	清理过期的、无效的档案文件
整顿（简化）	按照最佳位置安排单位要素	依照层次和逻辑来安排存档	减少政务不必要的处理次数（如"文山会海"），管理费用专项化	按"最佳位置"和最佳存储规模进行简化
清扫（审视）	定期审查办公环境与具体工作需求的契合度	定期检查闲置和无价值的文件	定期审计政府行政成本，记录政务处理的规模与频次	定期对档案存储现状进行调查
清洁（标准化）	对长期有效的现场布置进行"制度化"	系统化、格式标准化	成本系统改善进入政府报告，努力维持防止退化	对档案存储进行标准化说明与制度建设
素养（自律）	维持变革与改善自觉化，使之成为办公室常态	维持精益化成绩的同时，不断自觉改善电子政务系统的效率	自觉检阅政府行政成本，思考降低成本的方式	维持系统改善成绩并养成自觉改善的习惯

资料来源：笔者自制。

5S 是最为通用的精益工具，对于流程精益化而言，也是最重要的辅助工具。在 5S 管理取得效果的基础上，在现场已经整洁、清晰、简化、干净的基础上，政务流程的精益化才可能取得理想效果。很难想象凌乱不堪的政府办公室或政务大厅会为社会提供怎样的公共服务，5S 为一切政务服务现场流程的精益化提供了干净整洁的"价值流动"环境。

（三）可视化管理

可视化管理是政府政务服务价值得以无障碍持续流动起来的重要工具，它也可以整合到 5S 的标准化作业中。所谓可视化管理，其根本理念即是运用各种可视化工具和标识，尽可能将流程现状实事求是地、即时自动地、不需要专门问询地呈现在管理者眼前，以期即时地暴露流程浪费问题。具体到基本工作，精益治理的可视化管理应当做到六大"可视"：一是让当天的工作可视化，即要求政府各部门每个人对每天需要完成的工作清晰明确，以便客观衡量今天工作的成效与浪费问题；二是让过程可视化，即将政务工作流程、工作地点、工作任务分派等信息可视化，使相关重要信息流动起来；三是让状况可视化，即将当前政务工作处于什么状态清晰展现出来，明确工作是否存在提前或延后问题；四是让浪费目视化，即将任何妨碍此日政务工作的事情可视化，将政务工作的"波动"①和"过载"②体现在可视的地方，以便消除之；五是让目标清晰，即让当日或一段时间内政务工作目标可视化，以便去除浪费；六是让政府需要消除浪费的活动清晰化，应及时发布改善新闻报告，针对问题提出A3报告或其他活动计划和对策。

对于政府部门的工作，可视化管理的意义在于：可以建立并公布工作的优先级；可视化地显示具体公共服务工作流程是否达到预期；更好地理解政府公共服务的流程；快速识别政府公共服务流程中的异常和变异情况；传达政府政务的绩效指标；为精益团队和一线公务员提供必要的、可视化的信息反馈；等等。

可视化管理最有效的技术是"看板"（Kanban），即表示出政务服务流程中某工序何时需要何数量的某种资源的卡片，也可以表示单向流程中公务员分工工作的基本情况，是一种流程精益化中传递信号的工具。在政务大厅等政务服务现场竖立公务员能一目了然的流程看板，对于流程精益化是至关重要的，它可以使每一位参与政务流程服务的公务员对整体流程有更加清晰的认识，明确自身在流程分工中的价值定位，从而更有利于公务员个体自觉思考流程的浪费问题。

（四）节拍时间

"节拍时间"（Takt Time）是一种价值流图绘制的必要元素和关键

---

① "波动"，即政务工作日平均量的波动。一般而言，公众需求与公共服务供给能力应处于相对平衡状态，如出现波动则必然导致浪费。

② "过载"，即公共需求超过平衡状态，导致政府公共服务任务过量，工作人员工作量超负荷而导致浪费。

精益技术，它不是一个完整的工具，但对于描述价值流必不可少。节拍时间指"有关产品流经从原材料到顾客各个步骤的不变的、统一的前进速度的根本性理念。……是产品流动速度的鼓点周期"。[①] 简单而言，节拍时间等于"可用工作时间"除以每天平均的产品需求量。可以说，作为价值流图的重要组成部分，节拍时间给予了价值流图重要的时间轴，使产品流动得以直观显现。

至于政府部门政务，公共产品的决策、生产与服务所产生的公共价值流也是可以进行"节拍时间"描述与管理的，尤其对于政府政务服务现场（如政务大厅）的各种服务项目，每种公共服务项目的提供都有一个大致一致的节拍时间，超过这个节拍时间范围则表示该服务遇到了各种麻烦以至无法高效完成，比如窗口公务员与受服务公众之间交流不畅或者发生摩擦，这些问题可以很明显在节拍时间中凸显出来。节拍时间也可以对这种问题的发生起到抑制作用，使政务一线的公务员服务行为更为标准化。

需要重视的是，政府政务服务流程中的节拍时间并不是简单的服务事项"周期时间"，周期时间是对于流程中某一环节从开始到结束的稳定的时间消耗，而节拍时间则是对流程整体进行的时间安排优化。也就是说，某些周期时间"或长或短"地不符合流程整体节拍时间的要求，比如某个政务窗口审核盖章的周期时间较长，会严重影响整个服务流程的正常价值流动。遇到这种情况，节拍时间可以建立严格的时间规范，调控流程中每一环节周期时间，以达到政务单向流的整体同步。

第三节　政府精益变革保障工具

政府精益变革的保障工具，其实可以简单理解为"精益变革的管

[①] ［英］约翰·比切诺、［英］马蒂亚斯·霍尔韦格:《精益工具箱》，王其荣译，机械工业出版社2016年版，第114页。

理"工具,即研究如何管理这种动态的、循序渐进的、影响深远的政府变革,如何使这种变革常态化、稳定化和高质高量。约翰·比切诺和马蒂亚斯·霍尔韦格提出:"变革的有效性(E)等于变革的质量(Q)乘以人们对变革的接受程度(A),即 $E = Q \times A$。"① 如果再加上变革的可持续力(S)和变革过程的"熵"(e),那么,这个公式还可以简单设想为:$E = Q \times A + S - e$。② 所以,研究政府如何管理精益变革、如何对精益变革进行必要的保障,可以从组织架构、人力资源管理、持续变革(克服"熵"的作用)、变革质量和绩效等几个方面进行思考,构建一个保障政府精益变革的完整体系。

一 精益治理组织架构与人力资源管理

精益治理的组织架构设计和人力资源管理在精益治理的整体系统中都属于管理工具。精益治理需要不同于传统政府的全新组织架构,同时相关人力资源管理也需要打破现状,推陈出新以适应精益变革。这种适应精益的组织架构和人力资源是对政府精益变革最为根本的保障。具体包括三方面:精益团队、问题解决小组与多功能团队,政府传统职能部门权责精益化,政府精益人力资源管理。

(一)精益团队、问题解决小组与多功能团队

与政务精益化"单件流"理念相配套,依照工作、"单件"政务来配备专项的流程精益团队或问题解决小组,是政府精益变革的根本要求。精益团队必须是问题导向的,也就是说,精益团队就是一种高效的问题解决小组,它存在的核心目的就是解决问题。事实上,对于组织专项团队进行管理早已进入政府政务服务中,但精益团队并不是普通的团队管理,"一个强有力的团队领导人和几个专职团队成员对开发项目实行'着重'管理的做法",实际上是一种"假"团队的表现。精益方法

---

① [英]约翰·比切诺、[英]马蒂亚斯·霍尔韦格:《精益工具箱》,王其荣译,机械工业出版社2016年版,第313页。
② 此公式原创,虽未经验证,但较为简单明了,表述含义明确。

是建立几个真正具有从事单件公共服务所有工作所需的全部技能的专职团队，其目的是解决单件公共服务中存在的所有浪费问题，"团队成员能在短时间内集中在一个房间里，使用已经证明有效的团队决策方法，通常被称为'质量功能展开法'（Quality Function Deployment，QFD）的方法进行工作。这种方法能使开发团队的工作标准化，以便每个团队每次都能按照同样的方法去工作"①。

毫无疑问，对于政府各个政务服务决策和生产流程的精益化，应当组织所有相关环节领域的一线职员参加，组成精益团队或专项精益问题解决小组，这样的选择更有利于准确把握浪费问题的关键和找到解决的良方。"由于精益项目中有包括顾客和其他利益相关方在内的多方参与，参与者可以获得一种多元化视角，以理解哪些环节是有效的，而哪些又是多余而无效的。"② 从事单件公共产品或服务工作的专职团队，其"规模不必像传统管理者预计的那么大，小一些可以使他们在各方面都好一些。不需要一大堆专业面窄的专家，……专业人员实际上比这些专家技能要宽，而且非常现实，容易被承认，且好安排利用。当指定一个小的团队去'干这件事'时，我们总是发现，每一个专业人员都突然感到，自己能成功地发挥作用的任务范围比以前让他做的范围更大了。他们的工作做得好，也能从工作中得到乐趣"。③

多功能团队的组成形式是多样的。比如有些精益企业中就设有"准时生产促进办公室"（JPO）的部门，将精益变革前旧的产品质量部门、人事培训部门和其他不同部门的高素质、高能力人才集中在一起，负责与变革领导人共同评价产品价值流，决定改善活动的决策，并在启动改善时派成员进入改善一线进行监督指导。同时，JPO也必须让每一

---

① [美]詹姆斯·P. 沃麦克、[英]丹尼尔·T. 琼斯：《精益思想》，沈希瑾、张文杰、李京生译，机械工业出版社2011年版，第43页。

② U. S. Environmental Protection Agency, *Lean and Information Technology Toolkit*, December, 2015, p. 23.

③ [美]詹姆斯·P. 沃麦克、[英]丹尼尔·T. 琼斯：《精益思想》，沈希瑾、张文杰、李京生译，机械工业出版社2011年版，第43页。

位员工了解和接受精益思想原则和技术,这是更为重要的职责。至于精益治理,如 JPO 这样的多功能团队也是必要的。精益治理的多功能团队也必须抽调原各职能部门和一线公共服务队伍的公务员"专家"参与,具体负责精益流程变革中所遇到的各方面问题,并在总体的精益变革计划、具体公共服务流程精益化的战略层面给予支持。

(二) 政府传统职能部门权责精益化

在精益治理计划中,专门的精益团队将成为主角,处理公共服务现存的问题也成为政府行为的重点,而政府传统的各个职能部门将会逐步退出对一线公共服务的具体微观控制与指导工作。事实上,以精益团队、问题解决小组、多功能团队为核心的精益治理公共服务必然将各个传统职能部门的权责"边缘化"。这些在精益计划中不再是"主角"的职能部门成为政府组织另一类型的"被腾出来的资源"。如何策划使用这部分"资源"?如何使政府各传统职能部门对精益变革有作用,且职能部门的公务员不至于成为政府负担?这需要对传统职能部门的权责进行精益化的安排。

按社会公共需求来组织规划政府各部门的职责,是精益治理的基础。因此,对于政府传统职能部门的精益化,也需要从社会具体的公共需求出发。哪些部门和组织是政府满足社会公共需求和精益变革所必需的、哪些是次要的、哪些是完全不必要留下的,这些问题应当在精益变革之前就列表明确。对于"远离"社会需求的各部门,大刀阔斧砍掉是可以的,但对于距离社会需求较"远"的传统职能部门,裁撤并非最好的办法。一般而言,为得到大多数组织成员的支持,任何政府变革都不能以单纯裁撤冗员为主要手段,灵活地、聪明地"处理好多余的人员"是政府精益变革最开始就应当做好的工作。对于这些距离社会需求较"远"但又不可裁撤的部门,可重新设计其权责。

一句话,"各个职能部门应做的事情是考虑未来"[①]。"寻找新的知

---

① [美] 詹姆斯·P. 沃麦克、[英] 丹尼尔·T. 琼斯:《精益思想》,沈希瑾、张文杰、李京生译,机械工业出版社 2011 年版,第 279 页。

识并将其总结为在需要时可以传授的知识"① 将成为精益治理各个传统职能部门的关键职能。在精益治理中，各传统职能部门应当舍弃原有官僚体系下的指挥控制权责，专注于政府组织的未来：研究与探索、开发新工具和新技能，担负起培养公务员队伍的责任，并参与对政府公共产品价值流的设计，监督公共价值的顺畅流动。从中央层面来看，比如现在中国的某些部委并不应成为精益治理的"主角"，这就要求这些"传统"职能部门聚焦政府公共服务未来，设计如何当好"配角"。而从地方层面来看，基层街道办事处为上级各职能部门"千条线"所牵系，而真正向社会公众提供公共服务的是基层"一根针"，所以，这些上级职能部门完全可以对其权责进行精益化变革，改变文书命令指导式的政务工作，将公共服务处置权下放给基层，让价值在基层流动起来，担负起为政府公共服务未来"未雨绸缪"的责任。同时，这些上级的职能部门也应当成为培训基层与社会"面对面"岗位公务员的基地，成为基层公共服务"知识"交会、整合、再传播的平台。完全可以在各个职能部门设置公共服务专项技能的固定岗位，由转移出一线精益团队的公务员选调担任，其初期的工作是将其在基层精益团队中获得的公共服务专项知识"系统化"，并传授给职能部门的公务员，而后期工作则是同职能部门公务员一道寻找和开发新的知识与技能。

（三）政府精益人力资源管理

"船员"人数过多，"船"就浮不起来了。所有组织都会因转型期的人力资源问题而苦恼——冗员过多而真正符合变革要求的员工又很少，一方面无效人力资源"库存过多"，另一方面高价值的人力资源十分稀缺。人力资源的"去库存""供给侧结构性改革"是摆在力求精益变革的组织面前的最大障碍。政府部门也面临同样的问题，必须对不符合精益治理要求的"过剩人力"和"钉子户"进行处理，

---

① ［美］詹姆斯·P.沃麦克，［英］丹尼尔·T.琼斯：《精益思想》，沈希瑾、张文杰、李京生译，机械工业出版社2011年版，第280页。

需要改变传统政府人力资源管理办法,重新制定精益化的人力资源管理方案。

政府精益的人力资源管理应当着重设计两方面内容:学习精益与精益学习;人员流动。公务员队伍专业化并不是技能"专业化"和单一化,而是不断对精益进行学习,并且在学习中不断对学习的方法、行为进行调整。实现精益化的学习,是政府精益变革的基石。同样,人员流动也是精益变革的关键,"轮换职务"的办法可以使所有岗位上的公务员能够利用其热情与知识储备加入第一线的政府公共服务队伍,同时也可以适时使其有时间外出在职能部门学习新的精益技能。

1. 学习精益与精益学习

学习精益是指政府精益变革的理念、知识与技能在公务员队伍中的普及,包括一线参与公共服务的基层公务员,以及中高层的管理者。对于精益理念、技能、知识的学习,首先就涉及了学习者对政府精益变革的接受程度,而这种接受程度的不同会呈现一种"接受曲线"(图3-10),将政府的人力资源进行区分,让变革推动者看清谁是"早期接受者"(Early Adopter),谁是"死不悔改者"(Anchor Dragger)。政府精益变革的"接受曲线"与企业精益变革的"接受曲线"基本无异,约翰·比切诺和马蒂亚斯·霍尔韦格在其著作《精益工具箱》中具体进行了介绍。

政府精益变革中的接受曲线图中明确呈现了公务员队伍对精益变革的态度和显著的分布,曲线下的面积大致代表了各部分人员的比例,政府精益变革的"早期接受者"位于曲线的右侧,即"牧羊犬"和"旅鼠",他们基本上不需要施力说服,是变革的"合作方"。具体各个"角色"对政府精益变革的态度及具体的人力资源管理对策见表3-2。

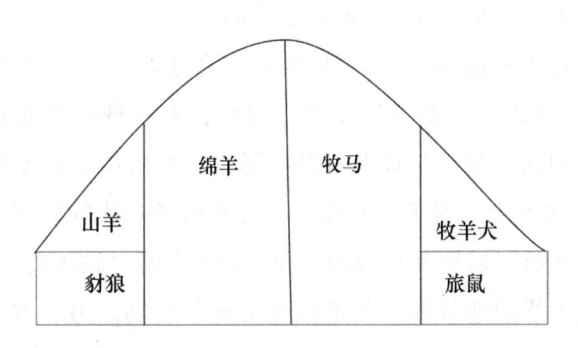

第三章 精益治理的工具系统　　115

图 3-10　政府精益变革中的接受曲线

资料来源：[英]约翰·比切诺、[英]马蒂亚斯·霍尔韦格：《精益工具箱》，王其荣译，机械工业出版社2016年版，第333页。

表 3-2　　　　　　　　政府精益变革接受曲线中的角色说明

	豺狼	山羊	绵羊	牧马	牧羊犬	旅鼠
基本特质	不可教化，严重影响组织变革	谨慎多疑，有一定引领作用	简单而易于被引领	善于理解，踏实肯干，富有团队精神	既忠诚又聪明	缺乏思考，乐于接受任何变革
对精益变革的态度	"死不悔改者"完全不接受政府精益变革	对政府精益变革持谨慎和怀疑态度	对政府精益变革茫然失措，需要有人指出方向	基本支持政府精益变革，但需要精益领导者的引导	认同且理解政府精益变革，是变革的核心团队	不理解政府精益变革，但无条件服从，随大溜
对策	调动岗位至传统职能部门，让其观察一线政府的精益变革	着力说服，力求其发挥引领作用，扮演好精益变革的"批评家"角色	精益培训的主要对象，对其加以正确引领，防止"豺狼"的分化作用	精益培训的主要对象，可以给予更多的"自我控制"，发挥其团队精神	放权，给予充分的精益变革自由度，使其做好标杆引领作用	精益培训的主要对象，使其从零开始认识精益，并加以引领

首先，学习精益的主体是除"牧羊犬"和"豺狼"之外的公务员，而占人数大部分的"绵羊"和"牧马"则是重中之重。"旅鼠"们善于不假思索地支持变革，不会主动破坏变革，但对于政府精益文化的养

成有负面作用，需要进行持续的精益培训。

其次，对于精益的学习，还涉及了关键人员的角色问题。一方面，"在推动组织进行精益转变的过程中，有一种转变非常关键，即管理人员必须成为教练员而非专制的暴君，然后员工们才能成为积极主动者"①。事实上，对于政府而言，公共服务一线的管理人员也必须从专制的"暴君"转变为精益知识和实践传授的"教练员"，对政府公共服务精益变革的细节做"传道授业解惑"之功。另一方面，通才和专才之争可以平息了。如果说政府公共服务精益化需要通才，在公共需求变化时可以灵活调整工作岗位，那么，所有公务员都应该是通才的。但是，如果说政府公共服务精益化需要专才，那么也就只需要一种人才，即思维灵活的、能够提供精益化公共服务的专才。

最后，对于精益的学习，最终要落脚在"精益思维"的培育上，即使所有成员都具备主动思考、主动求变的精益的思维方式，从而有助于转变学习方式，变传统学习精益为精益化的学习。当然，从初步地学习精益到持续的精益学习需要长时间的组织变革作支撑，同时，为支持持续性的精益化学习，也必须借鉴和开发多种不同的精益工具，灵活运用精益各种循环理念，强化政府对新技术、新知识、新理念的学习与运用。此外，精益化的学习要求政府部门对所有成员进行有计划的、有实质内容的精益培训，其核心目标在于改变政府部门公务员的"花岗岩脑袋"②，培养精益思维。尤其对于一线轮岗人员，及时、周期性的精益培训是使学习精益化、长效化的保证。

2. 人员流动

人员流动是精益人力资源管理的另一重点，包括"被动流动"和"主动流动"。

被动流动，即由于政府精益变革的需要，政府公务员队伍的被动流

---

① [美]詹姆斯·P. 沃麦克、[英]丹尼尔·T. 琼斯：《精益思想》，沈希瑾、张文杰、李京生译，机械工业出版社2011年版，第268页。

② 形容不认同精益变革的传统思维。

动调整。由于精益生产灵活度较高，完全由顾客需求进行拉动，所以有关生产服务流程需要多少人工、节拍时间应为多少其实也是非常灵活的。相应地，在精益治理中，精益化的政务服务流程也是非常灵活的，公共产品的生产量可以随时得到科学调节，不同公共服务产品的节拍时间在公众公共服务需求变化的拉动中也不断变化。当节拍时间因公共需求降低而被"拉长"时，便会"余"出许多公务员"人手"，这样的灵活性问题有许多，需要具体的人力资源管理的安排来解决。为适应"被动的"人员流动，政府可以借助具体的 IT 技术和可视化管理，将具体每一项公共服务的需求较为准确地进行预测，并呈现在每一位政府部门公务员可看到的地方，让每一个人了解当前一段时间内具体每一项公共服务所需人力安排，尽可能地使这种需求拉动而导致的被动人员流动变得易于预测、易于接受。

主动流动，即不同职位的公务员的定期制度化流动，目的在于让公共产品价值流上相关职位的公务员流动起来，使每位公务员都有机会与社会公众"面对面"。这可以让公务员队伍整体感知精益、体会价值流动、增强精益的变革意识。"如果企业的职工逐渐失去其优势，只是简单地把所有时间花在用他们已有的知识来解决常规问题上，对企业也不是一件好事。日本人把这称为'万金油工程师'问题。"[1] 所以，知识随人员流动而流动是组织革新的重要动力，精益治理的主动性人员流动的意义就在于让不同人员所掌握的不同知识体系流动起来，使之成为精益变革的重要动力。一般情况下，精益治理会设计一种"轮换职务"的人员流动形式，即具体职位的个体公务员在政府公共服务需要其应用现有知识以满足公共需求时，将其调入精益团队，而在公共服务结束后调出团队，使其有更多灵活时间去各个职能部门学习新的公共服务技能与知识，比如可将调出精益团队的公务员组织在各部门进行新技能学习，在政策研究机构进行专项研究，在培训部门对新进公务员实施

---

[1] ［美］詹姆斯·P.沃麦克、［英］丹尼尔·T.琼斯：《精益思想》，沈希瑾、张文杰、李京生译，机械工业出版社2011年版，第278页。

"师父式"专项指导与技能传授,等等。

二 精益治理持续变革保障工具

政府如何将精益变革持续推进,使之随时间推移、在"熵"的作用不断增大的情况下依然保持强劲的变革动力,这不仅应在哲学理念、精益文化层面进行思考,也需要管理工具、技术工具的具体安排。目前最重要的精益治理持续变革保障工具包括三种,其中,敏捷开发工程是技术工具,精益领导力和变革常态化则是具体的管理工具。

(一)持续精益的敏捷开发工程

敏捷开发工程是一项比较具体的精益技术工具,其最初源自IT软件迭代开发技术。毫无疑问,IT技术是政府精益变革最重要的保障。软件技术的发展对于公共服务的质量与效率具有巨大的提升作用。所谓敏捷开发(Agile Development)(图3-11),即应对快速变化的需求的一种软件开发能力,与传统软件开发工程相比,它更强调团队紧密协作、面对面沟通,更注重软件开发中人的作用。敏捷开发具有时限性、循环迭代性和服务指向性的特点,其核心理念是使政府服务的软件开发赶上公众需求变化的速度,随时随刻根据公众需求制定改进方案。敏捷开发的时限性要求在尽可能短的时间内对电子政务具体软件进行迭代开发以适应迅速变化的公众需求;其循环迭代性表现出理想的敏捷开发的"永动性",即不断地循环迭代发展,这与精益变革、精益循环各种工具是一致的、配套的;其服务指向性与精益思想的"拉动"理念一致,即循环迭代发展永远指向服务对象的需求,即政府不断以最新的、最理智的公共需求为变革目标,推进电子政务软件循环迭代的敏捷开发。

敏捷开发是对"瀑布式方法"(the Waterfall Method)(图3-12)的反思,是对单线程开发方法的革新。瀑布式方法是"自上而下"单线程的开发流程,从"需求分析""设计""开发""用户测试",到最终的"操作和维护",其以一种"瀑布"状态单线程向最终目标前行,最后的操作维护环节与最初的需求分析环节并没有直接关联，没有形成循环开发，创新项目容易出现在最初阶段"差之毫厘"而最终"失之千里"无法扭转的局面，造成巨大的浪费。

图 3-11 敏捷开发流程（Agile Development Process）

资料来源：U. S. Environmental Protection Agency, *Lean and Information Technology Toolkit*, December, 2015, p. 37.

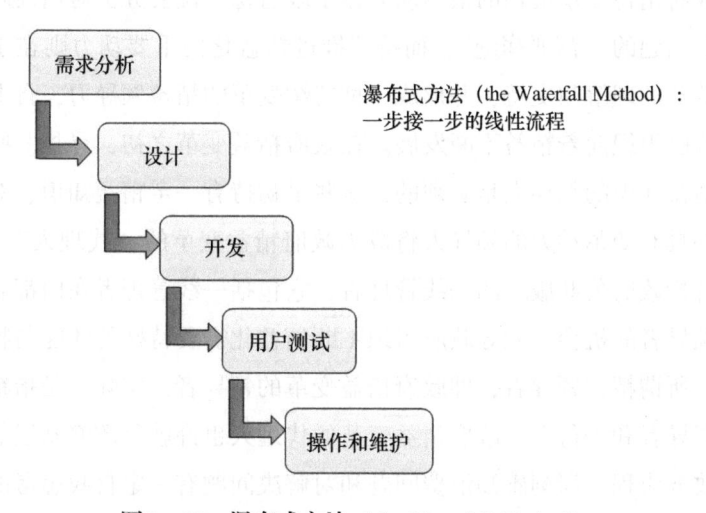

图 3-12 瀑布式方法（the Waterfall Method）

资料来源：U. S. Environmental Protection Agency, *Lean and Information Technology Toolkit*, December, 2015, p. 36.

与"瀑布式方法"相比，敏捷开发的迭代性更具优势。敏捷开发流程强调随时跟随公众需求进行设计、开发、检测、需求反馈、再设计……美国国家环境保护局（EPA）首席技术官格雷格·戈德布特曾指出，"没有对价值认识的敏捷开发，那就仅仅是 IT 工作者没头苍蝇似的循环"①。短周期的公众需求反馈和技术开发的回应要求所有政府敏捷开发工作者对公共价值有清晰的认识，政府精益 IT 技术更加聚焦公共价值，更具有即时的回应性，哪怕最初对公共需求有不恰当的理解，也可以在未来以最小的损失加以纠正。实际上，对政府公共产品和公共 IT 软件的敏捷开发是精益治理应对风险社会、高速发展变化的环境的有效举措，敏捷开发可以有效回应公共产品和服务的难以计划性和未来效果的不可预期性，进一步将政府对公共产品和服务的计划性生产行为降至最低，充分发挥公共价值和社会公众需求对公共资源配置的基础性作用。

（二）政府精益领导力

政府精益变革最初的根本动力在于政府每一位公务员对当前政务工作浪费问题的"深恶痛绝"，而持续推进精益化的重要动力则在于领导者对精益的理解与支持，并形成一种持续变革的精益领导力，自上而下带动政府组织向着精益不断发展。在政府精益变革之初，寻找一些具有适当精益知识的领导人是必须的，这些最初持有一定精益知识、对现状不满并具有变革动力的领导人将成为政府精益变革的"代理人"。领导者不特指政府公共服务的一线管理者，它包括一线管理者在内都有成为精益领导者的机会。领导政府组织不断精益化需要特殊的才能与特殊的工具。所谓精益领导者，即政府精益变革的领导者，实际上是指精益变革的倡导者和先行者。政府精益变革的代理人也许就是政府基层的某些了解政务流程、深刻感知浪费问题和对解决问题有一定自我思考的公务员。这些公务员具备改革的开创精神，敢想敢做，不拘于现有思维，往往对改变现状、解决浪费的难题具有引领性作用。所以，开发政府精益领导力必须聚焦政务流程中的所有公务员，随时从中找出具有精益变革

---

① U. S. Environmental Protection Agency, *Lean and Information Technology Toolkit*, December, 2015, p. 36.

领导能力的公务员，不断充实精益变革领导队伍，持续引领精益变革深入推进，克服改革的"熵"的作用。具体而言，开发政府精益领导力需要关注的重点包括以下三方面。

1. 政府精益变革领导者"标准工作表"

戴维·曼在其著作《建立精益文化》(*Creating a Lean Culture*)中指出，精益管理有四个基本要素，即领导人标准工作、可视化控制、日常责任体系和领导准则。其中，领导人标准工作的影响力最为重要，有助于强化其他三项。领导人标准工作其实是对精益领导者日常标准工作的"可视化"，即将政府精益变革所要求的领导者日常工作加以"文书化"、清单化，制订具体计划，制定"标准工作表"，以"层级"来细分领导者，以"频次""常见活动"来规范和安排每一位政府领导者的具体精益活动。

2. 政府精益领导力的能力要求

精益变革的领导者必须是"务实之人"，尤其对变革的看法，精益变革领导者必然是深入政府公共服务一线的领导者，是对公众和一线职员的信任"大于"对专家信任的人。虽然专家的意见非常重要，但过分相信专家会被视为胆怯的表现，精益领导仍旧鼓励组织自发性精益变革，而非过度依赖组织外的专家。"大变革需要信念上的大飞跃，也就是说，即使'改善方法'看上去有悖常理，首席执行官也必须说'就这样干'。"[①] 具体来说，精益领导力的具体能力包括：能够准确"捕捉"宏观情况与现状；能够为政府组织提供一个包含公众角色的清晰愿景；能够识别具体的缺陷与不足；能够理解和坚持变革初心与优先级设置；能够提供简单的测量方法与目标设置；能够开发低成本解决方案；能够以简洁与可视化的方式进行交流；能够有力地实施执行计划；能够保持自己与他人的变革能量、聚焦度和注意力；能够实现真正良好的结果；能够有助于他人的发展；等等。

---

① [美] 詹姆斯·P. 沃麦克、[英] 丹尼尔·T. 琼斯：《精益思想》，沈希瑾、张文杰、李京生译，机械工业出版社2011年版，第125页。

3. 政府精益领导力培训

"远见卓识,精湛的技能技巧,对获得成功的强烈愿望。这是任何组织机构进行精益转变的基本条件。"[①] 精湛的公共服务与治理技巧可以通过培训和精益工具开发获得,政府的精益领导力同样可以通过培训加以建设,为政府精益化变革提供远见卓识,并且激发组织对变革成功的渴望。首先,政府精益领导力的培训不仅应停留在对领导者、精益变革代理人的领导能力的培训,同样应关注"追随者",将对政府部门精益追随者的培训提上日程。精益治理更多依靠的是自下而上的主动性,但自上而下的"领导力"同样重要。其次,政府精益领导力的培训方式应当多样化,可通过书本学习、课堂教学、精益经验研习班、导师(师父)指导等各种各样的方式进行。尤其要重视"导师制",目前实践中所验证的最好精益培训方式即类似于"匠艺师承"的"导师制",由"导师""手把手"传授精益领导的技艺。最后,政府精益领导力培训应当与精益供应链的领导者成熟度模型(The Lean Leader Maturity Model)(表3-3)相配合,提高精益领导力培训的可操作性。

精益供应链的领导者成熟度模型可以为精益领导力培训提供一种明确的、精细的培训目标,也可以对当前政府精益变革的代理人进行具体评估,以测评其之于政府具体精益变革各事项的领导力。而对于被划入该模型中"负面的""浑然不觉"一栏的领导者,则应该视具体情况(如领导者年龄、性别、变革意愿等)将其进行分类培训;对于完全不接受变革的人员应调离涉及精益变革的关键岗位。

(三) 政府精益变革常态化

精益变革的常态化从宏观角度对政府持续精益变革提出建议,它既是一种管理工具,也是对工具与理念关系的整体性认识。精益变革是持续的、不断寻找浪费解决问题的变革,使精益变革常态化是政府持续精益的关键。不过,精益变革常态化并不是说无视 PDCA-SDCA 的"变

[①] [美] 詹姆斯·P. 沃麦克、[英] 丹尼尔·T. 琼斯:《精益思想》,沈希瑾、张文杰、李京生译,机械工业出版社 2011 年版,第 105 页。

第三章 精益治理的工具系统

表3-3 精益供应链的领导者成熟度模型①

		精益供应链的领导者成熟度模型			
		负面的	最低限度的	正面的	精益供应链的成熟度
对人员流程及结果的影响	流动—高绩效	决策导致过度的浪费和支出	感知非预期后果的影响	精益计划扩展	构建全面管理体系和基于精益原则之上的组织
	价值流改善	决策的制定伴随着非预期的后果	学习去识别价值流	通过实践减少价值流中的浪费	在组织中扩展精准实践
	功能改善	看不到浪费	观察功能方面的浪费	影响功能方面浪费的减少	在组织中分享功能方面的最优实践
	流程与人员的可视化	高度指令性	开始观察人员与流程	平衡思想与工具	推动基于精益原则的决策制定
	灵活度	个人英雄主义	问题识别与鉴定	基于团队的问题解决方式	通过授权方式解决问题
		浑然不觉	略知一二	真抓实干	精干辅导
					精益领导成熟度

① Robert Martichenko, *The Lean Leader Maturity Model*, Lean Cor Supply Chain Group, p. 6.

革—维护"循环,可持续性的精益变革需要政府在流程、组织和人员方面做全方位安排,采用不同的管理方法使政府精益变革科学化、常态化。

首先,可以使用轮流精益化的方式推进变革。轮流精益化即依据政府治理中的不同项目、不同行为、不同部门,甚至不同人员的特点设置变革优先级,安排轮流精益化变革。轮流的精益化变革需要考虑不同部门、不同项目、不同个体精益化的"变革—维护"循环,尽量将相互影响关联的不同部门、不同项目的精益变革相互错开,尽量不要使组织全体进入"变革"状态。影响组织稳定性为代价的变革是不可取的。

其次,要关注政府精益变革工具与哲学理念、精益文化的整合。政府精益变革的常态化不仅是对精益工具的运用常态化,更要求精益工具与理念、文化相整合。"仅仅应用精益技术而未能发展员工建立文化的公司无法完全实现期望的收益"[1],政府同样如此,单从工具角度推进精益常态化是一种"伪精益","精益是工具与人员组成的系统,两者必须共同起作用"[2],人员的理念与文化必须与工具相配套,强化政府在组织范围内认同精益理念并形成精益文化是精益变革常态化的基石。

最后,要形成政府精益变革常态化的系统观。政府精益变革常态化的系统观要求以系统的眼光看待精益变革,去除认为精益本身即是"自我持续"的错误认识,寻求系统、全面地推进精益变革的可持续方式。任何变革都不是"自我持续"的,政府精益变革也不例外。政府精益变革常态化需要各种精益工具相互配合发力,进行全面的政府精益管理以推动改革。如前文所提的精益领导力即是重要的变革驱动工具。此外,政府精益变革的可持续性与精益人力资源管理紧密相关,包括人员激励、组织纪律、公务员离职率在内都严重影响着精益变革的常

---

[1] [英]约翰·比切诺、[英]马蒂亚斯·霍尔韦格:《精益工具箱》,王其荣译,机械工业出版社2016年版,第336页。
[2] [英]约翰·比切诺、[英]马蒂亚斯·霍尔韦格:《精益工具箱》,王其荣译,机械工业出版社2016年版,第337页。

态化。需要从系统的全局控制精益变革的幅度与频度，避免不必要的"震荡"影响到常态化的变革。

三 精益治理变革质量保障工具

当前，精益治理工具箱中的工具主要来源于精益六西格玛（lean six sigma）。精益管理和六西格玛管理[①]都来自企业管理的创新，精益管理源自20世纪60年代的丰田生产系统（Toyota Production System，TPS），六西格玛管理则诞生于20世纪80年代的摩托罗拉公司。其中，六西格玛水平表征的是生产过程的平均故障率大概是多少，是描述过程能力的优秀工具，在21世纪初，越来越多的企业将精益与六西格玛结合运用于管理之中。政府精益六西格玛工具可简单理解为"精益管理＋六西格玛管理"，即将政府精益管理的工具与六西格玛"零缺陷"质量管理工具有机结合，在精益管理针对政府"非增值"行为寻找浪费并降低成本的同时，利用六西格玛管理控制和提高"增值"行为——公共服务质量。

随着在方法论层面颇为开放的精益管理工具的不断增加，精益六西格玛所囊括的具体工具也日益增多，在《精益六西格玛工具实践手册》中所收录的工具就有近百个。因此，政府精益变革中对精益工具还是六西格玛工具的选用极为重要，可以从以下简表加以区别（表3-4）。

表3-4　　　　　　　　**精益与六西格玛工具的选用**

	精益	六西格玛
目的	减少浪费；提高价值	减少公共服务变异；将分布迁移到公共需求范围内
框架	5原则（并非一直遵守）	DMAIC（一直遵守）
焦点	价值流	项目、流程

---

① 希腊字母"西格玛（σ）"在概率论中表示统计中一个分布的标准差。在制造业领域，六西格玛（6σ）表示良品率在99.99966%以上，即每百万个产品中出现的不合格品数量为3.4个，几乎等于"一个小型图书馆的所有书中出现1个拼写错误"。

续表

	精益	六西格玛
改善	众多的"点"改善项目，少量的"流动改善项目"，同时在多处开展	少量的大型项目（如大成本、大投入的政府流程变革项目），逐个开展
典型目标	公共服务成本、服务交期、质量、提前时间；模糊化？	改善西格玛水平（追求6个西格玛）；节省成本
参与改善的人员	团队，精益专家；通常在不同的政府层级有广泛的改善	由"绿带"支持的"黑带"
时间跨度	持续，也有短期改善项目	短期；逐个项目
工具	通常是难以整合的复杂多样的简单工具	有时候需要复杂的统计
常见的早起步骤	画价值流图	收集流程变异数据
影响	可能大到影响整个系统	个别的项目就可能有巨大的收益
问题探究	通过"5次为什么"（5 why）	通过DOE等（强）

资料来源：选自［英］约翰·比切诺、［英］马蒂亚斯·霍尔韦格《精益工具箱》，王其荣译，机械工业出版社2016年版，第275页，略有修改。

实际上，精益管理和六西格玛在具体的工具方面也有很多重叠，比如在解决质量问题方面，精益管理认为质量问题是重大的浪费，精益求精的六西格玛管理同样重视质量的偏差，因此在解决问题时运用了许多相似的工具，前文已经有所涉及。同时相比而言，六西格玛工具较精益管理工具更加依赖数据，定量化更高，在政府公共服务中运用范围更窄。所以，排除已论述过的重叠部分，与六西格玛工具相关的、精益治理变革最重要的质量保障工具，是"改善DMAIC"计划。

"DMAIC是一种在商业中广泛应用的解决问题的结构化方法。五个缩写字母分别代表六西格玛的五个发展阶段：界定（Define）—测量

（Measure）—分析（Analyze）—改进（Improve）—控制（Control）。"[1] 实际上，DMAIC 是一种完整的质量问题解决逻辑，是六西格玛管理方法论的核心，即对于当前产品质量存在的问题，通过 DMAIC 五个步骤加以改进与解决，实现对高质量水平的控制。

将 DMAIC 模型用于政府精益变革，也就是要求在政府精益项目的实施过程中，通过 DMAIC 来查找和分析影响精益项目质量问题的关键因素，给出改进的基本思路。"界定"阶段要求政府的精益六西格玛团队深入具体政务流程中，制作用以评估精益进展的基线数据。即当公共服务的公众满意度和社会反馈不佳时，应当设立精益六西格玛专项质量问题解决团队，从具体流程出发制定评估数据，界定问题的出处和严重程度。"分析"阶段要求关注政府公共服务质量问题的因果关联，也包括对价值增加与否的评估，并且识别具体"浪费"，通过对以上细节的分析，政府可以聚焦于与公众所想所需价值有关的关键任务事件。"改善"阶段要求政府精益团队集思广益并给出潜在解决方案的优先次序，引领甚至直接参与实施一些被挑选出来的改善选项。"控制"阶段则要求团队生成相关文档并比较测量数据，以评估改善行为中的价值增长，分享这些有益的工作结果，并向工作团队给予肯定。

事实上，DMAIC 是一种较为宏观的问题解决思路，对于政府精益变革整体上的把控能力非常强，对于战略性地选择政府精益变革项目并加以实施有重要作用。DMAIC 五个阶段工作包含着其他许多具体的政府精益工具，如测量和分析阶段可以使用价值流图、现场行走流程图等工具，控制阶段也可以使用精益 SDCA 循环模型。当前精益六西格玛管理中，最为通行的结合工具是"改善 DMAIC"，即 DMAIC 与改善（kaizen）思想的融合。相比于六西格玛的 DMAIC，改善 DMAIC 将更加聚焦于微观的问题，即对短期的、变革区间狭小的、针对性强的、消除浪费目标单一的精益项目用 DMAIC 的逻辑进行问题解决，将原本适用

---

[1] ［美］迈克尔·L. 乔泊等著：《精益六西格玛工具实践手册》，曹岩、杨丽娜等译，机械工业出版社 2015 年版，第 1 页。

于长时期的、变革影响跨度较宽的项目改进思路应用于每天、每个公务员的最基本的工作改善中。一般而言,一次改善 DMAIC 的推行时长不超过两个星期(表 3-5)。

表 3-5　　典型的改善 DMAIC 计划

准备周	六西格玛黑带和相关人员界定项目,筛选改善 DMAIC 团队的领导者,识别参与者。黑带和领导者汇集背景资料,准备培训,做好后勤保障
星期一	(通常从中午开始)黑带和改善领导者向团队简介界定阶段决策。如有需要,提供培训。解决关键项目章程的问题。通过创建/确认价值流程图开始测量阶段
星期二	继续测量直至所有数据搜集齐全,尽快进入分析阶段,以识别并确认根本原因
星期三	到星期三下午,应当进入改进阶段,致力于研究解决方案(开发标准、评估备选方案、开展试点)
星期四	完成改进阶段并进入控制阶段(开发新文件,开发全面实施计划)
星期五	通常是在中午,团队提供结果给管理者,获得计划批复,解决问题
后续	六西格玛黑带、改善领导者和过程参与者(如果合适)帮助指导全面实施计划和解决方案的监控。如有必要,做出调整

资料来源:参考《精益六西格玛工具实践手册》第 22 页,略有修改。其中,"黑带"指政府中推行精益六西格玛的中坚力量,负责具体执行和推广六西格玛,同时肩负培训"绿带"的任务,该职位一般为全职六西格玛人员,是精益六西格玛的最高级别人才。精益六西格玛带级认证包括:黄带(Yellow Belt)、绿带(Green Belt)、黑带(Black Belt)和黑带大师(Master Black Belt)。

在政务精益化中应用"改善 DMAIC"是可行的,可以将每一项政府精益项目的变革流程基本固化,在时间方面更加快捷高效。总之,将 DMAIC 模型与政府精益管理相结合,可以弥补精益变革聚焦项目"浪费"而相对漠视了质量改进的不足,DMAIC 对于公共服务质量的改善与控制较精益治理 PDCA 循环更有针对性,它在总体上对质量问题的改善作出了宏观的安排。将改善思想与 DMAIC 结合,则是取六西格玛管理的核心逻辑与精益思想对项目精微之处浪费问题的改善思路相结合,对于政府精益变革具有实实在在的规范指导作用。

四　精益治理变革绩效保障工具

精益治理变革需要配套的绩效保障措施。如果说精益治理变革的质量保障工具针对的是精益项目质量的改进与维护，那么绩效保障工具则聚焦公共服务改善过程中的效率问题。

（一）精益会计

"精益会计指的是处理次数最小化，流程效率最大化"[①]，精益会计是支持精益变革的会计系统，它放眼变革未来，从不证明精益变革是错误的。精益会计是不同于当前会计模式的全新会计理念，其在企业管理中已经取得巨大成功，对于推进企业精益变革和提升企业竞争力都有巨大作用。将精益会计引入精益治理变革，需要注意几点问题。

第一，"成本—收益"分析对于精益治理而言在一定范围内是必要的，它也会成为精益会计的基础。政府在计算"成本—收益"时应当分项核算，对每一项公共服务进行具体的分析，对成本支出（人员成本、财产消耗、时间成本等）精确计算，对社会收益则应相对科学合理估算。有时候这种聚焦每一单项细节公共服务的"成本—收益"分析有可能在一定时期内无法反映出精益变革的成效，甚至在数据上并不好看，但必须明确"会计信息总是描述性的，而不是指令性的"。这样做并不绝对是要以此为标准进行会计核算并指出绩效优化目标，而是为政府精益变革提供信息参考，为寻找浪费问题提供帮助。

第二，精益会计是系统的、发展的思维掌控下的会计模式，与传统完全"就事论事"、短期核算的会计形式完全不同。实际上，传统会计与精益会计的结论有时候是矛盾的。传统会计有时候会将目光聚焦在短期收益，而精益会计在直接关注细节成本的同时，服务于政府精益变革的大战略。比如，面对特定的、未来社会收益预估高的公共服务项目，

---

① ［英］约翰·比切诺、［英］马蒂亚斯·霍尔韦格：《精益工具箱》，王其荣译，机械工业出版社2016年版，第403页。

精益会计不会纠缠于详细的成本报告，向前看而不是向后看。再如，精益治理的财务分配方式应当更加支持精益，尽量按照精益项目所能减少的浪费情况来分配。

第三，政府精益变革的精益会计应着力于减少财务流程处理次数，并缩短处理时间。比如应当使用常规、定期、偶尔需求等概念以简化重复公共服务行为中的政府采购等操作，然后"倒冲流程处理"，进行一揽子采购。再如可以对财务报告的处理时间进行压缩，对公共服务成本支出量做帕累托分析，可以降低小项目所拖延的报告时间。精益治理的会计认为："快速的大概比精确的缓慢要好。"[①]

第四，应当鼓励政府财务会计人员思考行政成本的变化，而不是成本的差异。行政成本的变化是指公共服务项目成本的分布状况，最优成本与浪费度最高的成本之间的距离。政府财会人员应当对这种记录单一公共服务项目成本变化的数据保持足够的敏感，而不要关注不同公共服务项目的成本差异。在掌握这些信息后，应当鼓励财会人员思考和分析行政成本变化的原因，并提出减少浪费现象的具体办法。

第五，尽可能地让政府财务会计人员参与精益治理各个公共服务项目未来状态图的制定和评估。毫无疑问，政府财会人员有资格也应当有能力对政府精益化的未来提出建议，他们了解当前政府最为重要的核心财务状况，能够清晰把握精益项目本身所需付出的成本以及所能收到的回报，这些信息对于决策者有决定性的帮助作用。

（二）政府精益变革指标体系

标准化生产是精益思想的重要内容，政府精益变革指标体系则是精益治理的变革标准系统，是推进变革制度化、系统化的关键抓手，是保障变革绩效的重要工具。指标不是简单的目标，指标通常决定了政府精益变革应该做什么以及怎样去做，而目标则与奖惩制度、激励机制相关，目标体系通常不规范达成目标的行为过程，因此可能会鼓励不正当

[①] [英] 约翰·比切诺、[英] 马蒂亚斯·霍尔韦格：《精益工具箱》，王其荣译，机械工业出版社2016年版，第408页。

的变革行为。之于政府精益变革,具体的指标体系建设意义重大,可以选用关键绩效指标(KPI)对精益治理的关键指标进行设计,并最终形成完善的、服务于持续精益化的指标体系。

具体而言,政府精益变革的关键绩效指标可以简单归类为六大指标(表3-6),其中每一大类还可细化为多个小指标,用以细化精益项目的绩效考量。

表3-6　　　　　　　　　精益治理指标体系

关键指标	分项指标
时间指标	公共产品生产周期(包括响应—等待时间)
	公共服务处理时间,即"加工时间"(不包括响应—等待时间)
	响应(等待)时间,即政府对公共服务需求做出反应所需时间
	准时提供服务的比例,即按时向有需求的公众提供正确公共服务的比例
	增值时间、非增值时间,以及非增值但不可少的时间
成本指标	总成本,包括劳动力、材料和公共产品生产、服务的一切开销
	单位交易成本,即一类公共服务平均每次提供服务的成本
	成本节约,即公共服务项目精益变革后对总成本的节约
	劳动力节约,即对单项公共服务所需公务员付出劳动量的节约
质量指标	公众满意度,即直接接受该项公共服务的公众的满意度
	缺陷率,可从公共服务公众不满意度的频率中体现
	返工率、返工步骤与返工时间
产出指标	具体公共产品的数量
	当前正在"生产"或"服务"中的公共产品
	积压的工作,即未完成、未成功提供到公众手中的服务
	"库存",即已备好但还未需求的"未雨绸缪"的公共产品,比如防灾储备
流程复杂度指标	具体每项公共服务的流程步骤数量
	增值的流程步骤数
	公共服务流程中所需团队或领导决策的次数,次数越多则价值流越不畅通

续表

关键指标	分项指标
组织指标	精益事项数目,即精益变革改善的具体事项(包括最为微小的事件,比如5S)
	政府精益变革的参与度
	精益培训的次数、频数、人数等
	员工满意度,即政府精益变革中公务员和政府雇员队伍的满意度

资料来源:笔者自制。

以上的关键绩效指标框架仅仅是对政府精益变革指标体系建设的一个简单的工具选项,尤其分项具体指标仅是初步的罗列,指标体系在实践中还可以不断完善,并配合不同阶段精益治理发展所需解决的不同关键问题,灵活地加以修改。因此,在下一章中可以看到,国外精益治理变革中对指标体系建设的安排是非常细致与灵活的,也是随着实践深化不断发展的,精益治理的工具需要在精益治理的实践中不断检验与丰富。

小结　精益治理工具系统简评

政府的精益工具是精益治理理论最为重要的内容,精益治理就是这样不断从精益变革实践中归纳总结具体技术、管理工具,而在理论和实践两方面逐步走向丰富和具体的。可以说,精益治理理论从其理念的创新到成熟,早已刻下工具性的"烙印"。但是,对精益治理工具系统的认识,却不能停留在简单的工具层面,应当从其所代表的一种独特的思维方式来认识,这种思维方式为我们提供了一种认识问题、解决问题的全新角度。

一 精益治理工具系统的思维方式

（一）寸积铢累

积跬步以至千里，精益治理变革不是由上到下、由宏观到微观的治道变革，而是致力于政府公共服务"微观世界"日新月异的精细化革命。精益治理的工具无不针对于细小的浪费问题，推崇精益的一线公务员们对任何一种浪费现象都会投入百分百努力去创造针对性的专用工具加以消除，这种关注一切细节问题的解决、追求每一种问题都有"专用工具"解决的寸积铢累的态度，正是精益治理工具开发与应用的核心思维。

（二）化繁为简

精益治理工具系统化繁为简的思维方式与"简约至上"的精益哲学理念相呼应，是精益治理工具系统的重要原则，也是精益"直线思维"的重要表现。直线思维既涉及认识论，也涉及方法论。在认识论中，直线思维表现为精益哲学理念"问题解决"的逻辑；在方法论中，直线思维则表现为精益治理工具对解决浪费问题的简洁与直接。精益治理的"工具箱"不会"绕弯子"，几乎不涉及"间接性"功能，各种工具的具体内容往往简洁明了，直接指向问题关键，避免人为夸大问题困难度并制造麻烦，这是精益治理工具系统具有高度实用性的重要原因。

（三）以终为始

以终为始的思维不仅指许多精益治理具体工具都以"循环"的思维设计（如 PDCA 循环、DMAIC 循环等），更重要的是指精益治理工具的开放性。设计思想以终为始的工具一般都具有良好的开放性，表现为工具本身的易于改善、工具体系的开放包容以及对问题认知的多元化。

二 精益治理工具的体系构建

精益治理"工具箱"中的种种工具看似简单、看似直指问题关键,也许面对问题时人人都可以想到,但实际上文书化的精益工具体系正是精益治理理论的重要贡献。把解决问题的想法、经验上升到明确的、相对稳定的、文书化的工具,本身就是一种精益行为。在本章,将精益治理的工具系统整理归纳,分为政府政策与决策精益化工具、政府流程精益化工具、政府精益变革保障工具是比较系统的,对于被认为"简单多元、难以整合"的具体精益工具分类整合是有重要参考价值的(图3-13)。

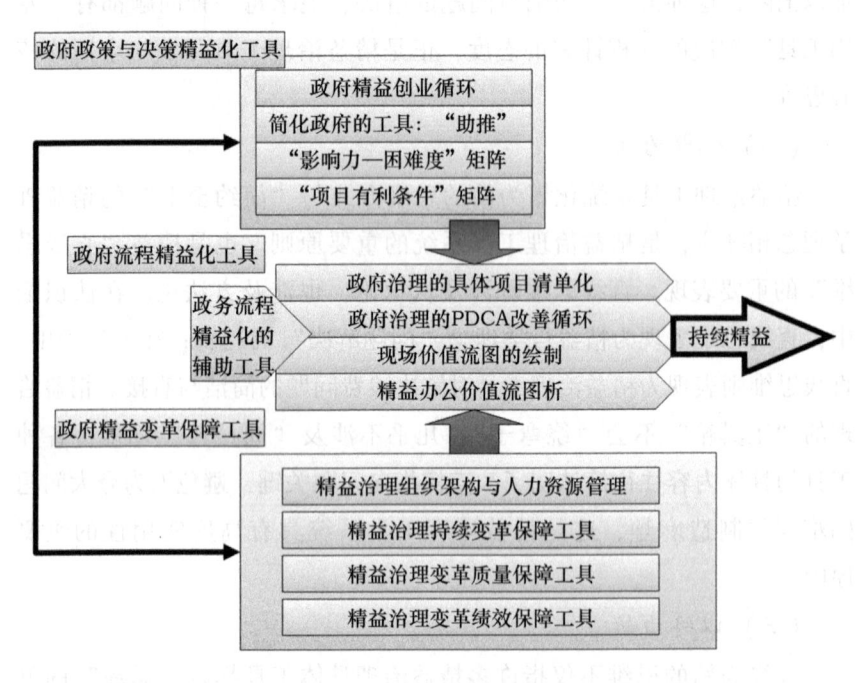

图3-13 精益治理工具系统

资料来源:笔者自制。

三 精益治理工具的发展趋势

从对精益治理工具系统的梳理出发,就工具本身而言,其当前与未来的发展趋势是可以清晰认识的。目前政府面对行政成本上升、公共需求多元化、公共服务质量要求不断提高的困境,精益工具也会针对这些问题不断发展与改进。

第三章 精益治理的工具系统

(一) 精益思想与六西格玛相结合

当前精益思想与六西格玛在政府公共服务中的结合已显成效,在未来一段时间内精益六西格玛的结合还将是根本趋势,其工具方法的融合也会更加紧密和成熟。众所周知,聚焦政府公共服务细节并降低浪费的精益思想与聚焦全流程改进、控制公共服务变异以提升质量的六西格玛本身就有很大的互补之处,当前无论企业精益六西格玛管理还是美国联邦政府各部门、各州政府所推行的精益六西格玛,其融合程度尚有不足,尤其在精益六西格玛具体工具的"操作者"方面,究竟应当以接受精益思想的一线公务员、政府雇员团队为核心进行精益改善,还是以六西格玛专家、黑带大师为核心推进质量改进,这是在下一步二者结合中需要解决的核心问题。

(二) 精益工具本身精益化的创新与发展

对精益工具本身而言,继续以开放的体系面对政府公共服务的诸多问题,追求不断创新,依然是未来精益治理工具发展的根本趋势。在未来,与精益治理理论的哲学理念向宏观发展的方向不同,精益治理工具创新发展的方向应当是"走向政府实践细节的最深处",向微观领域前行,在政府精益变革实践中不断总结规律,继续开发新工具,优化新功能,提升问题针对性。精益治理工具会在实践的检验中追求"工具的精益化"。

(三) 政府精益 IT 技术的运用与发展

"精益治理是电子政务的'第三波'。"[1] 政府精益工具发展的另一主要方向是 IT 技术的引入。IT 技术引入精益治理,为精益治理与"利益相关方"的协作治理提供了具体"平台",为精益治理提升其统筹能力提供了技术支持。在当前的互联网时代,随着政府办公自动化水平不断提升,"互联网 + 政务"的改革不断推进,政府公共服务 IT 软件的

---

[1] Marijn Janssena, Elsa Estevez, "Lean Government and Platform-based Governance—Doing more with Less", *Government Information Quarterly*, Vol. 30, Supplement 1, January, 2013, pp. S1 - S8.

功能日益显著，而"硬件"的重要程度则不断下降。因此，在政府精益变革中必须抓住这个技术机遇期，精益治理工具也一定会向与IT技术相结合的方向发展，开发更加精益化服务于公众的政府精益IT工具。敏捷开发工程仅仅是精益IT的开端，更多更优质的精益IT工具将会在政府公共服务领域不断开发出来。

第四章
精益治理的案例分析

纵观当前世界范围内的精益治理实践，可以发现，精益治理实践经历了三个发展阶段。首先是持续改进思想引入政府治理实践，探讨如何将精益解决问题的办法逐步应用在政府公共服务的"一线"，对公共服务流程和公务员队伍培训进行了初步改善；其次是政府精益六西格玛阶段，政府从单纯借鉴改善思想，应用 PDCA – SDCA 模型改善流程，转为探讨如何将企业管理精益发展的最新工具——精益六西格玛引入政府治理，来整合公共资源、改进服务流程和培养"带级"精益六西格玛人才，其根本目标指向政府治理质量，寻求不断提升政府治理质量以降低公共产品"变异"概率；最后，也是当前的"后六西格玛"阶段，精益治理实践聚焦如何走出"六西格玛"专注质量的褊狭区域，在精益领导力、精益文化等方面进行推进实践，以及对于精益六西格玛引入政府治理后所产生的一系列新矛盾、新问题探索改善办法。

直观来看精益治理实践的发展，从"冰山模型"（图 4-1）来理解，可以发现：在第一阶段，即改善思想引入阶段，政府主要关注的是具体流程的不断改善，这是最为直接的精益实践，是最"纯粹"的精益思想在政府治理中的应用；在第二阶段，即精益六西格玛阶段，政府则以企业精益管理为经验，开发多种具体精益工具和技术，用六西格玛管理手段来保证政府精益变革向着更高质量的方向前进。前两个阶段是冰山水面之上可视的部分，而在第三阶段，即"后六西格玛"阶段，政府则聚焦于冰山水面以下的实践探索，"战略和次序选择""领导力""行为和参与度"等内容成为当前这一阶段实践探索的重点。因此，对于精益治理实践的研究，应当以国家重点推进精益治理的三个阶段进行分析解读，尤其对于精益治理实践三个阶段特征清晰、呈现完整体系的美国政府，需要重点探讨。本章将通过对世界范围内精益治理变革实践的梳理，着重介绍近十年来世界其他各国政府的精益变革，总结各国政府精益之路的具体经验，并以中国J市法人一门式改革为例，讨论中国当前业已尝试的精益变革探索，从实践角度对精益治理与传统政府模式进行比较研究，为中国精益治理发展提供参考。

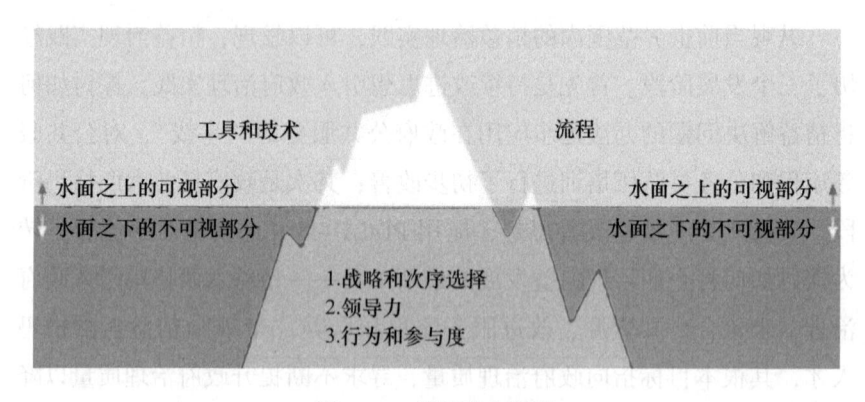

图 4-1 精益冰山模型

资料来源：Zoe Radnor, "Transferring Lean Into Government", *Journal of Manufacturing Technology Management*, Vol. 21, Iss. 3, 2010, pp. 411-428.

第一节 全球精益治理变革的基本情况

2023年年底，整个世界正面临巨大的衰退风险。经历了苏联解体之后30余年自由主义市场经济的发展，当前世界已经积累了大量的经济社会问题，各国政府同时面临经济下行、贫富差距加大、单一国家金融监管能力捉襟见肘等严重挑战。经历了前期的试点，2008年之后，精益治理变革在各国缓慢兴起，在21世纪第三个十年初期，终于因政府财政压力而成为重要的应急之道，但是否能够形成长期持续的精益变革，仍需观察。

一 精益治理全球展开的简要背景

21世纪以来，随着经济全球化、金融自由化、部分公共事务私有化的进程加深，近十年来中美大国竞合的日趋激烈，以及近三年来新冠疫情对全球经济社会的重要影响，各国政府治理面临前所未有的艰巨考验。面对国内政府支出压力日益加剧、国外竞争能力受到考验的总体局势，政府采取更加谨慎与节约的办法加以调整与经济社会之间的关系便成为必然。如此，精益治理也因其"花得更少、做得更多"的主张，以及强大的方法论工具系统受到各国政府瞩目。

（一）私有化进程加速与政府职责扩张

众所周知，20世纪70年代滞胀危机后，西方国家引领全球开启了公共管理私有化进程，改革直指高成本、低效率的政府部门。实际上，私有化进程与政府的职责扩张其实存在内部的深刻矛盾，私有化造成政府所能控制的资源减少，国家动员能力降低，而经济社会对政府所应负责任的期待则由于20世纪共产主义、福利主义的实践而提升，这种期待（或称依赖）在政府能力下降的时代却难以减退，成为矛盾之根源。如此情形下，各国政府唯有开拓税源与节约用度，方能依靠私有化在竞争激烈的国际环境中保持国家竞争力的同时，满足国内经济社会对政府职责日益多元化的需求。

具体而言，一方面，私有化进程在近年来有所减缓，但这一趋势尚未得到根本扭转，私有的力量对于"再国有化"目标并不欢迎，认为自由主义依然是解决问题的良方；另一方面，关于政府职责的扩张，其实是一个自古以来公权力随着经济社会发展复杂化而责任日益积累的客观规律。随着人类的技术进步，时空对人类的限制在不断被打破，强化了个体之间、社会之间、国家之间的联系，因此政府的职责也自然因这些联系的增加而不断扩张。如此，在自由贸易与全球投资环境中不得不加入国际租税竞争的各国政府，长期保持固定税收规则并一定程度降低税率的基础上，包括社会保障在内的政府支出责任却越来越重。尤其在新冠疫情期间，各国包括政府社会保障金在内的功能性支出均有上涨趋势。如据美国财政部统计，2023 财年，联邦政府累计收入总额为44390亿美元，而支出总额高达61340亿美元，财政赤字16950亿美元。[①] 其中有受到疫情影响增发巨额美元的因素，另外不可否认政府在失业保障、卫生健康、医疗保险等方面必要支出责任的庞大。如此，政府唯有不断扩大政府债务，以支持政府治理正常运转（图4-2、图4-3）。总之，"花得更少、做得更多"乃是经济社会对当代政府最为核心的要求，如何降低治理成本，也逐渐成为各国政府"生死攸关"的大事。

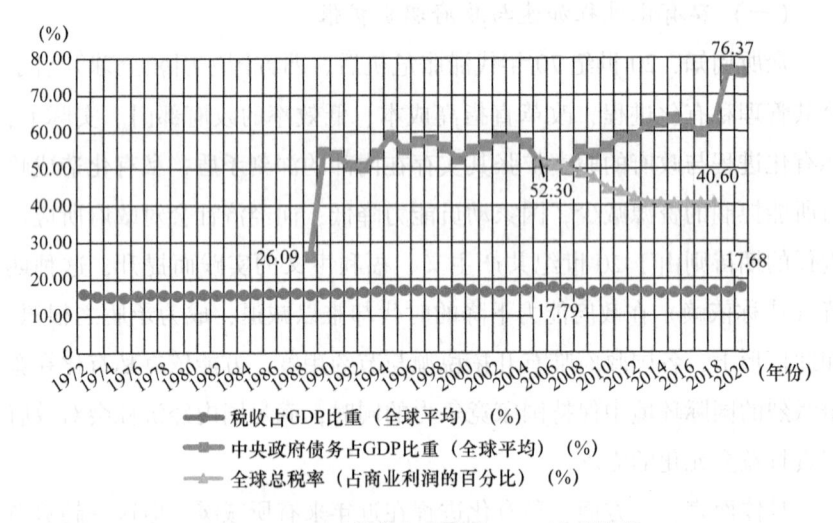

图 4-2　全球税收与债务占 GDP 比重情况

资料来源：世界银行数据库。

---

① 数据引自美国财政部网站，https://fiscaldata.treasury.gov。

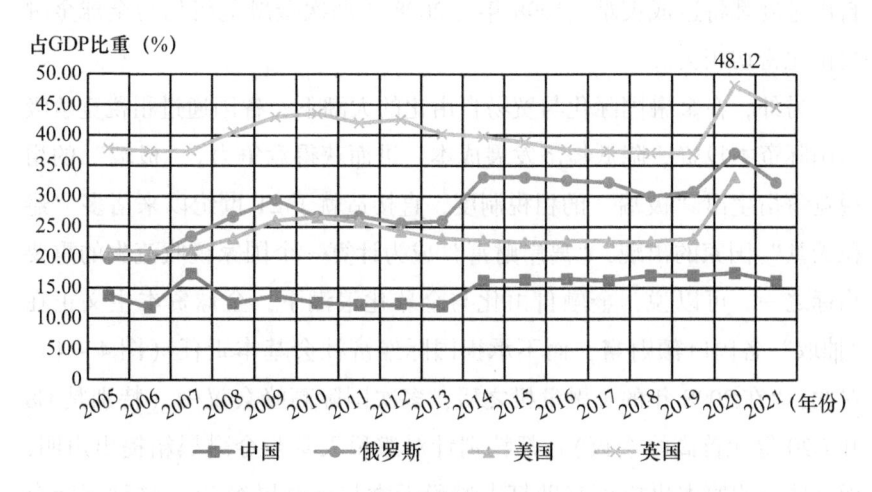

图 4-3　个别国家中央政府功能性支出（包括社会保障金）

资料来源：IMF 数据库。

（二）金融自由化与全球化的毒副作用

资本流动自由化的实质，是全球资本主义开始无限扩张的动力之源。20世纪冷战期间，西方世界举自由化大旗以影响意识形态转型，方便资本在全球扩张。"这一切都是发生在1980年到1990年期间，当时弥漫着一股特殊的意识形态氛围，藐视国家政权与累进税制，而且又以在美国、奠基于华盛顿的诸国际组织为龙头（国际货币基金组织、世界银行）。……由欧洲与美国主导，激烈无情的减税竞争、毫无任何政治条件背书的资本流动自由化，也没有任何银行资讯的规律性交换等，都带给贫穷国家难以让人接受又相当严重的后果。"[①] 进入20世纪90年代后，随着苏联解体与中国市场化改革，这种资本流动自由化的趋势便更无阻碍地"一路狂奔"。资本流动在全球实现自由化，是通过降低政府规制力度、减少制度性摩擦成本推进的，有效提高了政府治理的科学化，但同时也造成了监管不足的问题。一切自由均有条件，任何

---

① Thomas Piketty, *Capital and Ideology*, The Belknap Press of Harvard University Press, 2020, p. 253.

自由过度都将造成灾难。1998年与2008年两次金融危机均与全球金融自由化密切相关。

另外，在金融国际化与贸易自由化的大潮下，各国通过租税竞争吸引国际资本投资、降低经济发展成本，进而获得竞争力。"极端"的租税竞争衍生出"极端"的租税制度，直接造就了21世纪以来诸多"避税天堂"国家的出现，"离岸财富"成为计算一个国家税收流失的重要指标之一。可以说，金融自由化与全球化浪潮下，全球资本主义正在"抽取"各国巨额财富，而不承担国际经济社会基本责任（图4-4）。对此，"在2008年的金融危机之后，多次国际高峰会议中（特别是G8和G20等元首高峰会议），都特别针对避税天堂与金融黑箱提出声明，而这些声明原本也应该有助打击避税天堂与金融黑箱"[1]。这种国际合

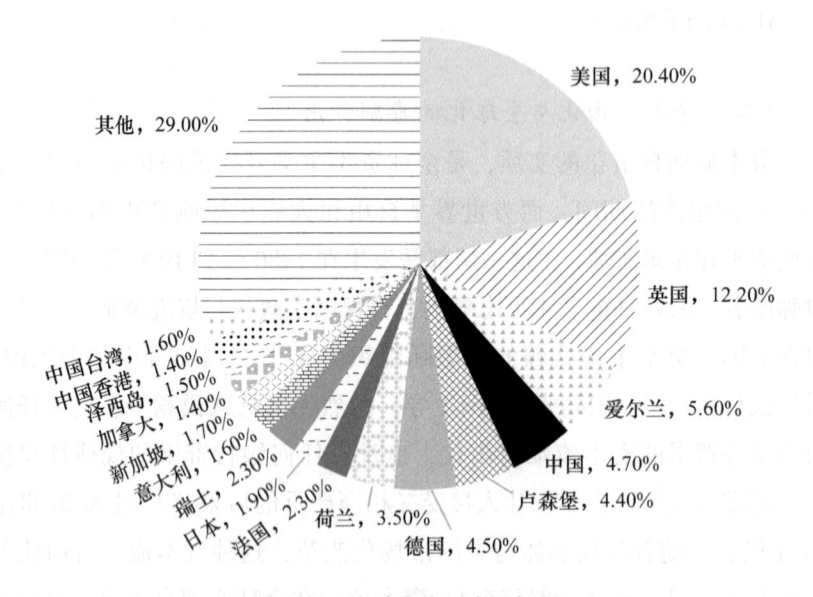

图4-4 全球离岸财富的份额

美国，20.40%；其他，29.00%；英国，12.20%；爱尔兰，5.60%；中国，4.70%；卢森堡，4.40%；德国，4.50%；荷兰，3.50%；法国，2.30%；日本，2.30%；瑞士，1.90%；意大利，1.60%；新加坡，1.70%；加拿大，1.40%；泽西岛，1.50%；中国香港，1.40%；中国台湾，1.60%

资料来源：Tax Justice Network, *The State of Tax Justice 2020*, 20 November 2020, https://taxjustice.net/reports/the-state-of-tax-justice-2020/.

---

[1] Thomas Piketty, *Capital and Ideology*, The Belknap Press of Harvard University Press, 2020, p. 239.

作努力是各国政府应对风险的重要举措之一，而除了夺回应得收入的"开源"办法之外，降低政府成本的"节流"也是政府治理改革的重要思路。

(三) 中美竞合背景下的大国治理竞争

如果说，20世纪90年代至21世纪第二个十年开端，是单一霸权治下自由资本主义"狂奔"的二十年，那么，21世纪10年代至今则是开启中美竞合直至深入各个领域的时代。作为深刻影响其他各个领域的政府，中美之间政府治理效能的比拼也业已成为国家竞合的重要一环。经历自20世纪里根政府时期至今的私有化改革后，美国政府追求效率的行政改革已现疲态，私有化改革过度问题在新冠疫情期间集中爆发。反观中国，政府行政管理的科学化进程尚在途中，对于行政效率与治理效能的追逐远未撞线。因此，在美国开始反思极致科学化所带来的问题的同时，中国政府进一步推动着自身理性化、科学化变革，相互竞合的两个大国在政府治理模式变迁方面存在"时间差"。

围绕中美大国竞合的时代主线，各国政府都面临经济社会被国际竞争张力"撕裂"的风险，政府治理的变革问题日益棘手。从近20年世界各国的整体发展趋势来看，中美两国是世界主要国家中少见的真正实现经济实质增长的国家（图4-5），在几乎"停滞"的经济发展状态下，各国政府其实越来越难以满足社会对治理需求的扩张。尤其是在长期福利主义制度和文化影响下的欧洲各国，政府治理面对的"供给—需求"矛盾日益严重、社会问题日益尖锐，因此政府开始推进精益变革以降低行政成本也就在情理之中了。

二 各国精益治理变革的共同特点

面对全球"大变局"，各国政府在治理行为中趋向精益化的变革已成为时代潮流。这种潮流存在精益变革先后次序，即制度（变革规则与逻辑）的全球扩散过程，但总体上体现着一些共同的特点。

(一) 经济上国际竞争与全球化的"保健性"治理变革

在诸多精益治理变革实践中，"成本最小化"逻辑是最典型的共同

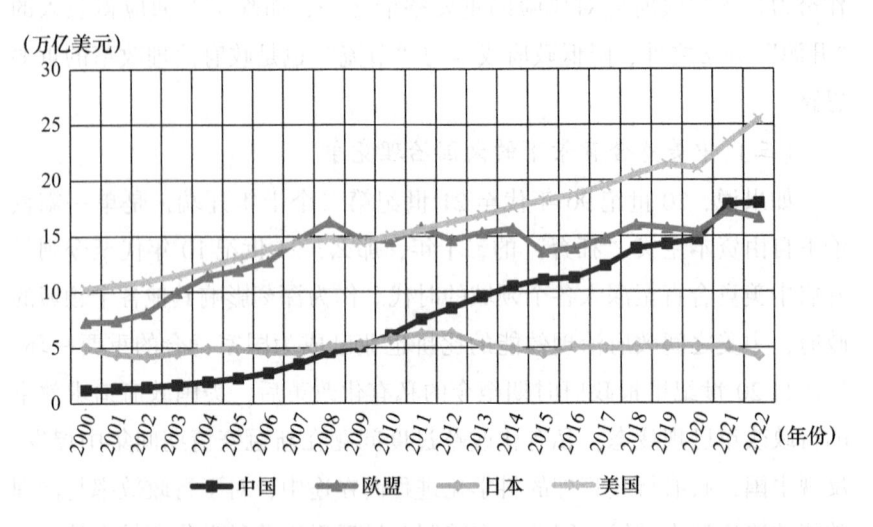

图 4-5　21 世纪以来主要国家（地区）GDP（现价美元）变化情况

资料来源：世界银行数据库。

点。而秉持政府治理"成本最小化"逻辑进行相关改革，则必然是一种"保健性"的治理变革，而非"激励性"的治理变革。所谓"保健性"，即双因素理论中"保健因素"在政府治理变革中的表现，这些变革的成就不会直接激励经济社会发展，但如果回避变革或变革不成功，则会使经济社会爆发严重的不满情绪，对政府公信力产生严重的负面影响。而所谓"激励性"的治理变革，则非精益治理所长，必须依靠产业政策、金融财政政策等方面的刺激，推进经济社会形成能够明确感知的发展变迁，效果明确则收到社会高满意度的反馈，效果不明确也不会受到太多非议。

总的来说，精益治理相关变革是福利国家、"保姆型政府"的延续，突出了政府对于经济社会的基本责任，也是在国际竞争日益激烈下，国家政府不断增强本国经济吸引力以降低市场制度性成本的保健性变革。比如，欧盟内部国家之间存在广泛而多样性的竞争，营商环境方面涉及免税降税、投资优惠、通关简化等一系列制度竞争。"除了营利事业所得税的降税竞逐，众多欧洲国家也在 1990 到 2020 年间发展出各式各样例外条款,让股利和利息可以免于适用所得税的累进税率规则。"① 一旦这些竞争形成稳定制度,维持制度现状虽不能起到激励作用,但只要进行改革则必然激发经济社会巨大反弹。

(二)政治上趋于"保守性"促进了精益变革广泛展开

随着全球化的深入,各国围绕经济发展展开制度竞争,政府治理成为制度竞争的核心,越来越直接决定国家在全球产业链、价值链中的位置。通过几十年的竞争,在现有规则下各国开始出现显著收益差距,经济社会发展方面的竞争最终强化了政治的"保守性"。这种全球范围内各国政府的保守性总趋势是从2008年国际金融危机开始的,延续至当前大国竞合背景中,美国在经济安全方面构筑"小院高墙"的政策设计,是这种政治保守性走向极端的表现。

在全球政治"保守性"的大趋势下,虽然中国保持改革开放并积极推动全球化进程,擎起领导全球化的"大旗",但在日趋激烈的大国竞合背景下,也适时提出经济"内循环"策略,标志着通过刺激出口所形成的"外循环"来带动中国经济发展的时代告一段落,在投资与消费"两驾马车"方向"下注",争取保持大国竞合中的相对稳定性。如此,"内循环"使政府改革将更多面向国内市场主体的切实要求,同时经济增长放缓与外部压力增大也使政府不得不转向更加"保守性"的运作思路,强调"过紧日子"以集中资源投放至朝阳产业,同时不断提高公共服务质量。而政府治理变得越来越"花得少而做得好",不断提高的政府治理精益化水平也恰恰反映出中国从高速发展转向安全稳定的这一大周期的开始。

(三)技术上"数智化"储备为政府精益变革提供基础

毫无疑问,2008年至今的十五年来,基于数字通信技术所形成的"数智化"技术体系已深深指导了各国经济社会的变革。如在数字通信技术相对落后的日本,也在极力推进政务数智化的进程。在安倍晋三首

---

① Thomas Piketty, *Capital and Ideology*, The Belknap Press of Harvard University Press, 2020, p. 126.

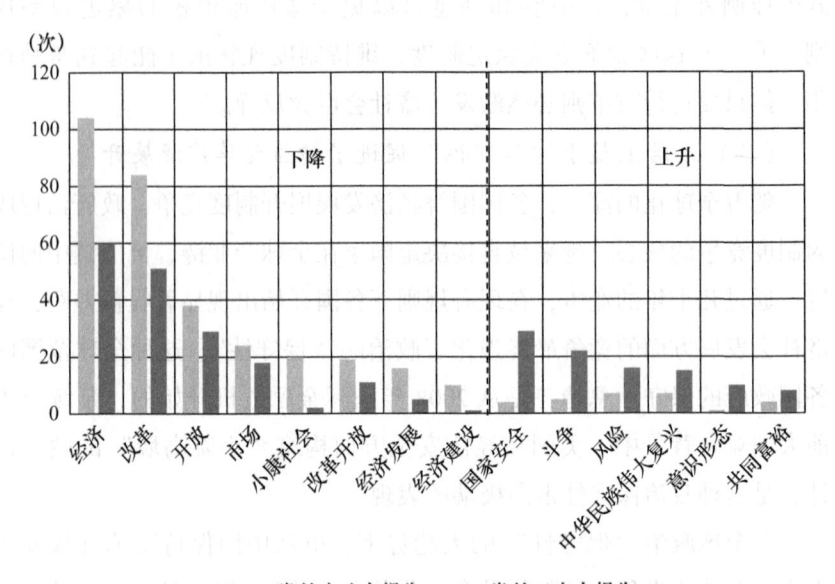

图 4-6　党的十八大报告和党的二十大报告中部分关键词表述对比

资料来源：中国政府网。

相第二任期内，2016 年 1 月 22 日内阁会议确定的"第 5 期科学技术基本规划"中，日本政府提出了"社会 5.0"的概念，其基本运作机制是"收集现实世界中的数据，通过计算机处理后将其成果用于社会"①，而最终推进此设想实现则必须要求政府在数据搜集、解读、运用方面承担责任，"扫除行政部门之间在数据管理上的上下级障碍……交通、福利、教育等方面也需要将不同部门手中的数据加以统筹利用"②。其后，菅义伟任首相时期在内阁设立"数字担当大臣"，并积极建立政府数字厅，也旨在进一步推进安倍"社会 5.0"的战略设计。可以说，社会极端稳定且数字化、智能化技术落后的日本，在政府治理技术应用方面重

---

① 日本日立东大实验室：《社会 5.0：以人为中心的超级智能社会》，沈丁心译，机械工业出版社 2020 年版，第 2 页。
② 日本日立东大实验室：《社会 5.0：以人为中心的超级智能社会》，沈丁心译，机械工业出版社 2020 年版，第 242 页。

点强调了数智化问题，代表着整个世界政府治理的数智化方向。

通过数智化技术的储备，以及在政府治理实践应用中逐步展开，精益管理在政府中的扩散得以提速。一方面，传统精益管理所依靠的"可视化""看板管理"等手段，在当下完全可以依靠数智化技术实现无人化的即时监控，如普遍推行的政府交通大数据可视化技术便是例证之一；另一方面，数智化技术在政府治理中的应用，可以实现治理成本的大幅压低，从一次性技术设备投入替代重复性劳动成本，到政务数据运用替代各种纸质证明，这些细节的成本降低在未来均将成为各国政府精益变革的重要指标。

三 全球精益治理变革的总体趋势

在经济、政治与技术发展变迁背景下，精益治理变革逐渐成为各国政府改革的共同方向，并在"百年未有之大变局"时代中推动世界重新认识政府的价值、职能与治理工具箱。

（一）以主动思变替代被动变革：精益变革从技术性转向战略性

客观来说，近几十年各国政府的精益治理变革是为国际投资自由化、政府职能复杂化所"绑架"而展开的被动改革。正是由于面对经济社会发展需要与国际竞合的压力，政府被动开始着手思考如何降低行政成本并推进公共服务的质量提升，实现"花得更少、做得更多"的精益变革目标。但从另一个视角来说，政府长期被视为缺乏"竞争"环境与变革动力的权力主体，任何治理变革的开启均呈现出被动的特质，这是可以理解的。政府是维持经济社会发展所需的稳定的制度环境的权力"化身"，制度的根本价值即在于其稳定性，而任何治理变革都需慎思。如此，顺势而为的精益治理变革是至今各国政府的普遍策略，在管理技术与方法层面"小修小补"是最为理性的思路。

不过，当各主要国家政府改革的"效费比"越来越低，经济社会发展出现严重停滞时，"为了改革而改革"的情况也就更为普遍了。尤其是精益变革强调"持续精进"，围绕降低成本而"每日精进一步"成为政府政绩取向之后,"主动思变"成为当代政府改革的重要趋势。这种趋势一方面扭曲了精益治理变革原初对问题的聚焦,各种具体改革本身变成了目的,精益管理技术的运用便不再成为"新鲜"的变化;另一方面,虽然不断强化的对于变革本身的"信仰"使政府相关改革不断提高经济社会的适应难度,但从最初强调管理技术转向对于未来政府的战略性思考,依然具有积极意义。如此,当前各国政府的精益治理变革开始从强调技术性引入以解决现实问题,转向强调战略性思考,体现了政府精益变革的主动性。

(二)以技术扩散带动制度变迁:挑战传统政府与经济社会关系

如前文所述,精益管理长于技术,政府的精益治理变革始终以引入精益管理技术方法为重点。从丰田管理凝练为精益管理开始,各国呈现出缓慢而持续的政府内精益管理技术扩散,通过如"精益工具手册"等公文文牍手段传播精益管理方法,并昭示社会。随着政府精益变革的推开,具体行政成本的压减也触到了"天花板",改革也从狭窄的行政管理向宏观治理展开,单纯的管理技术便无法完美解决现实问题,制度方面的变革要求开始出现。从前文对精益治理的工具系统的讨论中可见,管理工具从政府公共服务现场向后台延伸,越来越强调对相关部门与个体关系的规范,精益领导、精益人力资源管理等已经涉及相关制度的变迁。当前各国政府的精益变革基本均沿着此路径推进,从现场管理技术的引入直至后台制度的重新设计,后文将对各国具体案例展开讨论。

以技术扩散带动制度变迁,精益治理变革已超越了政府自身行政管理改革的边界,涉及了更加宏大的治理领域。任何时代、任何地域的治理制度变迁的核心是各个主体之间的权责利关系边界重构,在理论上可以抽象为"政府—市场""政府—社会"之间关系的变迁。以"花得更少、做得更多"为价值取向的精益治理变革实际上拉动了政府传统权责利边界的收缩,同时在监管方面强化智能化的趋势。如此,政府与经济社会之间的边界开始更加激烈地动态调整,新的业态与社会需求也倒逼着政府重新思考自身存在的意义等关键问题。好在，"花得更少"是当今时代主题，"做得更多"几乎可以包容和调和一切经济社会变迁需要，故各国政府沿着精益的思路持续推进治理变革是当下较为稳健的策略。

第二节 西方国家政府精益治理变革

2008年国际金融危机之后，美国联邦各级政府面临日益严重的财政压力。特朗普卸任后，受到新冠疫情期间大规模经济刺激政策与补贴政策的影响，以及长久以来持续宽松的国际国内货币政策环境的影响，美国联邦各级政府财政已完全依靠举债度日。2021年12月16日，拜登总统签署了将债务上限提高2.5万亿美元的法案，使美国财政部的借款授权延长至2023年，暂时避免了政府债务违约。2023年6月1日，美国参议院通过第二次世界大战后第103次关于联邦政府债务上限和预算调整的法案，暂缓债务上限生效至2025年年初，并对2024财年和2025财年的开支进行限制。根据美国国会预算办公室数据，截至2023年6月，美国联邦债务规模约为31.46万亿美元，占其GDP比例超过120%，相当于每个美国人负债9.4万美元。如此巨大规模且仍不见底的举债趋势，使政府部门与金融机构之间出现严重矛盾，同时社会贫富差距问题空前暴露出来。如此，美国联邦各级政府所能做的唯有"开源节流"，而"开源"意味着更多的"税源"，在此严重通胀的情势下几无可能征收新税，于是只剩"节流"一条出路。因此，精益治理成为近20年乃至未来一段时期内美国政府改革的不二选择。

一 美国政府的精益治理变革实践

美国政府在精益治理变革实践领域探索时间较长，同时也"走得最远"，无论是联邦政府各部门层面还是各州政府，均在明确的精益治理理念指导下广泛推进精益治理变革。同时，在如电子政务等精益治理相关领域的实践也早已成效卓著，政府精益变革的各种管理工具、技术工具储备已经成熟，这些因素都直接影响了奥巴马政府时期美国精益治理变革的实效（特朗普政府与拜登政府时期强调大国竞合，较少提及国内政府改革，相关改革数据不明）。因此，从践行精益变革的美国联邦政府部门和州政府中分别选出一例做深入研究是非常有意义的。

（一）美国精益治理变革的总体情况

"在二十一世纪初，美国少数的联邦、州和地方一级的政府部门发现了'精益'的适用性和功能，并开始将精益方法引入政府组织。从那时起，政府部门的精益行为大幅增加。"[①] 据统计，截至2015年，美国已有"大约30个州政府以及许多联邦政府机构正在应用精益和六西格玛管理以取得更引人注目的成果"[②]。总的来看，美国政府在21世纪初就开始用六西格玛质量控制手段转变单纯的流程改善，逐步探索和采用精益六西格玛管理对政府公共服务的质量与成本进行改善，尤其在2008年金融危机之后，政府财政压力与社会需求压力使美国政府加速推进精益六西格玛管理的引入，几年间已取得显著成效。从2015年美国联邦政府各部门和各州政府的精益计划来看，以精益六西格玛管理为基础，美国政府将精益政府改革重点转向了精益文化和精益领导力的建构，也就是说，在精益六西格玛管理初步阶段和迅速取得成效之后，2015年至今，美国政府考虑的重点是如何持续精益化问题，从文化和领导力入手强化已有精益基础并保障精益变革持续性，即以技术扩散带动制度变迁。

截至2016年，对美国采用精益方法的29个州调查发现，其中9个

[①] EPA, *Lean in Government Starter Kit*, p. 5, 原文为 "In the early 2000s, a handful of federal, state and local government agencies in the U. S. saw the relevance and power of Lean and began applying Lean methods in the government context. Since then, Lean implementation has grown dramatically in the government sector".

[②] 摘自美国国家环境保护局文件 *Lean: Excellence in Government: Improving Environmental Agency Processeswith Lean and Six Sigma*, 原文为 "Approximately 30 States and many federal agencies are using Lean and Six Sigma to achieve dramatic results".

州在州层面实施了精益,而另外 20 个州则在各部门层面推行了精益,这些推行精益的部门常见于教育、卫生、环境和交通等部门。大多数州政府在推行精益方面积极而谨慎。最早在州政府层面推行精益的情况可追溯到 2008 年。在这些州中,有 9 个州成立了专门的精益办公室,通常隶属于行政部门或者财务部门。每个推行精益的州都发现,精益能够产生成本效益、改善公共服务并提升公民的参与度,比如,明尼苏达州住房金融局推行的一个改善项目为其代理人每年节约了 16000 美元(其中 5000 美元为材料节约,11000 美元为人力节约)。精益治理变革与政务公开的改革是分不开的。比如,佛罗里达州政府开通了名为"Get Lean"的热线电话,用以获得政府精益变革的公众反馈,并且加强了精益项目与公众的沟通,获得了大量来自公众的建议对策,以提高项目效率并减少浪费。其他一些州在网上开通专栏以向社会呈现州政府所做的工作,介绍精益工具并公布精益项目的结果。

(二)美国国家环境保护局精益变革

美国国家环境保护局(U. S. Environmental Protection Agency, EPA)作为联邦政府级别的重要部门,对于引入精益思想、精益管理以改变政府行为模式、减少政府花销、提升政府工作质量,态度非常积极。EPA 及其下属部门的精益变革取得了不错的进展,得益于各种精益政府相关"手册"文件的配套与完善。

21 世纪以来,EPA 相继发布和修订了《精益和环境工具箱》(*The Lean and Environment Toolkit*)(2007)、《精益和化学制品工具箱》(*The Lean and Chemicals Toolkit*)(2009)、《精益和六西格玛环境专业人士指导手册》(*The Environmental Professional's Guide to Lean & Six Sigma*)(2009)、《精益、能源和气候工具箱》(*Lean, Energy & Climate Toolkit*)(2011)、《精益和水资源工具箱》(*Lean & Water Toolkit*)(2011)等指导性文件,初步将精益思想引入其各个治理领域。同时,近十余年来,EPA 也相继发布了多种精益治理变革的手册文件,如 2009 年 7 月发布《精益治理指标指南》(*Lean Government Metrics Guide*),认为指标体系对

于政府精益变革必不可少,并构建了详细的以"流程指标"和"组织指标"为分类的指标体系(表4-1)。其中,EPA对于两大类指标、7小类指标、32项分指标都进行了严谨细致的说明,配有详细的现实实例,对指标的实际应用做了详尽安排。

表4-1　　　　　　　　EPA 精益政府指标体系

1. 流程指标		
(1) 时间指标	(2) 成本指标	(3) 质量指标
• 公共服务"生产"周期	• 人力资源节约	• 顾客满意度
• 最佳/最差完成时长	• 费用节约	• 返工率
• 准时交付率	• 单位产品成本节约	• 服务完整度与精确度
• "生产加工"时长		• 一次性通过的成品率
• 实际作业与预算比率		
• 增值时间		
• 非增值时间		
• 非增值但不可少的时间		
• 增值时间的百分比		
(4) 产出指标		(5) 流程复杂度指标
• 公共产品		• 流程步骤
• 公共需求"订单"积压		• 增值流程步骤
• "在制品"		• 决策
• 公共产品库存		• 延误
		• 不同"工序"间切换、过渡
		• 循环
		• "黑洞"(各种复杂因素的结合以致改善困难或改善时长过长)
2. 组织指标		
(1) 精益部署		(2) 士气指标
• 精益项目管理		• "员工"(公务员与政府雇员)满意度
• 精益项目参与度		• 人员流动(离职率)
• 精益培训		

资料来源:U. S. Environmental Protection Agency, *Lean Government Metrics Guide*, p. 3, https://www.epa.gov/sites/default/files/2014-04/documents/metrics_ guide.pdf.

2013年7月EPA发布《精益政府方法指南》(Lean Government Methods Guide),对政府各级人员"在什么情况下、面对什么问题时采用何种精益变革方法"做了明确细致说明。该方法指南对政府精益变革中的实际问题进行了分类分析,将精益政府具体方法分为"应用于工作现场改善的简单、结构化的方法""基于精益项目的流程改善方法"和"服务于特殊需求的高阶精益方法"[1]三大类,具体介绍了在不同问题背景下选用哪种精益方法以推进精益化(图4-7)。此外,依据图中罗列出的针对不同问题的8种精益方法,该方法指南进行了非常详尽的介绍,以便各部门、各级政府环保署加以学习应用。

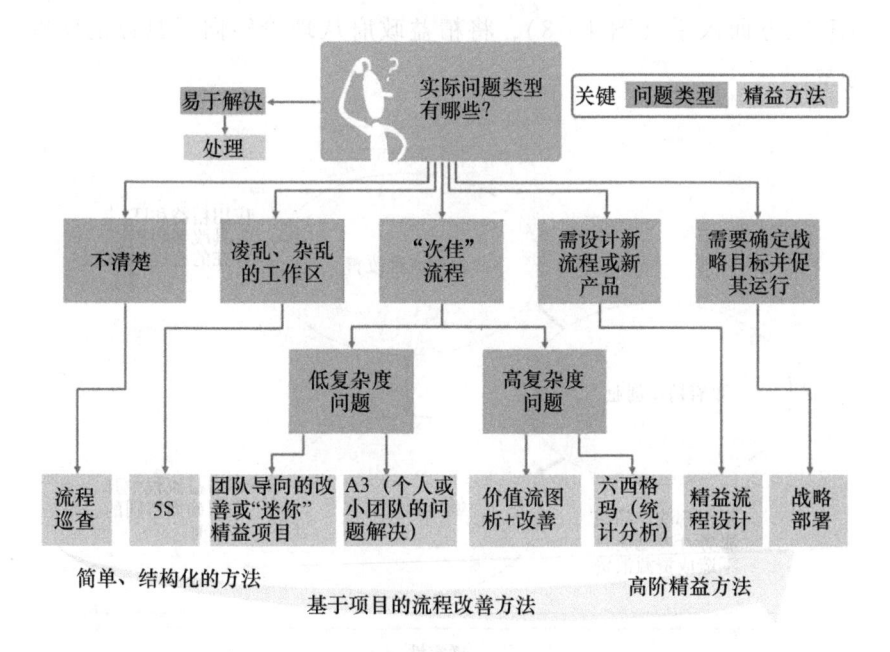

图4-7 EPA "不同的情况如何选用精益方法"

资料来源:U. S. Environmental Protection Agency, *Lean Government Methods Guide*, p.3, https://www.epa.gov/sites/default/files/2014-01/documents/lean-methods-guide.pdf.

---

[1] U. S. Environmental Protection Agency, *Lean Government Methods Guide*, p.2, https://www.epa.gov/sites/default/files/2014-01/documents/lean-methods-guide.pdf.

EPA 于 2015 年 7 月 9 日发布的《美国国家环境保护局精益政府计划：如何复制精益的成功》(*EPA Lean Government Initiative: How to Replicate Lean Successes*)，正式在环境保护署的各部门启动精益政府变革，提供相应精益管理变革经验。2015 年 12 月 EPA 又发布《精益、IT 工具箱》(*Lean and Information Technology Toolkit*)，向环保署各部门全面总结和推广政府精益管理工具。与两年前发布的《精益政府方法指南》将一些基本精益变革方法引入政府相比，《精益、IT 工具箱》从企业精益管理经验出发，研究并采纳了精益管理工具中各部门最为适用的三方面具体"进阶"工具，即从政府精益创业、精益流程改善和敏捷开发工程三方面入手（图 4-8），将精益政府从理论转向了具体的实践变革。

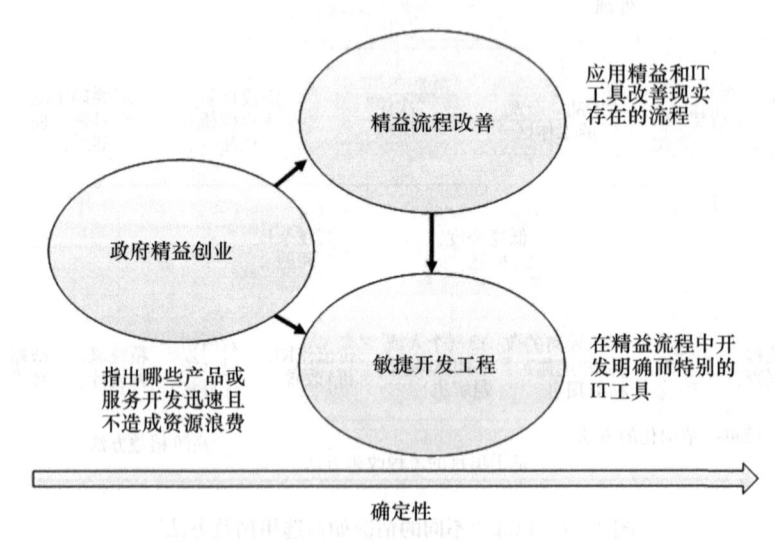

图 4-8 EPA 精益变革和 IT 工具组

第一，EPA 采用精益创业工具，将环境治理领域公众所关心的议题厘清摸透，对于公众所需要的全新的、有必要彻底重新设计的，或公众态度不确定性比较高的公共产品，通过最小可行性产品的公众意向摸底，进行价值和重要性排序，由此不断循环，指导 EPA 整体的精益变革。此外，精益创业方法同样关注于管理技术方面的文化转变，从"线性"的管理文化转为"循环型"的管理文化。因此，EPA 引入精益创业循环同样为更深层的精益变革提前肃清了部分文化障碍，在部门内部逐渐培养起公民意愿导向的、步步精益推进的循环式经验学习氛围。第二，EPA 推行精益流程改善，即将企业精益思想、精益管理的具体可运用于公共服务的工具全面引入政府工作流程改进之中，强调以公众体验为标准，从流程本身出发寻找持续精益的变革方法。在《精益、IT 工具箱》中，政府各部门整体精益管理都有详细的工作安排，对每一阶段的工作重点和注意事项也做了细致交代，基本将其精益流程改善工作做了完整布置。第三，根据尽可能减少浪费、提升服务体验的理念，敏捷开发工程为 EPA 精益政府提供了 IT 创新工具，也实现了借助电子政务的最新技术对公共服务项目进行改善的目的。

在精益政府变革领域，EPA 历年发布的指南手册还包括《政府精益入门工具》(*Lean in Government Starter Kit*)、《精益政府项目调查研究指南》(*Lean Government Event Scoping Guide*) 等，对政府精益变革做了全方位的指导与布局，力促公共服务精益化。

EPA 几年来的精益政府变革已经取得非常可观的成效，在威斯康星州自然资源部门、康涅狄格州能源和环境保护部、爱荷华州自然资源部等几个试点部门精益变革实践中，积累了大量精益政府变革经验，将精益思想与精益管理方法引入政府治理已被证明是现实可行的。其中，康涅狄格州能源和环境保护部在 2013 年的报告中指出，比较推行精益管理前后政府工作，各项服务平均节约时间达到了惊人的 74%（图 4-9）；爱荷华州自然资源部（Iowa DNR）在近年精益政府变革方面也取得了较大成就（表 4-2），各项精益项目均得到不错改善。

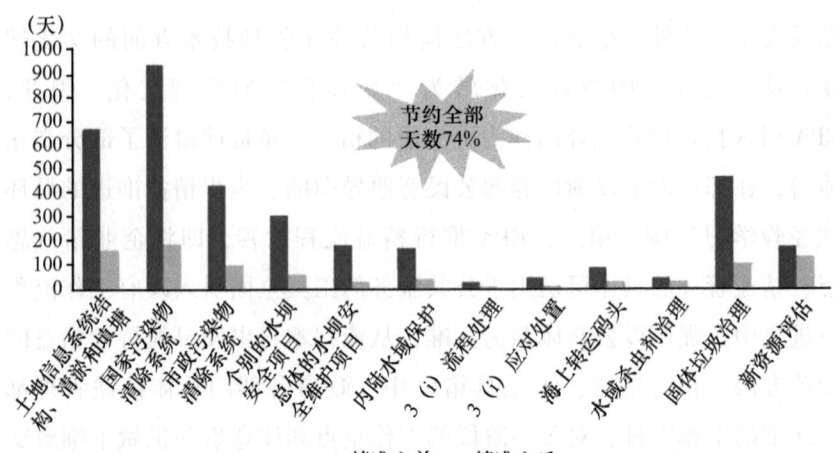

图 4-9　精益变革前后各许可证审批审核工作平均处理时间比较（2013 年）

资料来源：Connecticut Department of Energy & Environmental Protection, *Average Processing Time for Select Permits, Before and After Lean Projects*, 2013.

表 4-2　爱荷华州自然资源部（Iowa DNR）精益政府变革部分成效

"改善"项目	过程改进之前	过程改进之后
空气质量综合许可审批	214 天	180 天
空气质量新源工程许可审批	62 天	6 天
动物饲养工程许可审批	66 天	36 天
洁净水资源建设工程许可审批	28 个月	4.5 个月
垃圾填埋许可	187 天	30 天
土地征用：最优情况 土地征用：最劣情况	24 个月 22 年	9 个月 6.3 年
地下储油罐泄漏修复的行动决策	38 个月	3 个月
肥料管理计划	约节约时间 50%	
国家污水排放控制系统（NPDES）污水处理许可	425 天	15 天

资料来源：引自 EPA 门户网站，https://www.epa.gov/lean/lean-initiatives-state-environmental-agencies-iowa-department-natural-resources-lean-six-sigma#iowa.

（三）美国威斯康星州精益治理变革

近十年来，美国威斯康星州政府积极响应精益治理变革，制订了详尽的精益治理变革计划，并取得了显著成效。2012年5月，威斯康星州州长斯科特·沃克签发"第66号行政命令"，即《关于威斯康星州"精益治理"的计划》（Relating to the Wisconsin "Lean Government" Initiative, Executive Order # 66），对该州各部门的精益治理变革事务做了详细布置，要求各部门严格按照该计划践行精益变革，每年年初向州长做精益治理变革的年度汇报。该计划要求，包括州行政部门、农业、贸易和消费者保护部、儿童与家庭部、惩教署、金融部、卫生服务部、自然资源部、税收部、安全和专业服务部、旅游部、交通运输部、退伍军人事务部、人力发展部、保险业监理专员办公室、威斯康星州经济发展公司、威斯康星州住房和经济发展机构等政府部门在内，在"五大项"计划要求上做出具体安排。

这五项计划具体包括：其一，执行可以改变组织文化的精益政府计划，这种文化的改变是通过让领导者与职员在改善过程中理解如何践行"精益治理"计划以减少浪费、节约时间、推进工作流程标准化和减少过程复杂性来实现的；其二，定义机构部门的使命，包括定义终极目标、服务对象、在顾客看来哪些方面构成良好的价值、机构本身对顾客满意度和及时服务的诠释以及精益治理计划中职员参与的组织机构目标等；其三，建立该机构部门执行服务的评测标准，应当关注以下一些工作流程：遭受长期顾客投诉或问题的工作流程，机构部门职员与顾客均可视的工作流程，表现出可大幅改善的明显潜力的工作流程，当前可产生使机构部门能够跟踪改进的数据的工作流程，以及能够减少工作量、提升顾客满意度、不断改进的工作流程；其四，关注那些不需要改变现有法律法规的改善计划；其五，合作并提供对各机构部门所做的"精益治理"努力的富有洞察力的见解。[1]

---

[1] The State of Wisconsin, Office of the Governor, *Relating to the Wisconsin "Lean Government" Initiative*, Executive Order # 66, July, 2012.

纵观这五项计划,在宏观层面对精益治理建构提出了具体要求,虽然没有对以精益管理改善政府治理做出技术上的指点,但针针见血、直面问题。从聚焦政府组织文化变革、重新定义部门使命和服务评测标准、专注技术细节而非法律法规、重视合作与沟通这几方面来看,围绕降低与减少政府成本与浪费、提升顾客和基层政府职员满意度、提升政府效能的目的,在明确不涉及变革现有法律和政府法规的前提下,从州政府到各个部门都将从这些方面出发,详细制订之后每年的精益计划和流程。作为州政府点名要求执行"第66号行政命令"、践行精益计划的州交通运输部(Wisconsin Department of Transportation,WisDOT),也于2012年年底开始了精益政府变革的尝试,并在此后三个财政年度取得了不错的成效。

2013年,WisDOT精益治理计划的具体指标包括:完成20项精益六西格玛项目;至少150名部门职员接受精益六西格玛培训;设定2013年顾客满意度不低于70%的标准;设定2013年员工索赔最高不超过126人次,不超过18%的标准。指标的完成情况为:在2013财政年度(FY)[①]共完成包括"通信的长期行动计划""有效性技能测试""校车检验程序"等在内的10项精益六西格玛项目,正在着手"闲置项目收尾""运输补助津贴申请流程""跨州旅行"等15项项目,并且有额外10项2014财政年度计划项目已被制定出来;共158名部门职员接受了正式的精益六西格玛培训,共花费24082美元;部门很好地完成了顾客满意度项目的具体指标,并持续监控顾客满意度的变化,每一季度都在更新MAPSS相关内容;在员工索赔项目方面交通运输部门的结果也是达标的,并且也在持续监控。总体来看,威斯康星州交通运输部消除冗余、无用的行政流程12项,节约全时等效时间(Full-time Equivalent,FTE)12500小时,部门职员被指派的通信工作从57小时减少到26小时,工作积压平均降低了36%,由此节约政府成本约814000

[①] 与日历年度(Calendar Year,CY)不同,威斯康星州的财政年度(Fiscal Year,FY)为前一年6月至本年6月。

美元。①

2014年，WisDOT精益治理计划的具体指标包括：完成20项精益六西格玛项目；2014年和2015年每年安排50名部门职员接受精益六西格玛培训；顾客满意度方面，设置每个项目每位职员的顾客满意度个体目标，并且完成每项绩效测评；职员工作环境方面，近五年员工索赔平均降至每年100人次以下，其中工时损失索赔不超过20%，且平均花费不超过3200美元。指标的完成情况为：在2014财政年度共完成包括"顾问合同""代理商绩效报告""高速公路运力分析中交通仿真建模项目""营业预算流程"等在内的20项精益六西格玛项目，正在着手包括"闲置项目收尾""数字仪表盘""州外文件整理归档""运输补助津贴申请流程"等在内的14个项目，另外，2015年14个项目计划也已制订；共225名部门职员接受了正式的精益六西格玛培训，共花费38239美元；顾客满意度方面，许多已完成的精益项目都高度关注了顾客的满意度，同时交通运输部重点监控机动车驾驶管理处（DMV）的服务等候时间、电子化服务、驾照路考进度、电话服务等几方面工作；职员工作环境方面，交通运输部建立了监控职员满意度的MAPSS测量指标，近五年员工索赔平均为每年126人次，其中工时损失索赔约占26.4%，平均花费3026美元。总体来看，2014年度WisDOT消除冗余、无用的行政流程22项，节约全时等效时间16208小时，工作积压平均降低了46%，由此节约政府成本约705100美元。②

2015年WisDOT共完成包括已推进近三年的"运输补助津贴申请流程"精益化项目在内的精益项目13项，2013—2015三年总计43项；正在着手或2016年规划项目共15项，其中包括一个在前两年已取得阶段性成果项目的"第二期"规划；节约工作时间共计约1814小时，服务流程共计缩短约232天；共消除冗余、无用的行政流程343项；工作

---

① WisDOT, *Lean Government Annual Report*: *Fiscal Year 2013*, August, 2013.
② WisDOT, *Lean Government Annual Report*: *Fiscal Year 2014*, 2014.

积压约减少57%；重复工作约减少27%。较前两个财政年度，该部门2015财政年度报告对精益基础设施和部门文化的推进做了十分详尽的汇报。在2015财政年度，共有61名精益六西格玛"白带"成员、14名"黄带"成员、9名"绿带"成员、6名"黑带"成员、7名"系统工程分析"的问题解决和决策参与者接受培训，另有25名价值流图的参与设计者受训，共计122人次；精益六西格玛培训花费共约为27583美元。在报告中，对于部门组织精益文化的培养和员工满意度的关注是前所未有的，重点提及了"部门组织的精益行为如何有助于提升职员满意度和安全感"等内容，分析了当前的一些成果和不足。[①]

表4-3　　WisDOT 2013—2015财政年度精益变革成效比较

	2013财年	2014财年	2015财年
重点项目（项）	10	20	13
去冗余流程（个）	12	22	343
节约工时（小时）	12500（FTE）	16208（FTE）	1814（FTE）
节约成本（美元）	814000	705100	—
关注重点	精益计划切入点选择、时间与金钱的成本节约	重点项目跟进、精益变革向各个领域细节的深入	部门精益文化、职员满意度和安全感

美国威斯康星州交通运输部门的精益治理变革在2013年至2015年取得了惊人成效（表4-3），其他诸多部门在几年的精益治理变革中也都取得了不错的进展。如威斯康星州税务部门，2015年部门工作返工量减少了79%，约384小时的工作时间被重新分配，顾客的困惑也在减少；卫生服务部门2015年通过电子邮件与专家沟通的工作量减少了91%，服务效率和回应性也有所提升，在8小时内有所回应的工作从

---

① WisDOT, *Wisconsin Department of Transportation*: *Lean Government Annual Report*: *Fiscal Year 2015*, 2015.

41%提升到了95%。从整体看,据统计,在2015一个财政年度内,威斯康星州全州政府机构减少事务流程1146个,比2014财政年度提升了375.5%;节约职员工作时间共62975小时,比2014财政年度提升了71.9%;政府职员接受精益培训共751人次,比计划目标的526人次高出42.8%;具体的精益项目2015全财政年度完成77项,拟计划2016财年进行67项(表4-4)。

表4-4　　威斯康星州2015财政年度精益政府变革的基本数据

测度	2014财年	2015财年	增益
政务流程压缩(个)	241	1146	比2014财政年度提升了375.5%
公务员工时节约(小时)	36636	62975	比2014财政年度提升了71.9%
公务员精益培训(人次)	1125	751(目标为526)	比计划目标高出42.8%
2015财年精益项目完成(项)		77	
2016财年精益项目计划(项)		67	

资料来源: The State of Wisconsin, Office of the Governor, *Wisconsin Lean Government Program*: *Annual Report July 2014 – June 2015*, "Executive Summary", 2015.

(四) 美国政府的精益治理变革简评

毫无疑问,无论在联邦政府各部门还是州政府各部门,美国政府的精益化变革都取得了显著成效,《2011年1月以来俄亥俄州政府"改善(Kaizen)"项目综述》就记录了上百项改善项目的计划与成绩。从20世纪90年代开始,美国政府个别部门便已开始关注精益管理思想;21世纪初"精益六西格玛"的各种管理工具开始逐步引入政府并广泛传播开来;到了2008年金融危机之后,精益思想在政府中的实际价值日趋明显，奥巴马政府以降低行政成本为直接目标大力推进精益政府建设，精益思想进一步从具体的政府管理工具逐步开始影响美国政府政策制定和决策行为。最显著的例子是奥巴马政府时期大力推行以"行为经济学"理论为指导的"简化"（Simpler）政府变革，而在具体"简化"政策的过程中，精益思想无处不在，各种决策信息的强制性公开为"精益创业"提供了沃土，而以敏捷开发为标志的政府在线软件开发和大数据的应用也为"行为经济学""助推"理念在政府政策决策领域的应用起到了关键作用。此后，特朗普政府与拜登政府时期，美国政府重点关注大国竞合而相对忽视了国内改革，政府行政成本问题越发凸显，举债度日成为美国各级政府的常态，精益治理变革也相对沉寂。不过，鉴于精益变革的性质，政府的精益治理变革不可能停滞，政府行为的改善已成良性改善循环，制度方面的问题则需要未来更长时间的改革。

  从整体上看，作为倡导新公共管理运动的最"老牌"政府之一，美国政府对于在"花得更少、做得更多"理念下推进政府精益化、提升政府效能、降低行政成本是抱有很大希望的。非常明显，在近十几年来的实践变革中，美国联邦各级政府部门都特别重视精益变革的"策略"问题，这种问题涉及怎样感知和把握最佳的变革机遇、如何对冲组织惯性所带来的改革阻力等。比如威斯康星州政府精益变革计划就明确提及"关注那些不需要改变现有法律法规的改善计划"[①]，不触碰现有法律体系的"高压线"，在具体工作方面进行精益变革，体现了典型的美国实用主义思维。任何渐进性的变革都应有一定的边界，虽然这个边界是开放性的，但一定要有"有所为有所不为"的策略，这是美国政府推进精益变革最"聪明"的地方。同时，美国政府的精益变革也十分注重设计科学的变革流程。科学的流程直接影响到精益变革的成效。以精益文化的培育为例，美国麦肯锡咨询公司2012年对公共部门

---

① The State of Wisconsin, Office of the Governor, *Relating to the Wisconsin "Lean Government" Initiative*, Executive Order #66, July, 2012.

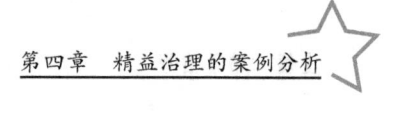

变革的调查中即已指出,公共部门变革最重要的驱动力源于能力素质与文化,[①] 文化的重塑需要漫长的历史过程,精益文化的重塑同样需要"旧文化解冻""新文化冷冻"的过程,必须从工作本身以及整体环境、氛围入手,设计科学的文化变革流程。威斯康星州交通运输部在精益变革中,每一年的关注重点都不同,2013 年从见效快、效果好的项目入手,让政府职员在对点滴成果的感知中理解精益、支持精益;在 2015 年之后的工作中重点培育精益文化,这样的文化变革流程更为畅通,阻力也更小。如此,由精益技术工具在政府治理中的扩散拉动制度变迁的态势在 8 年前即已形成,虽其后特朗普、拜登两任政府放缓了美国政府精益治理变革的脚步,但这种对于制度变迁的需要显然是不可逆转的。

二 英国公共部门精益治理变革实践

20 世纪 80 年代后期,英国政府便是新公共管理运动的"急先锋",而对于"新公共管理 3.0"的精益政府,英国政府依然保有高度的热情。由于英国政府在新公共管理运动中"走得最远",政府各职能部门的公共服务项目大部分已实现市场化,所以,近年来英国政府的精益变革基本是以政府公营公司、各大公共服务机构为载体推进的,但实质上同样是对政府治理行为的精益化。

(一) 英国精益治理变革的总体情况

同美国政府一样,英国政府也始终同步关注着精益思想的发展,并第一时间提出了推进政府公共服务精益化的思想。实际上,英国政府虽未明确提出"精益治理/精益政府"(Lean Government)的概念和计划,却在已有"整体政府改革"的基础上,将精益思想最广泛地运用于各公共服务部门。"整体政府"是布莱尔政府时期提出的政府改革方案,最初命名为"协同政府",改革逐步转向"超越层级、部门功能分工的鸿沟,以解决人们关心的问题、为人们提供整合性服务为核心的"整

---

① 详见研究报告:"McKinsey's 2012 Public-sector Transformational Change Survey of 974 Public-sector Leaders"。

体政府。十几年改革中，整体政府改革初步解决了英国政府公共产品生产与服务的"流程不畅"问题，打破了种种"人为隔断"，让公共价值更为流畅地流动起来。而同时期精益思想也逐步引入英国政府，为整体政府改革解决了"如何降低浪费、提高质量"的问题，即在整合与协作的基础上，进一步以公共需求为基础，改善政府公共产品的生产与服务。

经过了十余年精益实践，精益思想已在英国医疗卫生、政府采购、交通运输等各个领域的公共部门生根发芽。如在医疗卫生领域，英国较早引入了精益思想，英国全民健康服务系统（NHS）在市场化、标准化的基础上，全面推行了精益思想，将管理主义实践到了极致。不过，当前精益医疗采取过度标准化的做法也带来了争议，标准化的改革强行推进的是一种体制化的标准，用更多技术化的标准来衡量医生和护士的工作表现严重伤害了他们的工作态度，损害了他们的"匠艺"——关怀病人的技能。所以，英国对于公共部门推行精益思想的讨论主要集中在如何让精益思想更符合公共部门的特性，让精益成为公共服务的基因而不是潜在的"恶性肿瘤"。在其他公共服务领域，英国政府部门本身的具体行为不断走向精益化，而其他部门则借助市场化主体推行公共服务的精益化，如英国政府采购行为始终是践行精益思想的"开拓者"，英国高速公路有限公司应用精益思想也明显改善了管理和服务。

（二）英国政府采购精益变革

早在20世纪末就已有英国学者关注应用精益思想来改善政府采购行为，如安德鲁·艾里奇与J.戈登·穆雷于1998年便发表论文《精益供应：一个为地方政府采购追求最佳价值政策[1]的战略?》[2]，讨论了政府采购的"战略重点"、地方政府采购的"最大价值政策"以及精益供

---

[1] Best Value 是英国政府的一项政策，最初出自英格兰和威尔士地区的《1999年地方政府法案》，旨在寻求最优成本、提升地方政府服务的质量。

[2] Andrew Erridge, J. Gordon Murray, "Lean Supply: A Strategy for Best Value in Local Government Procurement?", *Public Policy and Administration*, Vol. 13, No. 2, Summer, 1998.

应及伙伴关系等,证明了精益供应与政府采购的高度"契合性"。艾里奇与穆雷认为,精益供应是"从供应方得到更高价值、更高质量、更高效的服务且持续改善的手段",政府采购借助其理念可以减少财政浪费,推进政府精益化。

标准化生产是精益思想的重要内容。2012年7月,英国内阁与政府采购局正式发布了政府精益采购的指导文件《政府采购:一种精益应用的新方案》(Government Sourcing: A New Approach using LEAN,以下简称《新方案》)。此文件实质上对于英国各级政府采购行为是一份完整的标准化操作程序(Standard Operating Procedures, SOPs)规定。在文件中,英国政府首席采购官约翰·柯林顿表示,这些标准操作程序"代表了政府采购改革历程上的一个重要里程碑,这是第一次将这些重要的程序线性化、文书化并公之于众"[1]。该文件最关键的焦点在于将英国政府采购的平均时间花费降低至120个工作日之内。

在文件中,政府采购基本流程被重新简化设计为五个阶段(图4-10),除了这五个阶段之外,"动员"(Mobilisation)一项被明确标示,在动员阶段应"建立项目计划和绩效中心,应用可视化管理和电子采购(E-Sourcing)工具以驱动流程、衡量和管理绩效"[2]。

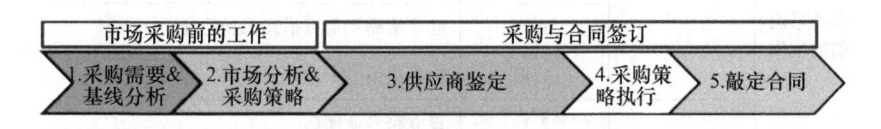

市场采购前的工作	采购与合同签订
1.采购需要&基线分析　2.市场分析&采购策略	3.供应商鉴定　4.采购策略执行　5.敲定合同

图4-10 英国政府精益采购基本流程

在基本流程改善的基础上,英国政府对政府精益采购的价值流图做了简单绘制,在其中明确规定了花费时长的严格限制,并更加具体地将

---

[1] The UK's Cabinet Office, the Government Procurement Service, *Government Sourcing: A New Approach using LEAN*, 2012, p. 2.

[2] The UK's Cabinet Office, the Government Procurement Service, *Government Sourcing: A New Approach using LEAN*, 2012, p. 5.

五个阶段细分为八个步骤，分别为：采购需求识别、基线与市场分析；动员；采购策略；通告供应方（OJEU①）；供应方说明；通过对投标的评估执行采购策略；合同最终确定；合同签订。对于这细分的八个步骤，按照精益采购的要求，《新方案》分别进行了标准化操作程序（SOPs）的严格规定（表4-5），并对其中每一条目进行了分流程的详尽描述，共计29项SOPs条目66项具体流程。与此同时，《新方案》还明确说明，政府精益采购的标准化操作程序"应通过其应用实践的反馈进行持续改善"②，不断提升英国政府采购行为的精益化水平。

表4-5　　英国政府精益采购标准化操作程序（2012年）

	阶段	SOP 序号	SOP 标题
市场采购前的工作	采购需求识别、基线与市场分析	1.1	分析采购需求
		1.2	推进采购前的工作，与潜在供应者讨论对话
		1.3	进行基线标杆与现有供给选择的对比
		1.4	编制与发布招标项目细节
		1.5	做好政府采购专用工作间的资源保障工作
		1.6	启动政府采购专用工作间
		1.7	起草策略初稿以描述采购情况
		1.8	内部决策"制造还是购买"
	动员	2.1	设立跨专业团队
		2.2	创建项目绩效中心
		2.3	完成团队技能保证
		2.4	建立项目委员会并对其进行概要汇报
		2.5	明确哪些审批是必不可少的

---

① 即"欧盟官方公报"，向欧盟所有有资质的供应方发出公报。

② The UK's Cabinet Office, the Government Procurement Service, *Government Sourcing: A New Approach using LEAN*, 2012, p.47.

续表

阶段		SOP 序号	SOP 标题
市场采购前的工作	采购策略	3.1	编制采购策略并获批
		3.2	更新采购情况
		3.3	创建包括投标邀请书在内的竞标人"信息包"
		3.4	编制欧盟官方公告通知并获批
		3.5	进行担保并获准执行
采购与合同签订	通告供应方（OJEU）	4.1	公布欧盟官方公告通知和投标邀请书
	供应方说明	5.1	建立并运行在线电子问答设备
		5.2	改善项目规划和资源规划
		5.3	向评估小组汇报概要
	通过对投标的评估执行采购策略	6.1	接收投标并加以分类，进行一致性审查
		6.2	评估投标
		6.3	撰写完整的采购情况说明书
	合同最终确定	7.1	获批并做出采购决策
		7.2	发布停滞期①通告并听取供应商意见
		7.3	更新完整的采购情况说明书
	合同签订	8.1	签订合同

资料来源：The UK's Cabinet Office, the Government Procurement Service, *Government Sourcing: A New Approach using LEAN*, 2012, p.11.

总的来说，英国政府在政府采购领域的精益化变革是成功的，低于120个工作日的硬性指标虽然依然相对冗长，但在之后几年内的实际工作中确已实现，政府采购周期的时间浪费程度得到了明显降低。尤其鉴于2020年英国脱欧后与欧盟采购制度脱钩，英国政府采购的效率可以进一步提升，精益治理出现了新的改革空间。可以说，精益采购是英国政府采购领域的最佳项目管理方法，其在工作日时长方面的硬性指标是

---

① 停滞期（Standstill Period），即完成投标评估后进入中标公示期。

改革的重点，而精益采购结构化方法也有助于实现其目标，对于潜在供应商的早期参与也将推进采购项目科学化。不过，对于此项改革英国国内也有不同的声音，一些专家就表示出对于较小公共部门难以完全遵循复杂精益采购流程的担忧，但事实上，精益采购的改革还是非常成功的。

（三）英国高速公路有限公司的精益计划

英国高速公路有限公司（Highways England）属于英国政府管辖，其对于引入精益思想改善具体服务非常热衷，其下属精益团队成立于2009年4月，旨在不断节约成本和提高绩效。资料显示，从2010年至2015年五年间，该公司通过"精益介入"实现了1亿英镑的节约额。2016年4月26日，聚焦于供应链各个环节的精益化，公司发布第一期的五年精益变革规划——《英国高速公路精益支持规划2015—2020》（*Lean Support to Highways England 2015 - 2020*），提出继续应用精益思想挑战当前存在的各种问题并推动持续改善。规划中具体设计了未来五年内在精益思想的指导下，英国高速公路如何提升精益化程度，并实现整体建设运营的高效节约。该规划的核心主题围绕英国高速公路有限公司的"精益屋"（House of Lean）模型（图4-11），其基础是稳定扎实的"人员—能力"发展，五大支柱分别为"协作计划"（Collaborative Planning）、"可视化管理"（Visual Management）、"问题解决"（Problem Solving）、"效益实现"（Benefits Realisation）、"知识传递"（Knowledge Transfer），"提升精益成熟度"是精益化的重要抓手和直接目的，核心目标则是对安全性、用户体验和效能的"持续改善"。

其中，对于如何测量"提升精益成熟度"，英国高速公路有限公司创制了"精益成熟度评价体系"（Highways England Lean Maturity Assessment, HELMA）。此评价体系包括十个具体指标，即"精益与运营战略的整合度""精益领导力与领导者参与度""部署管理和精益的基

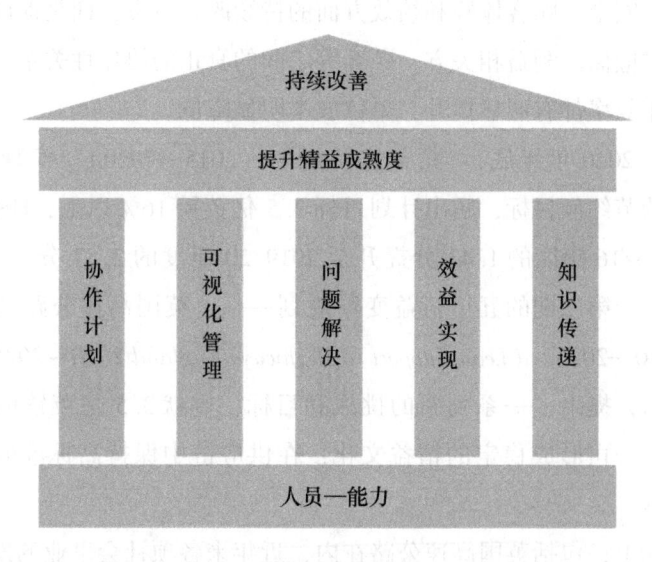

```
                    持续改善
              ┌─────────────────┐
              │  提升精益成熟度  │
    ┌────┬────┬────┬────┬────┐
    │协作│可视│问题│效益│知识│
    │计划│化管│解决│实现│传递│
    │    │理  │    │    │    │
    └────┴────┴────┴────┴────┘
              │   人员—能力     │
              └─────────────────┘
```

图 4-11　英国高速公路有限公司"精益屋"（House of Lean）

资料来源：Highways England, *Lean Support to Highways England 2015-2020*, 2016-4-26, p.9.

础设施""理解客户价值""理解流程和价值流""方法和工具的使用""精益覆盖度、活跃度和组织精益能力""绩效改善、收益实现、价值供给""精益协作、氛围和文化""供应方成熟度"等①。此外，该规划还提出了四项关键促成因素和五项战略性产出。关键促成因素（Key Enablers）包括"提供绩效""管控风险和不确定性""人与公司""协作伙伴关系"；战略性产出包括"支持经济增长""安全耐用的交通网""更多免费'流动'的交通网""改善环境""更多可接入、整合的交通网络"。此五年精益变革规划中也明确提出了具体目标任务：一是运用精益技术实现对第一期道路发展规划总共 12 亿英镑绩效目标中的 2.5 亿英镑目标；二是职员在日常工作中充分发挥持续改善的能力，他们将被授权去发现并抓住改善个人或组织绩效的机会；三是职员与合作

---

① 即与高速公路相关的上游产业从业者的精益程度。

伙伴将对安全、顾客体验和绩效方面的持续改善负责；四是促成与合作伙伴、供应商、利益相关方、顾客等之间的真正的协作性关系；五是每一年工作效率都有明显提升，单位成本明显降低。

截至2020年年底，"精益支持规划（2015—2020）"实现了2.91亿英镑的节约额目标，超出计划目标2.5亿英镑16%以上，HELMA得分从2015/16年度的1.43分提升至2019/20年度的2.37分。[①] 在此成绩基础上，第二期的五年精益变革规划——《英国高速公路精益支持规划2020—2025》（Lean Support to Highways England 2020-2025）——随之推出，提出了一系列新的挑战和目标：贡献3.5亿英镑的资本节约；推动公司形成稳定的精益文化；在供应链中保持高标准的精益管理；等等。

实际上，包括英国高速公路在内，近年来各项社会事业的发展都非常缓慢，各种公路项目工期较长、社会效率较低，这与中国基建发展速度是不可同日而语的。因此，面对这种实情，应用精益思想以提升社会发展速度和效率成为必然选择，英国高速公路有限公司也不例外。总之，该公司所做出的五年精益变革规划是切合英国社会现实需要的，在一定程度上指明了英国高速公路的发展方向，也确确实实抓住了影响其发展的关键症结。

（四）英国公共部门精益治理变革简评

与美国各级政府推行精益治理变革不同，英国政府由于"体量较小"，已经走过大范围推广精益思想的阶段，对精益治理理论的讨论也已经开始关注精益文化建设和如何消弭过度推崇管理主义造成的"不良反应"。总的来说，英国各公共部门推行精益变革经验颇丰，在推广精益思想改善公共部门服务效能的浪潮之后，精益变革暴露出一些不良影响是正常的，如何调整精益化的具体方向、"中和"精益变革的效

---

① National Highways, *Lean in National Highways: Road Investment Strategy Period 2 (2020-2025)*, https://nationalhighways.co.uk/media/5e0awawn/lean-in-national-highways-ris-2-period-2020-2025.pdf.

果,是当前英国精益治理讨论的核心。另外,近十年来,英国精益治理变革涉及了很多欧盟相关政策,如政府采购应向全欧盟相关供应商公开招标的规定,这些相关政策在2020年英国正式脱欧后存在制度的变迁过渡期,政府与经济社会适应新制度需要时间,很明显这将掣肘已经推行至今的精益治理变革,一些精益变革成果将面临重新调整的难题,这些变数都值得持续关注。

在未来,英国精益治理变革还是有很大空间的。如《新方案》规定将英国政府采购花费平均时长降低至120个工作日之内,这种在时间方面消除浪费的努力是精益政府最为显著的特征,但实际上,"120个工作日"的规定并不能称得上"高效",每个财政年度要拿出1/3的时间办理政府采购,这种情形在当今中国根本难以想象。可以理解为英国政府对于政府自身行为的严谨态度,严格按照《新方案》要求推进政府采购精益化,每一项采购决定都应精确评估,每一个供应商都应全面评价,不放过每一个可能造成浪费、产生寻租的机会。但如此一来,英国政府如同英国社会一样,效率问题将成为大问题,如何避免政府"粗线条"的监管、自我管制而同时推进精益化,降低浪费提高效率,是未来英国精益治理发展的重点。英国高速公路有限公司的精益计划也有发展改善空间,该公司所提出的两个阶段的五年规划并没有大量引入具体的、精细的精益管理工具,仅在"精益屋"的搭建、精益绩效指标设计、可视化管理各项技术、价值流图绘制等方面做了努力,人员精益培训和精益文化培养虽然在第二期(2020—2025年)有更进一步的安排,但如何测量五年规划的成果依然需要进一步思考讨论与实践验证。

三 加拿大公共部门精益治理变革实践

加拿大虽然不是第一个引入精益思想以改善公共部门公共服务的国家,但同样对精益政府变革非常热衷,并通过数年政府及各公共部门的精益变革实践取得了卓越的成效,积累了"加拿大标签"的精益变革经验。

(一) 加拿大精益治理变革总体情况

2010—2016 年，加拿大多个省级和地方政府、联邦政府部门、公共部门组织推进了多种多样基于精益哲学的改善计划。全国 10 个省和 3 个地区中有 4 个省在省一级推行精益，另有 4 个省和 1 个地区在不同政府部门中推行精益。与美国相似，加拿大大多数推行精益的部门涉及医疗、教育和环境等职能。萨斯喀彻温省最先在省一级政府推行精益，之后所有推行精益的省级政府都设立了专门的、精干的精益办公室。同样，加拿大各省也发现，采用精益方法可以提升政府公共服务效益、改善服务质量并提升公众参与度，比如在新不伦瑞克省，2012—2013 财年和 2013—2014 上半财年就整整节省了 1080 万美元。在不列颠哥伦比亚省，政府专注于应用精益方法提升绩效的同时改善工作文化，为此创建了多个专项培训计划，而在纽芬兰—拉布拉多省，政府资助私营企业为公务员和政府雇员进行精益培训。

值得注意的是，加拿大政府精益治理变革在医疗领域取得了丰硕成果，一批公立医院开展精益化试点并已实现了最初设定的变革目标，医院服务满意度明显提升，工作效率不断提高，而具体成本花销则明显降低。以下将以加拿大萨斯喀彻温省公共医疗卫生机构的精益变革实践为例探讨加拿大精益政府实践情况。

(二) 萨斯喀彻温省公共医疗卫生精益变革实践

在卫生质量委员会（Health Quality Council，HQC）监督与外部精益专家的支持下，萨斯喀彻温省卫生部门（the Saskatchewan Ministry of Health）于 2008 年 11 月初步引入精益，开启精益改善之旅。在精益医疗中，精益管理系统（Lean Management System，LMS）被视为一种哲学或一种心态，精益医疗是一种以患者为中心不断提高卫生保健服务的质量和安全、减少所识别出的浪费、消除非增值行为的管理方法。所以，萨斯喀彻温省卫生部门精益变革以"把患者放在第一位"（putting the patient first）为口号，以"可进入、有效、安全、患者为中心、公平、高效、适度资源消耗、整合、关注人口健康的高性能医疗系统"为愿景，于2012—2015年在本省公共医疗系统全面推行精益变革。

萨斯喀彻温省精益医疗变革首先抓住阻力小、成功率高的关键项目推进精益化变革，首年的具体项目包括：省级实验室订购与供应管理；人口健康机构疫苗管理；医疗信息解决方案中心的合同管理；医疗服务机构计费支付流程精益化；财务服务部门信息流精益化；医疗服务机构救济金受益人扩展和省外供应者需求项目；卫生注册机构健康卡申请流程精益化；药物计划和救济金扩展机构的收入检验程序需求处理；政策和规划机构、医疗信息解决方案中心和医疗质量委员会对研究和质量改善的数据处理请求；省级实验室样本管理；等等。其次，萨斯喀彻温省卫生部门高度重视工具的推广，"精益管理系统"成为控制、影响变革效果的重要系统工具，其中最为重要的是可视化管理。萨斯喀彻温省卫生部门大力推广可视化背景墙（Visibility Wall），用以推进精益可视化管理，这种可视化背景墙将服务产出、当前目标、关键项目、绩效测量评估等信息公开可视化，让全员能够准确方便地获知精益医疗相关信息。最后，对于价值流的改善也有整体安排，最核心的价值流从"供应商→卫生部→政府服务机构→地方卫生部门→诊所"改善为"供应商→卫生部→诊所"，大大提高了政府卫生部门整体行政效率，减少了行政浪费。

1. 精益改善领导者培训计划

从2012年到2015年，在HQC支持下，通过开发共享的改进方法、工具和语言，持续推进卫生保健系统的精益变革，尤其开发了"精益改善领导者培训"（the Lean Improvement Leader's Training，LILT）机制，为整个卫生保健系统的持续性精益变革提供了根本保障。所谓"精益改善领导者培训"，即一项针对经理、主管和其他希望学习精益知识和发展技能以领导团队对工作加以持续改善者的精益领导力培训计划。自2014年至今,此计划始终在全省范围内实施,并取得不错成效。①

2. "病患就诊流程"改善

从 2013 年至 2018 年,HQC 又聚焦于急诊病患治疗等候时长问题,展开更具实操性的精益变革,可谓公共服务组织精益管理的成功标杆。2013 年,HQC 发布"急诊室等候与病患就诊流程倡议"(Emergency Department Waits and Patient Flow Initiative),通过与省卫生部门等主体合作,以在 2019 年 4 月前缩短 60% 治疗等候时长为目标,设计了新的省级互联医疗保健战略,提出"通过合适的医疗服务人员,在正确的时间与合适的地点向病患提供服务"②的理念,通过护理水平的拉平、医疗机构之间互联诊疗("Connected Care" Strategy)、计算机模拟建模支持流程改善等办法达成精益目标。其中,所谓"Connected Care",实质上是打通社区医疗团队和医院医疗团队两方,打通高水平诊疗照护服务的空间流动,共同为病患提供服务,改善诊疗与护理流程,降低入院住院率,从而有效缩短急诊室等候时长(图 4 – 12)。

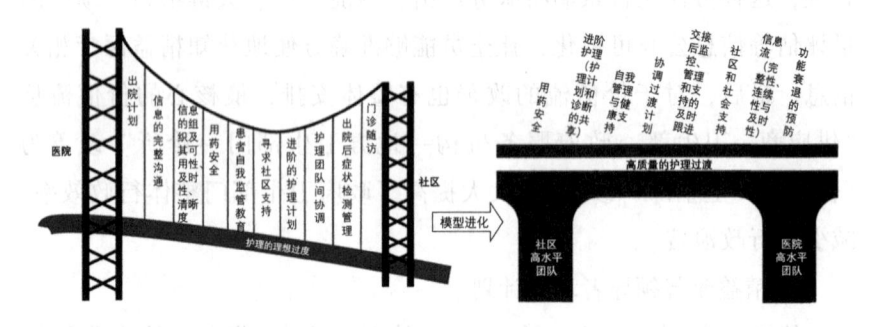

图 4 – 12　"Connected Care"的模型进化

资料来源:Saskatchewan Health Quality Council.

---

① Saskatchewan Health Quality Council, "2012 – 15 – HQC Supports a System-wide Commitment to Continuous Improvement Learning through the Development of the Lean-Improvement Leader's Training Program", https://www.saskhealthquality.ca/about-us/health-quality-council-history.

② Saskatchewan Health Quality Council, "Connected Care—A Summary of Learnings from the Emergency Department Waits and Patient Flow Initiative", https://www.saskhealthquality.ca/wp-content/uploads/2021/06/Connected-Care-Summary-of-Learnings-from-ED – Waits-and-Patient-Flow-Initiative.pdf, September, 2018.

此后，新冠疫情显然中断了精益变革的进程，且客观上讲，很难对已取得精益变革实效的公共医疗卫生系统应对新冠疫情的效果进行评价，但前期精益变革所实现的流程改善、资源节约在新冠疫情应对中当有百利而无一害。

近十年来，萨斯喀彻温省卫生部门及医疗系统精益医疗变革取得惊人进展，虽然具体效果很难用数据进行评估，但包括医疗人员、患者在内，确确实实感受到了在质量、效益、安全和产出方面精益所带来的积极变化。从公开数据来看，可测的项目改善效果方面在精益变革初期便取得了惊人的进展。如省血液制品和等离子应用精益团队消除了17%的产品浪费，通过改善库存管理和降低不确定性产品使用频率，2010—2016年，该团队共节约了3500万美元；超过1000名医务工作人员参与了"把患者放在第一位"的精益医疗各种项目变革，所有精益项目的成效都是可以跟踪的；萨斯喀彻温省儿童医院应用精益设计降低了15.6%的空间浪费，并因此节约3000万—4500万美元成本；另一个名曰"向护理释放时间"（Releasing Time to Care™）的精益项目在所有医疗检查、外科病房中推进精益，腾出更多医疗服务提供者的时间用于对患者的直接护理；通过员工调度排程项目，萨斯喀彻温省卫生部门预期每年节约至少440万美元；据总体统计，截至2013年4月，该省至少77335件过量医疗库存被清理，45117平方英尺医疗可用空间被重新整理出来，228179英尺的工作人员行走路程被消减，20061小时服务交付时间被节约下来用于医疗照护，3746件医疗质量缺陷从系统中被彻底移除。[1]

（三）加拿大精益政府实践简评

从引入精益思想开始，加拿大政府就明智地将精益变革对准了"公共部门一线服务"，提出了非常明确的目标——提升公共服务质量、降低服务成本、满足公共需求的价值取向。尤其在向社会公众提供

---

[1] Trish Livingstone, *Putting Patients First Transforming Healthcare in Saskatchewan*, Kaizen Promotion Office, Strategy and Innovation Branch, Saskatchewan Ministry of Health, 2013.

"面对面服务"的关键部门,加拿大政府推进精益变革的力度和韧性都非常之强。值得注意的是,加拿大政府卫生部门在推进精益变革以来,并未出现英国全民健康服务系统市场化、精益化所造成医疗服务人员"技能下降"、对"精益"态度"转冷"的问题,这与其政府卫生部门对整个医疗市场的监管努力和明确坚持"把患者放在第一位"的变革口号相关。

此外,加拿大政府推进精益变革近十年来,政府公务员队伍和相关学者对精益变革的反思也从未间断,这大大增加了精益变革的成功率。"超越精益思想"的问题始终是加拿大政府思考的重点,2016年8月,加拿大管理咨询学者汉尼夫·查格尼(Haneef Chagani)发表文章《改造公共部门的一线服务:超越精益——转变心智模式与行为方式》("Transforming front Line Service in the Public Sector: Beyond Lean—Changing Mindsets and Behaviours"),认为公共服务项目价值流中相关人员心智模式与行为方式的转变是超越精益思想诸多现场改善工具的关键,通过构建"建设性反馈的文化""从更宏观的端对端流程视角来理解项目"以及"更负责任的团队",可以逐步改变这种心智模式并影响行为方式,从而超越简单处理具体浪费问题的精益思想。这种对精益思想的理解虽然还停留在工具层面,但确实可以表现出当前包括加拿大在内的多年来推行精益治理变革的国家已经开始注意文化层面的建设。无论认为精益思想包括文化建设还是只涉及工具应用,这一潮流都是确切无疑的。

四 澳大利亚与新西兰精益治理变革实践

21世纪以来,由于各国政府面临的具体治理问题基本趋近,精益政府的理念也越来越受到重视,各种精益工具逐渐被政府部门广泛采用。除美国、英国、加拿大,其他一些国家也或多或少关注到了精益思想对政府的价值,积极进行了本国各级政府的精益化变革,并取得了不错的成效。可以说,作为"新公共管理3.0版"的精益政府,在此前积极推进新公共管理的几个重点国家中都得到了高度关注,在实践中调整了新公共管理的具体理念与工具,转向了以减少政府公共资源浪费、"花得更少、做得更多"为核心的精益变革。澳大利亚与新西兰政府对于精益变革持开放态度,精益变革实践集中于各市政府,虽未提出明确的精益治理理念,但墨尔本市政府精益治理变革与奥克兰市政府 BID 项目的推行都取得了不错的成效。

(一) 澳大利亚墨尔本市政府精益治理变革

自墨尔本市首席执行官(CEO)凯西·亚历山大于 2008 年上任开始,市政府便着手组织精益团队,聘任精益团队领导者,在大大小小需要改进的政府公共服务项目上"谨慎地"开展精益变革。墨尔本自 2009 年起正式推进政府的精益变革,在之后的几年内,市政府 30 个部门都开始接受精益思想,并用精益理念和工具改造政府,以向社会提供"更优质、更快捷、更便宜、更易得"的公共服务。比如,由于公众大量的投诉意见,墨尔本市政府选择将"停车计时器失灵"问题作为精益变革的开端,通过绘制和追踪停车计时器相关的流程,经过近 8 个月时间的精益改善,停车计时器报修数下降了 30%,等同于节约了一个政府雇员的人力成本,并获得了 800000 美元的回报。其他政务流程改善也取得了类似成绩,特别在节约政府工作时间、人力成本和公众服务"增值"方面有显著成效。

具体而言,精益政府需要随时发现问题并推进项目改善,墨尔本市政府将"墨尔本客户电话服务中心"(the City of Melbourne's Customer Call Centre)视为政府"识别问题""发现浪费"的"看板",任何关键改善项目都出自该中心。在识别问题并确定精益项目之后,便开始践行现场走动管理(Gemba Walk),深入浪费问题产生或项目改善的现场,通过"关键客户"的识别,对此项公共服务每一环节是否"增值"、是否存在"浪费"现象进行确认,必要时进行严谨的成本效益分析,提出解决方案。根据詹姆斯·P. 沃麦克的建议,墨尔本市政府在精益变革中非常重视可视化管理,认为可视化管理符合"知识大众化"

趋势，能够为政府培养更多精益雇员和公务员。通过各种可视化管理工具的推广，墨尔本市政府精益项目很容易得到来自基层雇员、公务员队伍的智慧支持，改善活动也更为科学有效。

2014年，墨尔本市政府精益变革的重点转为"组织精益能力建设"（Building Lean Capability across the Organization），在推进各公共服务项目精益化的同时，重点推进政府公务员、雇员队伍的精益培训。据2014年粗略统计，墨尔本市政府超过一半的工作人员完成了基本的精益培训，超过100人得到了在实践中进一步学习的机会——包括寻找工作现场和流程的改善机会或解决困扰公众与政府的具体问题。[1] 不过，墨尔本市政府在《墨尔本市委员会2013—2017规划》（*Melbourne City Council: Council Plan 2013 - 2017*）中并未大篇幅涉及精益思想与精益政府，仅在"目标7：良好的资源管理"（"Goal 7: Resources are Managed Well"）小节中提到市政服务领域应当践行精益思想，采用"精益思想"以为客户推动更好、更快、更价廉、更方便的服务，[2] 在"人力资源"小节中提到市政府应用精益思想来应对挑战，在增加雇用人力规模之前，聚焦于理解和改善公共服务供给流程的质量和生产率。[3] 可见，墨尔本市政府并未就"精益治理"提出明确倡议和计划，仅仅将精益思想作为其改善公共服务供给质量与效率的手段，借以实现"花得更少、做得更多"的治理目标。

（二）新西兰奥克兰市政府的营商改善区项目与精益治理

新西兰政府并未明确引入"精益"的概念，但在营商环境的营造中高度重视治理成本问题，通过制度化的政商环境构筑，实现社会整体交易成本的下降，达到"花得更少"的目的。新西兰在营商环境评价排名中常年高居全球第一位，其营商环境改善的重点集中在推进政企伙伴关系更加现代化方面，意在形成各主体紧密合作、相互监督、运行高

---

[1] Kate Jackson, "City of Melbourne Gets Lean and Keen", January 23, 2014, http://www.governmentnews.com.au/2014/01/city-of-melbourne-gets-lean-and-keen.
[2] Melbourne City Council, *Melbourne City Council: Council Plan 2013 - 2017*, 2013, p. 31.
[3] Melbourne City Council, *MelbourneCity Council: Council Plan 2013 - 2017*, 2013, p. 39.

效的整体性城市商业系统。

商业社会的持续发展刺激了人口增长与迁入，人口增加又进一步为商业社会发展带来了挑战与机遇。同时，日益复杂的商业行为为地方政府的协调监管带来了更大的挑战。为此，新西兰奥克兰市于2016年设计了营商改善区（Business Improvement District，BID）政策，"BID项目为参与者提供与商业协会合作的机会，抓住奥克兰市经济发展的机遇"[1]。"BID项目鼓励协作以创造地区繁荣，其所提供的机制使行政自治区委会[2]能够通过协调的方式与位于当地市镇中心和商界（Business Areas）的企业建立联系。"[3] 可以这样理解：该政策实质上意在城市各商业中心形成一种成熟的、在行政自治区委会协调和支持下的营商自组织，这种组织一般包括涉足商业活动的企业和商业协会，在协商的形式下接受行政自治区委会参与、协助与监管。政府将优化营商环境的进一步改革责任外放给营商自组织（商业协会是核心），同时也将名为"目标费用"税收（BID program targeted rate）[4] 的一部分以拨款形式发放给商业协会，用于改善对应BID项目区域的营商环境。营商改善区政策的目的是"改善物质环境，促进地区商业吸引力、稳定性和发展，进而增加区域内的就业和商业投资。政策方案还涉及明确和强化地方独特性以使其成为区域发展的重要部分"[5]。具体而言，BID政策包括以下内容。

1. 战略计划

以协商一致的原则，平等认知各主体的战略目标，在协商中寻求共

---

[1] Auckland Council, *Business Improvement District (BID) Policy (2016)*, June, 2016, part 1, p.4.

[2] 奥克兰市分为21个行政自治区（local board），每个行政自治区依照本区域商业情况设置一个或多个BID区域。

[3] Auckland Council, *Business Improvement District (BID) Policy (2016)*, June, 2016, part 1, p.4.

[4] BID program targeted rate 由两部分组成：一部分为区域内各商户企业所缴纳的定额税收，该部分资金最终被政府以财政拨款形式发放给商业协会，名为定向差饷补助金（targeted rate grant）；另一部分则为商品及服务税（Goods And Service Tax，GST），由政府留存。

[5] Auckland Council, *Emergency Budget 2020/2021*, July 30, 2020, p.96.

识，形成一致的"战略域"。尤其是要在行政自治区委会和负责 BID 项目推进的商业协会之间形成良好的沟通，构建制度性的战略伙伴关系（图 4-13）。

BID项目战略计划

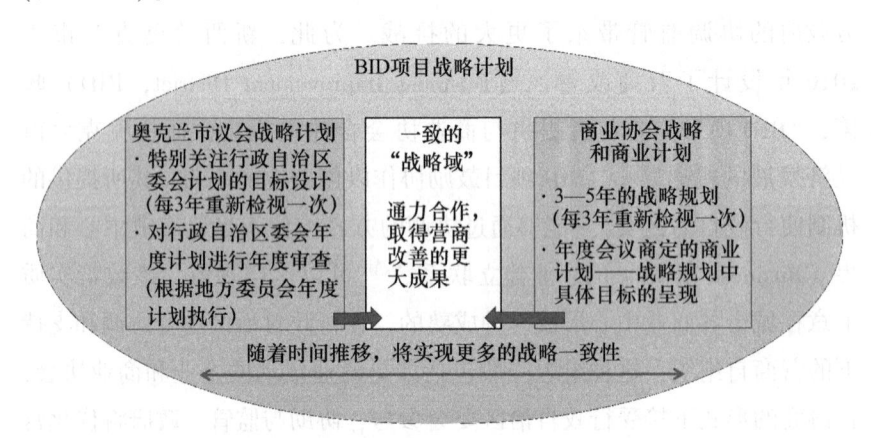

奥克兰市议会战略计划
· 特别关注行政自治区委会计划的目标设计（每3年重新检视一次）
· 对行政自治区委会年度计划进行年度审查（根据地方委员会年度计划执行）

一致的"战略域"
通力合作，取得营商改善的更大成果

商业协会战略和商业计划
· 3—5年的战略规划（每3年重新检视一次）
· 年度会议商定的商业计划——战略规划中具体目标的呈现

随着时间推移，将实现更多的战略一致性

图 4-13　BID 项目战略计划的实现过程

资料来源：*Business Improvement District Policy*（2016）.

2. 营商改善项目

一是与城市各行政自治区委会（Local Boards）、市议会（Auckland Council）、市议会监督下的公共事业组织（Council-Controlled Organisations）合作进行场地管理；二是 B2B 事务与网络化工作，包括企业论坛、业务培训与发展项目、活动工具的供给等；三是商业吸引计划，包括提高商业区域吸引力，以及提高企业协作、商业活力和自生能力；四是市场推广项目，包括线上推广、目标受众推广、会员业务、品牌开发等；五是战略规划，即在城市经济发展中寻找机遇；六是利益相关者和伙伴关系的发展；七是宣传项目，即就规划、政策、倡议，协调向各级政府部门提交意见；八是安全，即预防区域社会治安犯罪，消除区域安全负面形象；九是治理，即确保 BID 项目、商业协会管理的持续卓越。

3. BID 政策项目的关键要素

一是有效的治理，即对于 BID 目标实现至关重要的商业协会，其职责包括制定 BID 战略方向、责任报告、设计并实现可衡量的 KPI、确定

BID项目管理的有效性等;二是良好的管理,即单个 BID 项目的具体管理实施者、企业管理顾问等相关机构履行好自身职责,以确保商业协会战略计划和商业计划的实施;三是充足的资源,即达成 BID 政策项目目标所有可以合法利用的资源;四是伙伴关系,即要求 BID 项目相关主体应当与行政自治区委会和政府行政机构保持密切合作,而非排斥政府引导。

设计 BID 政策实施和具体项目运行的主体包括四方:城市各行政自治区委会(local board);市议会(council);商业协会(business association);会员企业(business sectors)。此四方构成了 BID 政策项目运行的基本结构。图 4-14 呈现了奥克兰市 BID 政策实施中四方主体的

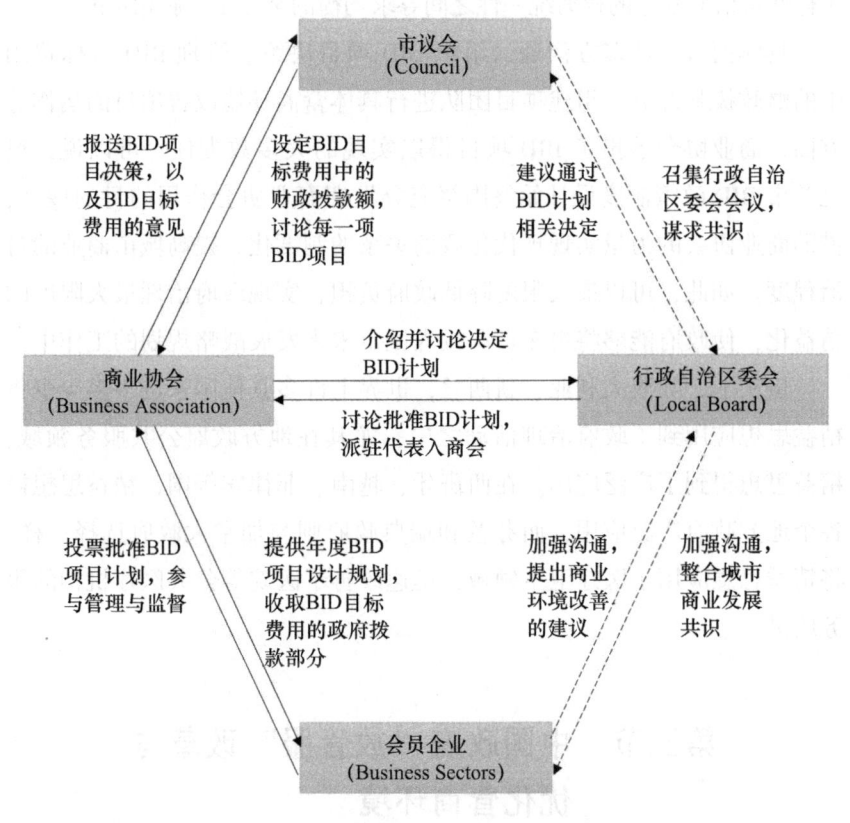

图 4-14 BID 政策项目运行的"钻石结构"

资料来源:笔者整理。

基本协作关系。其中，商业协会是 BID 的核心主体，政策明文要求其与市议会、所属行政自治区委会、覆盖的会员企业之间形成明确的制度性关系，负责收集会员企业对区域营商改善的意见和共识，向市议会报送目标费用方案，并且与行政自治区委会合作进行最终的项目决策；行政自治区委会与市议会、会员企业之间在 BID 政策出台之前已形成的制度性关系，在 BID 政策实施中并无重要变化。可见，奥克兰市为发展更加现代化政企伙伴关系的 BID 政策设计，重点在于通过发挥商业协会的沟通与"缓冲"作用，强化城市权力部门与商业部门的平等协作伙伴关系，并推进关系制度化，这与西方国家长期以来力求在平等自由的市场多样性与信仰秩序的权力统一性之间寻求均衡的努力是一脉相承的。

具体而言，从多方沟通、组织 BID 项目决策、管理 BID 目标费用中的财政拨款部分、组建项目团队进行具体营商环境改善项目的运作等方面，商业协会承担了 BID 项目得以实现的大多数责任。可以说，奥克兰市 BID 政策制度设计始终围绕充分发挥商业协会作用的目的展开，借助商业协会的力量实现现代化政商关系的制度化，提高城市商业的自治程度。如此，可以最大限度降低政府负担，实现政府治理最大限度的精益化，使政府能够将更多资源投入城市未来发展战略规划的工作中。

事实上，除澳大利亚、新西兰，世界上许多其他国家也多多少少将精益思想应用到了政府治理活动之中，尤其在地方政府公共服务领域，精益思想得到了广泛应用。在西班牙、越南、菲律宾等国，精益思想被各个地方政府广泛应用，而芬兰和瑞典政府则与加拿大政府选择一样，将精益思想应用于医疗卫生领域，迅速改善了医院等公共医疗机构的服务质量。

第三节 中国政府"放管服"改革与优化营商环境

面对行政成本居高不下、公共需求多元化趋势等现实问题，近十余年来中国政府也对治理思维与模式进行了卓有成效的改革。这些改革虽未冠以"精益政府"的称谓，但实质上与精益政府理念并无二致，改革逻辑也基本相近。各地政府的改革基本上循着"简政放权""放管结合""优化服务"的大方向进行具体创新，简化政务流程、降低行政成本、剪除拖累社会经济发展的冗余政务，正面地、直接地、有效地回应社会公共需求。从政府精益化变革的角度出发，具体选择探讨比较 J 市与 Y 市优化营商环境相关改革历程，呈现中国政府精益治理变革的具体案例、独到之处，并进一步展望未来。

一 "放管服"改革与优化营商环境中的精益治理变革

现代政府的治理能力主要体现在日常回应经济社会需要的各个方面，包括提供必要的公共服务，以及设计和运行良好的公共管理制度体系。"放管服"改革即通过政府组织内部的架构职能调整，规范政府与社会、政府与市场的权责边界，实现政府治理的现代化；"优化营商环境"则聚焦于政府与企业的制度关系，通过调整相关制度规范与政府权力运行标准，实现对企业营商的制度"赋能"。"作为地方（地区）而言，……如果公司需要各种各样的能力，那么地方就必须变成能力的来源。"[①] 所以，政府治理与公共服务必须有能力向企业提供各种必要的支持，以"赋能"的能力作为判断现代政府治理的一个重要指标。如此，对于判断中国各地方政府治理能力的重要标准，在李克强任总理的十年间，"放管服"改革与优化营商环境贯穿始终。

2013—2023 年，中国政府"放管服"改革与优化营商环境的进程均是沿着"地方试点—中央推广"的模式展开的，因此各地政府在较为宽松的改革环境下尝试了多种多样的改革创新。精益变革便是其中重要的创新思路之一。

[①] ［美］约翰·齐斯曼：《政府、市场与增长——金融体系与产业变迁的政治》，刘娟凤、刘骥译，吉林出版集团有限责任公司 2009 年版，"中文版序言"第 12 页。

（一）精益哲学在具体改革中的体现

自 2013 年以来，中国经济开始进入"新常态"，中国政府的治理模式便逐渐从"扩张型"转向了"稳健型"。无论是通过财政金融政策化解 2008 年四万亿元财政刺激方案的"后遗症"，以及地方政府债务问题（图 4-15），还是政府自身改革强调"刀刃向内""删繁除弊"，稳健型的治理模式都是十年来中国政府改革的总基调。其中，"化繁为简"、打通公共服务"价值流"的改革逻辑彰显无遗，对于各种浪费的强调也随着改革深入而愈加细致。通过建立各级政府"负面清单""责任清单""权力清单"，基本明晰了政府面对经济社会所能提供、所必须提供的服务范围，为"在对的时间、对的地点，以对的方式，向正确的行政相对人提供正确的公共服务"扫清了制度障碍。另如，在新冠疫情暴发后，政府"过紧日子"的要求便迅速贯彻展开，李克强曾在 2022 年 3 月 11 日十三届全国人大五次会议闭幕会上指出："地方政府要当'铁公鸡'，不该花的钱一分也不能花，该给市场主体的钱一分

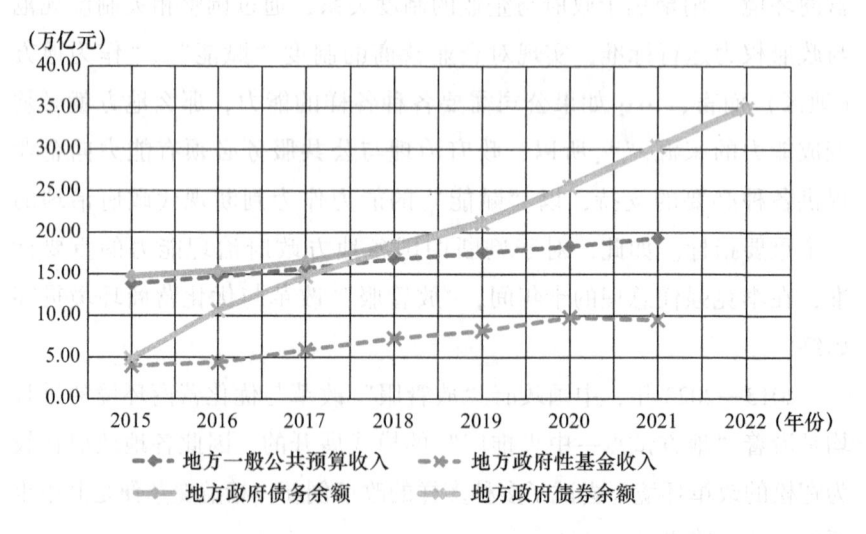

图 4-15　近年中国地方政府债务与收入的比较

资料来源：中华人民共和国财政部。

都不能少。"① 可以说，中国政府十年来的各项改革，都蕴含着精益哲学思维。如对这十年来中国政府改革实践进行理论总结，精益哲学是最具说服力的理论体系。

（二）精益工具对政务流程的再造

这十年，是中国步入成熟信息时代的十年，也是中国政府治理技术工具体系跃进的十年。技术的进步为政府治理的变迁提供了新的可能，政务大数据逐步建构成熟，全国政务服务的整体化、平台化、智能化都与十年前相比取得了重大进展。截至2023年，"放管服"改革已从地方政府分别试点、推进地方政务数字化，演进到要求打通"全国一张网"的阶段，而这种政务数字化大跨步进化的基础在于每一件公共服务事项的流程再造。地方政府从厘清"三张清单"开始，依据"优化服务"的要求，对各项政务进行"串联改并联"、压减办事时长、人工服务改线上平台服务甚至智能无人化服务的改革。其中对于政务流程的再造便是基于对政务价值的探讨，重新绘制"价值流图"，而压减办事时长的种种办法，也出自精益服务工具箱。通过各地政府十年来对细节的改善，中国政府整体政务流程的科学化、人性化程度已堪称领先世界，远远超过英美"盎格鲁-撒克逊"国家政府的政务流程，更在技术上领先日本整整一代。

二 中国政府精益治理模式与传统政府模式比较

在近年来中国各地政府行政审批改革、优化营商环境的过程中，以是否成立全责集中的行政审批局为标志，可以明确区分出精益治理与集中审批两种改革模式。其中，集中审批较精益治理更为传统，体现了传统政府治理的基本特点：强调权力自上而下的科层控制、"合并职能同类项"的部门架构调整等。精益治理则更突出了精益思维在政府改革中的运用，凸显了技术上"小修小补"、治理"精明化"、成本最小化

---

① 新华社中央新闻采访中心编：《2022 全国两会记者会实录》，人民出版社 2022 年版，第 8 页。

等基本特质。具体案例选择方面,广东省 J 市法人一门式改革的案例,体现了中国国家治理现代化、地方政府公共服务供给均等化和同质化的努力,突出了精益治理模式在具体治理领域的应用与成熟度。而与宁夏回族自治区 Y 市行政审批局改革作比较,可以厘清精益治理模式与传统政府模式的区别,以及未来"趋同"的发展方向。

（一）集中审批模式与精益治理模式

集中审批,即采取机构调整成立行政审批局的改革模式,"集中审批"的内涵:"其一,……即全部行政许可权集中到某一部门数量上的多寡。其二,指实施集中审批的过程中,集中审批部门与原职能部门的关系。"[①] 所谓"集中审批部门与原职能部门的关系",即行政审批局在某一审批事项上是否独立完成审批,抑或依赖原部门专业技术基础上部分独立完成。集中审批模式的核心在于通过政府组织内部调整——机构改革来带动行政审批优化,实现政府组织的内部协调,维持本身的平衡,这在 Y 市行政审批局改革中得以完全体现,因此围绕 Y 市的改革,本节将其定义为集中审批模式。精益治理,即采取精益管理思想的行政审批改革模式,强调改革的成本最小化,在不对现有体制架构进行根本变革的前提下,通过技术方面的升级,以及主要利益结构问题的搁置,达到改革的基本目标。

可以说,"集中审批"即行政审批改革的偏"制度路径","精益治理"即行政审批改革的偏"技术路径"。制度变迁与技术进步是经济社会发展的"双引擎"。马克思主义强调了"生产方式的变化（技术变迁）与生产关系的变化（制度变迁）之间的辩证关系,但他相信前者提供了社会组织变迁的更为动态的力量"[②]。制度经济学进一步发展了这一理论,认为经济社会发展的根本因素是制度,"技术创新能使我们较容易地降低交易费用,正如它能导致降低转型成本一样。同样,制度

[①] 方宁:《相对集中行政许可权试点实践探析》,《中国行政管理》2018 年第 12 期。
[②] [美] 罗纳德·H. 科斯等著:《财产权利与制度变迁——产权学派与新制度学派译文集》,刘守英等译,格致出版社、上海三联书店、上海人民出版社 1994 年版,第 329—330 页。

变迁也会降低交易费用，或降低转型成本"①。内生增长理论学者罗默则认为技术进步是更为主要的动力，"内生增长理论认为实现经济持续增长的决定性因素是内生化的技术进步"②，因此内生化的技术进步根本上推进着社会变迁。而在当前，以纳尔逊为代表的众多学者则"支持制度与技术协同演化共同决定经济增长"③ 和社会变迁，如 V. W. 拉坦指出："导致技术变迁的新知识的产生是制度发展过程的结果，技术变迁反过来又代表了一个对制度变迁需求的有力来源。"④ 这说明，制度变迁与技术进步往往相互交叠发生，且在实践中总是趋向于"收敛"。以下案例所比较讨论的两种地方行政审批改革模式——以"集中审批"为代表的"制度路径"与以"精益治理"为代表的"技术路径"的分立可完全定义近年来中国各地"放管服"改革与优化营商环境的探索实践。

（二）J 市与 Y 市审批改革的基本情况

从两地改革的比较中来看，改革起步时点相近，但在其他改革逻辑、历程、方法、成本、效果和问题困境方面都特点迥异，可谓从初始条件导致的路径方向不同的前提下，改革整体模式走了两条完全不同的路径。具体而言，Y 市行政审批局以集中审批为基本改革路径，2014 年年末成立之时将 26 个政府部门的行政审批相关职权剥离，100 多个科室 156 项行政审批事项职责划归，由 60 余名行政审批局的公务人员负责，人员减少 90%，实现了"一枚公章管审批"；J 市法人一门式改革于 2015 年年初开启，改革覆盖面由小到大，逐步完成了对 19 个部门涉企审批事项的跨部门融合，提升了审批效率和服务质量。

---

① [美] 道格拉斯·C. 诺思：《制度、制度变迁与经济绩效》，杭行译，韦森译审，格致出版社、上海三联书店、上海人民出版社 2008 年版，第 31 页。

② Romer, P. M., "Increasing Returns and Long-run Growth", *Journal of Political Economy*, Vol. 94, No. 5, 1986, pp. 1002-1037.

③ 李志强、陈泽珅：《制度变迁与技术进步对中国经济增长的影响》，《经济与管理研究》2015 年第 12 期。

④ [美] 罗纳德·H. 科斯等著：《财产权利与制度变迁——产权学派与新制度学派译文集》，刘守英等译，格致出版社、上海三联书店、上海人民出版社 1994 年版，第 327 页。

1. 改革逻辑

首先，思维逻辑。Y市行政审批局改革并不直接针对行政审批和服务的价值问题，通过分开审批权与管理权，使部门监管服务职责更加专业化，来进行集中审批探索。这种问题解决思维是"旁敲侧击"式的，即通过机构改革来尽可能影响问题发生的制度环境，而非直接去解决问题。J市法人一门式改革以精益治理思维指导，直接针对每一个细节问题，由小至大进行改善，"单刀直入"弥补现实缺陷。其次，行为逻辑。对于集中审批模式而言，机构改革是解决问题的机遇，也是改革的切入点。Y市行政审批局改革借助两次"机构改革年"的机遇，相对更加直接和急进地推进了政府部门体制架构改革。对于精益治理模式而言，机构改革并不属于"机遇"，J市法人一门式改革直接针对问题，通过一个一个细节问题的解决来渐进推进改革（表4-6）。

表4-6　　　　　　　两种改革模式基本逻辑比较

模式	思维逻辑	行为逻辑	特质
集中审批	渐进性解决问题的逻辑思维；回避问题"旁敲侧击"的思维	急进地推进体制架构改革	迂回式的急进变革
精益治理	直接性解决问题的逻辑思维；直面问题"单刀直入"的思维	渐进地推进管理服务改善	直接式的渐进改善

资料来源：笔者整理。

2. 改革历程

首先，改革动力。机构改革的动力根本上来自变化中的经济社会发展需求，而中层、基层政府机构的改革动力则直接来源于上级政府的改革意志，这是官僚科层体制使然。Y市行政审批局借机构改革东风推进行政审批改革，直接动力来源于上级政府的动议和支持，成为上级政府"自我革命"的重要形式，而对于机构改革的评价只能从改革后行政审批是否做出成绩来判断，因此这种集中审批模式的改革动力仍然来自上级政府。J市法人一门式改革则更多出于社会直接需求而对逐个问题进行改善，一定程度上更能够得到行政相对人的理解与支持。其次，改革目标。二者均是在宏观愿景下推进的具体改革，但具体目标略有不同。Y市行政审批局改革依据上级统一布置的行政审批改革任务进行具体目标的设计，在已有探索中更多地以行政审批"耗时降低""减少环节"等作为关键指标，与其他地方审批相关部门进行"竞赛"，提出"企业开办一日办结""秒办"等具体目标。J市法人一门式改革则围绕精益管理理念进行具体细节改善目标设计，包括标准化、可视化、流程化、精益治理持续化等，具有明显的现代管理特征。最后，改革路径。Y市行政审批局经历了三轮改革：第一轮改革（2014年12月至2017年7月），以整合审批权为目标，七轮"瘦身"后减少申请材料1508个、表格291个，剔除填写内容3384个，减少审批环节265个，减少办理时限731个。第二轮改革（2017年7月至2018年7月），以优化营商环境为目标，针对"准入易、准营难""项目报批难"问题，取得三大成果："企业开办一日办结，项目报批控制在30个工作日以内，准营事项1+N多证联办。"第三轮改革（2018年8月至今），尚未结束，重点任务："一体式集成审批服务模式""一窗式集成审批服务"等。J市法人一门式改革经历了两个阶段：第一阶段，2015年3月至9月，以"流程"和"现场"的改善为手段，推进"三证合一"，由市场监督管理局牵头，将国税、地税的个体工商户税务登记证业务与工商个体工商户营业执照登记注册业务合并到工商窗口一窗受理、出证；第二阶段，2015年9月至2016年年底，"涉企审批服务一门式"改革，即通过与有涉企审批职责的其他18个部门进行对接，以整合审批服务事项，同时，在多部门沟通融合的基础上，推进事项标准化梳理与平台建设的整合，实现审批服务与平台开发的迭代持续发展。

3. 工具方法

首先，管理模式。Y市行政审批局改革关注点更多放在上级部门与社会的认可上，体现政治学意义上的合理性。例如，通过强有力的政治领导力，对分散在各部门的审批权进行整合；在审批局自我探索改革中，不断内部调适部门结构，将涉企准入准营审批业务按特征调整到两个部门，将项目招标前后及建成后审批调整到立项审查处、施工许可处、勘查验收处三个部门；采取集中式服务模式，即将审批权力部门整合于行政审批局"市民大厅"；等等。J市法人一门式改革未能得到更多上级支持，故将关注点更多放在社会认同与本部门公务员、雇员队伍的自身发展方面，更多体现管理学意义的合理性。例如，建立几个真正具有从事单件公共服务所有工作所需的全部技能的问题解决小组、精益团队；采取分布式服务模式，除区一级仅有十余个窗口的服务中心站，还依据行政相对方区位因素，在不同街道设置了9个分中心，每个分中心三五个工作人员，可以办理6部门415项业务；为解决排队时间过长问题，从大厅设计到管理均一步到位，采取"一窗式"而非"分功能"受理布局；等等。其次，技术工具。Y市行政审批局改革最主要的技术工具是传统的政府流程再造，即对于所负责的不同审批政务，进行流程内"串并联"整合，目的在于压缩办事时限。J市法人一门式改革则打开了"精益工具箱"（The Lean Toolbox），根据问题选取合适的精益工具进行处理（表4-7）。

表4-7　　　　　　　　两种改革模式工具方法比较

模式	管理模式	技术工具
集中审批	政治领导力； 部门职能调整； 集中式服务； ……	传统政府流程再造； 电子政务平台（外包开发）； ……
精益治理	问题解决小组和精益团队； 分布式服务； ……	精益工具箱（The Lean Toolbox）——精益创业循环（The Lean Startup Cycle）、"影响力—困难度"矩阵、"项目有利条件"矩阵、PDCA-SDCA改善循环、敏捷开发（Agile Development）工程……

资料来源：笔者整理。

4. 改革成本

首先，经济成本。有数据记载的经济成本，可从平台建设投入、服务场地投入等具有可比较性的方面进行对比，而人员成本和行政支出则出于部门级别、地方经济社会发展程度原因而无法比较。举例而言，由于采用空间集中式服务模式，Y市行政审批局改革在场地方面选择新建集中化办公服务场地，斥巨资投入兴建"市民大厅"；在平台开发方面，则采取项目外包方式，一期斥资5000万元，但效果不佳仍需二期投入。J市法人一门式改革则专注于降低各种成本，由于采取分布式服务，现有工商部门分散在街道的场地已足够应对需求，没有任何大兴土木的建设成本；由于平台开发工程依靠政府部门内部技术团队，所以基本开发维护成本低于500万元，且无须"返工大修"，采用敏捷开发办法逐步完善。其次，非经济成本。非经济成本主要包括部门沟通成本、权力运行成本等。Y市行政审批局改革的沟通成本远低于J市法人一门式改革，J市法人一门式改革花费8个月时间与18个相关部门进行了20余次跨部门协调以整合一门式平台，Y市行政审批局改革则借机构改革"东风"大幅降低了沟通成本。不过，集中审批模式沟通协调成本在具体政务运行中依然存在，"审批权力集中的效果受到条块体制限制，尤其是由于行政审批局没有职责同构的对应上级部门，协调成本过高"[①]。从权力运行成本来看，Y市行政审批局改革权力运行成本同样低于J市法人一门式改革，原因在于上级部门强有力的支持以及审批权力集中所带来的"红利"。

5. 改革效果

首先，节约性指标。Y市行政审批局改革重视上级部门任务性指标，并积极参与全国范围"简政放权"的地方政府改革"锦标赛"。除一些硬性指标，J市法人一门式改革更注重涉及成本细节的指标，充分突出了其"向精细处要效益"的管理思维。其次，提升性指标。由于

---

① 丁辉、朱亚鹏：《模式竞争还是竞争模式？——地方行政审批改革创新的比较研究》，《公共行政评论》2017年第4期。

聚焦硬性指标和对细节指标统计的缺失，Y市行政审批局改革"数据沉淀"技术水平不足，"提升性指标"仅关注了"客户满意度"，主要通过网络、现场咨询、办事回访、评价系统等进行综合考评，而J市法人一门式改革除了关注"客户满意度""一线雇员办公满意度"等指标，[①]更加关注改革的电子化程度及其数据沉淀（表4-8）。

6. 问题难点

目前Y市行政审批局改革与J市法人一门式改革均遇到了不同问题难点。从减少浪费来看，集中审批模式在具体实践中依然存在多种浪费现象，如不同事项服务大厅"使用度"不同导致的空间资源浪费、未能绝对意义上的"一窗化"导致不同窗口"劳苦不均"带来的人力资源浪费、改革体现政治性而非管理性导致平台建设等大项投入的资源浪费等。对于审批服务团队核心的公务员个体而言，由于成立了行政审批局，形成了权责庞大的独立政府机构，所以工作任务繁杂不精，中层管理人员大量精力消耗在"文山会海"中。采取精益治理模式的J市法人一门式改革则集中为公务员（即一线雇员）减压，降低其加班率。但从改革整体战略设计来看，拥有上级部门强有力支持的Y市行政审批局改革比J市法人一门式改革更富战略性，整体布局和阶段性推进更有章法，J市法人一门式改革则未能得到足够的上级支持，太过关注细节，组织文化多了些许"匠气"，管理技术细节问题不多，但团队整体战略思维培育不足，随着核心团队的调离，必要技术随人而走，改革出现了一定程度倒退。从2019年开始，随着市领导变动与核心管理团队调离，J市法人一门式改革逐渐改变了全市"分布式"的办事大厅布局，强化了审批职权对现场服务的控制，各部门之间一些深层次的利益矛盾因此暴露激化，市民办事等待时长、服务满意度等成绩均有所倒退，而行政成本的进一步压减也遭遇了挫折。

总之，从基本框架对两种改革模式情况比较来看，面对中央政府的

---

① "一线雇员办公满意度"通过改革是否为其增加了包括如职业生涯发展、知识获得等相关福祉来判断。

第四章　精益治理的案例分析

表4-8　改革效果统计比较（截至2018年年底）

	节约项（减量）					提升项（增量）					
Y市行政审批局改革	企业设立登记		建设项目报批		建设工程验收	办事窗口的公众服务满意度					
	从5.3个工作日降到1.5个工作日→"一日办结"		从109个工作日降到44个工作日		从104个工作日降到16个工作日	从改革前的85%提升到改革后的99.6%					
	节约项（减量）							提升项（增量）			
	审批材料用纸	提交资料精减	企业跑窗口次数	业务办理时长	排队时长①	窗口精简	人员精减	物料流转	档案重复建设投资	平台开发节约	前台人员加班
J市法人一门式改革(2016—2018年年底)	节约约120万张，约120万元②	压减55%	压减80%	节约35.3万个工作日，压减52%	平均35—40分钟→15—20分钟	压减57%	压缩38%	减少80%	压减94%	总费用约500万元，相较采购外包约节约1600万元	每日平均1.5小时→约10分钟（偶尔）
	提升项（增量）										
	主体数据沉淀	档案数据沉淀	一网式主题服务客户端可办理事项	群众满意率	新登记市场主体总数（平均年增长率）					新增注册资本	
	203661份	238321份	787个	100%	38131个（13.8%）					218.75亿元	

资料来源：笔者根据调研资料整理。

① 一门式、一窗化的服务所节约的时间并未分事项明确细致记录，数据为服务大厅排号系统沉淀数据。此外包括微信预约、取号等"绿色通道"为群众实现的时间节约不可估量。
② 按J市每张复印件1元计算。

改革要求，各地的"试点"已形成两种独特的改革路径，这两种路径的基本逻辑和发展变迁迥然不同（表4-9），因此进一步讨论出现这种不同的路径机制对认识事实是具有重要解释力的。

表4-9　　　　　　　两种改革模式基本情况比较

模式	改革思维	核心理念	改革路径	改革动力	工具方法	主要问题
集中审批	调整权力利益关系以影响管理效果	政治目标优先	大规模整合审批权，打破利益结构	相对依赖上级组织的绝对支持①	传统行政改革方法：政治统领的流程再造	1. 细致度不够，颗粒度过大；2. 审管分离，触碰利益格局；3. 设立集中审批权力部门与法律法规的冲突；4. 改革经济成本过大；……
精益治理	从管理的点滴入手但并不触碰禁区	"花得更少、做得更多"	现行部门利益框架下的审批事务递增集约	相对依赖一线人员及行政相对人的绝对支持	企业管理方法：精益管理工具	1. 自上而下的政治支持不足；2. 过度关注经济成本；3. 团队战略思维培育不足；……

资料来源：笔者整理。

（三）路径机制的比较分析

通过J市与Y市的案例情况对比可见，在地域差异极大的前提下，集中审批模式与精益治理模式都是相对"成功"的改革范例。两种不同改革路径的选择是各种因素交织的结果，两种成功推进改革的典型模式由不同的初始状态、不同的发展取向的核心参与者、不同的正式的和非正式的激励制度、不同的社会文化环境促成，其路径选择具有一定必

---

① "绝对支持"存在"支持"的程度问题，对于集中审批模式的Y市行政审批局改革案例，本书认为存在上级组织的绝对的、不遗余力的、不惜成本的支持，而精益治理模式的J市法人一门式改革案例则缺乏这种支持，上级支持停留在一般水平，且存在上级组织与法人一门式改革在平台建设上的竞争情况。

然性和内在规律。

1. 初始条件讨论：政府与社会文化环境

地域性差异决定了初始条件的不同。虽然在整体国家行政制度体系方面并无不同，但具体到不同的政府层级、资源配置、信息传递机制和社会文化环境，客观塑造了不同的初始条件。Y市位于中国北方中西部欠发达地区，改革由市委、市政府直接领导，审批局设置在地级市政府之下，属于处级部门；J市位于中国南方沿海发达地区，法人一门式改革发端于中心区市场监督管理局，属于科级部门。

首先，众所周知，越是靠近基层的政府部门，对社会需求信息获取的成本越低；越是远离基层的部门，对中央政府需求（意图）信息获取的成本越低。所以，信息获取的成本不同导致影响偏好选择的主要信息影响不同，Y市的改革更多从省级政府获取信息，受到中央上级政府意图的主要影响，而J市中心区的市场监督管理局则更易受社会需求信息左右。

其次，不同发展程度地区的人力资本是不平衡的，发达地区政府部门的人力资本更加雄厚。从技术吸收角度来看，越是发达地区，技术扩散成本越低，技术吸收的过程、速度、效果受其市场环境、产业结构、物质资本、人力资本等因素影响，发达地区更具优势，所以J市中心区市场监督管理局在吸收先进管理、信息等技术方面更便捷，相关技术人员能力远高于欠发达的Y市政府部门。

再次，从改革的牵头部门来看，J市中心区市场监督管理局较Y市市委、市政府更为专业化、"技术流"，牵头部门不同的专业背景和组织文化进一步强化了整个改革的路径选择。

最后，经济的欠发达导致可供选择的职业道路的相对"匮乏"，加之家族文化强度不一致，家族文化强、家族资源集聚、家族支持和抗风险能力强的地区的人们在面临重大选择时有更高的博弈空间，对于决策选择、谈判博弈的风险承受力也更强。相较而言J市所在地区在此方面更有优势，改革中更多以自身偏好进行决策而非更多依赖上级政府的肯定。

总之，不同层级政府在改革"竞赛"中的"跑道"是不同的，而对于"跑道"的偏好选择即是一种路径选择。正是由于各种初始条件的不同，改革的路径选择呈现出了不同偏好和决策。Y市政府因此选择了集中审批的典型"制度路径"，以自身架构调整回避技术短板；J市中心区市场监督管理局则选择了精益治理的典型"技术路径"，发挥自身技术能力，充分利用技术资源以达成改革目的。

2. 政治发展取向与业务发展取向的改革团队

西方行政学将政府相关职员分类为"政务官"与"事务官（或业务官）"。这种基本分类在中国并不成熟，中国政府公务员队伍实质上并未将"政务官"与"事务官"明确区分，实际中"政务"与"事务"职位的相互调换比较常见。在初入政府组织时往往承担所谓"事务"职责，而一旦脱颖而出则有机会晋升至"政务"职位。虽然如此，但事实上中国公务员队伍存在着两种可以划分清晰的群体——"政治发展取向"公务员和"业务发展取向"公务员。这种区分凸显了个体主观自由选择的机制，是业已形成的对自我人生的定位，并非可为公务员相关制度所影响。从案例分析中可见，Y市集中审批改革受到高度政治发展取向的改革团队影响，走上了改革的"制度路径"，J市的精益治理则受到典型的业务发展取向的改革团队的影响，选择了"技术路径"。[①]"政治发展取向"和"业务发展取向"的判断决定了两条改革路径中团队不同的偏好选择。"政治发展取向"的Y市集中审批改革更多由政府主导，体现上级政府意志和政策导向；"业务发展取向"的J市精益治理则更偏好于满足市场、社会的需求。

3. 两套迥异的激励机制：政绩竞争与技术优势

"竞赛"中的"跑道"实质上是一种激励。"跑道"不同，自然

---

① 调研中，有两点发现可佐证这一区分：1. Y市审批局领导换了三任，换任后得到晋升，而J市主要负责领导则在改革后选择了提前退休；2. Y市审批局的改革措施以所在省市的具体布置推进，而J市虽与所在市的战略方向相符合，但在细节的平台建设、改善要点等方面均与省市的改革指导有所不同，改革中也出现了来自"政治发展取向"的某些上级领导的反对压力。

"激励"机制也迥异。除去财政、政策方面基本一致的激励机制,"政治发展取向"和"业务发展取向"的判断还决定了两条改革路径中存在的两套完全迥异的激励机制。

一种是"政治发展取向"所持有的以"政绩竞争"为主的激励机制。"政绩竞争"即改革努力服务于政绩提升,在官僚晋升通道中"脱颖而出"。这种激励机制可以解释 Y 市集中审批模式的行为决策。比如,通过政治权力迅速打破原有部门间壁垒,整合多部门资源以推进改革;三任审批局局长在改革框架下提出全新"口号"目标,为改革贴上个人"标签";对改革成效不计成本的财政投入、人力资本投入,基本回避改革过程中的成本核算;积极寻求成果宣传途径,通过上级政府积极推进技术扩散,而非在封闭环境独自保有成果(包括技术)。

另一种是"业务发展取向"所持有的以"技术优势"为主的激励机制。"技术优势"激励即追求技术的不可替代性,类似一种"匠人精神"的价值取向——精益求精且"难以复制"的专业技术。这种激励机制可以解释 J 市精益治理模式改革的行为决策。比如,中心区的改革技术(平台建设)优于市级政府的相关技术,但技术向上级政府部门的扩散却难上加难,"匠人"的荣誉压过了服从上级的义务;对自身技术不可替代性的"自信",对业务荣誉的笃定;相关环境条件所致决策风险压低,"功成之日"核心团队离岗调岗的行为;对技术扩散、技术转让的"有偿化"[①] 认知,导致"技术随人走",影响改革发展,出现了一定倒退。

4. 团队谈判能力差异与改革的发展变迁

一方面,涉及机构改革的政府自身改革,由于依靠政治权力迅速解决了部门利益的博弈,整合了审批大部门,所以执行改革团队的谈判实际仅存在于与上级政府和社会市场需求之间的两个场域。而在经济下行压力加大,政治上高度"人民性"的中央政府改革决策与社会市场需求求得最大"共识"后,面对来自上下的两个同质性压力,"政治发展

---

① 并不单指金钱报偿。

取向"改革团队的主要博弈场聚焦于与上级政府的谈判。也就是说，在上级政府的"激励—惩戒"机制下，既没有改革所需技术储备，又效率低下且不想放弃利益的部门，依靠自上而下的政治力量推进机构改革和行政审批改革，是合理的选择。该选择服从政治权力支持改革，放弃部门利益集中力量降低行政审批成本，换取财政支持和政绩亮点，力争在"竞赛"中率先"达线"。所以，在改革发展变迁中，"政治发展取向"的集中审批模式改革首先成立权责统一的审批局，同时严格依照上级要求和其他地方政府改革的竞争激励，推进着一个一个反映政绩意图的改革目标。虽然改革本身也是官员的政绩"跳板"，但其确实取得了重大成效，补齐了技术短板。

另一方面，"业务发展取向"将技术的不可替代性作为在各种谈判场域的核心"筹码"。拥有改革推进必要技术的政府部门，在改革初期对于让渡审批权（部门利益）并不热衷，而那些初期没有必要技术储备的政府部门，则需要另谋出路（机构整合），以达成改革目标。由于没有涉及机构改革，没有让渡审批权，没有触碰部门利益，因此如何将分散于各部门的审批事项依照社会市场需求"物理整合""化学整合"在一起以降低成本，成为博弈的关键点。博弈的双方聚焦于牵头部门——J市中心区市场监督管理局与相关18个其他部门之间。市场监督管理局利用对审批改革的理解、相关具体的先进的电子政务技术、上级政府对相关18个部门的改革压力，使相关部门达成合作共识，不触碰审批权力的基础上也为监管责任的明晰提供了条件。其后，改革推进达成成效，"标准化"问题（即改革成果固化）成为谈判的又一焦点。"标准"不只是一种评价、一种激励，也是成为可以扩散推广的开端。在诸多以"政治发展取向"推进的"集中审批模式"改革之中，"业务发展取向"注重成本的改革标准略显格格不入，关注成本的指标扩散则可能严重制约本轮改革"后进"地区的"集中审批"实践，同时提高技术扩散成本，这是J市精益治理模式的现实问题。

5. 制度路径与技术路径的"殊途同归"

在各地改革"试点"持续四到五年后,会出现相对较为成功的案例,同时相关技术的成熟也使其到了"学习""扩散"的时机。从改革发展来看,制度路径重点在于从零做起完成满足需求的技术积累,技术路径则重点在于使已有的技术"扩散"至政府内部,并不断磨合以降低技术应用成本。技术的革新运用一般很难出现"倒退",无论追求"技术形成"的制度路径还是"技术扩散"的技术路径,在技术相对业已成熟的时刻,将呈现出朝着中央政府改革大方向的"收敛"(Convergence),即一种"殊途同归"的现象。正是这种"殊途同归",让技术落后地区依靠权力和资源投入弥补了关键技术缺陷,而发达地区也向着更加成本节约、精细化的服务方向探索,为其他地区积累精益管理经验,因此行政审批这种公共服务得以在条件迥异的不同地区实现相对的均等化、同质化。

环境的"参数"以及相关的"知识"会影响决策者的行为计划。从"三张清单",到"放管服"改革,再到如今"优化营商环境",中央政府每迈出一步"逻辑贯通"的改革步骤,对地方改革相关部门的行为决策调整都具有决定性影响。"优化营商环境",实质上聚焦了改革的目标,但扩大了改革覆盖面,从仅涉及政府自身审批、监管、服务职能,到必须由政府助推一切与营商环境相关的内外部变量的变迁。同时,"优化营商环境"带来了一个新的特殊环境信息——营商环境指标体系。[1] 其所带来的新的激励机制——偏向追求技术路径的专家评价——与"旧有"的激励机制挂钩,尤其与政治发展取向的Y市集中审批改革"政绩竞争"机制挂钩,将改革行为推向技术路径。在机构改革大幅度降低部门间交易成本和改革难度的前提下,随着新部门的"捏合",在不断推进相关部门高度关注上级部门所要求的"质量"[2]

---

[1] 以世界银行《全球营商环境报告》中营商环境排名对改革激励机制的影响为甚。

[2] 虽然表面评价指标依然均体现降低行政成本方面,但相关部门实质上关注的是上级政府的意图,这种意图有多少程度得以实现就体现为"改革的质量"。

的改革，政府行政进而借助架构集中化的政治力量不计成本地迅速弥合着与发达地区的技术鸿沟；当进一步改革的基本技术条件满足之后，即技术相对成熟之时，改革开始向精细处——技术迭代推进，这也是技术路径的必由方向。可以预测，本轮行政审批改革所呈现的两种路径，在未来将呈"趋同"之势，尤其当通过政治权力或市场交易的任何形式促进相关技术跨区域扩散，这种行政审批方面的均等化、同质化趋势将更加明显。

综上，两地不同政府部门践行中央政府要求的本轮行政审批改革选择了两种迥异的路径并均取得了不错成绩，其改革路径决策具有一定必然性（图4-16）。当然，随着改革继续推进和两种路径、两种模式"趋同"的越发显现，中央政府的整体意图将得以实现，各地区行政审批将呈现均等化、同质化趋势，社会、市场的需求也在此过程中得到最大满足。

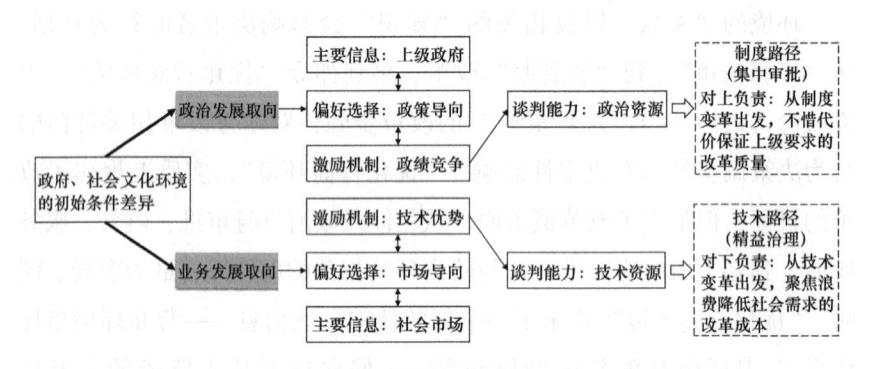

图4-16 两种改革路径/模式的机制比较

资料来源：笔者自制。

三 新时代中国政府改革的精益化趋势

从近十年的中国政府改革实践来看，中国政府治理的精益化变革实质上已然展开，并且取得了令人鼓舞的成就。虽然受到新冠疫情的影响，政府自身的改革步伐在2020年之后有所放缓，但随着疫情结束，经济社会逐渐恢复正常运转，沿着深化"放管服"改革的路线，继续推进优化营商环境,实质上进一步推进政府治理的精益化变革,是没有"回头路"的大趋势。在此大趋势下,结合国外精益治理变革的经验教训,以及中国各级政府精益治理变革的路径依赖,可以预测,以下一些具体的关键趋势,将影响中国政府治理现代化的未来。

(一)"政务官"与"业务官"的矛盾锐化

中国的公务员管理制度并未似西方传统那般严格区分"政务官"与"业务官",但2018年修订的《中华人民共和国公务员法》明确规定实行公务员职位分类制度,按照职位性质、特点和管理需要,分类为"综合管理类""专业技术类""行政执法类"等。据此可见,政府公务员客观上存在类别差异的事实,而主观上也存在个体人生与职业追求的差异性事实,因此沿着"政务官"与"业务官"、"政治发展取向"与"业务发展取向"的大致分类进行理论上的逻辑思辨,是有道理的。

在现实案例和理论推演中,"政务官"与"业务官"、"政治发展取向"与"业务发展取向"的公务员之间确实存在一定的矛盾,而且在政府治理精益变革推向深层的当前,此种矛盾只会越来越尖锐。其原因有三。首先,政府治理精益化变革是以管理技术现代化拉动的政府职能改革,当然,在改革过程中也存在政府架构调整的可能性与必要性。因此,掌握一线"现场"管理工具与方法的"业务官"的地位得到重视,对变革的话语权也得到提升,这势必影响与"政务官"之间的关系。其次,朝着管理技术方法不断精进的"业务发展取向"公务员对于"政治发展取向"公务员职业取向的理解将更加困难,二者之间的合作在改革中存在更高的交易成本。通俗来说,"做事"与"做人"两种人生价值取向之间存在显然的张力,如何弥合两种价值取向的隔阂将成为未来精益治理变革最为重要的制度文化问题。最后,随着现实技术问题的逐一解决,政府自身的改革更进一步走向"深水区",制度问题会暴露出来,如此一来,"政务官"的价值便更加凸显出来。但客观上讲,中国政府的"政务官"与"政治发展取向"的公务员在人员素质方面存在短板,对于政府未来发展方向的理解也有所欠缺,这一点也成为本书进一步思考"匠人政府"可能性的源头之一。

（二）技术问题与制度短板的此消彼长

前文已强调，通过十年来"放管服"改革、优化营商环境，中国政府在政务流程科学化、人性化方面已领先世界其他国家，取得成绩所依凭的是技术的进步，包括通信信息技术与精益管理工具方法的应用，但在深层制度变革方面依然是滞后的，其关键原因之一便在于技术的进步帮助中国政府满足了大量的改革需求，解决了大量的现实问题，制度变革方面的急迫性便被"隐去"了。前文也已提出，当政府相关改革步入"深水区"后，通过理论反思与实践试点，制度问题自然会暴露出来，技术的效用也一定会显出其有限性。如此，对制度短板的认知，以及对技术问题的应对，将呈现一个"此消彼长"的动态变化过程，这是未来中国政府治理精益化变革的重要趋势。

具体来说，现阶段新一届政府的重要任务，是在上一届政府"放管服"改革、优化营商环境的成绩基础上，将改革进一步触碰制度问题，即李强总理在2023年多次强调的在"放宽市场准入、促进公平竞争、保护知识产权"等方面，"深化营商环境重点领域改革"，这些方面均涉及中国经济社会的深层制度短板。更关键的，是在对民营企业的支持方面，强调"深入实施新一轮国企改革深化提升行动""优化民营企业发展环境"，通过制度改革促进民营企业与国有企业在公平的营商环境中和谐发展。可见，2013—2023年，通过新技术、新方法的引入，基本实现了全国范围内各地方政府的技术平等，为公共服务"花得更少、做得更多"打下了坚实的技术基础。那么预计2024—2034年，这未来的十年间，重点将是各领域的制度变革。技术与制度变革的"消长"，是中国政府治理精益变革的双重动力。

（三）分布试点与效果整合的同步演进

作为国家治理体系和治理能力现代化中的重要一环，行政审批相关政务的改革变迁，归根结底，核心在于如何在人口众多、幅员辽阔、各地差异如此之大的国家，实现治理的进步，实现公共服务供给的均等化和同质化。这是衡量政府治理精益变革效果的核心标准之一。围绕这个标准，在李克强总理任期内，中国各地政府开展分布试点性质的改革，如Y市与J市各自改革之间存在的显著差异，最大限度依据各地特质展开改革，最终基本完成了"放管服""营商环境"相关政府治理技术手段的均等扩散，以及相关制度的跨区域讨论。分布试点缩小了客观经济社会发展差距对改革成效的影响，事实上缩小了地域技术鸿沟，促进了公共服务供给均等化与同质化。

分布试点的同时，是中央政府同步推动的各地改革效果的整合。基于各地改革实践，无论是否整合于精益治理的理论框架内，近十年来中央政府始终积极调查推广改革经验，以"试点"与"示范点"的激励机制推动改革效果的普及化。从这一点来说，中央政府自上而下的激励与各地政府自下而上的努力是推进中国政府改革与公共服务供给均等化、同质化的两种根本动力。因此，在可见的未来，地方政府将进一步延长各地分布试点期，保持改革"窗口"的开放，同时中央政府同步进行改革效果的整合，从上至下推进公共服务供给的均等化与同质化，是符合正常逻辑的。

小结　精益治理实践的价值与局限

一段时期内，从英美国家（"盎格鲁-撒克逊"国家）政府开始，旨在降低公共服务成本的政府精益变革逐渐在世界范围内推行，精益治理在实践中被更多提及，并持续形成丰富的理论意涵。近年来，中国政府在"放管服"改革与优化营商环境的进程中，处处体现了对精益治理思维的运用，也取得了非常出彩的改革效果，达到了英美国家未曾实现的巨大地域范围内公共服务均等化程度。结合前文所述的精益治理理论、哲学理念、工具系统，以及政府实践中的改革案例，可见近几十年精益治理的广泛展开具有高度的现实价值与理论价值。不过，精益治理在实践中也体现出其无法回避的局限性,这些局限性是新的更具时代适应性的治理模式创新的动力,也为本书下篇提出"匠人政府"假说提供了可能。

一 精益治理变革实践的价值

跳出前文对具体工具与案例的评价,从较为宏观的视野来审视各国政府精益治理变革实践,值得关注的价值有以下两点。

(一) 作为全球范围内政府行政改革的良性竞争

政府治理模式、行政改革是国家之间最重要的竞争领域。对于中国政府而言,加入 WTO 后,中国经济"直接成为经济全球化的一个部分,国际竞争将更加激烈。这种竞争,从表面上看是企业之间的竞争,但其背后是政府管理方式、机制、职能与效率的竞争"①。政府治理模式的竞争分为良性竞争与恶性竞争,在近十年间,竞争环境逐渐从良性向恶性转变,这也是国际范围内国家间竞合日趋激烈化的结果。这种日趋激烈的竞合态势,现实中表现为产业政策的回归、租税竞争的加剧等。如前文所述,面对日趋困难的政府财政问题,政府所能做的改革无非"开源节流",但由于超出国际现有规制边界的"避税天堂"的存在,各国的租税关系早已处于"恶性逐底竞争"状况下,任何具有未来的政府治理改革均不具有可行性。以租税谈判为例,2021 年 7 月,二十国集团财长和央行行长会议就更稳定、更公平的国际税收框架达成协议。同时,二十国集团和经济合作与发展组织发表了《关于解决经济数字化带来的税收挑战的两大支柱解决方案的声明》(Statement on a Two-Pillar Solution to Address the Tax Challenges Arising from the Digitalisation of the Economy),130 多个国家和司法管辖区加入此声明,支持跨国企业利润重新分配、设置全球最低公司税率等措施,并在未来展开更多国家的共同讨论。而此前七国集团 (G7) 曾达成"把全球最低企业税

---

① 李晓西:《中国市场化改革的推进与随思录》,吴敬琏等主编:《中国经济 50 人看三十年——回顾与分析》,中国经济出版社 2008 年版,第 221 页。

率设为15%"的协议，亦是在新冠疫情中政府财政压力日益增加的背景下所做的跨国合作努力。然而，客观地说，要达成国际具有高度约束力的税收标准框架而不至于伤及自由市场的效率，改革之路道阻且长。所以，在国家间政府治理恶性竞争问题日趋严重的当前，政府治理的精益变革路径越发显现其"良性"特质，压抑政府自身多余"欲望"、放利给市场与社会、降低政府行政不必要的浪费等，均不直接涉及他国政策效用与政府的合法性，又能够在十余年间激发各国政府精益变革的动力，是难得的具有"内敛性"的政府治理的良性竞争。

（二）作为工业时代末期"承前启后"的管理模式

毫无疑问，企业精益管理所继承的是自泰罗科学管理、福特生产以来的现代化工业管理经验，政府治理的精益变革便标志着工业文明时代一种有效组织管理模式对最为稳定、最为"僵化"的一类组织的"攻克"。如此说来，精益治理变革源自工业管理，代表着工业文明时代管理科学化的极致成就，也自然而然会随着工业时代的退去而在不远的未来变得不合时宜。但是，不可否认的是，精益治理变革正是作为一种"承前启后"的角色推动着工业文明时代组织管理向着"新时代"转变，这是一种历史性的重要价值。具体而言，精益治理变革让政府与市场、政府与社会的关系进一步演变，政府的责任在经济社会发展的新事物刺激下更加规范。在将企业最先进、最"科学"的管理经验引入政府公共部门的基础上，精益治理变革实质上最大限度地拉平了公共权力部门与社会、市场部门之间的"地位差"，可谓延续了启蒙运动前后开启的现代化进程下社会与市场"崛起"的大潮。但同时，精益治理变革又让政府重新树立了自身的价值，并围绕公共属性提供"正确的"服务，进而不断提高自身合法性与适应性。未来，将政府进一步置于社会之中，或将成为下一步精益治理变革的方向，而这也是开始偏离工业文明时代管理基本逻辑、面向未来经济社会的新起点。技术与制度（文化）的变迁为这种趋势筑牢了基础，经济社会告别工业文明并迎来新的纪元也为这种趋势提供了动力。政府治理的精益变革未来将从

"社会"中寻找灵感。让政府变成"社会"[①] 并融入社会，应是值得探讨的课题。

二 精益治理变革实践的局限

面对全球经济社会新的变化，以及人类意识形态价值观的演变，精益治理的变革实践自然也会暴露出其局限性。这些局限性目前已经开始影响到政府改革的实效，并且在二十余年的实践后出现了深层价值方面的反思。

（一）日本企业环境变化与精益管理的"堕落"

作为精益思想的起源，日本企业管理在近年来遇到了严重的适应性效率问题。传统的"幕藩体制""会社"在市场经济竞争中已显疲态，企业精益管理的合法性、有效性已经受到严重质疑。比如，在精益管理的开放性方面存在一定的先天文化不足，日本"政府和组织化的企业都不愿意因为较大的外国生产商插进来而使它们紧密的工作关系变得复杂"，[②] 而正是这种稳定紧密的工作关系是内部精益管理能够取得实效的关键制度文化环境。总体上，在经历"失去的二十年"之后，日本经济社会发展很有可能将在中国复兴背景下经历下一个"失去的二十年"。无论从社会的整体活力还是市场企业的技术、产品竞争力来看，前半个世纪对中国的"优势"已荡然无存，所谓组织管理经验也在竞争失败的实践中被反复证明已经"堕落"。虽然这种判断非常主观，但是现实的社会思潮。如此，引用精益管理的政府改革也被不假思索地认为"落后""古板"就可以理解了。

从政府的精益变革来看，日本并没有明确提出精益政府的理念，更从未倡导精益政府变革，但事实上，日本地方政府治理的精益化程度是非常高的，尤其是21世纪以来，日本各地方政府始终面临"税收降

[①] "社"指祭祀土地神的地方，周代以二十五家为"社"，亦引申为一种基层行政单位；"会"指积聚禾谷，意为"聚合"，延伸为"盟誓"之意。

[②] ［美］彼得·J. 卡岑斯坦编：《权力与财富之间》，陈刚译，吉林出版集团有限责任公司2007年版，第199页。

低"和"公众对更优质公共服务的诉求增长"两大窘境,这些外部压力也促使其采用更多"改善"(kaizen)方法以降低政府浪费,在最少资源情况下尽可能满足公众对优质公共服务的需求。如东京都世田谷区政府于21世纪初就成立过一个由各部门抽调人员组成的7人专项工作团队——"马上就做"部门("We Do Right-away"Department),专门负责去"现场"(Gemba)倾听和分析公众需求。再如横滨市政府曾在2003年制定了"每年节约预算10%"的目标,并基于"是否理解公众真正想从你这里得到的服务""是否真正去尝试减少办公室工作时长""是否考虑成本"三个问题为1000名公务员设计专门培训,以塑造其节约财政、提供更优质公共服务的工作方式。[1] 不过,这些前期的制度性改革成果受到了日本数字智慧技术严重落后的制约,改革成效难以突破"天花板"。客观上讲,日本政府办事效率、营商环境相关制度性交易成本已落后于中国先进城市政府,这对于日本政府而言是一种极大的刺激,成为日本近十年间提出"社会5.0"理念并高度重视数字化发展的直接因素,中日之间政府效率竞争在未来也会越来越激烈。

(二)精益管理的本质限制了精益治理的发展

工业时代的人类组织与生产方式在当今时代的适应性是存在疑问的。一般而言,理论界将人类社会发展史划分为"前现代"(农业社会)、"现代"(工业社会)与"后现代"(未来社会)。管理学、设计学一些学者将人类社会划分为"以手工劳动为主要标志的长时段(从原人开始直至1800年前后);被现在的我们视为转变时刻的工业革命阶段(1800—2000年);以及我们正在进入的这个时代——作为世界的人造世界的时代"[2]。工业时代精益管理体系下的批量生产模式,启发了政府公共服务的供给,因此精益治理从根本上来说是工业时代的思维产物,以规模化、标准化所代表的"极致科学性"为经济社会提供"花

---

[1] S. Yoshida, *One-Page Information-Kaizen*, GTR Institute Japan, December 2, 2003.
[2] [澳]托尼·弗赖、[美]克莱夫·迪尔诺特、[澳]苏珊·斯图尔特:《设计与历史的质疑》,赵泉泉、张黎译,江苏凤凰美术出版社2020年版,第153页。

得更少、做得更多"的公共产品。然而不可否认的是，当前正在经历"未来已来"的时代，或设计学所谓"人造世界"的时代，工业文明效率第一的管理逻辑已不合时宜，甚至"管理"这一概念也应不复存在。如此，精益管理便出现了严重的适应性问题。

一方面，精益管理在"极致的"科学性道路上越走越远，尤其在指标化管理的介入下已在实践中扭曲了最初的价值目标。人性在精益管理中日益成为"奢侈品"。组织精益变革的成本因此越来越高。如此，如引论所言，未来的组织变革重新强调人性的回归是必然方向，而政府治理的精益变革也必须考虑在"花得更少、做得更多"要求下，如何降低管理的刚性而加入人性的主动性。另一方面，精益管理压缩成本的目标最终会伤害组织战略性变革的洞察力与积极性，让组织成员形成"小富即安"的追求稳定利润的心态，这是各国政府与企业在推进精益变革过程中的共识。如此，未来的组织管理、政府治理变革如何在聚焦细节成本的基础上，又能够保证大战略眼光的敏锐性，是值得讨论的问题。在这个问题上，如何充分发挥政务官僚与技术官僚的"两个积极性"是绕不开的话题。而由于政务官僚涉及国家政治制度与政治运行的话题，不在本书研究范围之内，所以下篇将彻底聚焦于有关技术官僚（业务取向）的讨论，即在精益管理、精益治理的逻辑路线上更进一步，探讨政府精益治理变革的未来，同时也给出未来经济社会环境下，政府可能出现的一种新面貌——"匠人政府"。

下 篇
"匠人政府"

日本企业管理引致了近半个世纪以来全球企业乃至政府管理的精益变革，促进了政府与市场、政府与社会"边界"的厘定，在工业化迅速扩张至全球的时代推进了政府治理的现代化。不过，如前文所述，精益管理、精益治理变革已在新的时代到来之际逐渐失去有效性，在面对全球Z世代全面进入职业社会、战后更具"纪律性"人生的婴儿潮一代逐渐退出管理职位之后，极致科学性的精益管理究竟面临何种负面冲击是可以想象的。对于较为灵活与敏感的企业管理而言，精益管理模式变迁已在展开，而对于往往滞后于市场变化的政府，其依然在"享受"足够的精益治理变革"红利"，政府公共服务的精益化尚显不足，如此，社会即将迎来企业与政府之间管理理念、逻辑、思维、价值等方面的扭曲时代。

　　同样是日本式管理，对于极致科学性的管理取向向公共部门管理扩散也保持着相当程度的警惕："从整个社会来看，不能让雇员个人进行业绩的数量竞赛的行业和职业也是广泛存在的。研究、教育，医疗、福利，从安全方面看运输业等都属于这一类吧。这些都属于公共部门比重比较高的领域，随着公共部门的效率经营和民营化，有必要严密地关注那里是否在尝试引进评价个人业绩的体系。总之过度评价个人业绩而使雇员的工作欲望被评价所支配、劳动道德（伦理）被吞噬的社会，与苏联的官僚制社会中生活受到保障的公务员对人民的需求完全感觉迟钝在结果上是一样的野蛮。"①

　　如此可见，企业精益管理正在走向"末路"，而晚些展开的政府精益治理变革在刺激政府治理现代化的同时，正在被各方积极地批判反思，并依据企业的现行探索经验而指出政府精益治理变革的可能风险。那么，未来政府改革的方向在哪里？精益治理的理论与实践本身需要替代还是转型变革？在企业管理依然处于向着未来管理模式探索试点的过程中时，推理未来政府管理、政府治理现代化（或"后现代化"）的新

---

① ［日］熊泽诚：《日本式企业管理的变革与发展》，黄咏岚译，商务印书馆2003年版，第124页。

"假说"便更具现实意义。

　　以上,新"假说"的讨论便如此展开,始于匠人与匠人精神来思考未来政府治理的可能,是一种大胆的尝试。这种逻辑思辨的起点是:长期以来政府治理变革往往依靠企业与市场的管理创新,"企业家政府"便是最具影响力的、已被改革实践佐证的创新,而2016年政府工作报告同时强调"企业家精神"与"匠人精神",是否在政府治理模式中引入匠人精神更有意义?是否可以如强调政府应当秉持"企业家精神"而建构"企业家政府"一般,强调政府也必须秉持治理的"匠人精神"而建构"匠人政府"?从此处出发,本书下半部分将展开大胆假设与分析。

第五章
匠人与匠人精神

自20世纪70年代末开始，西方新公共管理运动至今已历半个世纪，其间强调降低政府行政成本，在公共领域加入竞争以提高公共服务质量的"企业家政府"理论也曾经风靡全球，带动了半个世纪以来各国政府治理现代化进程。但说到底，公共部门不是私营部门，政府也不是企业。相比于与市场的关系，作为公共部门的政府更多时候是融于社会之中。所以，寄希望于企业家精神来改造政府的尝试应该告一段落，转向社会求教的时代似乎已经开启。当然，如果说这并不是引出政府治理现代化指向"匠人精神"的绝对因由，如果说市场和企业依然代表着人类社会追求更高生产力、更高效率的发展方向，那么政府根本上的公共属性亦会将未来自身改革的目光转向社会，也只有社会能够赋予政府实在的价值，当然社会也是市场的根本价值所在。求教于社会，政府发现了匠人精神。

距"工匠精神"第一次写入政府工作报告，至今已近十年。2016年3月5日，李克强总理在政府工作报告里提到"鼓励企业开展个性化定制、柔性化生产，培育精益求精的工匠精神，增品种、提品质、创品牌"。[①] 而在政府自身改革领域，时任国务院总理在不同场合曾指出：

---

① 本书编写组编著：《2016全国两会文件学习参考》，人民出版社2016年版，第24页。

政府也应有工匠精神。

"工匠精神"与"匠人精神"虽只有一字之差,但事实上背后的深意略有不同。前者与"工"相关,后者则强调"人"性本身,后文将对此展开讨论,在这里暂不赘述。虽然概念内涵略有不同,但可以看出,中国政府对于产业转型升级所需文化品格的关注,同时也可以看出中国政府治理已经开始反思科学主义并思考其他出路的努力。

这里需要指出,由于讨论需要,本书除了本章对于"工匠精神"与"匠人精神"的概念辨析,对于"工匠"与"匠人"的表述采取了通用的态度。这种处理避免了更多的无效讨论,也能够将理论与实践更好地结合起来。

回到政府治理现代化的核心问题,精益治理变革是一种已被实践证实的有效路径,"企业家政府"依凭的"企业家精神"也在理论与实践中带动了一个时代政府的变革,那么探讨"匠人政府"假说,必然从"匠人"这种传统职业及其职业精神——"匠人精神"——开始谈起。

第一节 匠人与匠人精神的历史源流

任何职业、任何职业精神都是历史的、社会的、环境的产物,说到底是由生产力与生产关系决定的。生产力可以被视为不同历史时期人类社会所掌握的技术,生产关系则可以被视为不同历史时期社会之所以得以构成的制度体系。匠人依凭独有的、不可复制的、难以言传的手工技艺生存于世,因此在不讨论具体手工技艺的情况下,对匠人的探讨则只能由相关制度环境、源流与精神文化来开启,继而,在近现代工业时代传统手工技艺失去生存土壤的技术问题影响下,展开讨论工业社会中匠人的生产生活模式。最后,既然视当代为现代工业社会向后现代社会的重要转型期,那么面对延续近现代"诸神已逝"(Gods Have Fled)的长远影响,匠人与匠人精神的回归将具有怎样的可能与意义,本章在尝

试回答这些问题的基础上，进而引出对公共领域"匠人"的发现。

一 匠人的制度源流与精神内涵

作为一种"职业精神"①，匠人精神是在长期社会历史变迁中形成的。一方面是匠人的技艺使其逐渐区别于社会其他伙伴，生出手艺的自我尊严感；另一方面是制度环境的长期演变，促进了匠人精神的形成。

（一）匠人的历史制度源流

与匠人生产生活相关的制度体系是历史性的。涉及一种职业、一种人生的重要制度，无非社会关系、集体保障与继承制度三者。封建采邑制度与四民分业制度为匠人提供了稳定的社会关系，城市行会制度与"物勒工名"制度建构了匠人的集体保障与责任关系，世袭家传制度与工师艺徒制度则解决了匠人一生之后的继承问题。如此，匠人完整一生的过程被规范起来，匠人精神才可以形成并代代强化。

1. 封建采邑制度与四民分业制度

封建采邑制度是中世纪西欧国家一种核心的土地所有制度，发端于8世纪法兰克王国的改革。采邑的本义即"恩赐"，在商品经济几乎不存在的中世纪前期，土地和人口是最重要的、适合于支付的财富。采邑制度最初的核心规范包括：国王将土地及其之上的人民封赏于有功之臣属，臣属向王国提供兵役服务，这些土地及其之上人民作为"恩赐"只针对有功臣属个人，不涉及世袭。不过，由于制度的发展和衰败，最终不涉及世袭的采邑制度在9世纪之后逐渐转变为贵族世袭领地制度，但土地与人民对于贵族的依附并未改变。作为"土地之上的人民"之一，匠人自此也开始依附于采邑主人，成为西欧以封建制度为中心的社会的组成部分。无论是否世袭，封建制度都具有相当的稳定性，社会阶级纵向的流动被严格控制，匠人技艺也如采邑一般，逐渐转向家族内部亲缘的代际传递，整个社会强大的稳定性塑造了各行各业人员的安泰环

---

① 此处所谓"职业精神"并非现代社会的职业精神之意，而是指传统社会初步分工背景下阶层格局中"安守本分"的精神。

境，匠人精神便在此中养成。

四民分业制度是中国古代传统社会结构的基础。自春秋始，四民分业制度便长期为社会稳定发挥着作用。《国语·齐语》有记载："桓公曰：'成民之事若何？'管子对曰：'四民者，勿使杂处，杂处则其言咙（杂乱），其事易（变）。'公曰：'处士、农、工、商何？'管子对曰：'昔圣王之处士也，使就闲燕；处工，就官府，处商，就市井，处农，就田野。'"自此，匠人成为独立的职业与群体，通过职业分工与世袭化，形成稳定的群体自我意识与技能评价标准。此后，虽然在唐宋时期中国社会基本完成了四民职业流动禁令的破除，但事实上匠人职业群体的自我意识作为一种精神延续了下来。

2. 城市行会制度与"物勒工名"制度

城市行会制度是西欧中世纪城市商品经济逐渐发展到一定程度的产物，是各行各业通过产期积累逐渐具有脱离依附关系的表现。城市行会制度的目标是调整同业内部各方关系，解决竞争矛盾与利益分配问题。中国隋唐时期也出现了"行会"，宋代发展日盛，但根本制度环境与西欧中世纪行会制度还是具有相当差异的。涉及手工艺匠人的城市行会制度最初的核心规范包括：匠师会员认定，行会控制原材料供应，规定师徒关系与学徒人数，产品质量、数量和技术标准设定，控制恶性竞争，在城市政治生活中集体行动以保障行会权益，等等。在行会制度的约束下，匠人集团的独立性获得了社会尊重，而行会所赢得的更为稳定的制度环境使中世纪匠人能够长期追求技艺精进，而不用陷于复杂的人际关系之中。

"物勒工名"制度出现于中国春秋战国时代，指在官家监督之下，造物匠人需将名字刻在造物之上，以此对造物质量进行责任制管理。《吕氏春秋·孟冬纪》中记载："物勒工名，以考其诚，工有不当，必行其罪，以究其情。"在当初颇为现实主义的"物勒工名"制度设计，在后世的延续下逐渐引出了匠人赋予造物的一种人格属性。塑造匠艺便是塑造自己，追求自己与造物整合为一故而永恒，如此匠人精神便更具

宗教性质。

3. 世袭家传制度与工师艺徒制度

世袭家传制度是一种继承制度，与封建采邑制度配套，共同维持着中世纪西欧社会结构的长期稳定。在以国王恩赐土地人民为基础的封建社会机构之上，各个行业实行世袭家传制度，一方面实现了贵族统治权的稳定，为匠人精进技艺提供了安泰的环境，使其匠艺可以最大限度实现代际传递并长期服务于封建社会；另一方面也在根本上动摇并推动了采邑制度的变迁，促进了采邑制度从"非世袭"转向了"世袭"，推动了西欧封建社会生产力的发展，进而转过头来强化了匠人对于贵族的代际依附。

工师艺徒制度与世袭家传制度恰好相对，是一种打破家传世袭而扩大技艺传播范围的继承制度设计。当世袭家传的继承方法遇到了知识承载技术的进步，严格的制度已无法控制技艺的传播，稳定的社会结构也因此出现变化。此外，区别于依附于封建贵族的匠人生活，中国的匠人大量依附于行政衙署，官营手工作坊中的大量匠人在传承技艺时必须优先考虑官方的需要，而非自身家族的利益。如此，中国传统社会的匠人技艺代际流动性便更加活跃，匠艺的传承效率也更高。当然不可否认，为了克服低效的代际匠艺流动性，西方与日本等地的世袭家传制度结合了过继制度，即收养孩子以继承家业的制度。但不可否认的是，工师艺徒制度相比于血脉限制的世袭家传制度，具有强大的制度生命力，各门派独特的匠艺与匠人精神也得以长期流传于社会文化之中，经历重大历史风波依然得以传世。

（二）匠人精神的基本内涵

基于上述涉及匠人生产生活的重要制度，传统以来较为稳定的制度体系在长期历史过程中凝练出了匠人稳定的思维、行为规范与区别于其他职业的独特气质——匠人精神。任何精神，包括涉及职业的群体精神，都是其独特的意志思维与风采神韵。这些意志思维与风采神韵，在精神（Spirit）的浓缩下得以描述一个人、一个群体的基本特质，尤其是这个人、这个群体与其他主体之间的关系，而正是通过对于这些关系"经纬"的厘清，才确定了其在人类社会中的位置，体现了其角色的不可替代性。因此，探讨精神，即探讨人生各种稳定而浓缩的关系模式。

1. 与社会的关系：在阶级社会中安守本分

稳定的、受尊敬的、不可替代的社会角色的前提，是维持与各群体关系的相对稳定，而稳定关系的前提，则是各方安守本分。传统"四民"社会，无论"士农"还是"工商"均避免"杂处"而在本身份群体中安身立命，匠人亦如此。不过，匠人的安守本分较农民与商人更甚。手工技艺与匠艺劳动基本不需要与其他群体交流合作，传统社会结构与制度也最大限度地降低了匠人与其他群体的交易成本，因此不像传统农业与商业必须与权力维持一种紧密的依附关系，同时又始终期待挣脱这种关系，这样的不安感在匠人身上很难看见。"匠人的工作是安详的、生产性的，而不是暴力的。"① 当然，匠人与其他社会群体之间的关系也不完全是社会性的、依附性的，通过不可替代的技术与劳动创造来维持稳定的交换关系，也是匠人的本分。"什么是工匠？工匠就是服务性行业。铁匠、木匠、石匠、泥瓦匠、陶匠、金匠……全心全意，认认真真，按件收钱。"② 因此，工匠绝不是市场精神的对立面，其本身源于城市文化（即"市民文化"）的生成与演变，是"市"的一分子，而非"农人"的一分子。那么，后文也会分析到，"工匠精神"或"匠人精神"也绝不是"企业家精神"的对立面，而是人类长期历史中生成的职业文化给政府带来的一种智慧与选择。

2. 与同侪的关系：强调技艺的竞争与精进

匠人行会制度与"物勒工名"制度刺激了匠人手艺的不断精进。一方面，这种"精进"一定是基于对自己的不断超越而实现的；另一方面则必须依赖匠人之间技艺的竞争。可以说，匠艺本身既是一种

---

① ［美］理查德·桑内特：《匠人》，李继宏译，上海译文出版社2015年版，第51页。
② 陈丹青：《局部：伟大的工匠》，北京日报出版社2020年版，第314页。

人性的艺术，也是一种社会的竞技。需要强调的是这种在竞争中所追求的"精进"也并不完全是"去市场化"的。"对每个追求完美的匠人来说，哪怕有一个缺陷也是失败；但在追求实用的匠人看来，痴迷于做到尽善尽美才是失败。"① 因此，匠人应当是夹在"把事情做对"与"把事情做成"的标准之间展开技艺竞争，而一大部分竞争必然是以社会市场需求的"把事情做对"为衡量标准的，在这种标准下竞争与精进，亦是匠人精神的体现。另外，需要强调的是，技艺的竞争不只涉及"双手"，而更重要的是隐性知识"武装"下"大脑"之间的竞争。如果仅仅竞技"双手"，匠人便退化为流水线的工人，而让"大脑和双手分离"②，失去"双手"的实践，则必然会伤及根本上的匠人精神。如此，在两种标准上同时竞争"双手"与"大脑"，既使竞争保持多元化而不至同侪之间"零和游戏"，也能保证更全面地评价匠人技艺，真正有利于同侪之间、行会之中的整体匠艺水平持续精进。

3. 与自己的关系：追求永恒因而获得神性

在封建采邑制度下，匠人被束缚在贵族封地之内，且终其一生并不擅长对于"空间"的征服，所以其一切精力、一切关注就只剩下"时间"了。而正是专注于"征服"时间，匠人才锻造出了自己独特的品格。通过对于手中器物的专注操作，以及在不断沉思中精进"大脑"对于"双手"乃至物质世界的理解，匠人精神逐渐丰富了起来。如果将匠人精神用一句话讲明，那便是"以追求永恒的信念而获得超越人性的神性"。所谓"匠人如神"，意在突出匠人所从事匠艺的特质——表现一种富有伦理的、不可预期之美的人性，而这种人性是神的"模板"。通过"物勒工名"与技艺继承，匠人将一切精神寄托于工艺品之上，借助匠艺所创造的器物而实现功名之永恒。"西方艺术家以手工业为基础的经验技能，以及他们由文化史和社会所决定的纯粹理性主义的

---

① [美] 理查德·桑内特：《匠人》，李继宏译，上海译文出版社2015年版，第40页。
② [美] 理查德·桑内特：《匠人》，李继宏译，上海译文出版社2015年版，第48页。

功名心",① 是匠人传统的制度底色。这种追求永恒意义和社会尊严的动机,也是匠人精神、家传匠艺流传而来的根本原因。归根结底,当一个人的精神生命超越其肉体生命,借助器物而实现"永生",便已成"神",而激励和指导这种毕生行为的,便是匠人精神。

最后,结合上述对匠人精神基本特质的讨论,比较传统"四民"社会的职业精神,可以更加直观地看到匠人精神传统的衍脉与当代的衍射(表5-1)。

表5-1　　　　　传统"四民"社会的职业精神比较

职业	职业精神	精神内涵	当代衍射
士绅	士人精神	忠诚;责任;尚荣誉……	知识分子精神;文人精神
农民	农人精神	守土;重迁;法自然……	农民精神;农夫精神
工匠	匠人精神	精益;守拙;求永恒……	工匠精神
商人	商人精神	守信;进取;兼义利……	企业家精神

资料来源:笔者自制。

二　资本主义制度与工业社会时代"步履蹒跚"的匠人

不可否认,匠人在传统农业社会时期发挥了重要的作用,对于社会的稳定与生产力发展产生了重要影响。在中国,匠人与士绅、农民、商人结成了长期稳定的社会结构,并逐渐形成了独立的阶层意识与职业精神。不过,当社会生产力一旦突破依附于土地、宗教与世俗贵族的生产关系之后,匠人的社会历史属性便开始了重大的变迁。从整体来看,即如陈丹青所说:"宋元时代,文人画起来,中国的工匠传统进入黄昏。欧洲是到16世纪、17世纪,工匠传统的气数尚且还在;18世纪工业革命后,渐渐走向没落;到了20世纪,工匠这样一种职业,这样一种人

---

① [德]马克斯·韦伯:《儒教与道教》,洪天富译,江苏人民出版社2010年版,第159页。

格，全面凋零。"① 面对工业社会与商业社会的发展，匠人显得越来越格格不入，这种格格不入体现在主体对经济社会环境的不适应，以及经济社会对主体的不理解两个方向之上。

（一）匠人主体的环境不适应：低空间流动性与工业社会格格不入

自1563年英国女王伊丽莎白一世颁布《工匠学徒法》将匠人生产生活限制在出生地以来，与工业革命初期失去土地而进入城市四处寻找工作糊口的一般劳工相比，匠人的生产生活模式不具有空间的"流动性"。也就是说，匠人是封建采邑中熟人社会的手工艺分工的产物，是稳定的、本土化的社会关系的产物，其具有较为稳定的制度的路径依赖，"如果他们失去了手艺和工会的庇护，……就会成为梅休笔下伦敦最可怜的一群人"②。尤其是1814年英国废止了《工匠学徒法》，让匠人失去了学徒制度的保护，直面机器大生产的竞争，于是其"流动性"不足的问题便被无限放大。

当社会生产力发生重大变化之后，一切社会关系随之解体，匠人这种不具空间"流动性"的职业群体便愈加显得格格不入。"工匠与宗教的关系，是被给定主题；工匠与赞助人的关系，是被给定身份。在文艺复兴时代，艺术与大众的关系没有问题，自由更不是艺术的问题。在我们的时代，以上关系全部改变，甚至消失，连同消失的，是伟大的工匠。"③当寻找自由与刺激的人们扬起风帆追逐海洋的流动性与彼岸的可能性的时候，匠人依然在寻求手艺之完美、器物之永恒，并小心翼翼地刻上姓名。旧技艺的消亡与新技术的兴起使经济社会生产力发展已不再依靠匠人缓慢而扎实的技艺精进，迅速扩张的地理知识与空间流动性将规模生产的效率提升至极致。

资本主义近现代化的动力之一便是作为资源的劳动人口的自由流动。当铁路成为工业血脉、化石能源代替畜力，劳动人口便如同工业社

---

① 陈丹青：《局部：伟大的工匠》，北京日报出版社2020年版，第314页。
② ［英］E. P. 汤普森：《英国工人阶级的形成（上）》，钱乘旦等译，译林出版社2013年版，第269页。
③ 陈丹青：《局部：伟大的工匠》，北京日报出版社2020年版，第315页。

会的血液从遍布各地的农村向"心脏"——工业城市流去。这个过程中,通过斯密式的劳动分工,原本仅熟悉简单劳动的农民开始进入工厂,生产工业制品以替代匠艺产品的功能作用,匠人失去了对于经济社会现实需求而言所存在的意义。就连基于"把事情做成"价值取向的艺术家(可算作匠人群体的一部分)在工业社会时代也举步维艰,"在所有艺术中都存在物质成分,这种物质成分已不再能像以前那样,使得艺术直接可以观赏和对待,它受制于现代科学和现代实践"①。当然,失去"魅影"的艺术的机械复制品已远远失去了其创作与设计时附着其上的神性,但为复制品而生的"匠人精神"却在工业时代活了下来。这显然是一个吊诡的现实。在流动性极强的工业社会,在机器大生产与劳动分工面前失去市场的匠人,依然固着在"作坊"之中,选择为社会提供一些难以"复制"其神性的,却能够为技艺所"复制"的艺术品。

(二)经济社会对匠人不理解:资本主义意识形态曲解匠人的价值

现在来讨论一下"工匠"与"匠人"的概念差异,进而可以感知资本主义意识形态下匠人价值的"消亡"。"'工匠'这个词所包含的意思有很大的差异,它从富裕的手工业师傅直到整天汗流浃背的穷苦劳工都有,前者自己雇佣工人,不依附任何雇主。"② 在工业革命时代的英国,对于"工匠""匠人"的概念讨论似无必要,其都是亟须被动卷入工业生产的对象。所以,混用"工匠"与"匠人"是学界一直以来的习惯。但事实上,在工业社会中"工匠"与"匠人"是完全不同的群体,前者概念重点在"工",即依附于资本家与流水线工厂的人;后者的重点在"人",即其本身的人性色彩与工业流水线格格不入。

资本主义工业化进程推进了人类社会分工的飞速发展,虽然涂尔干

---

① [德]本雅明:《单向街》,陶林译,江苏凤凰文艺出版社2015年版,第73页。
② [英]E. P. 汤普森:《英国工人阶级的形成(上)》,钱乘旦等译,译林出版社2013年版,第260页。

将工业化进程中社会出现职业群体专业化视为生产力发展的必然,"正是对幸福的需要才驱使个人日益走上专业化的道路"①,但事实上,匠人与匠人精神在专业分工的工厂里受到了挑战,"人与世界之物打交道的方式与物被生产出来的方式完美匹配:工业革命以劳动取代了所有手工业"②,"现代技术的滥觞恰恰使得人们再也不会去接受那种重复的、具体的、操作性的训练。当大脑和双手分离,结果就是大脑受到损害"③。匠人在大工厂分工生产的流水线上失去了对工作的兴趣与渴望,原本精湛的"匠艺"被机器攫取,也失去了对匠艺的渴求这一基本的人性。英国学者杰夫·摩根曾提到,"在过去的几百年中,贵族将贸易和生产视作粗鄙的行业,与尊严和自尊无法并存,而目前,现代精英也得出了相同的结论"④。工业时代的匠人始终被视为流水线上无反思能力的"人形机器"——阿伦特所谓"劳动之兽",其对立面则是不依附于任何个体的、拥有创造能力的"创造之人"。

这些专注于批判"工匠"及对"匠人"的曲解都存在致命的问题,即忽视了"匠人"的广泛性,阿伦特对"创造之人"与"劳动之兽"的分割也同样存在问题,"创造之人"是匠人,"劳动之兽"也是匠人(而不是被鄙视的"工匠"或"工人"),匠人包含更广泛的所指(图5-1),他们能够在工作中独立思考,可以将所谓"劳动"与创造性的"工作"更好地关联在一起。事实上,所谓单纯的对手中工作不加思考感悟的"工匠"只存在于哲学家的假设之中,无论社会分工到何种细化的地步,匠人手中的活计如何碎片化,他们都不会失去对工作本身的思考能力。汉娜·阿伦特的学生理查德·桑内特在其所著《匠人》中特别明确地指出,将人们划为"劳动之兽"与"创造之人"的

---

① [法]埃米尔·涂尔干:《社会分工论》,渠东译,生活·读书·新知三联书店2013年版,第190页。

② [美]汉娜·阿伦特:《人的境况》,王寅丽译,上海世纪出版集团2009年版,第90页。

③ [美]理查德·桑内特:《匠人》,李继宏译,上海译文出版社2015年版,第48页。

④ [英]杰夫·摩根:《蝗虫与蜜蜂:未来资本主义的掠夺者与创造者》,钱峰译,中国人民大学出版社2014年版,第109页。

这种区分"是错误的,因为它贬低了正在工作的劳动者"①。在阿伦特看来,人们只有在完成劳动后才会思考,而实质上,"思维和情感是包含在制造的过程之内的"②,"劳动之兽也许可以充当创造之人的向导"③。在此,赖特·米尔斯对"匠人"的描述十分中肯,"把自己当成匠人的劳动者专注于工作本身;从工作中得到的满足感本身成为一种回报;在劳动者的头脑里,日常劳动的各个细节都与最终的产品相关;在工作的时候,这位工作者能够控制自己的行动;技能在工作过程中得到提高;他们在工作中可以自由地实验各种方法;最后,匠艺活动中的内在满足感、连贯性和实验性将会变成衡量家庭、共同体和政治的标准"④。

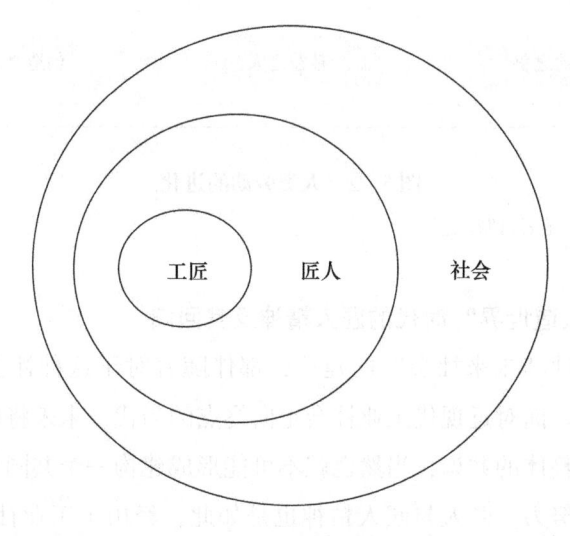

图 5-1　"工匠""匠人"在概念外延上的关系

资料来源:笔者自制。

---

① [美]理查德·桑内特:《匠人》,李继宏译,上海译文出版社 2015 年版,"序章"第 10 页。
② [美]理查德·桑内特:《匠人》,李继宏译,上海译文出版社 2015 年版,"序章"第 10 页。
③ [美]理查德·桑内特:《匠人》,李继宏译,上海译文出版社 2015 年版,"序章"第 11 页。
④ C. Wright Mills, *White Collar: The American Middle Classes*, New York: Oxford University Press, 1951, pp. 220–223.

总之，人类劳动类型是一个从极端机械劳动到绝对艺术创造之间的"频谱"，人类劳动的进化也是一个从"劳动之兽"向极度科学理性的"精益之人"进化，继而向脱离机械劳动而获得真正自由的"创造之人"进化的过程（图5-2）。可以说，匠人是脱离了极端机械劳动的群体，匠艺活动是接近艺术创造的行动。在工业社会时代，匠人失去了从前的从容感，也被社会怀疑和误解，但其继承于传统的精神依然存在于工业社会的生产生活之中，匠人的匠艺活动也在不断进行调整以寻求历史持续性。

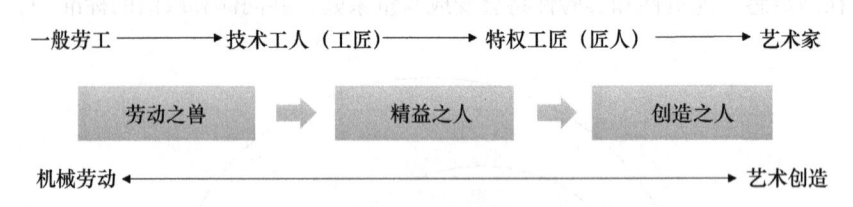

一般劳工 ⟶ 技术工人（工匠）⟶ 特权工匠（匠人）⟶ 艺术家

劳动之兽 ⟹ 精益之人 ⟹ 创造之人

机械劳动 ⟷ 艺术创造

图5-2 人类劳动的进化

资料来源：笔者自制。

三 "人造世界"时代的匠人精神及其回归

任何一种"未来社会"的建构，都伴随着对于这种社会的全人类的共同想象。面对近现代工业社会走向终点的当代，未来将向何处去并无人类社会整体的共识，当然也就不可能形成建构一个共同想象的未来社会的共同努力。匠人与匠人精神也是如此，经历了工业社会的衰落，面对变革未来的可能性无非两种：进一步衰落或重新回归。从当前政府改革方向描述、社会舆论与学界讨论的"意识形态"建构来看，作为未来社会想象的一部分，匠人与匠人精神的回归是众望所归，尤其是在政府治理领域。

（一）"诸神已逝"的蔓延与匠人精神的转型

尼采曾形容工业革命以降的近现代人类社会为"诸神已逝"[1]的社

---

[1] 亦即"上帝死了"。

会，即依靠科学理性摆脱了对神明自然崇拜的社会，唯物的、实证的科学认识论为人类带来了安全感与可预期性，上帝的角色与功能持续消退。从工业时代向后工业时代的未来前行，社会自然也不可能迎来"诸神回归"，继续蔓延下去的"诸神已逝"将对社会生活的发展方向起到重大影响。如"诸神已逝"而不可复归一样，被经济社会淘汰的传统技艺也不可能回到市场中来，只能走向博物馆。因而匠人的回归并不意味着生产模式的复兴，而在于匠人精神的转型，并引发现代与未来各种职业对此的思考。

"诸神已逝"所指代的近现代宗教世俗化进程，其实质即是文艺复兴运动之根本价值——发现人自己。这种"发现"是人类自身"主体性"建构的一次飞跃、一次不可逆转的人类社会历史的进步。"自马丁·路德开始，宗教信仰变成了一种反思；在孤独的主体性中，神的世界成了由我们所设定的东西。"① 这种主体性的实现与科学的进步紧密相伴，逐渐驱散了宗教与上帝的"魅影"。既然"诸神已逝"，那么现代性即是一种主体性的实现，是一种主体意志"自律"并"自在"的特质，也就是说"对于这个自我，一切约束都被撕破了，他只愿在自我欣赏的环境中生活着"②。虽然黑格尔不断批判着启蒙运动以来现代的主体性原则，但在这样不可逆转的潮流——进一步建构人类的主体性并对宗教神明加以"祛魅"中，任何职业都需要不断适应，匠人也是如此。

在主体性原则进一步整合世界与宗教精神祛魅的大趋势下，继工业社会以来，匠人所要进一步做出的调整是可以想象的。一方面，工厂流水线作业的职能工种将逐渐完全被智能机械取代，大量"技术工人"将向着"特权工匠"和"艺术家"角色转变，而这种结构性变化势必会造成相关领域竞争环境变化，继而导致匠艺的进一步"祛魅"。如此，匠人持续精进的动力会再一次被激发出来，封闭的匠艺传承制度将

---

① Hegel, G. W. F., *Werke*（*Band 16*）, Suhrkamp-Werkausgabe, p. 349.
② Hegel, G. W. F., *Werke*（*Band 13*）, Suhrkamp-Werkausgabe, p. 95.

出现松动并形成更大范围的传播。适应新的、更具开放性的技艺交流传承制度,参与更加开放的技艺竞争,是匠人告别"特权"而必须适应的现代化进程。另一方面,匠人的技艺从工业时代标准化、消费品化的要求中被解放出来,"艺术性"——人性的多样性表达成为匠人追求的重点。这种多样性的表达亦即启蒙运动以来主体性原则的体现,它要求匠人必须适应经济社会更加多样的人性化需求,更多特制的匠艺作品将成为社会热潮。当然,"只有那些明白自己并不完美的人,才有可能养成实际的生活态度,才会更愿意去做一些因为确切和具体而具备了人性的事情"[①],也只有不断适应经济社会变迁的需要,匠人才真正称得上具有"匠人精神"。这些社会变迁对匠人适应能力的要求也并不会伤害匠人精神的实质——精益、守拙、求永恒等,只会顺应时代要求而继续精进对人性的探索。匠人精神虽需转型,但其内核不会变化,对于经济社会的价值也不会弱化。

(二)"形式"与"功能"之间的人造世界时代

对于未来将告别工业社会时代而进入人造世界时代的判断虽然暂时无法证实,但哪一种涉及未来预言的学说不是如此大胆的呢?对于人造世界缺少"确定性"、降低了"客观规律性"、重塑科学的"宗教性"意味等推理确实具有普遍说服力,与长期"蛊惑人心"的"后现代"理论体系"不谋而合"。所以,以未来社会进入"人造世界时代"为底色,思辨推演匠人精神回归的必然性,依然是符合逻辑的。

所谓"人造世界",是指在经历了工业时代"狂飙猛进"的生产力发展基础上,人类社会对于自然世界的改造已经达到一个新的阶段。在这个阶段上,通过各种技术手段而产生的人造之物"包裹"着人类生活,也即"包裹"了整个社会。人类很难直接触碰自然世界的规律,介入人类与自然之间的便是人类经历工业时代所创造出来的"人造世界"。可以想象一个场景,当你希望去触碰最原始的自然界时,所要做

---

① [美] 理查德·桑内特:《匠人》,李继宏译,上海译文出版社2015年版,第121页。

的已经不是理解自然的逻辑规律，而是思考野营的装备舒适性与安全性，以及交通工具的可达性。如此，一个人造世界便在极近的未来等待着人类。在人造世界中，人造之物是"形式"与"功能"的结合体，而通过人造之物，人类获得了原本停留在想象中的发展可能，这些可能也许是不符合自然规律的，但依然逐渐实现了。"人造之物是在规律与可能性的双重状态中运行的。"[1] 所以，"形式"与"功能"的创造成为人造世界时代匠人的职责；满足对于个性化的、"可能性的"人造之物的需求，成为匠人的价值所在；传统匠人向着人造世界时代匠人变迁，是匠人精神回归的重要载体。事实上，对传统匠人与对人造世界时代匠人的要求其实是一致的，匠人的"心"与"手"、思想与设计成为社会他人接触自然世界的渠道，通过形式的设计与功能的满足，匠人也可以实现工业时代无法实现的可持续市场价值。

（三）人造世界中人造之物的"可能性文化"

未来人造世界的特质决定了在其间任何行动的无限可能性，所以，人造世界中的人造之物将体现弥漫全社会的一种"可能性文化"（Culture-as-Possibility）。"在人造世界中，并没有绝对的'所是'。因此，在人造世界中，并不存在绝对意义上的规律（Law）。"[2] 所有的人造之物并不涉及对于自然规律的表现，而涉及人类对自然规律适应之后所能达成的"可能性"。包括所有商品和文化表征在内的任何人造之物都将逐渐失去其固定的模式，也许包括政府所提供的公共服务在内，都将变得流动不居；一切想象中的可能性在强大的人造技术加持下都成了"可及的"可能性。如此，按部就班的劳工与流水线上重复劳动的工匠便被时代抛至身后，唯有长期"与时间作对"而追求永恒的匠人，在对人性的深刻理解中能够适应人造世界可能性文化时代。

一方面，"我们把握的是一个有关可能性的、正在形成的宇宙，而

---

[1] ［澳］托尼·弗赖、［美］克莱夫·迪尔诺特、［澳］苏珊·斯图尔特：《设计与历史的质疑》，赵泉泉、张黎译，江苏凤凰美术出版社2020年版，第164页。

[2] ［澳］托尼·弗赖、［美］克莱夫·迪尔诺特、［澳］苏珊·斯图尔特：《设计与历史的质疑》，赵泉泉、张黎译，江苏凤凰美术出版社2020年版，第160页。

不是只是处于存在状态的宇宙"①。匠人要把握的即是这种变动不居的经济社会、随时间流走的审美体验以及对匠艺的评价标准。工业社会时代,"机造产品如出一辙的完美很难让人喜爱得起来,人们对这些产品不会有太多的感情"②。而面对"可能性文化"的匠艺产品,全社会的审美水平将有所变化。在这样的社会,匠人精神与人造之物将比在工业时代更好地结合在一起,从流水线上解放的人将从关注技艺到感知多元的价值,重新塑造一种生产文化。另一方面,"后工业时代的转变,逐渐将教育、人际关系和舒适物置于生活的中心"③。专注于手中匠艺的匠人并不擅长处理人际关系,但对人的技艺教育、给人带来舒适的手艺却是匠人所长。也许处理人际关系将成为未来各行各业匠人所需适应的经济社会变迁要求,但匠人对于创造舒适的、充满可能性的人造之物的价值,正是后工业社会、未来人造世界所需要的。

第二节 匠人:从私人领域迈向公共领域

传统意义上"匠人"并不是资本主义劳动大分工的产物,而是源于人类的"私人生活"领域,但随着社会的兴起,匠人也逐步走入了公共领域,成为公共生活的一部分。所以,当代匠人的匠艺生活并非如传统般完全只专注于私人领域,实际上是在更加专注于"个体的内心生活"——私人领域的重要部分——的基础上,同时关注着公共领域的生活。阿伦特对匠人认识的最大问题在于把狭义的"工匠"作为研究对象,实际上缩小了匠人的范围。虽然劳动分工后生产力的发展将以消费为目的的"兽的劳动"与匠艺活动分离,侵蚀了匠人平静的生活,

---

① [澳]托尼·弗赖、[美]克莱夫·迪尔诺特、[澳]苏珊·斯图尔特:《设计与历史的质疑》,赵泉泉、张黎译,江苏凤凰美术出版社2020年版,第163页。
② [美]理查德·桑内特:《匠人》,李继宏译,上海译文出版社2015年版,第128页。
③ [加]丹尼尔·亚伦·西尔、[美]特里·尼科尔斯·克拉克:《场景:空间品质如何塑造社会生活》,祁述裕、吴军等译,社会科学文献出版社2019年版,第15页。

但同时也推动着匠艺活动逐步由私人领域向公共领域扩张,使包括"劳动之兽"的各行各业的人们都开始向往匠艺活动的"积极生活",使匠人精神也逐步扎根于包括政府治理在内的各行各业。"匠艺活动其实是一种持久的、基本的人性冲动,是为了把事情做好而把事情做好的欲望。匠艺活动涵盖的范围可远远不仅是熟练的手工劳动;它对程序员、医生和艺术家来说同样适用;哪怕是抚养子女,只要你把它当作一门手艺来做,你在这方面的水平也会得到提高,当一个公民①也是如此。在所有这些领域,匠艺活动关注的是客观的标准,是事物本身。"②现代政府亦然,把政府治理看作一种社会必要的"匠艺活动"是社会分工的发展和政府治理现代化的必然要求。政府工作人员也可以从匠人精神中获益,构建匠人政府将成为推进政府治理现代化的重要动力。英语中"匠人"(Craftsman)一词是由"匠艺"(Craft)和"人"(Man)组合而成,其中"craft"的用法更加广泛,如"statecraft"就被译作"国家管理"。这从另一个侧面也证明了"匠人""匠艺"与政府治理之间的联系。

一 政府管理中的"巧匠"与匠人精神

匠人、匠人精神作为公共行政领域的研究对象,似乎尚未开始,但实际上在以往公共行政学说转向的重要时期,对于政府治理、公共服务以及公务员队伍建设早已出现呼吁"匠人精神"相关要求的声音。

(一) 公共行政的"巧匠"理论

21世纪以来,"匠人""匠人精神"已开始为公共行政学界所关注。在国外,"craftsmanship"一词已在政府治理领域有所提及。尤金·巴达赫在《跨部门合作——管理"巧匠"的理论与实践》一书中

---

① 公民也可以成为匠人,即可理解为桑内特认为在阿伦特提出的"劳动""工作""行动"的框架内,都是匠人的舞台,匠人可从事"劳动"和"工作"这两种积极活动,亦可在"行动"的公共领域发挥作用。

② [美] 理查德·桑内特:《匠人》,李继宏译,上海译文出版社2015年版,"序章"第12页。

提到了其所创造的"巧匠"理论。这里将"craftsmanship"译作"巧匠"而非"匠人"是比较准确的,"巧匠"比"匠人"具有更多工具性,但确实是将匠艺活动、匠人精神引入政府的一种全新角度的尝试。巴达赫聚焦政府跨部门合作领域,关注重点在于跨部门合作中"构成巧匠工作过程的职能要素及其中间产品"①,而非巧匠个人的认知和判断能力。"巧匠"理论认为:巧匠思维的特点是,能够把巧匠个人的目的性、创造力与巧匠工作过程的其他环节有机整合起来;巧匠思维蕴含着目的性,即创造性和公共精神的结合体;巧匠思维对创造性的理解基于功能主义的行动观,其创造性是积极应对现实挑战的结果;巧匠思维能够为创造者提供一系列现成的聪明实践观念;巧匠思维能清醒地认识到互动与契合在发展过程中的极端重要性;巧匠理论充分关注现实世界存在的"潜质"的意义及限度,即对某些材料的"可塑性"的感知;巧匠思维承认"偶然性"或运气在形塑管理创新活动中的作用。巴达赫在政府领域提出"craftsman"无疑是一种创新,在关注个体需求、关注人性的方面初步对匠人政府做了简单的描述和认识。所谓"匠人",首先是"人"而非"工作",匠人以张扬人性为核,工作是人性张扬的具体条件并为人性所服务,工作真正成为人类对匠艺生活需求的体现,成为人性的外在表现形式。匠人政府便是政府治理匠人的匠艺活动的舞台,治理工作成为匠人的匠艺活动,匠人的人性之光得以张扬。

(二)政府技术扩散中的匠人精神

新的政府公共服务技术的引入和扩散往往伴随着政府职能的转变。在这种转变中,政府组织内部技术官僚受到更多的关注和评价,技术的工作特质也让这个群体不断提升自我认同感,并从传统匠人精神中得到鼓舞。比如,Sune Dueholm Müller 等在对电子政务技术扩散中政府 IT 管理者和一线部门管理者的关系进行讨论时,引入了"基于匠人精神的关系"(Craftsmanship)的诠释,认为这种关系与"基于企业家精神

---

① [美]尤金·巴达赫:《跨部门合作——管理"巧匠"的理论与实践》,周志忍、张弦译,北京大学出版社 2011 年版,第 243 页。

的关系"(Entrepreneurship)、"基于合作者的关系"(Partnership)和"基于私交人情的关系"(Companionship)完全不同,"这种关系仅限于聚焦于解决眼前问题。而之前的经历导致了 IT 管理者与一线部门管理者之间的不信任感,因此一线部门管理者避免 IT 管理者参与以避免工作复杂化。每当两方一起工作时,角色和职责都被明确地定义,由一线部门管理者发号施令。衡量成功的标准是帮助部门经理为客户提供更好、更完善的服务"①。从企业家精神到匠人精神,政府治理由这些不同的视角加以诠释和讨论,可见各国学界相同的洞察力与敏感度。

二 技术官僚与政治官僚的分野

对于政府管理中匠人精神的探讨实际上早已默默展开,尤其是对于聚焦于业务和技术方向的公务员,往往从"匠人"与"匠人精神"的角度加以诠释理解。从现有研究来看,如上文所涉及的电子政务技术扩散中 IT 管理者和一线部门管理者关系的研究,已经从侧面将政府中的技术专家与管理者之间的矛盾问题指明出来。

(一) 较为"粗糙"的工作分类与技术官僚的匠人精神

将政府公务员队伍简单地分为技术官僚与政治官僚进行讨论研究,是学界长期以来简化认知所做的理论搭建。事实上,实际工作中的公务员类别远多于"技术与政治"两分法(或"事务与政治"两分法)。随着政府行政管理理论与实践的极致科学化,公务员工作的分类如同劳动分工一般走向极致的细化,而越是细化的分类,将越伤害政府治理的匠人精神。"当一些技术已经精炼到不能再利用它做出工匠行为时,人们就会失去最基本的兴趣。"② 这里所谓"工匠"自然是"匠人"概念

---

① Sune Dueholm Müller, Pernille Kræmmergaard, Anja Reinwald, "Dynamic Relationships in e-Government Initiatives: Craftsmanship, Partnership, Companionship, and Entrepreneurship", in Christina Keller, et al., *Nordic Contributions in IS Research*, SCIS 2012, Lecture Notes in Business Information Processing, Vol. 124, Berlin Heidelberg: Springer, 2012, pp. 44 – 55.

② [美] 亚力克·福奇:《工匠精神:缔造伟大传奇的重要力量》,陈劲译,浙江人民出版社 2014 年版,第 60 页。

的混用。以"精炼到不能再利用它做出工匠行为"为标准，当前政府治理与公共服务显然有此趋势，但事实上还未达到极致。也就是说，当前政府治理领域，依然给治理的匠人精神、匠艺行为的存在留出了空间，也许空间并不足够舒适，也许也只停留在组织内"残留"的前现代精神文化之中，但在时代的重要变迁时期，这些空间留下了无限的可能。

回到理论上对于政府工作的分类，技术官僚与政治官僚的简化分类可以让逻辑推演更有说服力。简化的分类显然表明工作尚未被精练到无法"做出工匠行为"。那么在变迁的时代中，在工具、流程与治理技术不断进步的同时，面对经济社会不断演变和人性多样化的需要，依然有广阔的精练可能。这些空间便是匠人精神可以发挥创造力的空间。

（二）政府治理作为集体规范的技术官僚群体"匠艺"

可以说，匠人从私人领域引入政府治理的公共领域，并非要依靠匠人将政府治理设计为一种"艺术品"，而是要将其塑造为具有"正确性"与"功能性"的现代完美工艺。"艺术作品是独一无二的，或者至少是具有鲜明特征的，而匠艺则是一种不带个人色彩的、集体的、持续的实践。"[1] 这种实践并不需要艺术家绝对独一无二的品质，但需要一定创造力的匠艺与时刻追求精进的匠人精神。"在艺术领域中，发挥指导作用的主体是个人，而对匠艺来说，起到规范作用的是集体。"[2] 这也与政府部门的运转非常相似，尤其在社会面对面的基层部门，公务员（或政府雇员）队伍作为一个集体来对内部个体加以规范，相互比较与竞争公共服务能力水平，并分别在实践中精进技艺。

相比于政治官僚（即以政治生涯为职业发展取向的公务员），政府技术官僚群体的匠人精神更为明显，这是不言而喻的。而在"适才适所"的原则和"人—事"最佳配置下，技术官僚所从事的工作存在成为"匠艺"的可能。而既然被视为"匠艺"，那么"匠人"之间结为

---

[1] ［美］理查德·桑内特：《匠人》，李继宏译，上海译文出版社2015年版，第67页。
[2] ［美］理查德·桑内特：《匠人》，李继宏译，上海译文出版社2015年版，第78页。

集体也便符合逻辑，可以想象政府内部出现类似"行会"的匠人非正式组织，并提供更加完善的非正式技术评价标准，以及宣扬匠人精神。如此，作为一种集体规范的政府治理便浮现眼前。以下将进一步对政府治理行为可能成为一种"匠艺"展开简单的哲学思辨，而对于公共行政匠人精神思考的原点就置于《匠人》作者桑内特的导师——汉娜·阿伦特。

第三节 公共行政的匠人精神：从"劳动之兽"到"创造之人"的转化

汉娜·阿伦特将人类生存方式划分为劳动与工作两种，并视"劳动"为"生存必需的消费品生产"，而视工作为更高级的、追求"永续"的"非消费品（或称为'使用物'）生产"。毫无疑问，阿伦特时代的匠人从事的便是"非消费品生产"职业，其与"为了谋生""追求富足"、从事"生存必需消费品生产"职业的匠人完全不同，其生产活动超越了这种单纯实用性基本需求的"兽欲"，其根本的动机源于内心的愉悦与思想的满足，更源于对于"永恒"的追求。可以想象，给门框雕花的木匠、制作精美瓷器的手艺人，对手中的"创造对象"均赋予了一种"拟人化"的情感，他期冀雕花木门或精美瓷器能够承载匠人自身对"美"的欣赏，凝固"爱"的价值。这些手艺人绝不希望承载自己美好情感的作品被毁坏，哪怕一个"划痕"都将完完全全使之"凋零"，并且希望这样的作品能够永远地存在下去，成为永恒的杰作。正是因此，追求永恒成为匠人不断精益求精、专注一生以提高作品完美程度的根本动力，它完完全全来自人类最为根本的情感世界。

"永恒"对于每一个人都是一种最为根本的激励，追求永恒是人类最根本的一种需求。阿伦特认为，创造之人的"理想是永恒、稳固和持久"①，但实际上，作为人类最根本需求的对于永恒的追求，同样存在于所谓"劳动之兽"的内心。人类的一切活动在一定意义上都是与"时间"较量、与"熵"相抗衡。越来越精益的公共服务也必然会感知到越来越强的来自"熵"的压力，如何保证公共服务质量、保证公共价值流的始终顺畅，就需要政府匠人挑战"时间"的不懈努力。事实上，劳动之兽与创造之人的分野不是绝对的，在二者之间具有正在"转化中"的中间群体，他们或者向着劳动之兽转变，或者向着创造之人变化，作为"公共人"的政府公务员就是这样一种"可能最接近创造之人的'中间群体'"——精益之人②（图5-2）。究竟具备怎样的条件，才能使所谓劳动之兽、"公共人"追求永恒并表现出匠人精神，从而变成创造之人呢？这样的条件有三个。

一 "移情"的存在为公共行政的匠人精神正名

劳动之兽、作为"中间群体"的政府精益之人也会表现出匠人精神，他们所生产的"用于生存"的"消费品"也会成为其所追求的"永恒"载体。当然，政府产品大量以无形公共服务为形式。以"润物细无声"的方法提供给社会，看似难以实现"永恒"，但通过"移情"的人类心理现象和心理建设工具，产品的"非实体"与"难以永恒"的特质也可以刺激出现政府精益之人的匠人行为，并养成匠人气质。

心理学中所谓"移情"，即一方对于另一方出现强烈的情感投射，将本应属于对生活中重要人物的情感"转移"至另一方（不相干者或心理咨询师）的身上，情感依赖便是移情的一种情况。一般而言，移情是一种在"潜意识"中完成的心理过程，而潜意识是任何人类行为背后的根源——潜意识虽然无法分别现实与想象，但其通过调整身体与

---

① ［美］汉娜·阿伦特：《人的境况》，王寅丽译，上海世纪出版集团2009年版，第91页。

② 也许可以这么说，政府的"精益之人""可能是最接近创造之人的'劳动之兽'"。

精神的行为反应，来塑造人类的所有行为。

促进政府精益之人呈现匠人精神与匠人气质，关键在于"移情"的发生。这里的"移情"，指的是"产品"价值的转移所导致的"追求永恒"这种情感的升华，从对物的情感转向为价值实现，将对于公共产品本身的情感投射到公众与社会之上。任何劳动产品都是承载着价值的，当政府公务员所付出心血的、极为珍视的公共产品通过生产、供给或交换实现其价值时，交换导致的所有权易手以及产品的最终消耗并不能真正消磨生产者对其的情感，这种情感通过"移情"获得了告慰，公共消费品生产因价值的实现成为"永恒"的载体，"永恒"的意义被拓展，追求"永恒"的需求也被公务员的劳动所满足。

二 生产力的提升不断解放基本需求对公务员的"奴役"

当生产力的提升足以使大多数人摆脱"兽欲"奴役之下的"劳动"，当社会大多数人的生活状态可以被称为阿伦特眼中的"工作"，当为了"生存必需的消费品"而劳动的欲望退至其次，并且这种低级的需求不再"非常必需"时，原本的"劳动之兽"便有了从事匠艺的机会，创造之人的匠艺活动将成为包括公务员在内的所有人都可以选择的生活形式。虽然这种理想的社会生活距离我们依然遥远，但生产力的不断发展确确实实为社会提供了越来越多的追求永恒的匠艺工作，在理论上，劳动之兽、"中间群体"的数量也会不断减少，公务员将更有机会变"流水线式"的政务为治理的"匠艺"。

在当前的政府治理工作中，技术的进步已将大量公务员从文牍中解放出来，许多原本外包于市场的相关工作也在政府职能不断扩大的潮流中"内化"到了政府之内。一方面，在理论上，更多的公务员实质上可以远离繁杂而低效的文牍工作，投入与社会（被服务对象）面对面的服务工作之中。虽然现实情况是科层官僚体制不断创造着"狗屁工作"（Bullshit Jobs/Works）①，但改革的价值取向始终是让更多的公务员能够投入产生实际公共服务效果的工作中去。另一方面，社会整体受教育程度与科学技术人才的增加，尤其在中国富有就业吸引力的政府部门，可以先于社会市场选择优秀的高学历科技人才（图5-3），继而将原本需要外包给高科技公司的业务工作留在政府部门之内。

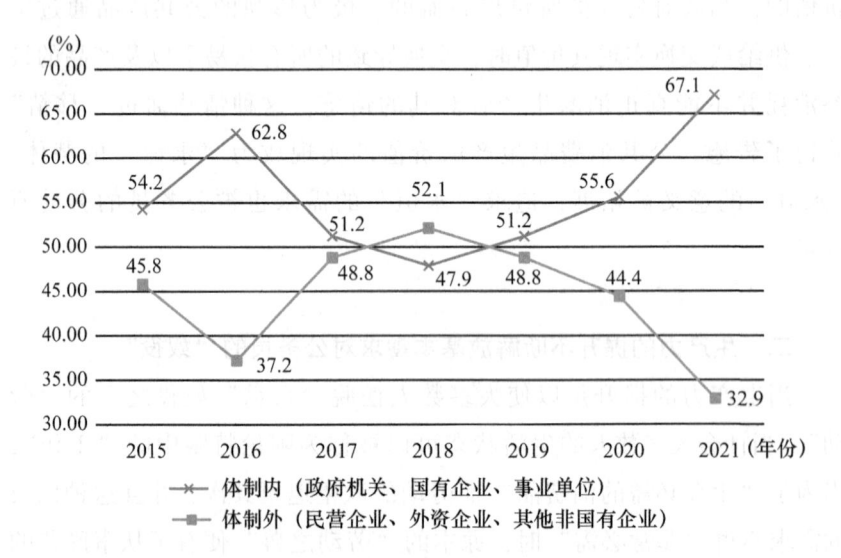

年份	体制内	体制外
2015	54.2	45.8
2016	62.8	37.2
2017	51.2	48.8
2018	47.9	52.1
2019	51.2	48.8
2020	55.6	44.4
2021	67.1	32.9

图5-3 近年来中国大学应届毕业生就业偏好（2015—2021年）

资料来源：智联招聘《应届毕业生就业力调查报告》。

如此，政府工作中被"解放"出来的"劳动之兽"有更多的可能性转变为精益之人，甚至走向治理匠人的发展道路上来。这是生产力与技术的提升为生产关系与制度的变迁提供的土壤，也是经济社会进步对政府治理与公共服务供给所提出的高要求。除了技术方面为公共行政匠人精神提供了机缘，经济社会相关制度与政府内部制度变迁，尤其是劳动分工与个性化政务的增加，也为公共行政匠人精神的养成提供了

---

① "狗屁工作"（Bullshit Jobs）的概念由人类学家大卫·格雷伯（David Graeber）提出，其中"工作"翻译自"Jobs"，实际上译为"职业"更佳。"狗屁工作"的本义是指毫无意义且往往有害的定期领薪水的职业，但实质上可以引申到"Works"（具体工作）的意义上来。

可能。

三 劳动分工的适度与个性化政务工作的增加

在事实上，社会生活是复杂的，人的生产活动也是复杂的，单单"移情"和生产力提升并不能决定劳动之兽表现出匠人精神。实际上，就算具备成为"创造之人"所从事的"工作"的基本条件，许许多多的从业者依然没有表现出兢兢业业、精益求精、专注一生的匠人精神。最根本的原因，在于劳动分工的日益细化。最初的粗浅分工促使劳动之兽从繁杂的劳动中解放出来，独立的工作使其获得匠艺活动必要的专注。但随着劳动分工的细化，匠人精神的表现也弱化了。涂尔干在《社会分工论》中承认，"幸福的变化与分工的进步是没有联系的"①，也就是说，不断细化的分工并不绝对带来幸福的增加，适度的分工是最明智的。可以这样说，分工的细化使工作成为一个个的"流程片段"，从而距离真正产出的价值越来越"远"，当人们无法接触真正价值的实现时，所追求的"永恒"无法令人感知，一切原本的手段就都变成了目的，匠人精神将不复存在。因此，唯有思考政务工作如何适度分工，既保障了政府公务员的专注度、技能熟练度，同时使其能够接触到真正的价值，匠人精神方能显现。

当然，社会分工细化的趋势是绝不会改变的，但匠人精神、匠人的工作生活方式却正在回归，它与社会分工细化间的冲突矛盾将日益减轻。原因在于，社会分工的细化并不是人的"机器化"，未来社会的"工作"发展趋势是多元化、个性化、人性化的，符合人的全面自由发展的愿景。政务工作也是如此，越来越多元化、个性化的工作将成为公共服务的重要组成部分。既然人的全面自由发展越来越成为现实，公务员所承载的"工"②也就越来越趋于个性化，越来越不可

---

① [法]埃米尔·涂尔干：《社会分工论》，渠东译，生活·读书·新知三联书店2013年版，第207页。

② 即"社会分工""劳动分工"的"工"。

被他人代替，这就彻底结束了"公务员之于政府这一机器乃是螺丝钉"的时代。如此一来，"人为组织螺丝钉"时代的多人同"工"这种个体完全可被替代的工作模式将逐步没落，"机器"将代替人工从事这些非个性化的行业，[①] 而多"工"一人的现象将会越来越多地出现，个性化、不可替代的政务工作使政府的匠人精神、匠人生活、匠艺活动成为现实。

小结　社会学对公共管理学科的新启发

追求"花得更少、做得更多"极致科学性的精益治理，在理论和实践中都有其历史的局限性。在科学性走向极致的时间节点上，人性的回归似已成为管理学界对未来判断的共识。在政府治理中，参考"企业家精神"推进行政改革的几十年来积累了大量经验教训，未来再继续借鉴经济学、依靠市场实践知识来"武装"政府改革也似乎已触碰到了"天花板"。所以，为了从另一个有趣的社会视角来审视政府治理和公共行政的未来，本章开启了对匠人、匠人精神与政府治理匠人的相关讨论。实际上，无论是从本章所叙述的匠人源流与匠人精神，还是接下来一章要谈到的社会资本、社会信任，都是社会学理论对于公共管理学科的启发和贡献。如果说公共管理学科的"管理学"意义更重，以理性为本，那么社会学则是人性的学科，强调"人性善"之假设。与政治学"人性恶"假设相对立而难以互相佐证的情况不同，社会学与理性的、工具化的管理学更加相融，在理论上可以相互补充。

一　工艺、匠艺与艺术之间关系的讨论重塑了政府治理工作

汤因比在1973年就预想可见的未来："可以想象，宗教或艺术在最

---

① 如政务终端、自理公共服务业务等形式的"自动化""无人化"工作的出现。

有才干的人们心中或许会再次变得至高无上,正如过去在许多时期和地方曾经出现过的那样。"[1]也许历史任何时期中的匠人都是最趋近于艺术家的职业群体,他们虽然不是艺术家,但其艺术的才干同样会被社会重新认可和崇敬。之于政府治理而言,显然政府的工作无法归类为"艺术"之列,许多涉及政务流程改善的"批量化生产"的工作则可以谓之"工艺",在"艺术"与"工艺"之间,应该是政府治理工作在未来"提档转型"的空间。

"工艺""匠艺""艺术"是三个不同的概念。"工艺"泛指劳动者利用工具对原材料进行加工处理的方法过程,其主要指涉工业社会时代大工厂流水线的手工劳动或机械工作;"匠艺"特指匠人在劳动中所呈现出来的出色的、不可替代的、为世人所倾慕的手艺;"艺术"是一种社会现象,是人类独有的一种对于世界的认知论,是一种超越一般物质生产的意识形态,其通过一定的物质成分来突出精神生产的性质。简单来说,"工艺"是推而广之地进行物质产品生产的、满足人类社会生存发展需求的技术方法;"匠艺"是一种更为高级的"工艺",专门指涉"特权"匠人的劳动,其已经具有一定的精神属性;"艺术"则基本脱离了物质生产属性,基于对物质的劳动加工而实现精神生产的根本目的。

显然,将政府治理的相关工作视为一种"艺术"是不恰当的,包括所谓"领导艺术"在内,基本不值得作为一种思想性、研究性学科存在;将政府治理相关工作视为一种"工艺",则对政府治理的现代化发展要求过低,过于突出了治理的目的性而泯灭了治理的人性。所以,将政府治理现代化的最高标准设置为突出相关工作的"匠艺"性质,要求政府治理呈现一种"匠人精神",在高"效费比"的精益生产公共产品基础上,为其赋予更多的人性,是未来重塑政府治理工作的方向。

---

[1] [英]阿诺德·汤因比:《人类与大地母亲:一部叙事体世界历史》,徐波等译,上海人民出版社2016年版,第4页。

二 匠人的社会学讨论为精益治理转向"匠人政府"理顺了逻辑

既要保证精益生产公共产品的高"效费比",又要赋予政府治理工作更多的人性色彩,科学与人性之间的张力在现代政府治理中早已暴露无遗。近年来世界各国不断在政府行政精益化方面取得成效。依靠治理技术的进步,政府公共产品供给过程中的浪费问题在不断得到解决,这是不能忽视的进步。但是,总是面对现实问题而期待于即时的改革调整加以应对,这种"战术性"的政府治理现代化思路终归会被细节问题的"积弊"压垮,同时也会由于每件事务的极致科学化要求而在正常"人性"的身上放上"一根稻草"。

"战略性"地思考政府的未来,是追求极致科学性的时代最为需要的研究。通过对匠人相关历史制度源流的社会学讨论,以及公共行政学中已有相关探讨政府治理匠人精神问题的初步贡献,政府治理未来指向"匠人政府"的判断逐渐清晰起来。当然,社会学对于现实问题的讨论总是习惯寄希望于人性中的善念部分。这种视角一方面确实补充了当前学界对政府治理理解的不足,但更根本上的意义,在于让追逐科学的管理学能够重新重视人性的思考,即一种更关注长远战略价值而非眼前意义的思维逻辑。从这个角度来说,精益治理在解决现实问题的实践中,在积累大量经验的基础上,"未雨绸缪"或"洞若观火"地强调匠人精神对于政府治理现代化的意义,是值得的。

更具体地展开,在公共行政存在匠人精神判断基础上,政府的精益治理变革在未来是否会更顺利地转向"匠人政府"的建设;精益治理中凸显了哪些匠人精神的"魅影";政府治理的哪些方面可以被视为公共行政"匠人精神"之源;以及总体证实"匠人政府"可能性、可行性问题,是接下来一章讨论的重点。

第六章

从精益治理到"匠人政府"

政府公共行政的基本制度是理性官僚制度,源自马克斯·韦伯对于普鲁士国家权力体制的总结,以及对理想形式的理性官僚组织模型的理论化。从当前各国政府组织形式、管理体制而言,理性官僚制度是现代化政府的主要特质,中国政府亦如此。精益治理理论根本上是针对政府自身改革以适应政府职能、更好地履行与经济社会之间的"契约"的理论,而精益治理变革的底色即是政府的理性官僚制度。对于理性官僚制度的批判已经无须赘言,理性官僚制度的一切"不完美"在精益治理理论与变革实践中均能看到,精益管理体系也绝不是对于理性官僚制度的超越,最多仅是依据极致的科学性而打的"补丁"。

回头客观审视精益管理,实际上长期以来日本管理学界对"丰田主义"即时组织生产方式的普遍评价是:"如果把简单劳动狭义地理解成雇员持续地从事固定作业,那么这种生产体系是在克服简单劳动。但是,要说其是内容丰富并符合人性的劳动,可以说是值得怀疑的。"[1]也就是说,对于后期由美国人总结出来的精益管理模式有其与生俱来的

---

[1] [日]熊泽诚:《日本式企业管理的变革与发展》,黄咏岚译,商务印书馆2003年版,第26页。

局限性，并非管理所追求的人性解放终极价值目标的"答案"，也许仅是特殊时期、特殊文化环境下的"权宜之计"。总体来说，从日本经济和企业管理的发展历程来看，精益管理所代表的"丰田主义"是应对经济困境时的必要选项，而精益治理对于政府而言也是在财政危机中的有效应对措施。但是，说到底，管理的"精益化"是对现有组织资源和边界的保守性"安全保障措施"，缺乏长期的战略进取性，并非推进组织发展乃至政府改革的长久之计。那么，真正从精益管理、精益治理理论与实践中可以继承的经验与必须进一步改进的方向为何？从匠人精神出发也许可以找到答案。

须知，企业即是一所大学，让员工发现独一无二的自己，是"大学"的职责，也是企业的责任。在为组织提供贡献的过程中，个体的差异性而非同质化可以达成这一目标，同时创造可以免于过分竞争的安泰环境，这样的环境更适于培养匠人精神。对于政府也是一样，以精益治理的极致科学化提升政府"效费比"的同时，思考如何给予政府组织以多样性、差异性的安泰环境，弘扬匠人精神，是未来政府需要思考的问题。

第一节 "精益之人"与"匠人"

福山认为，"'鹰隼不群'（个人主义至上）的美国人学不来日本人基于普遍社会信任的精益生产模式"[①]。从这个角度而言，精益的核心是社会信任。仅从管理的一般制度与技术角度讨论精益治理是不足的，理解政府"精益之人"，讨论中国政府精益变革，亦须从社会信任切入，探讨政府"精益之人"与治理"匠人"的关系。

---

① ［美］弗朗西斯·福山：《信任：社会美德与创造经济繁荣》，郭华译，广西师范大学出版社2016年版，"导读"第 V 页。

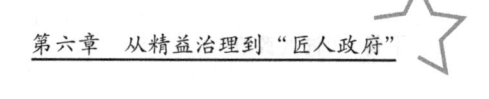

一 社会信任视角的"精益之人"

现代社会是信用社会,现代经济是信用经济,现代政治是信用政治。企业精益管理体现了管理的极致科学性,但根本上其基础依然是强大的社会信任的力量。在数字化技术时代之前的丰田现场管理中,工人被赋予了极大的信任和权力,任何一个流水线工人拉一下"控制绳",均可以叫停整条流水线的作业,进而迅速寻找问题并加以解决。可以说,精益管理的核心是对于劳动参与者的绝对信任,而非仅仅在于制度与技术的提升。只有形成值得信任的劳动者队伍、产生成熟的信任文化、降低管理过程中各环节的交易成本,才是从根源上找到了去除浪费的办法。经济如此,社会生活亦是如此。通过习俗、惯习、宗教信仰和社会价值观的塑造,社会教化形成良性循环,社会资本得以在高度信任的关系中逐步积累,进而不断降低社会成员、组织之间的交易成本。"高度信任的社会能够以更加灵活和群体倾向的模式来组织其工厂,将更多的责任授权给低级别的组织。"① 政府也是如此,高信任度的政府内部组织文化,对于基层执行部门的信任度更高、放权的力度更大,这是精益政府的特质。

沿着国家治理现代化的制度逻辑,从权力主体关系理论(图 6 – 1)出发,"誓约""规约""契约"的"订立",是建立在社会信任的基础之上的,即对于双方约定性规则的遵循与对对方遵循规则的合理预期。这种信任是规则形成和博弈的前提,也是规则不断修订完善的基石。"现代社会的信任主要来自系统信任。系统信任是指陌生人之间能够建立起的信任,通常来自对权威的信任,即对有合法性的公权力的信任;对专业体系的信任,即对有专业知识和规范的专家系统的信任;对规则的信任,即对法律、正式规则、制度的信任。"② 其中,对合法性公权

---

① [美] 弗朗西斯·福山:《信任:社会美德与创造经济繁荣》,郭华译,广西师范大学出版社 2016 年版,第 34 页。

② [美] 弗朗西斯·福山:《信任:社会美德与创造经济繁荣》,郭华译,广西师范大学出版社 2016 年版,"导读"第 ⅵ 页。

力的信任,是国家权力与经济社会民主权力之间"誓约性关系"的基础;对专业体系的信任,则是官僚权力与经济社会民主权力之间"契约性关系"的基础。

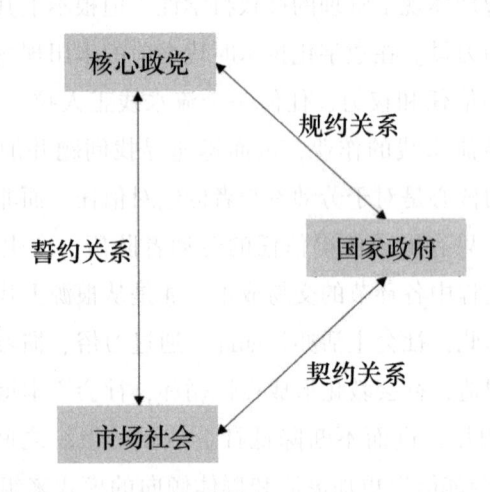

图 6-1 权力主体关系框架——一种中国国家治理的理论解释

资料来源:笔者自制。

所以,在政府内部的微观层面上,推进政府的精益化,实质上是强化政府内部的社会信任感,为相关变革降低制度性交易成本;在主体之间的宏观层面上,国家政府在治理工作中的专业性是政府精益变革的依据,而通过专业性所形成的社会信任,则是结成国家政府与市场社会之间稳定"契约"关系的根本机制。总之精益政府变革的核心要务是:尊重社会信任,尤其是政府组织内部及其与经济社会之间的信任关系。这种信任关系的重塑,内部依靠理性官僚制度与行政文化的养成,外部则依靠政府组织与经济社会之间契约关系的完善,即无论组织内外均必须立足制度变迁来解决现实中主体关系的信任问题。

二 政府"精益之人"与政府组织和经济社会的"契约"

政府内部精益变革的制度变迁前文已基本阐述清楚,在此不再赘述。至于政府与市场社会的契约关系，以及相关社会信任感的形成，在此仍需耗费些许笔墨。

政府"精益之人"是履行政府组织与市场社会之间"契约"的主体，这种契约与市场契约有所不同，是建立在公权力合法性之上，是一种明显的信任关系，而非建立在市场经济的利益交换关系之上。这种契约也不同于政治权力与市场社会之间的"誓约"，并非完全基于政府职员与公民之间的"道德习惯"与作为行为预期的"道义回报"，而是以理性的治理行为——成本最小化——为评断标准。从这一点而言，政府培养"精益之人"有一种内在不可调和的矛盾，这种"撕裂感"是精益治理无法调和的，即必须出于一种信任关系，建构理性的契约关系，履行政府应该履行的职责，拒绝经济社会过分的公共服务要求。这种调和是不容易的，使"精益之人"在精益治理过程中易走向两种极端：完全的理性精益管理思维和完全的奉献精神思维，前者欠缺治理韧性（人性/非理性），后者则不可持续。所以，如果政府组织和经济社会的"契约"是政府公共行政不可突破的边界，那么在边界之内——理性官僚体制和理性精益管理的领域内——如何构筑一种基于人性的/非理性的、文化共同体的与经济社会之间的信任关系，是使精益治理走向实际必须厘清的理论问题。

这个问题的另一种表达，是讨论精益治理在极致科学性地追求完全理性的过程中，加入必要的人性成分以强化必要的社会信任，如此精益治理也就不再"精益"，那么，更有效地实现政府与市场社会间"契约"的治理又是一种怎样的模式？福山对此相关主题有一个经典论述："人类的历史进程可以理解为两大力量的共同推动。"[1] "第一种力量是理性的欲望，在这种欲望下，人类企图通过财富的积累来满足自己的物质需要。第二种力量也是历史进程中同样重要的动力，即黑格尔所谓的'寻求承认的斗争'，也就是说，所有人都希望自己从根本上作为自由

---

[1] Francis Fukuyama, *The End of History and the Last Man*, New York: Free Press, 1992, pp. xi – xxiii.

的、道德的存在而被其他人承认。"① 前者可以认为是理性主义，而后者则是一种人生的"价值尊严"取向。可以说，精益治理所要求的"精益之人"是一种理性主义发展出的政府模式，它需要的是不断降低成本、时刻精进的理性思维与管理；而对于人生"价值尊严"取向的思考则需要从"匠人精神"的角度理解，需要探讨政府如何进行"寻求承认的斗争"，即指出政府中存在治理"匠人"的现实意义。如此，通过"寻求承认的斗争"最终实现了必要的社会信任，中和了科学理性的精益治理，在两种历史进程动力下实现政府治理现代化。

三 精益治理与治理"匠人"：两种历史进程动力的表征

既然精益治理与治理"匠人"分别体现了"理性的欲望"与"寻求承认的斗争"两种历史进程动力，那么二者共同推动政府治理现代化便是可信的命题。政府组织更高效、更符合伦理地履行职责，只依靠内外部的"契约"规则是不够的。治理"匠人"的特质是更多地拥有社会资本，而非运用正式规则的能力，他们能够灵活地运用社会资本将政府与经济社会的互动"柔性化"，减少契约性关系的制度刚性。如果说，精益治理是理性的张扬，需要政府官僚体制做出有益于降低公共成本的理性选择，那么治理"匠人"则是人性的、非理性的治理载体。须知，任何理性的选择本身都是有成本的，而传统的、与生俱来的、不可深辨的习俗、惯习、伦理体系则能够给予政府职员以低成本的决策判断，从这个意义而言，人性的、非理性的治理在某种程度上是决策精益化的体现。

当然，治理"匠人"对精益治理的补充不仅如此，其意义也并不仅限于对精益治理的补充，根本上，政府的治理"匠人"代表了对政府的新的理解。前文已提及，"在艺术和科学之间还存在一片区域"②，

---

① Francis Fukuyama, *The End of History and the Last Man*, New York: Free Press, 1992, pp. 143–180.

② [美] 亚力克·福奇：《工匠精神：缔造伟大传奇的重要力量》，陈劲译，浙江人民出版社2014年版，第144页。

这片区域可以被视为"技艺"的领域，即匠人的世界。把盲目追求极致科学性的政府行政变革向着人性（艺术）的方向拉动"回调"，恰恰证明政府治理回归现实。尤其在单纯依靠管理技术升级而实现政府治理"3E"目标已触碰"天花板"之时，制度上的"社会信任"是政府治理进一步现代化的唯一选择，思考政府精益治理的"精益之人"如何向治理"匠人"转变，以实现更具制度稳定性的社会信任，便显得尤为重要。

当然，在差异之外，实质上"精益之人"与"匠人"之间存在相似之处，这也是两种历史进程动力可以相容的前提。最重要的，是寻求为共同体所接纳的"安泰"，这是"精益之人"与"匠人"共同的人性需求。"人固然有私欲，人性另一部分则渴望成为更广大的共同体（community）的一员。当没有规范和规则来连缀个体的时候，人类会感到强烈的不安，也就是社会学家埃米尔·涂尔干所谓的'失范'（anomie），而现代社会的工作场合则缓解或消除这样的不安。"① 然而，精益思想并没有将这种人性需求纳入分析，精益治理理论也仅仅是从理性管理出发寻找组织成本压缩的方法，而忽略了人性的、非理性的治理机制。即是说，精益管理依靠管理制度与技术达成目标，而精益之人的培育类似匠人，需要工作场合与他人之间产生相互联系，并形成相互承认的满足感。因此，从"匠人""匠人精神"切入，讨论传统匠人、现代政府"精益之人"与其工作环境的"相互建构"的关系，并汲取其中人性的、非理性的理念成分，显然是丰富精益治理理论的一个很有价值的尝试。如此，下一章提出"匠人政府"理论建构也便有了现实依据。

四 从"花得更少、做得更多"到"花得更少、做得更好"

从政府的精益治理变革到寻找治理"匠人"与政府治理的匠人精神，此间呈现出两种历史进程动力的"合力"，根本上的价值追求自然

---

① ［美］弗朗西斯·福山：《信任：社会美德与创造经济繁荣》，郭华译，广西师范大学出版社 2016 年版，第 11 页。

会有所变化。英美学者始终将"精益"(lean)的核心理解为"花得更少、做得更多",但事实上,"益"有"学习"之意,在"学习"基础上做得更好乃是"精益"的本义。所以,西方精益管理思想本身便缺了"做得更好"的一层理念,故而引入"六西格玛"管理以进一步推动极致科学化而控制产品质量。不过,将"精益"引入政府治理,在政府治理中同时引入"六西格玛"管理显然是不现实的,没有任何基于人性的公共服务可以用"六西格玛"来衡量产品质量。所以,在"花得更少、做得更多"的精益治理基础上,进一步提出"花得更少、做得更好",需要依赖政府治理的匠人精神。

政府行政改革的价值理念的变化不只是意识形态的口号性设计,其必须具体为可行的指导原则。表6-1是罗斯金所总结的匠人职业人生的指导原则,映射到政府治理之中,并与精益治理价值理念进行比较,可以看到这种价值理念变迁中所隐含的人性的动机。

表6-1　　　　　　　　　　匠人的七个指导原则

指路"明灯"	具体解释
"牺牲之灯"	匠人需要献身匠艺,愿意为了把事情做好而把事情做好
"真理之灯"	匠人应该拥抱困难、阻力和为难之处,进而找到真理
"力量之灯"	力量必须受到制约,匠人应按照标准做事,不能完全随心所欲
"美丽之灯"	美丽更多来自细节和装饰,匠人应当聚焦细节
"生命之灯"	生命意味着奋斗和能量,匠人必须奋斗于匠艺并充满生机
"记忆之灯"	对待机械时代的作品应保持敬畏,加以参考
"服从之灯"	匠人应服从大师的实践所指定的典范,而不是服从某个作品,要学习伟大的匠人,而不是复制其作品

资料来源:理查德·桑内特的《匠人》;约翰·罗斯金的《建筑学的七盏明灯》[1]。

首先,匠人的职业壁垒远高于流水线劳工,技艺可以长期训练,人

---

[1] John Ruskin, *The Seven Lamps of Architecture*, London: George Routledge and Sons, 1901.

性可以慢慢打磨，但自内而外的对人生与世界的好奇心、敬畏感，则更多是与生俱来的。匠人的七个指导原则中要求"献身""敬畏""秩序"，精益治理也要求个体对于工作的积极付出与科学严格的纪律性，只不过前者的要求更具"宗教性"魅力，强调非科学性、非可实证、非可检验的人生规范。其次，匠人的匠艺要求保持对未知的想象力，对审美的无止境追求，这种对"真""善""美"的信仰已超越科学性本身。匠人的七个指导原则中要求"聚焦细节""充满生机""寻找真理"，精益治理则在以降低成本为目标的方法论上强调细节，而非"真""善""美"的价值要求，这一点上二者之间存在明显差异。最后，匠人的工作强调创造性，即追逐一种不可完全预测的、人性的魅力，要求培养在服从大师典范基础上的创造力。匠人的七个指导原则中要求"避免简单复制"，精益治理则要求以低成本为标准的批量生产，这一点上二者大相径庭，因此改变政府的工作模式、提高工作的创造力或将成为由"做得更多"向"做得更好"价值转变的最大挑战。

总之，从"知识的三种进路"框架（表6-2）来说，对于匠人的要求更多是"信仰"与"灵知"层面的，而非精益治理所强调的"理性"层面。"理性"可以帮助政府在科学"效费比"的逻辑下"做得更多"，但很难引导政府"做得更好"。"做得更好"则需要寄希望于政府的治理匠人。

表6-2　　　　　　　　　　　知识的三种进路

	可交流	可检验
理性	+	+
信仰	+	-
灵知	-	-

资料来源：[荷] 乌特·哈内赫拉夫：《西方神秘学指津》，张卜天译，商务印书馆2018年版，第111页。

第二节 政府治理中的匠人精神

由政府的精益治理变革转向寻找政府治理中的匠人精神,强调"做得更好"而不仅是"做得更多",此中逻辑业已清晰。政府治理中是否存在匠人精神,尚未有一个合适的、具有广泛共识的标准答案,但可以通过罗列一些符合匠人生产生活秩序、存在更多人性化创造空间、营造内外部制度环境的社会信任感等的政府治理工作,呈现一系列其中的"匠艺"与匠人精神。具体来说,当前政府治理相关工作最切合"匠艺"特质、存在更多匠人精神可能的,涉及基层政府人性化服务、政务相关人性化设计与基于自治的人性化发展三个方面。

一 面向人性的人性服务:政府服务与政策执行中的匠人精神

参照周雪光的理论框架,中国政府的结构可以分为三个层级:中央政府(委托方)—地方政府(管理方)—基层政府(承包方)。富有匠人精神的政府治理在这三个不同层级中的表现肯定有所不同,最具匠人精神可能的、最能够反映政府治理"匠艺"的层级显然是"基层政府"这个"承包方"。

(一)基层治理中的匠艺与匠人精神

虽然"匠人涵盖的范围比工匠更广;具体来说,只要拥有为了把事情做好而把事情做好的愿望,我们每个人都是匠人"[1],但是,真正能够让市场社会体验到政府治理、公共服务中匠人精神的,一定是与市场社会"面对面"的基层部门。在基层治理中,政府公务员或雇员个体能够感知整个政务服务流水线的运作标准,直接触碰基层治理工作的最终价值,并体验工作最终价值本身赋予工作的"神性"与"魅影",

---

[1] [美]理查德·桑内特:《匠人》,李继宏译,上海译文出版社2015年版,第177页。

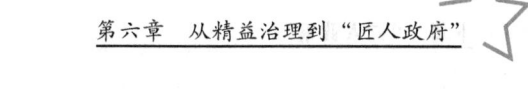

这是关于匠人精神养成的直接要素。

不过,需要慎思的是,基层治理的工作性质是否与匠人手艺工作具有共通性。匠人往往将手中的造物加以拟人,以一种人性化的语言描述其匠艺过程,如表达对自己创作的刺绣作品的神往,会视其为"孩儿"。匠艺如此,基层治理所面对的是活生生的社会个体,是更具人性化的公共事务,是否这种拟人化的匠艺工作态度可以移植于基层治理之中呢?可以想象,基层治理工作更适合于具有敏感的同理心、温柔的想象力、细腻的体察力的个体,也许女性比男性更为合适,而匠人精神似乎就孕育于其中。而唯有真正将负责基层治理的公务员或雇员置于社会之中,使其长期直接接触治理工作的终极价值,匠人精神才会生长出来,并在拟人的持续"赋魅"中不断强化。

(二) 公共服务"非商品"性质与匠艺品质

众所周知,优秀的匠人不善于整合资源与社会交际,只将几乎全部精力投入匠艺的精进;"优秀的匠人是拙劣的卖家,他只关心如何把东西做好,却又无法解释他正在做的事情有什么价值"[1]。如此,在政府向市场社会面对面提供公共服务的领域,公共服务产品的生产性质与本身性质是决定此领域是否存在匠人精神的重要条件。一方面,从产品生产来看,公共服务所依赖的资源是政府的制度性分配,不涉及整合资源的问题。同时,围绕控制社会资本而展开的社会交际也不在公共服务生产供给的正常过程之内。通俗地说,"弄权"的行为与公共服务本身完全相悖,"驭人"与"做事"之间,基层公共服务显然更多需要专注"做事"的匠人。另一方面,毫无疑问,公共服务产品本身的性质是"公共性"的,这种公共性产品并不存在向市场社会"推销"的问题,稳定而持续的需求对基层政府公务员、雇员的要求并非作为优秀的"卖家"来提供产品,而是作为生产公共产品的匠人来提升匠艺品质,并持续思考公共性的价值问题。

---

[1] [美] 理查德·桑内特:《匠人》,李继宏译,上海译文出版社2015年版,第140页。

公共服务的"非商品"性质还决定了大量的公共服务供给实际上是难以"标准化"的。桑内特对于匠人的劳动下过一个判断："匠人是否会努力把事情做好，取决于他或者她对手头的东西是否感到好奇。"[①] 政府的公共服务存在人性化的本质，在"可能性文化"时代下具体公共服务实施存在着公共性框架内的各种可能。如此，公共服务也越来越朝着"去标准化""去流水线化"的方向演变（当然，目前这仅是一种可见的趋势），作为一种匠艺存在的公共服务工作也许将因更多可能性而充满魅力，这是人性化公共服务中存在匠人精神的可能。此外，从某个角度上讲，政府的职能实质是应对"商业世界与社会服务世界间的断裂"[②] 问题，即完全商品化的服务与完全慈善化的服务之间，必须由政府的公共服务进行填补，促进"私有性"价值与"公共性"价值的和谐，保障经济社会发展与稳定的均衡。如此，政府的公共服务需要一种既非"企业家"、流水线"劳工"，又非"慈善艺术家"的治理匠人来生产和供给。

二 体味人性的人性设计：设计学视角的匠人精神与政府治理

除了与公民"面对面"的公共服务"匠人"之外，政府内还有另一种治理"匠人"——政府治理的"设计师"。设计与传统手工匠艺息息相关，设计本身亦是匠人的技法之一。可以说，设计师这种职业，是在劳动分工大潮下从传统手工匠人中分离出来的。如此，设计师与匠人本就是"一体两面"。"工艺（Craft）和设计（Design）是直接相关的。环境不是一个实体，而是各个元素的集合，这些元素完美地组合成一个和谐的作品。设计师的材料敏感性应该体现在每一个单独的组件上，无论是宏观的还是微观的，否则他就会与创作过程疏远。……匠人的手应该找到机会操作控制所有的组成部分以创造和谐，以确保空间元素之间

---

① ［美］理查德·桑内特：《匠人》，李继宏译，上海译文出版社2015年版，第142页。
② ［美］史蒂芬·海勒、［美］薇若妮卡·魏纳：《公民设计师：论设计的责任》，滕晓铂、张明译，江苏凤凰美术出版社2017年版，第79页。

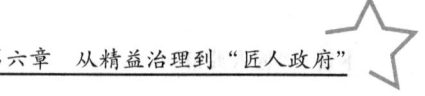

不至失调。当设计师和匠人合二为一时,创造力就会显现出来。"①

(一) 设计学与政府治理

设计学与政府治理之间的关系尚未被公共行政学关注,追求科学化的学科旨趣也压抑了向设计学、艺术学借鉴的动力。不过,政府治理并不绝对与"严肃性"画等号,这种"严肃性"是公共行政政治背景的影响,也是长期流水线生产管理模式的影响,不代表政府的唯一特质。

1. 设计学的责任与政府治理的现代化

设计学与公共行政在理论与方法上存在重要的融合价值,设计与治理也早已被学界认为存在整合的意义。设计学的责任是克服人类社会不可持续性的各种问题条件,为人类社会寻找和提供更多可能图景。所以,设计毫无疑问是一种匠艺活动,关于政府治理的设计也毫无疑问是一种治理匠艺。近年来,学界已经开始广泛讨论"设计治理"(design governance)的话题。所谓"设计治理","广义的设计即是治理,广义的治理即是设计",设计治理"是国家治理的一种方式,主要是以设计的方式来介入或融入到国家治理之中的策略","与规范、标准、利益、美学、品质等相关"②。目前设计治理是城市设计的子领域,主要研究问题聚焦于政府通过治理手段干预城市设计并实现城市善治。而政府干预并影响城市设计并非公众所理解的"外包"或"购买服务",而是"不断的持续干预,因为设计决策环境的塑造是正在进行的过程"③。可见,政府治理相关的设计是理论与现实中均已证实的客观现象,而设计作为一种匠艺活动,在政府治理的设计事务中也必然具有存在合理性。从设计学与设计治理角度理解政府治理现代化,不失为一种独特的视角。

---

① Eugene M. Rader, *A Modern Craftsman Revival*, Virginia Commonwealth University, 2015.
② 邹其昌:《理解设计治理:概念、体系与战略——设计治理理论基本问题研究系列》,《中国设计理论与国家发展战略学术研讨会——第五届中国设计理论暨第五届全国"中国工匠"培育高端论坛论文集》,上海,2021年,第16—34页。
③ Matthew Carmona, "Design Governance: Theorizing an Urban Design Sub-field", *Journal of Urban Design*, Vol. 21, No. 6, 2016, pp. 705–730.

对于政府治理的整体而言，设计学当然具有现代价值。"波德莱尔认为，现代的艺术作品处于现实性和永恒性这两条轴线的交会点上：'现代性就是过度、短暂、偶然，这是艺术的一半，另一半是永恒和不变'。"① 包括设计治理在内的政府治理也如此，任何涉及公共场域的政府行为，都必须考虑传统的力量，在现代性的"无序""短暂"中寻找"有序"和"永恒"。作为设计史学家的赫斯科特曾特别指出："在现代化进程正在席卷中国之时，值得问的是，过去是否可以成为现代化进程中持续不断的灵感来源，这也引发了一些问题，即设计在这个进程中保持文化连续性，同时又促使其进行改变的一个源头。"② 通过尊重传统文化的路径依赖，进行当前治理制度的具体设计，是避免现代化与传统之间出现"断裂"的"药方"，进而获得更加持久的治理现代化动力。

2. 政府治理中的设计思维与设计方法

对于与社会"面对面"提供公共服务的公务员（政府雇员）而言，这些"拥有内在型知识的人只是手工劳动者，他们没有得到参与设计的权利。这正是技能的问题所在；大脑和双手的分离不是因为知识不够，而是社会造成的"③。这些社会因素，即是政府内部管理的制度因素，大量一线治理"匠人"对于公共服务的整体设计缺乏话语权，而完全不理解社会需要的官员则高高在上、指手画脚。公共服务质量与成本因此难以符合公众期望。于是，参与政府治理相关"设计"的权力与能力，是政府治理中匠人精神的重要体现。

从政府治理现代化的进程来看，当前"设计思维和设计方法正在被公共部门所接纳，并开始反思当前的方法，讨论运用新方法的可能性"④。培养公共部门设计思维与设计能力已经成为影响治理效果

---

① [德] 于尔根·哈贝马斯：《现代性的哲学话语》，曹卫东译，译林出版社2011年版，第10页。
② [英] 克莱夫·迪诺特编：《约翰·赫斯科特读本：设计、历史、经济学》，吴中浩译，江苏凤凰美术出版社2018年版，第71页。
③ [美] 理查德·桑内特：《匠人》，李继宏译，上海译文出版社2015年版，第39页。
④ [英] 约翰·赫斯科特著，[英] 克莱夫·迪诺特、[土] 苏珊·博兹泰佩编：《设计与价值创造》，尹航、张黎译，江苏凤凰美术出版社2018年版，第41页。

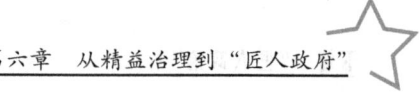

的重要因素。正如盖伊·彼得斯所建议的那样："像设计汽车那样设计政策。"① 一方面，政府治理中的设计思维是治理制度体系现代化的重要基础。面对社会多样性与需求多元化，缺乏设计思维的政府是无法满足这些未来的异质性的。而对于参与治理的每一个个体而言，"一个异质的社会如何能够发展出共同的价值，同时又能鼓励文化多样性和个人自由呢？……设计师必须成为好公民，参与到塑造我们的政府与社会中来"②。所以无论从政府自身变革还是社会从外部改变政府治理来看，设计思维都是政府治理未来的必备素质。另一方面，设计方法是政府治理现代化工具箱中的重要工具。事实上，精益管理的工具方法中有很多都来自设计学。比如上篇所谈到的"系统性布局规划"（Systematic Layout Planning，SLP）工具，即是建筑设计、室内设计的常用工具。而设计学中常用的 SLP 是更为具体的"规划/邻接+标准矩阵"（Program/Adjacency + Criteria Matrix，PCM/ACM）（图 6-2）。在当代政府与社会面对面的场景中，SLP 与 PCM/ACM 设计方法的应用也已展开，尤其是在政务大厅的建筑设计、室内设计中，以向设计师或设计公司"外包"设计事务的方式，可以获得更加专业的设计模型，并且引入最新、最有效的设计方法。

（二）政府中的设计师与治理中的设计学

设计学可以给公共行政学科以巨大的启发和帮助。设计学中的建筑设计、室内设计、场景设计等，都与政府治理的方方面面密切相关。而作为设计工作的主体，设计师也是政府治理活动的重要参与者，为政府治理注入了纯粹的"匠人精神"。

1. 场景设计：社区再造的政府责任？

社区再造是中国政府在当前和未来很长一段时期内必须推进的基层社会治理现代化的重要工作。作为国家治理体系的关键主体，城市政府、乡

---

① G. Peters, *Advanced Introduction to Public Policies*, Massachusetts, USA: Edward Elgar, 2015.

② ［美］史蒂芬·海勒、［美］薇若妮卡·魏纳：《公民设计师：论设计的责任》，滕晓铂、张明译，江苏凤凰美术出版社 2017 年版，第 6 页。

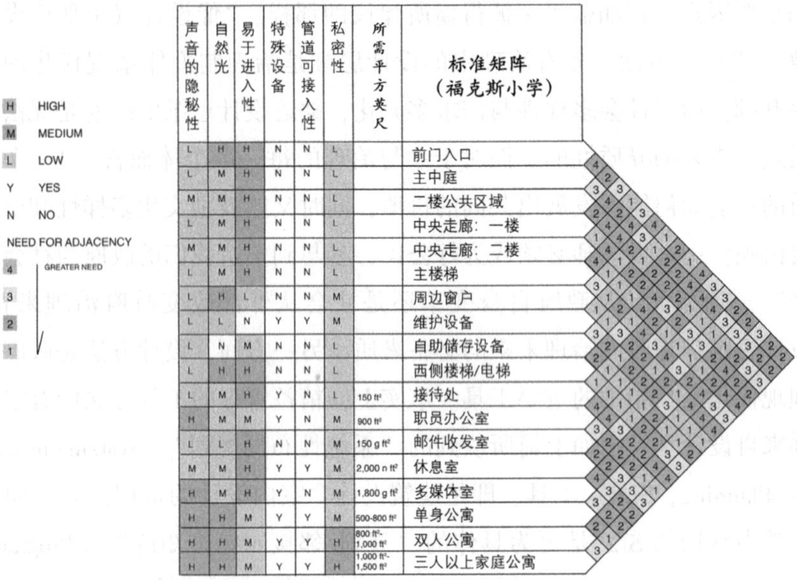

图 6-2　建筑设计与室内设计中的 Program / Adjacency + Criteria Matrix

资料来源：Eugene M. Rader, *A Modern Craftsman Revival*, Master Tnesis, Virginia Commonwealth University, 2015.

镇基层政府及其各部门对于社区（乡村）再造工作承担了重要的责任。当然，随着经济发展与社会成熟度提升，政府在社区再造中的责任边界在不断地变化。责任边界的变化不会完全挤出政府的作用，如此来说，社区再造过程中充斥着的各种"场景设计"便成为政府治理匠人的重要舞台。

所谓"场景设计"（Scenescapes Design），即利用包括场景理论（Scenetheory）在内的各种理论方法，分析环境并创新加入美学与文化要素，进行区域整体设计。场景理论由美国教授特里·尼科尔斯·克拉克（Terry Nichols Clark）提出，以正当性（Legitimacy）、戏剧性（Theatricality）、本真性（Authenticity）三个一级维度对场景进行模型分析，将城市场景加以理论化、可量化、可分析化。当然，城市场景分析与设计是目前场景理论重点关注的对象，但事实上"社区"包含了乡村地区的生产生活场景，其结构虽然简单，但设计与再设计的过程考验着政

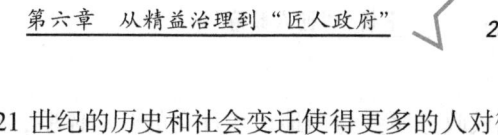

府治理的文化审美能力。"21世纪的历史和社会变迁使得更多的人对微妙的美学差异更加敏感,这些差异在日常生活中变得越来越清晰。"①如此,政府也必须符合这种美学差异的基本要求,形成政府独特的、具有社会广泛认可的审美标准,在日常生活中通过匠人式的场景设计实现治理目标。

2. 现场设计:把政府设计为博物馆?

当我们走进政府办事大厅,无论是行政审批大厅还是综治中心,只要涉及与市民面对面的场所,从建筑到内部公共服务现场设计,都可以想象进入了一座政务与规范制度的"参与式博物馆",都需要政府具有标准以上的艺术审美与匠人精神。那么,以设计博物馆的审美与精神来设计政府与社会面对面的办事大厅,其中"收藏"有各种堪称"艺术品"的公共服务,是否具有合理性?当然,这个比拟似乎仍缺乏深思熟虑,公共服务如何"收藏"?"艺术品"是"死去的文化",如何比拟"活着的"政务?这些问题都难以解决。不过,身处一座"参与式博物馆",其舒适程度远甚于冷冰冰的政务大厅,尤其是办理政务本身对于市场社会就只是"成本"的情况下。所以,虽然经济社会不需要公共服务都堪称"艺术品",但需要一种政府治理的"匠艺"能够让公共服务"提档升级",尤其既然现有技术与资源可以提高政务大厅现场品位,何乐而不为?

把政府设计成什么样,进而可以更好地整合社会,各国在这方面实际上不存在标准答案,也都存在着或多或少的问题。比如"在欧美文化中,对于通过设计来促进社会认同感和凝聚力的观念是否已经衰落的问题,存在着长期争议,结果导致疏离与隔阂本身已经上升到审美价值的地位"②。而如何让政府真正融入当地社会文化,通过人的多种感知

---

① [加]丹尼尔·亚伦·西尔、[美]特里·尼科尔斯·克拉克:《场景:空间品质如何塑造社会生活》,祁述裕、吴军等译,社会科学文献出版社2019年版,第9页。

② [美]妮娜·莱文特、[美]阿尔瓦罗·帕斯夸尔-利昂主编:《多感知博物馆:触摸、声音、嗅味、空间与记忆的跨学科视野》,王思怡、陈蒙琪译,浙江大学出版社2020年版,第205页。

形成政务服务与当地市场社会的互动体验，也许是未来政府治理值得深入思考的问题。从另一个比较有趣的视角来看把政府设计为"博物馆"的话题，可以想象是一种重新给政务"赋魅"的尝试，让政府所提供的公共服务全过程不再只拥有"实用性""功能性"价值，而真正重新思考"公共性"的、藏在公共服务实体背后的"魅力"与"神秘性"，这也许正是整合地方社会的真正力量，也是值得思考的方向。

3. 产品设计：大规模定制公共产品？

管理学中所谓"大规模定制"（Mass Customization，MC）是当代工业产品生产最为先进的一种模式，在20世纪90年代被完整提出："大规模定制能够以几乎每个人都能付得起的价格提供差异化的产品，它是一种崭新的生产模式，通过把大规模生产和定制生产这两种生产模式的优势有机地结合起来，在不牺牲企业经济效益的前提下，满足客户个性化的需要。"[1] 实践中，在政府公共产品的生产过程中，大规模定制的方式也存在巨大的应用空间。一方面，通过精益管理的引入，实现精益治理以实现低成本规模化的公共产品生产；另一方面，通过政府治理匠人精神的发扬，重新认识社会对公共服务的个性化需求，思考定制产品的可能性。不过理论上，大规模定制则遇到了逻辑陷阱。规模效应在产业经济与消费方面是说得通的，以价格作为标尺，实现了所有人对商品的平等购买的可能。但在公共服务方面，"规模经济的说法很难适用于公共部门"[2]。原因在于，依据经济学理论，规模经济的前提假设是生产工作的"其他条件不变""一切平等"等，而只有完全操控生产机器，并在完全受控的生产环境下，规模经济才会产生，显然政府组织的公共服务难以达成这么严苛的前提条件。因此，无法以"规模经济"为标准来评价政府部门的治理行为，不可预期性与不可完全受控性使政府治理行为更趋近于匠艺活动，而非现代工业生产线。对此，对于政府

---

[1] 邵晓峰、黄培清、季建华：《大规模定制生产模式的研究》，《工业工程与管理》2001年第2期。

[2] [英]约翰·赫斯科特著，[英]克莱夫·迪诺特、[土]苏珊·博兹泰佩编：《设计与价值创造》，尹航、张黎译，江苏凤凰美术出版社2018年版，第43页。

的治理工作，设计学已经较经济学有了更加契合实际的深刻思考，引入匠人精神的讨论也是设计学对公共管理的重要贡献。

无论如何讨论大规模定制与公共产品供给的关系，都可以证明匠人精神在政府治理中的存在意义。进一步完善大规模定制在政府治理中的实践探索，也许"模块化设计"是一条更聪明的路。模块化设计（Building Block Design，BBD）也是在20世纪90年代的工业设计中被提出的概念，即"使用模块的概念对产品或系统进行规划和组织。产品的模块化设计是在对一定范围内的不同功能或相同功能不同性能、不同规格的产品进行功能分析的基础上，划分并设计出一系列功能模块，通过模块的选择和组合可以构成不同的产品，以满足市场不同需求的设计方法"[①]。公共产品的生产同样可以从模块化设计角度思考，比如行政审批相关事项，各种功能模块的生产可以完全精益化、规模化，而模块之间的组合则可以更加凸显个性化定制，即存在一定匠艺活动的空间。当然，以上这些思考依然是开放性的，在政府实践尚未得出实证定论时，一切大胆的假设都是值得的。

三 回归人性的人性发展：政府治理体系下自治中的匠人精神

在政府治理的体系下，政府本身是治理的最重要主体，但不可忽视的是，政府治理现代化同样视经济社会自身为关键治理主体，其之间的相互协作可以达成政府治理的现代性目标。如此，政府治理现代化就不可避免地囊括了经济社会一定程度的"自治"，这种"自治"是协作性的"自治"，是政府作为最重要治理主体基础上的"自治"。另外，"自治"本身是一种"去中心化"的社会治理模式，但绝不是"去政府化""去秩序化"的模式。在社会自治的架构中，政府亦是重要的主体，与其说社会自治是提升社会成熟度、社会将自我治理的权利收回，不如说是真正将政府置于社会之中。所以，"在理想的情况下，'自治'是一

[①] 侯亮、唐任仲、徐燕申：《产品模块化设计理论、技术与应用研究进展》，《机械工程学报》2004年第1期。

种互存（interexistence）和互在（interbeing）的理论和实践，是一种为多元世界的设计"①。政府治理的匠人精神亦在"自治"的主体间相互建构关系中表现出来。

（一）自治主体的匠人化

东西方的治理结构与核心逻辑是完全不同的。1937 年梁漱溟便已看到，"我们旧的社会组织，是伦理本位，互以对方为重的；但自西洋风气输入，逐代以个人本位、权利观念，伦理本位社会乃被破坏"②。且东亚传统政治始终以选贤任能为重，将顶尖人才置于政府而非社会之中，"以吏为师"而教化社会。根本上，东亚儒教传统的这种伦理本位的社会，其伦理结构需要以政府为中心的"尚贤"③作为基础。所以，在中国，治理的主体是否"贤达"是影响治理效果的核心因素。作为"贤达"标准的一部分，匠人的品质是政府治理对相关主体的必然要求，而只要参与到治理中来，就应以这种标准来衡量资格。就如参与城市治理的设计师一样，"有情感的设计师必须谋划一种伦理性实践，必须成为杰弗逊主义的参与式民主中的见多识广且具有参与性的公民，必须是敏锐的和灵活的，准备将视觉传达的工具转向广泛的需求"④，既要有治理匠艺的技术品质，也要直接参与到公共事务之中。

当然，自治主体的匠人化，依然要面对一个角色悖论。众所周知，个体角色的差异会带来完全不同的制度性身份，因此影响到个体行为选择。比如，作为公共产品"消费者"与作为"公民"这两种角色之间，政府与社会关系、个体行为准则与社会秩序都是完全不同的。"通常情况下，当我们的角色是公民时，往往会讨论一些宏大的议题；作为消费

---

① ［哥伦比亚］阿图罗·埃斯科瓦尔：《为多元世界的设计：激进的相互依存、自治和世界构造》，张磊、武塑杰译，江苏凤凰美术出版社 2023 年版，第 162 页。
② 梁漱溟：《乡村建设理论》，商务印书馆 2015 年版，第 39 页。
③ ［加］贝淡宁：《贤能政治：为什么尚贤制比选举民主制更适合中国》，吴万伟译，中信出版社 2016 年版。
④ ［美］史蒂芬·海勒、［美］薇若妮卡·魏纳：《公民设计师：论设计的责任》，滕晓铂、张明译，江苏凤凰美术出版社 2017 年版，第 12 页。

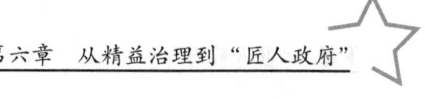

者，则会参与更多务实的话题，有助于现实成形。"① 所以，在政府治理付诸实践之前，必须思考以下重要的问题。政府与社会究竟需要怎样的个体？个体角色在政府治理中应当是什么样的？现实是什么样的？需要做出如何改变？客观的答案应该是：既作为"消费者"也作为"公民"参与到以政府为中心的治理中来，消费行为决定了政府治理的技术未来，公民精神则让政府治理在持续的全社会性思辨中实现人性的根本价值与共同体的承诺。

（二）自治方式的匠艺化

对于社会自治或社区自治的极端观点，是强调社区的"地方性""去中心化"与"弥散性"。"社区不是一个预先构成的实体或'无可挑剔的完美之物（Unproblematic Fullness）'，而是'关于特定组织和政治准则的代名词，一种单一的社会技术'；为了抵制现代人犯下的时代错误，社区召唤着'可实现的集体能量'；因此，'与所有常识相悖，社区产生了弥散，这种弥散可能成为创造扩大化非国家主义合作模式的核心'。"② 而既然社区自治呈现出来的是一种"社会技术"——自下而上地整合共同体的方式方法，那么其必然不可能完全科学化为一套"放之四海而皆准"的流水线模式，而必然是一种匠艺。或者从另一个角度来说，对于政府治理体系、自治架构的制度安排，也实实在在是一种美学设计。这些"技术""方式方法""设计"等发挥作用的过程中，多种多样的、相似的、实证的概念与理论得以提出，并进一步证明自治方式匠艺化的未来趋势。

近年来，"合作生产"（Co-Production）模式在政府治理理论与实践中开始流行，此概念最初由埃莉诺·奥斯特罗姆提出，强调在所提供的公共服务中，"政府只有借助社会力量推动合作生产，才能利用有限的

---

① ［英］安东尼·邓恩、［英］菲奥娜·雷比：《思辨一切：设计、虚构与社会梦想》，张黎译，江苏凤凰美术出版社2017年版，第50页。

② ［哥伦比亚］阿图罗·埃斯科瓦尔：《为多元世界的设计：激进的相互依存、自治和世界构造》，张磊、武塑杰译，江苏凤凰美术出版社2023年版，第169页。

财政开支来满足不断增长的服务需求"①。实际上此模式在理论意味上非常简单,"即是将政府（服务提供者）和公民（服务使用者）共同的投入转化为公共产品与服务的过程"②。无论如何,公共服务的合作生产模式是一种自治的变体,而政府在其中发挥着应有的作用,"政府—社会"关系不至于出现冲突而影响治理效果。不过,说到底合作生产还是强调一种大规模的"生产"过程,需要社会自治性质的行为参与以降低政府公共服务成本,虽然实现了围绕社会需求多元化而展开定制性的公共服务供给,但其中"匠艺"的成分依然不足。

另如南美各国政府近几十年来的治理变革,突出了社会革命对于政府治理体系架构的影响。通过社会各种形式的斗争,"创造出一种自组织形式,其目的在于创建权力的国家形式,如'邻里微政府（neighborhood micro governments）'或分散的反权力机构,也就是分散的、准微生物的、间歇性的权力形式"③。在面对基层社会最为多样性的需求上,政府统一供给公共服务的模式不如分散化社会供给更加有效。如此,对于政府治理的理解,从政府组织结构到方式方法都应该有所调整。就像"象征视角"下的组织功能一般,"生活不是线性的,它充满了偶然性。组织的功能就像是复杂的、不断变化的随机弹球机一样"④。而自治和公共事务所需的自主性设计,则完全不同于中心化的政府治理的传统模式,"自主性设计是对创新冲动和创造新生活形式的一种回应。……成败的关键不在于（或不仅在于）事物本来应该怎么样,而是事物可以怎么样"⑤。在这种不确定性、流动性的环境中,依靠自治以最大限度

---

① Ostrom, E., *Governing the Commons: The Evolution of Institutions for Collective Action*, Sydney, Australia: Cambridge University Press, 1990.
② Zhu, C. & Yi, W., "A Review of Literature on Public Service Co-Production", *Journal of Public Administration*, Vol. 10, No. 5, 2017, pp. 188 – 201 + 220.
③ ［哥伦比亚］阿图罗·埃斯科瓦尔:《为多元世界的设计:激进的相互依存、自治和世界构造》,张磊、武塑杰译,江苏凤凰美术出版社2023年版,第167页。
④ ［美］李·G. 鲍曼、［美］特伦斯·E. 迪尔:《组织重构——艺术、选择及领导》,桑强、高杰英等译,高等教育出版社2005年版,第271页。
⑤ ［哥伦比亚］阿图罗·埃斯科瓦尔:《为多元世界的设计:激进的相互依存、自治和世界构造》,张磊、武塑杰译,江苏凤凰美术出版社2023年版,第176页。

解放创造力，形成有利于治理匠人培养的环境，这种方式是政府治理的可见未来。

这里需要展开一点讨论的是：一直以来，中国的政府治理往往被西方认为极权而"去地方化"，但事实上在全球资本主义扩张的几百年中，西方的单一思想恰恰是"去地方化"的最重要推手。"资本主义秩序将一切简单化了。资本主义就像一剂溶剂，清除殆尽神秘的差别、古色古香的形而上学和古老的感伤。一切必须成为资本，资本必须调解一切。"① 所以，"自治"的需要是全球性的，而不是简单被视为东方儒教传统社会所特别急需的改革，在"自治"中更多创新一些"匠艺"事务，对于政府公共行政改革的未来具有普遍价值。

第三节 "匠人政府"的可能性

"匠人政府"的理念与变革实践何以可能？

从根本上讲，"匠人政府"是一种传统理念的现代实践探索，不是一种创新，而是一种回顾。如此，便没有"匠人政府"在当前是否可能的问题。换句话说，政府治理现代化的关键任务也许正是寻回传统，倘若现代性的政府公共行政"要想顺风顺水，必然要和某些前现代的文化习俗和睦相处"②。这不仅是指一种路径依赖性，还是指一种人性中不变成分的关键作用。

从现实上讲，就精益思想、精益管理、精益治理理论而言，体现了强烈的理性的工具主义，精益变革实践有助于政府现代化，但远远不能满足政府现代化的要求，无法真正培育政府"精益之人"。匠人之于社会的意义并不是推动划时代的变革，而是一步一个脚印地、代际自然传

---

① ［加］丹尼尔·亚伦·西尔、［美］特里·尼科尔斯·克拉克：《场景：空间品质如何塑造社会生活》，祁述裕、吴军等译，社会科学文献出版社2019年版，第137页。

② ［美］弗朗西斯·福山：《信任：社会美德与创造经济繁荣》，郭华译，广西师范大学出版社2016年版，第16页。

递的匠艺与匠艺产品改善,这正是精益管理和"精益之人"所追求的状态。从这一点来说,匠人政府因而是精益治理的继承,也是对于当今政府治理中弥散的理性工具主义的修正。所以,沿着精益治理变革的路径,自然而然思考建构一种更加人性化的"匠人政府",是当前各国政府完全可能在做和已做到的事。

后文从三个具体方面展开讨论"匠人政府"的可能性问题。

一 匠人与政府职员的相关性

匠人与政府职员的相关性,或"相近性",是"匠人政府"理论与变革实践存在可能性的根本。"人并不是成本要素,而是生产知识、增加附加值的主体,这种创造力能够连续不断、反复地进行生产创新。"[①]如果从这个角度审视人、审视政府职员,那么匠人与政府职员的相关性便更清晰了。

回到现实,传统匠人与政府职员之间存在鲜明的差异,但在一些方面的相似点证明政府完全可以将匠人精神作为政府职员队伍建设的方向之一。

如表6-3所示,匠人所从事的匠艺是一种强调人性多样性的劳动,与政府职员(尤其是技术官僚)追求科学可预测性相异;匠人将匠艺劳动的过程作为劳动动力,而政府职员则必须专注结果,过程的"正义"相对次要;匠人更喜欢于个体开展匠艺活动,以凸显个人与众不同的人性特质,政府职员则必须通过合作完成职务工作;匠人更加强调个体独立认知社会,不在乎个人的群体职业或其他标签,政府职员大多数则恰恰相反;有效激励匠人的制度是指向个体责任制的,而对政府职员的管理则更加困难,其追求的"免责"心态影响着制度设计。

---

① [日]野中郁次郎、[日]胜见明:《创新的本质》,林忠鹏、鲍永辉、韩金云译,人民邮电出版社2020年版,第7页。

表 6-3 匠人与政府职员的对比

	匠人	政府职员
相似点	1. 个体技术壁垒； 2. 专业培训与师徒关系； 3. 重视产品的人性价值而非使用价值； 4. 低风险预期，稳定的工作场景与社会关系； 5. 安稳的目标高于变革； ……	
相异点	1. 专注匠艺的纯粹人性，追求体现人性的不可预测性，自由是核心价值； 2. 注重过程更甚于结果； 3. 强调个体劳动高于群体合作； 4. 个体意识重于群体角色标签； 5. 制度化的激励—惩戒机制，以激励—惩戒的个体责任制为主； ……	1. 技术官僚的绝对理性，追求体现理性的可预测性，纪律是核心价值； 2. 注重结果而不计过程； 3. 强调群体合作高于个体劳动； 4. 群体角色标签重于个体意识； 5. 人治性的激励—惩戒机制，以激励—惩戒的组织责任制为主； ……

资料来源：笔者自制。

虽然存在如此之多的相异点，但匠人与政府职员在政府治理现代化方向的基本判断下，将政府政务从工业时代的流水线作业模式逐步向信息时代，甚至所谓后现代转变后，这些差异将越来越少。比如对于生产方式而言，"人是'知识的主体'，工厂采用'单元生产方式'后，每个人都是'万能工匠'，当'工匠本性'被激发时，他们就会自己下工夫进行创造"[①]。单元生产方式与流水线作业方式完全不同，虽然前者在效率上无法匹敌后者，但在培养创造力方面后者远远落后于前者。匠人基于个体劳动和个体意识的"单元生产方式"更加符合政务服务需求日益多样性的未来，当代政府职员向此方向转变是大势所趋。

除了相异点，包括严格的技术训练与技术壁垒、师徒制关系的普遍存在、劳动产品更多强调人性价值、低风险的职业环境、追求安稳等，

[①] ［日］野中郁次郎、［日］胜见明：《创新的本质》，林忠鹏、鲍永辉、韩金云译，人民邮电出版社 2020 年版，第 3 页。

匠人与政府职员之间的相似点可以成为"匠人政府"实践变革过程中的"润滑剂"。

二 匠人政府在制度方面的可能性

在判断了匠人与政府职员相似点与相异点基础上,现在具体讨论一下制度与技术两个方面"匠人政府"何以可能。对于制度和技术的分析,无法穷尽与政务服务相关的一切制度与技术。若需如此深度研究,也应另外开题成书。在此仅以一些具体制度分析和简单的讨论来证明推进匠人政府变革具有合理性。

第一个问题,涉及政府的政务工作,围绕匠人所"期待"的"单元生产方式",未来政府的政务可以实现"单元生产方式"吗?或者说,政务的哪一类型、哪一部分适合于"单元生产方式"?这是匠人政府存在现实可能性的关键。从这个角度来思考匠人政府的变革,必须意识到其变革一定是有限度的,而是否适合于"单元生产方式"的政务工作便是设定这个限度的核心标准之一。显然,对于国家经济社会宏观层面的管理工作与匠人的匠艺活动相差较大,其中对能力要求较为综合的决策/智囊工作远离市场社会可感知的政务服务,也不涉及具体的政府治理变革,因此出现在匠人政府变革的讨论之中似乎不妥。相较而言,"上面千条线、下面一根针"中所谓"一根针"的基层直面社会的政务工作,由于对治理知识要求的绝对综合性与真实性,以及"万能工匠"的属性,最适合于建构"单元生产方式"。在此判断基础上,现有涉及一线基层政府职员政务服务的各项制度便是匠人政府变革的切入点。

第二个问题,涉及政府的职员群体,尤其是一线基层政府职员。相关制度体系的缺陷是什么?匠人政府又能弥补什么样的制度缺陷?在此仅举一例,仔细审视匠人的历史源流,最重要的制度设计是行会制度,而政府公共行政领域欠缺的正是传统行会制度的合理性。虽然如大学等源于欧洲封建行会制度的机构在当前暴露了严重的缺陷,但不可否认的是，作为一种生产生活文化、一种精神层面的遗产，行会制度依然存在合理性，这是制度路径依赖使然。当前基层政府对于职员的管理由于科层官僚体制的压力而缺乏一种职业精神的培养与保护，由于工作任务的综合性而忽视了一种相对严苛的专业技术壁垒与知识体系，因此无法养成踏实稳重的匠人精神。虽然行会制度会形成独立的"小圈子"，却实实在在有利于职业素养的提升与职员自尊的建立。

第三个问题，涉及政府的组织行为，尤其是政府职员的群体性特质。相关制度体系的缺陷是什么？匠人政府又能弥补什么样的制度缺陷？在此亦仅举一例，组织化怠工是政府组织行为、政府职员群体性特质的重要问题，匠人在这一方面的问题则完全不明显。匠人的个体责任制，以及对于自身劳动的社会评价的关注，基本规避了组织化的怠工问题，而由于缺乏组织间竞争机制，政府公共部门中的组织化怠工问题非常常见。"那些怠工的人也为他们的同事增加了社会成本，因为他们必须得补上怠工的人没干的活。"[①] 由于"搭便车"与"免责"心态，政府公共部门常见群体性的怠工问题，组织之间的竞争评价也无法形成根本上的外部激励，内部精神动力便更为重要。从这一点而言，将匠人相关思想和行为逻辑引入并改造政府相关组织管理制度，是有意义的尝试。

总之，在制度层面，匠人政府既具有逻辑上的合理性，也具有改造当前政府的现实意义。以上仅举了相关几方面制度例证，在匠人政府的实践探索过程中，对于政府相关制度方面的改革应是全方位的。

三 匠人政府在技术方面的可能性

政务服务的技术不断革新是历史的必然。虽然政府相关技术革新的速率远远比不上企业，但只要是新的、成本足够低廉的技术，就可以引入政务从而服务社会。目前谈论最多的政务服务技术概念是"数字政

[①] [美] 兰迪·T. 西蒙斯：《政府为什么会失败》，张媛译，新华出版社2017年版，第175页。

府"，强调"政府履职数字化、智能化"，以及"政府决策科学化、社会治理精准化、公共服务高效化"①。其中，数字化、智能化、科学化、精准化、高效化等目标要求无一不指向政府治理的人性化，高度体现了技术理性的现实价值。但对于与市场社会"面对面"的政府部门，"数字政府"建设在科学与效率的底线要求之上，人性的多样化的需求决定了政务服务质量上限。所以，匠人政府在技术方面，是对于政务服务极致科学化的重要补充，其相关技术与"数字政府"所涉及的技术体系完全不同，更多突出了艺术属性。

无论是与社会面对面的公务员，还是被服务的行政相对方，"每一个人都试图使他的生活变得像艺术杰作一样"②。那么人与人之间的劳动价值的交换，则被称为塑造艺术杰作的匠艺过程，政务服务也包含其中。从艺术的角度审视政务服务，其所必需的技术体系也就偏向于人性的设计，而非人工的替代。

一方面，设计与制造的分工，是匠人政府具有现实可能性的条件之一。工业革命不断销蚀着匠人手工作坊的生产空间，劳动大分工的进程加速了原本匠艺生产过程中设计活动与制造活动的分离。当设计逐渐成为独立的职业时，包括公共产品在内的各种产品的生产过程便开始区分"设计""开发""制造"等具体工作，产品设计的相关技术也因此具有独特性。对于政府政务而言，"设计"的重要性远未得到应有关注，其原因便在于追求极致科学性的政府管理潮流下，公共产品制造技术更便于直接解决治理问题。不过，未来政府治理面对着完全不同的经济社会需求结构，虽然刚性的技术对于达成标准化的目标具有意义，但人性的匠艺则对应对多样性的公共需求具有价值。这是匠人政府变革完全具备可能性的依据之一。

另一方面，设计与艺术的关系，也是匠人政府具有现实可能性的条

---

① 《国务院关于加强数字政府建设的指导意见》，中华人民共和国中央人民政府，2022年6月23日，https://www.gov.cn/zhengce/content/2022-06/23/content_5697299.htm。

② [英]齐格蒙特·鲍曼：《流动的现代性》，欧阳景根译，中国人民大学出版社2018年版，第146页。

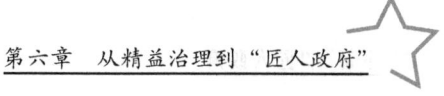

件之一。设计不是艺术，是艺术的分支，或者说设计中蕴含着艺术的基因。所以，设计不会如艺术那般不计成本地追求呈现的多样性与不可复制性，设计讲求的是一种设计品的生产管理，一种匠人氛围的建构。此间，管理学的一切目标价值均为设计学所观照，如"价值工程"广泛应用于设计领域，"价值工程寻求的是功能与成本之间最佳的对应配比，以尽可能小的代价取得尽可能大的经济效益与社会效益"[①]。匠人的设计与精益管理在根本价值上存在高度契合，对于人性多样性与公共服务需求的多样性，采取一种柔性的观照，避免对于多样性、不可复制性的极致追求而导致政府成本的急剧上升，在精益治理的框架下从匠艺的视角和设计的技术来创造更具美学价值、更能够提升服务氛围的公共产品，即"做得更好"。

总之，在绝对科学化的制造与人性化的艺术之间，表现出匠人精神的设计工作是当代政府的治理匠艺的体现。在技术层面上，设计既不陷入极致科学性的"去审美化"陷阱，将公共服务对象个体视为同质化符号，也不追求极致的人性化而导致政务服务效率下降与成本抬升。因此，匠人政府在此基础之上，更具政府改革实践的可能性。

小结　精益治理与匠人精神

回头审视精益治理的理论与实践，在很多方面都走到了逻辑上的极限，需要调整与修正。首先，相较于企业管理领域精益管理理论，精益治理的理论体系尚不完善，其从哲学思想到具体的精益工具系统，都呈现出一种开放的、包容的状态。持续改善成为精益治理理论的标签。而持续改善之根本并不是极致科学化的管理所能实现的，需要一种人性的精神力量的培养，以及相关制度、技术的配套。其次，在精益治理实践领域，西方各国在"新公共管理"的改革道路上继续探索，近十年精

[①] 彭圣芳、武鹏飞主编：《设计学概论》，湖南科学技术出版社2023年版，第87页。

益治理的改革也从实践上证明了新公共管理运动的活力和包容度,无论新公共服务理论还是治理理论,其合理内核都成了新公共管理运动的理论基石。但对于极致科学性的追求,已经在政府管理中暴露出太多矛盾问题,反思政府治理中的人性化回归已逐渐成为理论与实践变迁的方向。最后,基于对精益治理的理解,以及现实环境的变化,本书对于预测精益治理未来发展方向,提出匠人政府的假说是合理的,匠人政府变革的可能性也是存在的。在精益治理要求"花得更少、做得更多"的同时,匠人政府变革直接要求"做得更好"。以培养治理匠人作为精益之人的灵魂,既有理论基础也有现实依据。

从精益治理到"匠人政府",其理论思想的衔接和现实实践的过渡仍然需要进一步的探讨。在此之前,重新审视精益治理,并思考匠人精神如何蕴藏于精益思想之中,有助于进一步提出匠人政府理论,继而在政府治理的改革实践中寻找现实支点。

一 理解精益比践行政府精益化更重要

经历过新公共管理运动的"洗礼",政府治理早已与传统官僚制时代划清了界限,而作为"新公共管理3.0"的精益治理变革,从管理主义出发,借鉴企业管理最新方法经验,在政府治理中推进精益运动,重述新公共管理的变革主张。在做出践行政府精益化的决策时,最重要的问题在于政府"变革代理人"团队如何理解精益,如何将精益的实质与传统公共管理、新公共管理等有关思想加以区分,抽出关键成分。

要对精益变革做好思想准备,就必须对精益有更深刻、更系统的理解。从彼得·圣吉提出的几条系统定律中可以更直观地认识政府精益变革和精益治理的系统运转,帮助我们更准确地抓住问题关键,提出可靠的精益解决方案,同时体味出匠人精神之所在。

今天的问题来自昨天的解决方案。对政府治理中种种浪费问题的精益解决方案同样会在变化的环境中暴露出新的问题,这不是"人为制造问题",但一切为了"明天",针对问题提出精益解决方案的确需要深思熟虑。

你对系统施加多大的推力,它就会对你施加多大的阻力。精益变革的阻力不在政府之外,而在于政府组织本身。

行为模式在向错误的方向发展之前,看起来是向好的方向发展。始终保持警惕性,尤其是某些精益变革方案初步取得较大成果时,更需要步步审视公共产品的价值流。

轻松解决的问题,往往很快又会重现。政府精益变革的目的在于使公共产品价值流更顺畅,公共更轻松地得到公共价值,而不是政府轻松解决自身问题。因此精益并不简单,精益管理十分"烧脑"。也许提高对于质量的认知,追求极致的治理匠艺,虽然无法轻松,却更有远见。

不当治疗可能比疾病本身引起的伤害更大。保持警惕,避免精益解决方案设计失误。

快就是慢,相反,也许"慢就是快"。精益变革追求更高的投入产出比,但并不急功近利。如匠人一般精益求精地专注于手中的工作,稳扎稳打地推进,也许更"快"。

微小的改变可能会产生巨大的影响——不过,可以"四两拨千斤"的地方往往最不明显。精益变革就是要在政府组织管理中寻找"四两拨千斤"的关键点,在公共产品价值流程中抓住影响系统全局的关键问题,改造局部以优化全局。因此,现实问题的关键性与解决方案的预估效果应当排出明确的选择顺序。也许追求细节和多样性的匠人精神更适于抓住"四两拨千斤"的关键点。

将大象分为两部分并不会产生两头小象。应重视对"简化"的正确理解,精益治理的简化不是分化,更不是弱化。

二 精益文化的培育源自"润物细无声"的精益变革实践

对文化的培育和组织变革的关系应当有清醒认识,切忌空谈文化变革。文化变革应当基于组织变革成果之上。政府精益变革也是如此,先从具体精益管理方法运用入手,当逐年取得明显成绩时再明确开启精益文化变革的路线是正确的。培育精益文化与政府精益变革的关系是"认识与实践"的辩证关系，实践对认识有决定性作用，精益文化一定产生于具体精益实践之中；认识对实践有反作用，当精益文化逐步形成时，也必然会加速政府精益变革的进程。

精益文化的培育也要尽量避免"运动式"的宣传和倡导，"润物细无声"的方法更为见效。如5S方法是培育精益文化的有效工具，在政府精益变革中应随时重提5S方法，将政务现场环境的整理、整顿、清扫、情节、素养工作日常化。这种有效改善环境以塑造人的行为的方法，可以改变政府精益化过程中有可能出现的"形具而神非"问题。如5S等工具看似简单，但越是简单的东西越是难做，精益文化就是要将这些知易行难的精益行为逐步内化，把"关注细节"的意识刻入公务员队伍的脑中。5S类似于小学生周周大扫除，将一种习惯永久培养起来。文化的培养在于实际行动，而实际行动则应"润物细无声"。

精益治理变革重点必然从精益管理推广转向精益文化培育，未来政府精益文化的培育必然基于当前具体精益变革的实际成果，包括这些成果在内的文化因素会"润物细无声"地重塑整个组织。而精益文化的形成与熏陶过程中，在知易行难的政府治理行为训练下，更多的匠人精神会内化于政府雇员队伍内部，政府整体风格则更加稳健务实，并且得益于匠人精神的人性化态度，将以更为"多面"的状态与市场社会形成灵活的、多样的均衡关系。

三 政府精益之路的未来：以"多面性"示人的匠人政府

什么是"政府"？如何对政府进行完整客观的定义始终是公共行政领域的一个难题。问题的关键在于政府的外延与内涵永远都处于不断变动之中，从不同角度、不同学科去理解政府也有着千般描述，确切而无异议的定义是不存在的。政府治理的实践也是如此，统一的、不变的、千篇一律的政府治理模式同样不存在。在推进政府治理精益化的道路上，虽然都以精益思想为核心，但世界其他国家政府的治理模式与中国政府治理也必然有着显著的不同,未来各国精益治理的发展更会展现出千般模样。因此,政府精益之路,是一条哲学理念、工具方法相近或一致的变革道路,但究竟能够培育出什么"模样"的精益治理、塑造出什么形态的治理模式,答案一定是多元的,精益治理将以"多面性"示人。

精益化不断推进,作为其灵魂的匠人政府也将呈现"多面性"。治理匠人双手中所塑造的就是政府本身,同陶瓷匠人手中形状莫测的瓷泥一样,处于不断变化之中的政府在治理匠人手中被塑造成千般模样,政府本身成为杰出的匠艺。也许在人口众多、地域多样性极高的中国,当前与未来精益治理的建设最终将以匠人政府的面貌示人,这种中国特色的政府治理模式一定是特殊的和不可复制的,这才是中国政府精益之路的确切指向。总而言之,政府精益变革之路指向"多面性",多元化的精益治理将为包括中国在内的各国政府解决当前面临的棘手难题,为公众提供持续精益的公共服务。不过,不管以何面示人,精益治理变革指向多面性的匠人政府,将使中国各级政府都如"橡皮泥"一般,无论怎样塑造并呈现怎样的状态,政府治理的功能和责任都不会改变,持续精益化的发展趋势都不会偏移,对于市场和社会更加个性化、多元化的需求也可以更加灵活多样地加以适应。

第七章
"匠人政府"理论与变革路径

从"花得更少、做得更多"的政府精益治理变革,向着既强调"花得更少"又强调"做得更好"的匠人政府方向转变,是现实政府治理现代化的客观要求,也是公共行政理论发展的方向之一。在理论与实践两个方面,对于精益治理的认知与讨论方兴未艾,对于匠人政府的认知与讨论则尚属空白。从逻辑推演来看,对比"企业家政府"理论,初步建构"匠人政府"理论以解释政府治理现代化实践,进而引发更多的关于政府治理中匠人精神的思考,反思过度追求科学性、过分要求政府学习市场化企业家精神的意识形态,在理论意义方面是值得的。同时,依据初步建构的"匠人政府"理论,思考理论指导实践的方法,讨论匠人政府的具体变革路径,包括思考政府治理匠人精神的形成等问题,也具有政策意义。

匠人政府的理论建构参考新公共管理运动的"企业家政府"理论,源自对于极致科学化的政府治理现代化的反思。匠人政府变革实践并不必然源自精益治理实践,但精益治理变革的未来一定指向匠人政府。狭义上的匠人政府可被视为具有匠人精神的现代政府,而广义上的匠人政府则指政府日常治理行为长期保持一种专注、内敛、脚踏实地的工作模式。匠人政府并不是对政府整体的框定,而是对政府中每一个体的具体要求,它将政府治理主体的意愿与治理工作匹配在一起,从人类个体对匠艺生活的基本需求出发,与公共性的治理工作联系在一起,把握个体利益与公共利益的绝佳交会点,它的内核可以不断丰富与创新,而外在则永远表现出公共行政的匠艺活动的特征。

匠人政府的理论与实践之间的关系是显而易见的,实质上,匠人政府理论的初建是基于对现实政府改革的理解,而基于理论进一步设计变革实践便开始有意识地将匠人精神引入政府治理。本章将努力在这两个方面做出尝试。虽然理论并不成熟,改革实践也存在各种可能性,但初建一个匠人政府理论来编织政府治理现代化的故事,也许对未来中国政府的改革会形成一些潜在的、微末的、有意义的影响。

第一节 匠人政府的根本性征与突出特点

从公共利益视角来讲,无论"老公共行政"还是新公共管理理论,都是符合工业文明时代公共利益特征的政府理论。工业文明时代"人类的主题就是创造更多的物质财富,满足人们对物质财富的需求,突破物的限制以达到人对物基本的自由,这是时代的主题,也是决定公共利益特征的关键:人类的物质利益是第一位的,因此与之相关的也是最核心的公共利益,而人类其他的诸如精神和情感方面的寄托则是第二位的,需要让位于物质,需要等待人类整体物质利益得到基本满足之后才能成为人类利益的核心,那代表着一个新时代的到来"[①]。而当新时代慢慢来临之际,所出现的新公共服务理论与精益治理理论则是对作为工业时代追求发展和效率的新公共管理理论的反思与发展,其意义在于改造其理论使之逐步适应"后工业文明时代"经济社会发展的要求。可以说,新公共服务理论、精益治理理论等都是一种过渡性的政府理论,真正符合"后工业文明时代"公共利益特征的政府,是匠人政府理论

[①] 竹立家、杨萍、朱敏:《重塑政府:"互联网+政务服务"行动路线图(实务篇)》,中信出版集团2016年版,第43页。

体系探讨的方向。

具体来说，后工业文明时代的公共利益更关注"精神和情感方面的寄托"，匠人政府将"精神和情感方面"的公共利益摆在高于物质利益之上，对人性的尊重、对人的全面自由发展的追求第一次在政府理论领域超越了公共服务供给的"3E"价值取向，完全符合后工业文明时代公共利益的特征。尤其之于公务员本身，匠人政府将影响和塑造一种符合后工业文明社会经济发展特征的"工作生活方式"，它以人文的关怀让人感受到政府公共服务工作本身带给人的价值，将更多政府中的"劳动之兽"解放出来，使工作与生活不再冲突对立，在"精神和情感方面"满足最大化的公共利益。

在理论上，匠人政府不仅涉及宏观政府治理的应然状态，更聚焦于治理匠人的个体，从个体行为出发，研究政府组织中人的生活工作状态。这种精细化的研究探索是符合公共管理理论发展潮流的。同时，关注个体也能够从"人类基本冲动"（basic human impulse）[①]的更深层面回答匠人政府能够提供什么样的善治和为什么可以提供善治的问题，这无疑是对治理理论研究领域的重大开拓。在实践中，我们都已看到，自2008年全球金融危机至今，全球经济冷风呼啸中的各国政府都在纷纷采取行动，面对"市场失灵"，各国政府治理重点或主流已不再是简单的"服务"，而是"监管"或"规制"（regulation），建设"监管型政府""节约型政府"是时下潮流。当政府不断脱离具体公共服务事务、退居幕后实施监管权力时，当政府越来越重视操作层面的成本收益比、推进政府治理精益化时，必须有与之相配套的、政府治理精神层面的建构，这就是提出"匠人政府"在政府实践发展中的必然性。另外，"简化"而非"弱化"政府的潮流慢慢袭来，必须为政府找到"简化"的同时避免"弱化"，甚至在必要领域强化政府职能角色的抓手。构建匠人政府，在政府治理精神层面不断强化，在行动层面不断精英化和匠人化，正是政府改革的有力切入点。

[①] Richard Sennett, *The Craftsman*, New Haven：Yale University Press, 2008, p. 9.

第七章 "匠人政府"理论与变革路径

从对匠人、匠人精神、治理匠艺等概念内涵的初步认知开始，客观审视政府治理现代化以建构匠人政府理论体系，可从探讨匠人政府因匠人精神、治理匠艺所凸显出与其他"政府"理论所不同的性征与特点切入，从对一些核心概念的独特认知而展开。当然也应着重指出，匠人政府的理念是开放的体系，这些理念的共性是一切从人性本身出发设计政务工作，是切实的"以人为本"的尝试。

一 关于"服务"：服务他人，亦是服务自己

对于新公共管理以来所强调的政府的"服务"意蕴，匠人政府的立场与新公共管理、新公共服务有显著差异。新公共管理运动是英美盎格鲁－撒克逊自由市场经济国家为了应对欧洲大陆福利国家所带来的制度冲击，而采取的以"私有化""企业家精神"为核心的政府改革运动，因此其所谓"服务"意涵也完全是自由市场文化特质的，即从公共服务"服务方"与"顾客方"对立的角度来理解政府治理活动，强调"以顾客为中心"，围绕"顾客"需要展开必要的政府公共服务。新公共服务则可被称为新公共管理运动的2.0版本，一个理论上打了补丁的"变种"。新公共服务直接将"服务"视为政府的核心职能，因此更加强调扁平化的政府架构，以及更多与市场社会"面对面"的部门服务。同时，新公共服务强调公共服务对象是"公民"而非"顾客"，希望以此解决"服务方"与"顾客方"越发对立的问题，尤其是应对"顾客"越来越多样化、越来越"自私"的服务需求，以"公民精神"与"公共利益"来尝试走出政府公共服务的困境。

新公共管理运动、新公共服务理论所面对的现代政府公共服务矛盾困境，匠人政府理论同样面对，但前提假设与应对逻辑存在差异。匠人政府的前提假设是人性的"复杂人"假设（超Y理论），即更加客观地认知人性，在"自私"与"利他"之间理解人性的多样性。所以，就公共服务而言，匠人政府关注公共服务供给方——在政府组织内培养的治理匠人的人性需求，强调公共服务的"供给"与"需求"的同步性，但服务供给先于服务获取。进而，匠人政府在政府不同科层（尤其是与市场社会"面对面"的部门）培育匠人精神，认为政府应当是千千万万在服务社会中获得自身价值感的治理匠人的组合，他们将公共服务视为实现自身的手段，服务公众即是服务了自己。

二 关于"合作"："让我们一起做点什么"的根本动力

治理理论着重将多元主体合作治理纳入公共行政学科视野，詹姆斯·N.罗西瑙在其主编的《没有政府的治理》一书中强调了治理的开放性与多元性，治理"既包括政府机制，同时也包含非正式、非政府的机制"①，罗伯特·罗茨则强调各种部门之间在治理视角下的边界模糊性，"组织间的相互依存，这意味着公共的、私人的以及自愿部门之间的界限变得灵活了、模糊了"②，并且在部门主体间互动中进行资源交换并寻找利益均衡，实现"善治"。组织间、部门间、主体间的合作在治理理论中占有重要地位，但作为宏观理论，治理理论并未聚焦于政府一线职员之间协作提供公共服务的微观问题。

匠人政府理论对于"竞争"与"合作"之间关系的讨论持鲜明立场。"与竞争相比，合作更能催生优秀的产品。"③ 在越来越复杂的治理问题中，与治理理论一样，匠人政府也认为必须充分重视合作弥补竞争缺陷的作用。另外，重视合作的传统匠人有着深切的"同志"情感。志同道合成为走上相同职业道路的基础。而唯有激发个体内心"一起做点什么"的愿望，匠人政府才能在聚焦政府组织内个体的基础上，整合政府组织，实现治理的合力。如此，将强调多主体合作的治理理论引入公共行政的微观管理领域之中，从治理匠人之间的人事关系、职能安排、晋升体制等方面探讨政府内部的治理合作机制，是匠人政府理论

---

① ［美］詹姆斯·N.罗西瑙主编：《没有政府的治理》，张胜军、刘小林等译，江西人民出版社2001年版，第4—5页。
② ［英］罗伯特·罗茨：《新的治理》，木易编译，《马克思主义与现实》1999年第5期。
③ ［美］理查德·桑内特：《匠人》，李继宏译，上海译文出版社2015年版，第22页。

对现有治理理论的重要补充。

三 关于"专注":政府治理的任何工作都是一种"志业"

对于政府公共行政工作的分析,目前更多从科学性的视角切入,视政务工作为可分解、技术化、程式化、人工可替代性高等性质的简单劳动,所追求的更多是以工作的效率为第一。经济与效益则在近年来精益治理变革中获得了高度重视。但是,从政府职员视角来思考工作投入程度的问题,仍然没有受到政府科层官僚们的关注,相关制度设计也更多倾向于激励技术革新与效率提升,而忽视了激励政府治理工作的"专注度"问题。

显然,对于政府职员的工作"专注度"问题,基于匠人精神的匠人政府理论投入了完全不同的注意力。匠人精神在"专注度"方面始终是"画等号"的,只有把工作当作毕生志业的人才会成为合格匠人,而只有这种志业才能使人变得更加专注。所以,政府在追求专注的匠人精神时,一方面应当重视个体心态的培养,有正确积极的工作观,另一方面更要从政府治理的具体工作本身下功夫,使工作具备成为匠人志业的条件。如此,匠人政府理论聚焦于培养专注的治理匠人,为公共行政理论创新提供新的思路。

四 关于"创新":在治理中勇于试点并不断追求精进

政府治理的具体创新一直是公共行政学界关注的话题,实践中的创新往往第一时间便出现于学术期刊论文中,其中不免有"为了创新而创新"之嫌,也不免有学者过分"包装"之嫌,但政府治理、政务服务的创新始终是解决现实治理问题、提高公众满意度的有益尝试。政府治理的创新无非两大类,一是制度方面的大胆试点,二是新技术在政务工作中的引用。现实的创新往往是制度试点与技术引入的混合。

匠人政府理论当然对于创新有着本质上的追求,其在追求结果之外,对于治理过程的精进格外看重,也正是这种既追求结果也追求过程的理念，使匠人政府对治理的"失误"有开明的认识，唯有对错误更加包容，鼓励不断试点，才有创新和精进的可能。与此同时，匠人政府对于治理匠艺的看重，提高了政府与社会对于政务服务的审美，而一旦审美不断提升，创新便成了提高公共服务满意度的最重要的方式。"人自幼就喜爱模仿，人往往喜欢看到仿制品，为之感到惊讶并赞赏仿制的准确性，但是，归根结底，总还是喜爱多样性更甚，模仿很快就会使人生厌。"① 政务也是如此，没有创新而限定于已有"经验"扩散，政策设计更多表现出相互"抄袭"，这种缺乏"匠艺"的"模仿"很快将失去魅力。当然，多样性并非杂乱无章，"有组织的多样性"是美学的重要标准，也应是匠人政府匠艺水平的体现。

五 关于"价值"："功能性"标准与"正确性"标准的结合②

精益治理的最新实践动向，是在应对极致科学化的政务服务时强调成本逻辑基础上，重新思考人性化服务的问题。可见，极致科学化所追求的完美的"正确性"与强调达成人性化的满意结果的"功能性"之间，存在着难以调和的矛盾，精益治理显然已深陷其中。

匠人精神表现出精益求精，匠艺活动却不只是追求完美。桑内特在《匠人》中提到英国全民健康服务系统的改革问题，他认为在医疗工作者中间强制推行体制性的标准严重"伤害了他们和病人打交道的职业技能"③，过分追求完美主义和福特主义的服务流程改造使所有医疗业的"匠人"迷失在体制的机器中，而宽松的工作环境和"正确性"与"功能性"标准的整合④才是政府治理匠人最适应的生活状态。完全摒

---

① [英]威廉·荷加斯：《美的分析》，杨成寅译，上海人民美术出版社2022年版，第57页。
② "正确性"标准即尽善尽美的标准，无论符不符合实际，做对的事情最重要；"功能性"标准即实用性的标准，将就将就达到功能目的就可以了。对于追求完美的匠人而言，哪怕有一点缺陷也是失败，但在追求实用的匠人看来，痴迷于做到尽善尽美才是失败。
③ [美]理查德·桑内特：《匠人》，李继宏译，上海译文出版社2015年版，第41页。
④ 即在一定程度上既满足"完美主义"，不断精益求精，但又可以从实用的角度把事情做好做满意，在"把事情做对"和"把事情做成"之间把握好平衡。

弃"功能性"标准而投向"正确性"标准的怀抱，工作中只有完美一个标准，匠人们也不再有改善工作的条件和动机，匠艺停滞不前，唯有在二者之间寻求平衡，既追求把事情做好，也追求把事情做成，政府治理匠人的价值才会充分体现。

第二节 匠人政府的理论体系与多重限定

在初步探讨了匠人政府对公共行政相关核心概念的独到认知基础上，在理论的比较分析过程中，匠人政府理论体系的内涵与价值逐渐凸显。基于上文分析，匠人政府的相关理念与企业家政府、新公共服务两大理论范式进行比较是有意义的，可以探讨政府治理如何从包括"企业家"和"匠人"等市场和社会领域的不同"角色"中汲取理论营养，以及包括"企业家精神""匠人精神"在内的形而上的主观事物如何影响政府治理等问题，进而从中确定匠人政府的多维度内涵，初步形成匠人政府的理论体系（表7-1）。

表7-1　　　　观点的比较：企业家政府、新公共服务
理论与"匠人政府"理念体系

	企业家政府（企业家精神）	新公共服务（新公民精神）	匠人政府（匠人精神）
主要理论基础	经济理论，基于实证社会科学的更精进的对话	民主理论，包括实证做法、解释方法和批判方法在内的各种认识方法	哲学心理学理论、社会学理论，包括职业心理学，阿伦特等关于人与工作间关系的理论；对匠人生活与工作的理解、判断和叙述；治理理论
普遍理性与相关的人类行为模式	技术和经济理性，"经济人"或自利的决策者	战略理性或形式理性，对政治、经济和组织的多重检验	偏重"自我实现人"的复杂人假设，过程与结果并重，享受工作付出与结果精进带来的满足

续表

	企业家政府 （企业家精神）	新公共服务 （新公民精神）	匠人政府 （匠人精神）
公共利益的概念	公共利益代表着个人利益的聚合	公共利益是就共同价值观进行对话的结果	公共利益的表现在于包括公务员在内的所有社会成员对于治理行为最大范围的满意和理解
公务员的回应对象	顾客	公民	包括公民与公务员在内的所有人，回应他人与自己
政府的角色	掌舵（充当释放市场力量的催化剂）	服务（对公民和社区团体之间的利益进行协商和协调，进而培养共同的价值观）	"大脑"与"双手"的衔接，"行"与"思"相结合，掌舵与服务并重
实现政策目标的机制	创建一些机制和激励结构进而通过私人机构和营利机构来实现政策目标	建立公共机构、非营利机构和私人机构的联盟，以满足彼此都认同的需要	良好的政策愿景以获得最大限度的组织和社会的支持与理解，严格的政策推进流程以避免急功近利，灵活的纠错机制犹如匠人之双手
负责任的方法	市场驱动——自身利益的积累将会导致广大公民团体所希望的后果	多方面的——公务员必须关注法律、社区价值观、政治规范以及公民利益	治理工作本身的驱动——公务员从自身兴趣出发投入治理工作，将自我实现需求与政府治理要求相融合，从获得高度满意与理解的努力中获得激励
行政裁量权	有广泛的自由去满足具有企业家精神的目标	具有所需的裁量权，但是裁量权应受限制并且要负责任	在公共性的"最优选择"、满意与理解框架下的有限裁量权
采取的组织结构	分权的公共组织，其机构内部仍然保持对当事人基本的控制	合作性结构，它们在内部和外部都共享有领导权	组织结构扁平化，更多的决策行为下移与执行行为整合，"大脑"与"双手"相连接

续表

	企业家政府 （企业家精神）	新公共服务 （新公民精神）	匠人政府 （匠人精神）
行政官员和公务员的假定动机基础	企业家精神，缩小政府规模的理念愿望	公共服务，为社会做贡献的愿望	匠人精神，构建"老练的政府"的理念和愿望，在公共利益目标下获得满足感与成就感的愿望（个体愿望与公共利益最大限度地融合）

注：基于"观点之比较：老公共行政、新公共管理与新公共服务"（［美］登哈特夫妇：《新公共服务：服务，而不是掌舵》，丁煌译，中国人民大学出版社2010年版，第3页）的比较框架，得出"匠人政府"理论的内涵与特点。

资料来源：笔者自制。

表7-1基本呈现了匠人政府理论与登哈特夫妇所创制的相关理论的差异，突出了匠人精神在政府治理中的特质，其既是匠人政府理论的核心内涵，也对匠人政府理论与实践设置了多重限定。具体而言，目下可见的"限定"有如下六点。

一 个体自由与人性化的公共产品

匠人政府是最大限度、最大范围、最长时间内实现个体自由的政府，其所提供的公共产品因此更具人性。本雅明认为："手工制作的艺术产品是真实的，有着一种氛围（Aura），而复制品则没有那么高的价值。""原作的存在是真实性概念的前提。……在机械复制时代凋零的，是艺术品的氛围。"[①] 因此，技术、机器从产品中被去除的就是这样一种"氛围"，使其缺乏价值属性，变得庸俗化、标准化。在政府治理中追求极致科学性的管理与替代人性的高效技术，同样免不了忽视公共行政的价值属性，导致一种治理的庸俗化、标准化。而匠艺活动追求的根

---

① ［英］菲利普·史密斯：《文化理论——导论》，张鲲译，商务印书馆2008年版，第67页。

本价值恰恰相反，在于在一定质量标准水平（这只是底线）之上的不确定性、不可预测性，即是一种产品或物的"人性化"过程，它的"人性化"建立在一定质量标准水平之上。政府所提供的"公共产品"，一方面是标准化的政策规则体系，另一方面则需要公务员向公众面对面提供"人性化"的公共服务，从这一点来看，"公共产品"是一种"匠艺"，从事这种"公共产品"生产供给的治理匠人需要的是标准之上的最大化自由。

二 个体价值与整体价值

匠人政府可以在最大限度上整合个体价值与政府治理的价值，将个体"自我实现"的目标与政府治理目标捏合在一起。匠人政府的治理行为不再单一追求结果和绩效，而是成为一个过程——政府与社会实现价值的过程，即参与治理各方匠艺活动过程中实现相互理解与成就期望的过程。"当人们感到不再对最终的产品负有个人责任时，当式样比一个人实际做的什么更重要时，干好工作就不再成为一个人自尊的来源。"[①] 追求极致科学化极有可能将政府治理工作变成冷冰冰的公共服务产品流水线，在其中"前端"职员无法接触最终产品和最终价值，"后端"职员无法贯通完整的政务技能，如此，工作既无责任感也无自尊感。而治理匠人的自我实现则凝结在公共产品的生产供给活动中，对匠艺的满足感的追求体现出一种对最终产品的责任，而这种责任实现了个体价值与政府治理价值的统一，也更加实现了作为"创造之人"的尊严感。

三 治理匠艺的"心""手"相接

匠人政府对待程序化、标准化的政策制定和执行工作更体现出"心灵"与"手巧"。匠人政府在政策制定过程中更多表现出严谨甚至

---

① [美] 约翰·R. 霍尔、[美] 玛丽·乔·尼兹：《文化：社会学的视野》，周晓虹、徐彬译，商务印书馆2002年版，第62页。

"刻板"的状态,对于政策的推敲,更多的努力在于评估其公共价值,"老练地"使用各种"匠艺"并审慎地选出最彰显公共性的选项,短视的、急功近利的决策将被匠人政府排斥。匠人政府在执行决策中将是坚定方向、雷厉风行的,一切以政府治理和个体成就为驱动,尤其基层政府将由可以"把信交给加西亚"的匠人组成,他们的个体愿望将与公共利益合理地结合在一起。治理匠艺的"心""手"相接也意味着"设计与制造并行"理念在政务服务中的践行。在近十年来的工业制造中,设计与制造的关系已从原本"产品设计→产品开发→产品制造"的线性流程变革至设计与制造的并行流程,其表现为"设计与制造的一体化,一种产品设计与制造可以在同一时间段内共同向产品形态推进,科研部门与制造部门可为同一个部门,研发人员与制造人员可为同一群人,……制造直接成为创新的一部分,制造现场如同实验室一样,成为创新的场所,制造资产成为企业创新系统资源的主要组成部分"[①]。治理匠艺的践行本身包含"设计"与"制造"两个方面,依据多样性的社会需要而产生的灵活的匠艺即是一种设计活动,将公共产品通过匠艺最终"制造"出来则是治理匠艺的另一方面。这两个方面的工作不再如极致科学化的管理模式,呈现出一种流水线式的先后顺序,而是同时进行,即给予了治理匠人在治理活动中最大限度的思考空间,并因此获得了其最大限度的行为创造力。这是一种政府治理全时段的"心""手"相接。

四 扁平化组织与灵活的团队

匠人政府结构样态要求极致的扁平化,更多以工作团队的形式进行治理。由上到下的控制与规范和由下到上的经验整合过程因结构扁平而更加高效,政府治理匠人可以在匠艺活动中不断习得治理经验,在灵活的、轻松的气氛中加以创新并贡献给决策者,使政府的"双手"与

---

① 胡昱:《新产业革命的端倪:设计与制造并行》,《光明日报》2014年4月10日第16版。

"大脑"更有效地连接在一起。同时扁平化的结构样态让所有治理匠人对最终产品负责成为可能。这种责任感建立在对全流程公共产品生产供给的亲身参与中，让"双手"的劳作为"大脑"提供真实的价值体验。另外，从现实来看，匠人政府理论更适用于政府与市场社会"面对面"的一线部门，因此匠人政府扁平化的结构代表着更多的资源和更多的权责向一线部门压缩，也更符合政府治理现代化的基本要求。

五 从任务式治理转向更从容的治理

匠人政府的治理模式不再纠结于一个一个孤立的治理任务，这种孤立的任务式治理更多体现在流水线生产模式之中，治理匠人的匠艺劳动追求一种从容的环境。"多数'工具理性'（在韦伯看来，它们是现代文明运行的准则），集中于尽快完成任务的方法设计上，然而忽略了'非生产性的'、闲置的、空闲的并因而浪费了的时间。"[①] 针对工具理性的泛滥，匠人政府希望弥补精益治理的不足，从严格以成本为中心的管理转向更加从容的、常态的、灵活的政府治理。事实上，从社会责任来讲，政府也担负着促进社会成熟、推进社会化程度提升的责任。作为社会中的重要成员，政府本身在参与社会关系的建构与维持中应当发挥更积极的作用，而政府这方面的价值与作用往往被研究者与管理者忽视了。须知，政府治理本身亦是一种社会交往活动，现实中其必然不是碎片化的、任务性的，而是在所谓"非生产性的"时间中持续展开的从容交往。

六 治理的可选择性："多面化"政府

匠人政府是一种人性化、多面化的政府。匠人政府的角色将不再成为争论的焦点。无论政府在治理中应当扮演什么角色、完成什么工作，匠人政府都以独到的做事理念和方法将其变为一种专注的、精进的匠艺

---

① ［英］齐格蒙特·鲍曼：《流动的现代性》，欧阳景根译，中国人民大学出版社2018年版，第194页。

活动。事实上，匠人政府理念体系是"反模式化"的，原因在于一种提供"人性化"而非"标准化""公共产品"的政府，其形态必然是"多面型"的，在质量标准水平之上更人性化地自由追求更好的公共服务形式。与公众"面对面"的基层政府、基层公务员有更大的自主权。因此，如果说匠人政府追求一种模式化，那么它必然是一种"多面化的政府治理"。

第三节 "匠人化"要素与"匠人政府"变革路径

从理论到实践，匠人政府变革的关键节点是如何保护、培养和激发政务职员的匠人精神。对于传统匠艺而言，每个人对于手工艺品的青睐均来自人性对于美的感受。提高个体审美品位对于匠艺的提高起到了根本性的作用。政府治理匠艺也是如此，审美是政府职员匠人精神的核心。围绕着提高对政府服务的审美品位展开，讨论使个体"匠人化"的各种要素，可以使理论更具实践可操作性。

一 "匠人化"要素：从理论到实践的"中介变量"

"匠人化"要素可谓匠人政府从理论转向实践的"中介变量"。"匠人化"要素对于任何个体均有效用，这些要素的存在与否，决定了个体将其职业是否视为志业，并能否产生匠人精神。进而在产生了匠人精神之后，才会出现自然而然的匠艺活动。

（一）基于匠人化要素的理论抽象：解剖匠人精神与行为

美国心理学家奥利弗·伯克曼（Oliver Birkman）认为"兴趣和需求是人们行为的两大动力"，当然"价值"同样是行为走向的决定性要素。所以，在图7-1匠人化要素的主观因素中，"价值取向"与"价值"相关，"情感寄托""自我实现""使命感"与"需求"相关，"个人志趣"则是个体的价值与需求共同作用的结果。客观因素中,"外部支持""群体效应"和"个人生活条件"都更多与个体的"需求"相关。此理论的逻辑在于:个体价值和个体需求是相对独立存在的,二者的"匠人化"共同影响产生了"匠人化"的志趣,从而进一步外显为匠人气质——匠人精神①和匠人行为。所以,"志趣"是关键的中间环节,而培养具备匠人精神的各行业匠人,应当从"价值"和"需求"两个方面入手,培养出对待所从事工作的个人志趣。

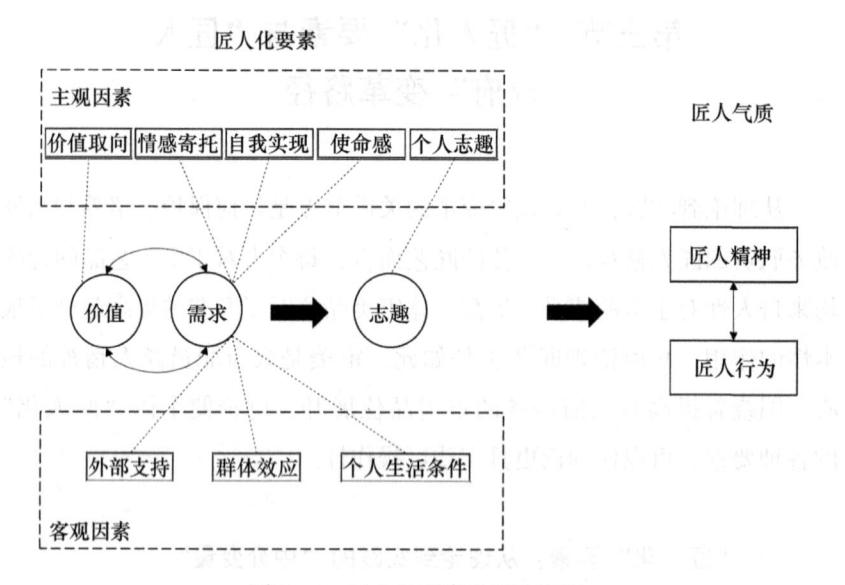

图 7-1 匠人化要素的理论搭建

资料来源:潘墨涛、汤蕤蔓:《后工业社会乡村匠人复兴实证考察——顺德绣娘的"匠人化"要素初探》,《暨南学报》(哲学社会科学版)2019年第3期。

依据此理论逻辑,让全社会呼唤和尊重的"匠人精神"及"匠人行为"都只是一种表象,其内在的使个体能够表现出这种精神和行为的原因是研究的真正重点。在此初步理论框架下,如果能有更深入的探

---

① 匠人精神亦即"工匠精神",但匠人精神更多强调人性之光,而工匠精神则是围绕"工"而言,更多强调敬业与专注。

索,将为政府治理乃至全社会培养起精益求精、专注工作的匠人精神找到"施力点"。

具体而言,让个体呈现匠人精神并实践匠人行为的匠人化要素包括主观和客观两组。主观因素中个体的"价值取向"是独立存在的根本因素,直接决定了个人对于职业的"价值"判断;主观因素中"情感寄托""自我实现"与"使命感",和客观因素("外部支持""群体效应""个人生活条件")一道决定了个体需求。这些需求无论是否呈现出马斯洛的分层效应,其与"价值"部分共同影响了个体"志趣"的养成,进而使个体呈现出一种文化上的"匠人气质"。所谓气质,指"一套客观的、系统性的、具有道德维度的性情倾向,一套实践原则"①。这种性情的培养与个体行事原则的养成,简单来说是长期教育与文化熏陶的结果,实质上其"抓手"还是在于对各种匠人要素的重视。

回到政府的匠人精神与匠艺活动,使政府公共服务更具匠人气质,指的就是在精神与行为层面都体现出各种匠人化要素的积极作用。对于气质而言,精神层面的作用更为根本,在具体的政府治理活动中,无论政府职员还是社会主体,"精神之眼发挥着作用,它赋予事物以秩序,它对事物进行补充、摒弃、选择——不是创造,不是发明"②。这种"精神之眼"涉及审美的能力——对"美"的程度的偏好排序,而这种排序本身便可以成为一种"指向标",让具有匠人精神的政府治理匠人向着美感程度更高的方向改善治理行为,并进一步提高所有相关者对治理匠艺的审美感知。因此对于政府治理的匠艺而言,"问题不在于什么是可见的,而在于什么是我们感知到的"③。围绕上述认知,以下具体

---

① [法]皮埃尔·布迪厄:《社会学的问题》,曹金羽译,上海文艺出版社2022年版,第178页。
② [德]马克斯·J.弗里德伦德尔:《论艺术与鉴赏》,邵宏译,商务印书馆2016年版,第1页。
③ [德]马克斯·J.弗里德伦德尔:《论艺术与鉴赏》,邵宏译,商务印书馆2016年版,第2页。

谈谈"匠人精神"的可操作化问题。

(二) 基于匠人化要素的实际应用："匠人精神"的可操作化

为了"匠人精神"的可操作化，可以依据前文研究的初步结论，重点从"价值"和"需求"两方面着力为匠人化要素寻找应用途径。

1. 匠人化要素应用的普遍性探讨

传统意义上"匠人"并不是资本主义劳动大分工的产物，而是源于人类的"私人生活"领域，但随着社会的兴起也逐步走入了公共领域，成为公共生活的一部分。所以，当代匠人的匠艺生活并非如传统般完全只专注于私人领域，实际上是在更加专注于"个体的内心生活"——私人领域的重要部分——的基础上，同时关注着公共领域的生活。阿伦特对匠人认识的最大问题在于把狭义的"工匠"作为研究对象，实际上缩小了匠人的范围。虽然劳动分工后生产力的发展将以消费为目的的"兽的劳动"与匠艺活动分离，侵蚀了匠人平静的生活，但同时也推动匠艺活动逐步由私人领域向公共领域扩张，使包括"劳动之兽"的各行各业的人们都开始向往匠艺活动的"积极生活"，使匠人精神逐步扎根于包括政府治理在内的各行各业。因此，扩大我们对"匠艺""匠人"概念外延的理解，将匠人化要素用于各行各业，尤其是当前"过紧日子"的各级政府部门，有益于国家所呼唤的"匠人精神"在全社会形成一种显性的文化。

2. 匠人化要素的具体应用

根据辩证法原理，内因是事物自身运动的源泉和动力，是事物发展的根本原因；外因是事物发展、变化的第二位原因。内因是变化的根据，外因是变化的条件，外因通过内因而起作用。匠人化要素包含内部主观因素和外部客观因素，五大内部主观因素是"匠人化"的根本原因，三大外部客观因素是"匠人化"的必要条件。因此，匠人化要素的应用中，"内因"的作用在于评价和考核一个人的"匠人化程度"，"外因"的作用则在于施加影响以使其行为表现得更具匠人精神。一方面，考量和评价一个人是否具备匠人精神、匠人的特质，可以从内部主观因素入手，尤其从"价值""需求"两个层面去认识评价对象。对于"价值"的考量，要评价其是否更注重质量，是否眼光更长远；对于"需求"的考量，则主要分析其关键的需求是否属于更高的层次，而不仅仅停留在低层次物欲。此外，要明确"志趣"的中心环节地位，包括"价值""需求"层面的各种要目，都要通过这种"志趣"来转化为具体气质。所以，对匠人化要素的应用，中心点就是要通过各种方法不断强化个体的这种"志趣"，不仅要从个体出发强化其兴趣，深挖匠艺本身对个体的吸引力也是非常重要的。另一方面，在实际中，如果内因具备，但"匠人化"并不明显，原因也许就在于外部因素的制约。对于这些"外因"的控制与重塑，也是有"技巧"的，这对于政府内部匠人精神的发现与发扬、匠人政府的建构尝试都具有操作意义，以下将对此进行探讨。

二 "匠人政府"的变革路径

理解"匠人政府"的系统内涵，依据"匠人化"要素的运作机制，从理想到实践，寻找建构"匠人政府"的有效路径，从体制创新、制度创新、文化创新三方面指明政府"匠人化"变革方向，可为中国政府不断推进治理现代化提供有益启发。

（一）政府体制创新与"匠人化"变革

1. 行政层级的扁平化

扁平化的政府体制有助于工作价值可感知性的提升，尽可能让"流水线上"所有层级公务员感知最终生产出来的公共产品的价值，是培养匠人精神的情感基础，涉及匠人化要素中主观因素的实现。中央政府与向社会提供"面对面"公共服务的基层政府实际上是"大脑"与"双手"的关系，整个政府系统的"匠人化"最直接的表现就是使"大脑"与"双手"真正紧密地联系起来。因此，应思考在创建和培养大量精益工作团队和专项公共服务改善团队的基础上，如何逐步精简职能部门，尽可能"压扁"行政层级，建设扁平化政府，进而缩短"大脑"

与"双手"之间的"反应距离"。另外,一线政府部门是匠人政府变革的切入点,政府一线的治理匠人在层级扁平化的组织中也更易发挥匠艺价值。对于上令下行的科层管理体制,一线治理匠人最终展开的匠艺活动实质上是对"上级政策设计→一线部门执行→经济社会反馈"的反向"猜测"或"揣度"。在这种"猜测"和"揣度"过程中,一线治理匠人可以体味匠艺的创造空间,将硬性的政策设计转化为市场社会得以接受的、富有美感的治理匠艺。

2. 传统职能部门的"匠人化"

在"过紧日子"的要求下,政府变革中一些冗余的传统部门职能将变为"思考政府未来"。对于匠人政府来说,这种"思考政府未来"的职能属于"大脑"的作用范围,不同层级传统职能部门"思考未来"的职能也不可能是一致的,需要进一步精益化和"匠人化"。从近些年中国政府部门的改革探索中也可以看出,各种职能部门合并重组、推进机构改革都直接证明了传统职能部门重要性的降低,而一线直接提供公共服务的部门则越来越细化。所以,以一线治理匠人为核心的匠人政府,除了"思考未来",一切职能部门都还应履行对一线部门的后勤保障职责,转变完全不适合匠人政府的由上至下命令式的行政管理体制,在由公共需求向上"拉动"公共服务供给的基础上,匠人政府各职能部门必须接受一线治理匠人需求的"拉动",满足治理匠人的基本工作需求。

(二)政府制度创新与"匠人化"变革

1. "治理匠人"的终身职业制与"缓慢升迁"

应明确一点,匠人政府需要的不是一群技术能力可以相互替代的极其相似的公务员,而是一个个不同分工职位上技能个性化的政务专家。在政府治理的实际活动中,会碰到许多需要专业素养和技术的工作,这些工作"除了A能做其他人都不行",凸显了掌握个性化技能治理匠人的重要性。因此,对于这些有个性化且难以代替技能的治理匠人,可以探索设计"终身职业制度",以保证专业技能的充分发挥。同时在完善

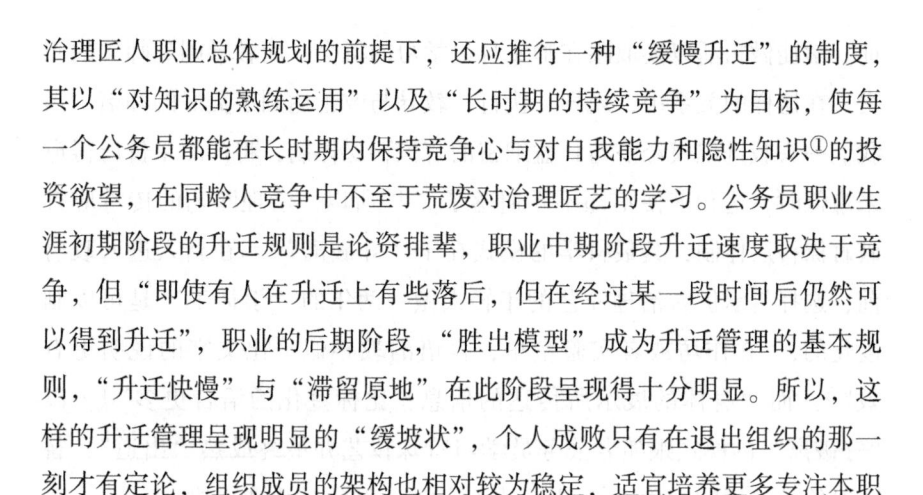

治理匠人职业总体规划的前提下，还应推行一种"缓慢升迁"的制度，其以"对知识的熟练运用"以及"长时期的持续竞争"为目标，使每一个公务员都能在长时期内保持竞争心与对自我能力和隐性知识①的投资欲望，在同龄人竞争中不至于荒废对治理匠艺的学习。公务员职业生涯初期阶段的升迁规则是论资排辈，职业中期阶段升迁速度取决于竞争，但"即使有人在升迁上有些落后，但在经过某一段时间后仍然可以得到升迁"，职业的后期阶段，"胜出模型"成为升迁管理的基本规则，"升迁快慢"与"滞留原地"在此阶段呈现得十分明显。所以，这样的升迁管理呈现明显的"缓坡状"，个人成败只有在退出组织的那一刻才有定论，组织成员的架构也相对较为稳定，适宜培养更多专注本职工作的治理匠人。

2. 精益治理"学徒"制度

精益治理变革将会创造出一系列需要治理专家从事的、高度关注细节的政务工作，而这些工作所附带的知识越来越"神秘化"的趋势，将使政府职能分工变得越发细致深入而壁垒高筑。这与未来扁平化的政府结构并不矛盾，是构建匠人政府重要的条件之一。知识的"神秘化"实际上是隐性知识在政府政务中重要性的提升，隐性知识是匠艺得以存世的基础，隐性知识的传承则是匠艺留存于世的关键。"专有技术对先进技术领域来说是非常重要的，这种知识不容易形成文字或从阅读中习得，而是需要面对面的交流和有利于思想探索的环境。"② 要使这些优秀的治理"匠艺"得以保存，就必须重视其附带的"隐性知识"的继承，在精益治理变革基础上推行治理"匠艺"的"学徒"制度是构建匠人政府的根本要求。"优秀的工匠同时也会思考如何以更理想的方式工作、节省物料，改善产品的品质——简言之，他们在进行产品与流程创新。这些工匠通常会把最低级的工作指派给某个人来做，那就是学

---

① "隐性知识"指那些无法用人类已有的"知识信息承载符号"传递的知识，只能依靠"体验"和"悟"来传承，有时甚至是"顿悟"。

② ［英］黛安娜·科伊尔：《市场、国家和民众》，郭金兴译，中信出版集团2022年版，第131页。

徒。学徒做粗活以换取跟在师父身边学习的机会,而教导则是师父的职责。在这样的关系中,规划、执行、教导与改善达到了美好的和谐,当我们一头栽进规模经济与日益细密的官僚科层体制,将产品单价压得愈来愈低时,这和谐便不知不觉遗落了。"① 所以,治理匠艺的传承应打破官僚科层体制,其最科学的模式在于"守破离"②。在新人进入政府前,选择传承优秀治理匠艺的年轻人做一两年的"学徒工"是可以制度化的,"在作坊或者实验室里,言语的教导似乎比文字的说明更有效"③。而"身体的展示所传达的信息,比标签化的语言更多"④。以"守破离"的模式跟随老公务员学习特殊技艺并最终成熟"出道",替政府传承治理的"隐性知识",是建设匠人政府的重要手段。

3. 基于公共产品价值流的轮岗制度

由于一种公共产品价值流上不同职位往往处于高低不同的政府层级之间,从决策、执行到公共服务供给不可能处于同一级政府,因此这种基于公共产品价值流的轮岗制度往往是打破行政层级和工作属性的轮岗,与当前平级轮岗是不同的。这种轮岗制度的目的在于能够让价值"流域"中更多不同层级的公务员直接感受到价值的实现,并且体验治理匠艺的专业性和不可替代性。当然,轮岗制度也应当注意科学的周期,不能以伤害治理匠人匠艺积淀与成长为代价,应在适当时候给予适当时长的轮岗。从精益治理变革的"现场管理"出发设计这种轮岗制度是可行的。在"现场管理"要求管理者进入一线政务工作现场审视问题寻找解决方案的基础上,进一步设计轮岗制度,一方面要求更多层级的管理者按制度周期性进入一线政务现场,另一方面要求同一公共产品价值流上不同职位、不同职责的公务员进行轮岗,尽量有机会直面社

---

① [美] 杰弗瑞·莱克、[美] 詹姆斯·弗兰兹:《持续改善:组织基业长青的密码》,曹嬿恒译,中国电力出版社2013年版,第20页。
② "守破离","守"即跟随师父修业;"破"即将师父的本领内化于自身,并以坚实的技术、成熟的心性为基础加以创新;"离"即独立于师父,开创自己的新境界。
③ [美] 理查德·桑内特:《匠人》,李继宏译,上海译文出版社2015年版,第219页。
④ [美] 理查德·桑内特:《匠人》,李继宏译,上海译文出版社2015年版,第222页。

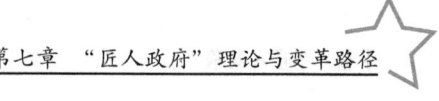

会公众，体验公共价值实现的心理冲击，激励其成为治理匠人。

4. 技术官僚的"决策投票权"制度

对于涉及一线政府公共服务"匠艺"的决策讨论，应当要求必须由技术官僚参加原本政治官僚垄断的决策会议，尤其应让公认的一线政府"治理匠人"参与决策并掌握平等的投票权。治理匠人在个人志趣与自我实现的内驱动力作用下，自然希望体验所从事的政务工作的完整流程，进而感受价值的实现。在政府公共行政制度的设计中，应当考虑治理匠人在政策设计与决策环节的参与问题，对更广泛、更深度的政务全流程参与，不只有益于决策科学化，更会营造一个有利于治理匠人感知价值的环境，也更有利于培养和激发政府治理的匠人精神。

5. "治理匠人"技术评价的政治无涉制度

给予"治理匠人"必要的决策权，是基于其保有独立思考能力与立场，不为他者所影响控制之上的。因此，有必要改变目前对于一线政府技术官僚、行政雇员等在内的政治评价制度，逐步将对这部分潜在"治理匠人"的工作评价权交给社会或第三方机构，进而确保在关键决策能够获得"治理匠人"独立思考的独特观点，促进决策精益化、科学化、人性化。其实，"每个人拥有的基本能力是相同的，而且这些能力的大小也差不多，这意味着我们都可以变成优秀的匠人；导致人们走上不同人生道路的，是他们追求质量的动机和欲望。而这些动机又受到各种社会条件的影响"[1]。评价制度的改善，意味着在外部提供培养和激发政府治理匠人精神的制度条件，更多的"政治无涉"的评价可以让政府职员的人生价值取向更多转向对治理匠艺的思考与审美品位提升上。

(三) 政府文化创新与"匠人化"变革

1. 培养精益文化的"极限民"

精益文化更有利于在速度越来越快、变化越来越复杂的社会中

---

[1] [美]理查德·桑内特：《匠人》，李继宏译，上海译文出版社2015年版，第299页。

培养一种简单生活、精致工作的社会存在方式，培养一种所谓"极限民"①的"物种"。政府精益变革致力于培养公务员以"花得更少、做得更多"为目标对工作精益求精的文化，希冀保持持续改善的持久动力，因此常用5S方法对政务工作场所加以改善，简化优化工作环境。这种工作环境的改变，无疑将使更多的公务员切身体验到"极简"的"乐趣"。精益治理以"简约至上"的逻辑将"极简主义"文化加以发扬，正是治理匠人诞生与成长的"土壤"。奉行极简主义的"极限民"，善于抛弃多余无用的物品就如抛却烦恼，把人的物欲压至最低，便可付出更多心力于内心真正向往的工作与生活。精益治理变革在公务员队伍中养成的极限民更专注于手头的政务工作，也越来越易于感悟工作中的"幸福"。这种工作生活的态度正是匠人所特有的。

2. 关注人品胜于技术

在推进政府政务精益化的同时，不应忽视"人的发展"这一终极目标，精益文化建设也应高度关注公务员"人品"的教养改善，关注为培养治理匠人营造健康的组织文化。因此，未来建设匠人政府，在当前政府精益变革时应当将公务员品德建设置于首位，胜于精益技术与知识的传授，选任品德出众的公务员参与精益变革，不可简单地"唯才是举"。同时要培养一种能够"以德化人"的组织文化，比如可以培养公务员"三尺之上有神明"的"敬畏"工作的文化意识，明白随时都有"神明"在看着。这种文化熏陶可以教化品德，使公务员即使在无人监督的情况下也可以虔诚地尽力而为。

3. 改造政务工作为令人自豪的匠艺

自豪的情感并不是"官本位"，而是对于政务工作本身高度专业性、知识性、不可替代性最直接的感知，其基础在于对所从事的政务工作本身的虔诚与敬畏，唯有这样的政务方能被称为"匠艺"。变政务工作为匠艺，核心在于如何使各种政务、公共服务项目可以满足治理匠人

---

① "极限民"，亦即"极简主义者"，特征是舍弃一切可有可无的东西，只保留极小限的生活物品。极限民们的理念是最小限的物品、最大限的幸福。

对"永恒"的追求,如何使公共服务的根本价值变得"永恒"。其一,匠人的工作与生活不存在矛盾,生活就是工作,工作也是生活。要在政府精益变革的过程中关注公务员工作与生活的协调融合,减少不必要的工作流程,去掉繁文缛节与无效工作,提高单位工作的"价值含量";其二,重新设计工作职位,把当前碎片化的工作重新整合,按公共服务项目划分工作,使政务工作"任务化",尽可能不使工作割裂价值链,变"政务流水线"为一个个政务团队;其三,要将政府作为治理匠人最终的"杰作","用手抵住瓷器,听其心音"①,匠人总是用"心"做事的,瓷器匠人手中用心塑造的是泥土,治理匠人手中用心塑造的则是政府本身,将治理匠艺与政府本身的建设相关联,匠人对永恒的追求也就有了载体。

4. 将政府置于社会文化之中

"当一个地方缺乏自然禀赋——这种禀赋让人们'自然地'识其美,并与丰富的休闲生活联系在一起——本土真实性可以'弥补'这种损失。"② 所谓"本土真实性"(Local Authenticity),即包裹在场景中的、可以体现当地社会真实生产生活样貌与文化的独特性质,"'本土'的吸引力就在于,一个人希望找到只有这里才有的,还没有被全球资本主义标准化力量所同质化的独特东西"③。客观上讲,政务服务本身是缺乏"自然美感"的,其标准化、公共性的特质天然去掉了多样性的美感。因此,要使政务服务本身成为具有美感的匠艺,"本土真实性"可以弥补这一问题。政务服务的"本土真实性",即要求政府治理的实践完全置于各地多样且风格独特的社会文化之中。如此一来,政府治理实践便尽可能地呈现出"当地特色",而与社会"面对面"的一线部门将呈现一种"多面性",社会文化自然渗透于政府部门之中。更进一步

---

① [日]赤木明登:《造物有灵且美》,蕾克译,湖南美术出版社2016年版,第104页。
② [加]丹尼尔·亚伦·西尔、[美]特里·尼科尔斯·克拉克:《场景:空间品质如何塑造社会生活》,祁述裕、吴军等译,社会科学文献出版社2019年版,第155页。
③ [加]丹尼尔·亚伦·西尔、[美]特里·尼科尔斯·克拉克:《场景:空间品质如何塑造社会生活》,祁述裕、吴军等译,社会科学文献出版社2019年版,第153页。

来说，治理匠人未必身处政府部门之中，让更多富有匠人精神、具备匠艺能力的市场社会主体参与到政府治理中来，符合多元治理以追求善治的现代公共行政精神。

5. 让政府的"社会性"变革来改造社会

所谓"社会性"，即强调结成稳定多样的社会关系，为各方带来安全预期，以规避自由市场不确定性的冲击。目前，中国社会低信任度问题非常突出，中国公共行政领域"社会性"的衰落更是不言而喻的事实。经历了三年新冠疫情的治理，政府公共行政在社会信任度方面也面临新的不确定性。若用西方公共行政学的理论视角来看，政府与社会之间的"契约关系"保障了双方的信任程度。但是，契约规定了双方的关系，而信任感则基于契约规范和价值共享。没有价值共享的契约规范是没有人性的，政府与经济社会之间需要共享价值以建立交易成本更低的信任关系。匠人政府变革将社会性的匠人精神引入政府治理，这种行为本身就具有强化政府内部、政府与社会、社会环境中的社会关系的意义。而政府首先通过匠人政府变革提高社会性，对于带动和改造当前中国社会具有重要意义。

小结　匠人政府：理解政府治理的"公共性"

在精益治理理论的基础之上，建构匠人政府全新理论的目的在于寻找政府治理变革的突破口，使政府治理紧随经济社会的发展，为社会公众和政府本身提供"善治"。总体上看，对匠人政府理论框架建构的探索仅仅迈出了第一步，其理论基础和实践基础算不上坚实，但存在合理性。从现实政府治理中，可以发现政府治理匠人精神的具体表现，同时归纳出政府治理匠艺活动的特征；从政府治理的发展趋势中，也可以找到构建匠人政府的必然性和价值所在，这正是对匠人政府进行从无到有的理论建构的重大意义。

第七章 "匠人政府"理论与变革路径

实际上,匠人政府理论的提出所围绕的核心依然延续着精益治理的哲学理念,即政府的"公共性"这一命题,是探求当前公共性是什么、如何表现以及政府治理应如何张扬公共性这些问题的新思路。就政府的公共性而言,匠人政府理论给出了创新性的回答。首先,匠人政府认为政府治理的公共性应涵盖包括政府"治理匠人"在内的所有社会成员,其所聚焦的"手中的匠艺"是公共治理事务,是政府本身,这种"匠艺"的基础在于治理匠人与使用匠人劳动成果的公众的相互交流与理解。在治理难题面前,匠人政府与社会公众更易于产生合力,这是匠人政府"最大的"公共性。其次,匠人政府聚焦每个治理匠人个体,关注其匠艺活动的满足感和获得感,努力使治理工作成为匠人向往的志业,这是匠人政府对公共性的又一层理解。最后,如同匠艺活动生产的艺术品一样,匠人政府认为公共性是一种更加全面的价值尺度,它欢迎来自各方的批评与建议,并将之作为不断精进、更好地服务于公共性的重要保障。匠人政府的治理在对公共性动态的理解中不断发展。

总之,正如塞尔兹尼克曾指出的,"人类追求的理想不是过于庞大的政府,……相反,理想状态是老练的政府,侧重实际条件和共同体需要的政府"[①]。精益治理对政府政务做了细致的、具体的改善,而匠人政府则在工作的持续改善基础上改造着承载工作的公务员。可以说,正是这种实事求是地运用不断精进的治理匠艺满足治理需求的"老练"政府,代表着政府治理更高的质量、更多的尝试、更少的言语、更直接的公共价值追求。所以,毫无疑问,在政府治理中提倡匠人精神,在不断追求精益化的同时高度关注"人的发展",为精益治理赋予匠人政府的灵魂、为极致科学性的政府公共行政寻找人性的美感,既符合治理发展的实情,也是丰富甚至超越作为新公共管理3.0的精益治理理论、超越西方公共行政理论的一种创新尝试。

---

① [美]菲利普·塞尔兹尼克:《社群主义的说服力》,马洪、李清伟译,上海世纪出版集团2009年版,"序言"第8页。

第八章
"匠人政府"的变革实践

　　从匠人政府的视角审视当前各种政府治理创新实践，找寻公共行政中的匠人精神，此研究工作本身具有极高的趣味性与美感。政府治理创新实践的故事还是那些故事，讲述的逻辑与方式转换为寻找匠人精神的视角，谓之颠覆了一些传统对于政府的理解并不为过。不过，匠人政府的变革实践也并不止于对现有政府改革实践的"匠艺"视角的解读讲述。在没有从"匠艺"视角来理解政府治理现代化方向时，治理的匠人精神是自下而上零星自发的；未来匠人政府的变革实践还是少不了从自上而下的整体性、战略性推开。所以，本章对于当下匠人政府变革实践的案例讨论仅作为对变革的"星星之火"的"捕捉"，凝练为匠人政府具体理念，可以为未来整体性、战略性的变革提供启发。

　　当然，在中国，任何一种自上而下推开的变革实践，都是沿着"自发变革→引起关注→试点探索→整体推广"的逻辑发展的。目前各国初步的自发变革，从"匠艺"视角加以捕捉解读，也可以为匠人政府理论寻找有意义的实证，打破对公共行政较为单一的、"企业家精神"与3E视角的认知，为追求极致科学性的公共行政提供更为人性化的价值。

　　讨论变革实践的过程，也会加深对初步建构的匠人政府理论体系的认识，尤其是在此理论解释现实的力度方面，会形成一种"边界感"，即哪些政府治理相关改革可以纳入匠人政府理论体系加以解读,哪些则不可以。另外,理论解释力度的"边界感"也会影响形成客观变革实践的"边界感"。对于未来政府公共行政相关变革,匠人政府变革在不同时期应在什么样的范围内展开,是一个涉及政府治理现代化的战略问题。

以上,本章将着重考察这些关键问题,从目前匠人政府变革实践的整体概况出发,结合对各国相应政府改革的"匠艺"视角的案例分析,引出对匠人政府理论与实践的边界问题的思考。

第一节 "匠人政府"变革的整体概况

"匠人政府"的变革实践有时候与政府的公共文化服务内容相似,政府公共文化服务中也一定存在治理的匠人精神。围绕"匠人政府"的定义与政府治理匠人化的内涵,可以将政府治理实践中的匠人精神与治理匠艺从如跨部门合作治理、公共文化服务等相关领域中析出,从"匠人政府"的视角审视当前各国政府治理现代化的历程与趋势。

一 "匠人政府"变革的开端:"巧匠"理论与跨部门合作

自巴达赫在对美国政府治理相关实践的解读中引用"巧匠"理论起,从匠人精神的视角理解政府治理问题、促进匠人政府变革便拉开了序幕。巴达赫创造性地提出"巧匠"理论以突出美国地方政府跨部门合作的改革趋势,认为20世纪90年代以来美国跨部门合作的兴起是由于应对新公共管理运动导致地方政府部门之间"过度竞争""各自为政""推诿责任"等问题而自然出现的政府改革,"跨部门合作'巧匠'理论所展现出政府部门通过横向、纵向合作的思想以创新政府治理模式,核心是在既有的部门、人员、技术、资源、信息、经费等条件下通过'巧匠'的思维设计出一套合理的、科学的、规范的跨部门合

作的运作体系"①。

聚焦于跨部门合作的治理活动,"巧匠"理论特别强调在治理目标和部门间利益关系基础上,构建以信任为核心的组织社会资本,没有信任就没有合作。"为了合作意图构建一个高效的运作系统需要一系列前提条件,包括以信任和务实为特征的人际文化,一套能促进决策层形成并保持共识的有效制度。"② 而在这些基本要素影响下,"巧匠"理论要求尽可能围绕跨部门合作以降低行政成本来安排政府的行政制度,具体包括:合作机构的灵活性,相应的财政预算制度的安排,以及成立权责相对集中的"委员会"和管理资源的"董事会"。事实上,以美国地方政府跨部门合作的"巧匠"标准来看,本书第四章"精益治理的案例分析"中所提到的 J 市精益治理模式的改革,通过沟通 18 个部门的权责利关系而形成"一门式"审批服务模式,就是一种跨部门合作"巧匠"的改革实践。

"巧匠"理论不只是第一次将"Craftsmanship"的隐喻用于公共行政理论之中,事实上在"巧匠"理论所指称的美国地方政府跨部门合作实践中,匠人精神的确存在。在巴达赫的叙述中,"巧匠"之所谓"巧",便是在推动跨部门合作的过程中能够以更好的沟通实现主体间信任度的提升,应对合作问题时可以以更加聪明(smart)的"匠艺"实现利益的均衡。总之,"巧匠"理论将治理匠艺从政府治理实践中较为清晰地抽离了出来,比较隐晦地提出了政府治理中长期蕴藏着一种可以积极、专注并持之以恒应对问题的匠人精神,正如 J 市"一门式审批"的精益治理变革中,完整经历了历时一年半对接 18 个相关部门权责利分工工作的政府职员所感叹的:"项目应用涉及 18 个部门、700 多项业务,业务整合到一个平台、一个标准、一套档案,执行难度非常大,远远超出原来预计,曾多次想放弃。经过艰辛努力最终成功,深感

---

① 邱国庆:《尤金·巴达赫跨部门合作的"巧匠"理论研究》,硕士学位论文,辽宁大学,2017 年。

② [美]尤金·巴达赫:《跨部门合作——管理"巧匠"的理论与实践》,周志忍、张弦译,北京大学出版社 2011 年版,第 3 页。

安慰。身在体制内，一辈子有机会参与如此有意义的改革，有强烈的成就感。"

二 "匠人政府"实践的扩散：公共设计

"匠人政府"实践在另一个重要的政府治理领域更多的表现出来——公共设计（Public Design）领域。近些年来，公共设计理念在城市再生、城市更新、公共场景营造等方面受到各国政府和社会重视，其是由政府主导的公共领域的设计行为，涉及直接的匠人与匠艺，或在政府之中，或在社会之中。有别于一般意义上的商业设计，公共设计的消费者是公众，需要让不同的使用者以自己独特的方式来使用一个特定的空间和设施，从而满足自己的需求，因此更强调公益性、共享性、公平性、包容性、通用性；公共设计的终极目的并不是商业利润而是由此带来的社会价值。

现实中，公共设计实践在全球各个城市均已展开，在中国各个城市也早已取得了不错的效果。最著名的城市公共设计，如包括"熊本熊"在内的日本的城市吉祥物设计、韩国政府形象标志设计、纽约时代广场公共广告设计等。在中国，由于政府不断激励产业结构升级，推动中国从"制造强国"向着"设计强国"方向发展，"引进+仿造"的模式在近十年间越来越多地转向了以设计为核心的价值结构，且近年来受到城市更新在政府治理工作中地位越来越重要的影响，城市公共设计受到了更多的关注。当然，最体现政府治理匠艺的公共设计是政务大厅的现场设计。近些年来中国"放管服"与优化营商环境相关改革实际上潜移默化在政务大厅现场设计方面做出了多样化的探索努力。

总体上讲，作为公共领域的设计，任何公共设计所关注的应该是"一些普遍性的范畴如何演绎到不至于压垮个人存在的程度"[1]，即这些涉及公共性的设计范畴如何在保证功能发挥的同时，不至于压抑其中个体个性的自由发挥，在获得公共服务的同时不至于被公共领域潜在的

---

[1] 王澍：《设计的开始》，中国建筑工业出版社2002年版，第13页。

"纪律性""秩序性"氛围束缚,从而影响获得感与幸福感。可以说,很多时候过分的"正规化"与"纪律性"设计氛围,隐隐限定了公共服务场景的工作文化,进而压抑了社会公众的个性需求与价值评价。包括政务空间在内的各种城市公共设计,在公共性功能基础上保持一定的个性和多样性是审美的基本需要,在涉及政府公共服务的场景中,相关公共设计必然体现政府治理的一种匠人精神,设计的审美水平与背后的哲学深意,则是判断相关政府部门治理匠艺水平的标准。

三 "匠人政府"变革的前沿:再造社会

在政府治理中捕捉匠人精神,包括在公共设计中集中体现的匠艺特质,匠人政府变革的前沿都旨在"再造社会"。所谓再造社会,即在现代化的"陌生人城市社会"中,通过政府主导的治理力量,重新整合城市社会共同体,形成社会自治的基础,逐渐推动政府与社会关系的良性的动态调整。匠人政府的变革实践以再造社会为价值取向,既凸显了匠人政府底层理论的社会学属性,也强调了治理匠艺的实践过程必然带来政府治理之外的"正外部性"收益——以加深社会信任度与社会主体信用为标志的稳定可预期的社会关系。

与追求科学意义上的高效组织化不同,追求社会关系化的政府治理更重视的是治理行为本身对于关系网络的搭建与强化,而非组织内部权责利分配与目标达成的科学性。如果说精益治理的关注点在于政府内部的组织生产高效化、科学化,那么匠人政府的关注点则在于政府与外部市场社会主体之间的关系网络人性化。而通过匠人政府的具体实践,这种关系网络又可以不断强化,相关主体与政府可以共同对治理效果产生直接的影响。

讨论匠人政府变革前沿的再造社会,目前最有影响力的具体治理实践包括:乡村振兴中乡村社会的治理;城市更新中场景营造与再造;政务大厅与审批工作的相关改革;等等。在这些实践中,可以从匠人精神的角度留心到各种提升社会关系网络的努力,可谓之"善治"的结果便从对于社会的再造过程中生发出来。

第二节 国外政府的"匠人化"治理案例

从匠人政府变革的视角来解读,各国政府均在许多治理实践中体现出了无可置疑的匠人精神。治理匠艺的发挥为中国政府治理的现代化也提供了新的启示。这些案例信息的选择源自各种信息的汇总,包括互联网信息、政策文件、学术著作、设计图本等。运用他者的智慧劳动并非重复案例的故事,而是要体现政府治理的匠人精神与治理匠艺,并得出一些关于匠人政府变革的具体理念启示。

一 英国城市更新与政府设计治理

事实上,在任何政府设计治理实验中,设计师们的参与越来越重要:"参与社会计划原始发展的公职人员设计出的解决方案,正好符合其当时的情况,也正好满足的是正在使用该计划的某一人群的需求。然而,这些情况很少与其他机构的情况相同。"[1] 亦即是说,同一种类的公共服务实际上在每一刻都是完全不同的工作,对于每一社区、每一社群而言也完全不同,这就需要凸显人性、传递隐性知识的治理匠艺与匠人精神在政府治理活动中发挥作用了。"政府的设计需要新的设计思维、新的设计实践以及新的设计方法。"[2] 秉持着这种理念,英国城市更新中的政府设计治理不断演变,并日益呈现出匠人精神。

(一)政府设计治理与伦敦的城市更新

20世纪80年代,乔纳森·巴内特便指出:"城市设计最终会通过

---

[1] [英]约翰·赫斯科特著,[英]克莱夫·迪诺特、[土]苏珊·博兹泰佩编:《设计与价值创造》,尹航、张黎译,江苏凤凰美术出版社2018年版,第43页。
[2] [英]约翰·赫斯科特著,[英]克莱夫·迪诺特、[土]苏珊·博兹泰佩编:《设计与价值创造》,尹航、张黎译,江苏凤凰美术出版社2018年版,第39页。

私人投资与政府、领域专家和决策者间合作关系的建立真正得以良好运作。"① 约翰·庞特主张"以面向实施的城市设计取代单一的抽象规划来主导城市开发与更新"②，并逐步阐释了"设计控制"（Design Control）理念，要求政府重视城市设计，并通过有效的制度规制参与进来。2016年，马修·卡莫纳围绕英国城市设计存在的一些问题，首次提出了"设计治理"（Design Governance）理念，"旨在建立政府、专家、投资者、市民等多元主体构成的行动与决策体系，利用各种'正式'与'非正式'的治理工具来应对城市设计运作这一颇存争议的复杂系统"③。简单来讲，设计治理即是调整城市设计中政府与其他多元主体的合作关系，达成善治的理念。在此合作过程中，政府的角色当然不再仅限于"发号施令""协调资源"，也不意味着必须"下场"亲自展开设计工作，设计治理对于政府规划、协调能力有了更高要求，而更根本上的，是对于政府"审美"水平的极致要求。

城市更新是政府设计治理的主要领域，有许多表现形式。其中最重要的两个方面，一是"社区营造"，即通过社区内的所有主体在合作框架下，应对各种治理问题，包括"人、文、地、景、产"的各方面发展，其中场景设计是城市设计治理的重要对象；二是"城市复兴"，其主要聚焦于历史上曾经繁盛一时的城市中心，出于种种原因衰败之后，如何寻找再次繁荣的可能。在20世纪末，伦敦"城市复兴"甚至被描述为新的"文艺复兴"，并且不断声称将持续地"重新定义城市"。目前，伦敦在城市复兴方面积累了大量有趣的案例，其中不免体现出政府治理匠艺的灵活性、个性化与精益化。

比如，国王十字街区的区域复兴中，政府以"从货物物流枢纽转变为人的流动枢纽"为基本策略，一方面将欧洲之星伦敦站终点站设

---

① Barnett, J., *An Introduction to Urban Design*, New York: Harper & Row, 1982.
② 转引自祝贺、唐燕《英国城市设计运作的半正式机构介入：基于CABE的设计治理实证研究》，《国际城市规划》2019年第4期。
③ Carmona, M., "Design Governance: Theorizing an Urban Design sub-field", *Journal of Urban Design*, Vol. 8, 2016, pp. 705 – 730.

置于此区域内，会集人流于此地，另一方面在城市规划方面强调"站城一体化"，区域城市更新紧紧围绕使交通建设所带来的人流能够更加舒适地在此地停留与交互。可以说，伦敦国王十字街区是公共交通导向的开发（Transit-Oriented Development，TOD）模式的成功范例。政府在其中扮演的角色，一是规划者与制度设计方，从旧城再复兴利用的角度来说，政府的努力是非常精益的；二是直接参与区域内的设计工作，即践行设计治理，与相关主体合作推进事业发展。前者涉及对国王十字街区域未来规划的整体审美水平，以及政府内部责权利关系的调整，包括与中央政府、伦敦政府相关基金计划（如 Good Growth Fund）的协调，以及与相关政策建议方（如建筑设计与都市主义小组）的沟通。这些跨越部门、跨越组织边界的沟通交流，对于治理主体情商的要求远高于智商，而在情商发挥重要作用的工作中，艺术性便能更加得以体现。当然，如果用巴达赫的"巧匠"理论来解读，以国王十字街区的复兴为代表的伦敦城市更新中，政府"巧匠"发挥了关键作用。

（二）城市更新中设计治理的基本理念

第一，治理主体的灵感与洞察力是设计治理实现最高水平匠艺的前提。巴达赫所谓"巧匠"发挥作用的场景中，情商比智商更重要。在设计治理的过程中，多主体交流协调需要大量的情感投入，这些情感投入是发挥人类想象力与洞察力的源泉，而对于与众不同的思路与想法的包容，也是政府治理匠艺的体现。

第二，设计治理的完整过程比具体结果更加重要。如前所述，匠人政府变革的前沿与核心价值是再造社会，这种再造并没有一个确定的结果，其效果始终在治理的过程中不断呈现。所以，设计治理的过程远比结果重要，而通过政府治理匠艺的充分发挥，实现各主体间的积极合作参与，社会信任感便自然产生，结果的善治应当是自然浮现的事情。当然，合作参与也包括风险的共担，这一点是"无限责任"政府所应重视的改革方向。

第三，政府治理中的审美能力将决定设计治理的细节。无论多少主体参与城市更新中的设计治理，设计样式的具体决策都由政府相关部门做出，而非事事通过市议会。如此，具体细节方面的各种设计决定将体现政府职员们的审美水平。这种审美一方面需要以良好的受教育经历作为基础，另一方面则必须要求政府职员们更加理解市场与社会、理解城市与社区。所以，培养政府治理匠人的必要环节，是令其进入市场与社会的深处，并专注而持续地体验与学习。

二 美国公共建筑的设计与应用

在土地私有制的美国，所谓"公共建筑设计"，即为了满足公共性的社会需求，由政府主持在公共产权地块或租用私有产权地块上进行相应的建筑设计。这些建筑的设计样式完全不关注市场化的繁复、亮眼要求，而是以公共功能性为核心，辅之以简化和朴素的高水平审美。如此，公共建筑的设计与应用，应当既是精益的，也是匠艺的。

（一）公共建筑设计的实例

美国城市公共建筑设计的历史源远流长。其自下而上的社会自决模式也决定了公共空间的"自发生长"与灵活性。制度上，美国公共建筑的设计工作一般由政府公共财政进行项目竞标，以发包的形式由市场机制推进，使设计师或设计公司积极参与到项目中来。虽然大部分相关设计工作由非政府的设计人员推动，但由于市场机制充分发挥作用，且社会公共评价的公开性，项目对于政府的审美要求更高、更苛刻。政府直接进行相关公共建筑的设计的情况，在美国也广泛存在，在这种项目中，政府的匠人精神与审美品位会直接呈现出来。设计师基思·莫斯可与罗伯特·林合著的《城市生活空间的小尺度创新设计》便选取了由政府直接设计和间接发包给市场主体进行设计的两种模式的多个案例，其中可以明确体现出美国地方政府存在着匠人精神，治理的匠艺也在设计活动中不断进化。

"临时工站亭"（Day Labor Station）是一个十分有趣的公共建筑设计。美国由于在疫情之后失业率居高不下，灵活就业人员（临时工）

占比增加，城市如何对待这部分人员便成为一个极为显著的公共性问题。"临时工站亭"在美国城市设计中已存在了十余年，后疫情时代灵活就业人员的问题也使"临时工站亭"的作用凸显出来。具体来说，"临时工站亭"是在社区中提供一个可供遮蔽风雨、招工、休憩的场所设施，具体包括敞开型的亭式建筑，以及其中设置的公共座椅、广告信息板、卫生间、小型工作室与小型餐吧，整体设计是绿色环保的，充分利用光伏太阳能满足能源利用。这种简单的设计并不会花费过多公共财政。事实上如果结合公共交通站台的更新，其建设和使用将会更加精益化。实践中，政府决策者、职员与设计师们紧密合作，不仅实现了精益治理，且美学方面的设计也凸显了社区文化和社会亲和力，体现的治理匠艺是不言而喻的。另一个有趣的公共建筑设计是"打招呼的墙"。"打招呼的墙"的设计虽然简单，但其理念的冲击力极强。其完全通过太阳自然光的光影作用，设计小型宣传信息标语于具体的建筑方位，透过阳光照射形成投影，放大于另一侧建筑的墙面上。可想而知，这种公共建筑设计的花销几乎可以不计，可谓一种极其聪明（Smart）的设计治理实践。而其技术相对简单的性质，使政府完全可以独自完成设计工作，其中的匠艺也彰显无遗。

（二）公共建筑设计中的"匠人化"原则

第一，充分利用现有实体，尊重区域历史与废旧设施。将一切旧资源进行合理再利用，是精益思维逻辑的体现。而在对区域历史的理解与尊重基础上，对旧资源进行历史文化连贯性的、渐进推演的创新利用，则是一种匠艺。在这项事业中，政府与社会之间可以通过合作形成健康有序的持久关系。对于营造这样一种关系，政府承担着重要的责任。

第二，有意义的设计未必昂贵，匠人化的治理也是精益的。"通过一点小技巧就能制造出引发关注和重新审视的那个瞬间。"[1] 在政府公共建筑设计中，精益原则肯定是最基本的原则之一，考虑到匠艺活动的

---

[1] ［美］基思·莫斯可、［美］罗伯特·林：《城市生活空间的小尺度创新设计》，潘琤译，中国建筑工业出版社2021年版，第100页。

脑力劳动成本，具体的建设成本会被压缩到极致。如此，最适合于政府治理的公共建筑设计一定是"小技巧"的、引发"大关注"的匠艺，任何不计成本展开的公共建筑开发都是"伪"治理匠人。

第三，公共的功能性为核心，兼顾内涵与取悦价值。公共建筑的类型可以分为功能型、内涵型和取悦型。政府主导的公共建筑设计与建设必须以服务公共价值的功能性为核心，同时重视内涵与取悦价值以整合社会。从功能性来说，公共建筑的设计本身即可以解决治理困境，许多看似需要政府进行政策规制的问题，也许只需要在公共场景进行低成本的微调便可以加以改善。同时，公共建筑本身可以从内涵和取悦两方面尽可能提高设计的审美水平，对于城市社会的公民文化形成与培养提供助益，而这些潜在的价值将在未来回报政府治理。

三　日本社区营造与社区设计

依据许懋彦的观点，半个多世纪以来，日本的城市社区经历了从"地域型社区营造"向"社会型社区设计"转向的过程。具体经历了"行政型社区营造""住民型社区营造""共有型社区设计""协动型社区设计"四个时代。每一个时代，政府在社区营造、社区设计事业上的职能与角色是不同的，整体上呈现一个政府相关职能收缩、社会参与扩张的过程，当然也是一种社会成熟度不断提升的体现。所以，政府治理不只参与到具体的社区营造、社区设计中来，尝试各种具体工作，也在带动社区的自发营造与设计，以政府治理变革来再造社会，这便是一个匠艺的实践。

（一）"协动型社区设计"中的治理匠艺

自20世纪80年代，横滨市政府新增城市设计室部门专门负责社区营造开始，日本城市政府便开始鼓励社区有自主性，促进城市街区邻里之间的属地文化认知，同时协同政府各个部门与社会力量，共同推进社区营造事业。到了2011年，日本社会进入了许懋彦所谓协动型社区设计时代，在都市自治体建设带动社区自组织设计的逻辑下，激发社区活力而由下至上地推动城市发展。

任何公共事业,涉及人的关系的问题,是最难解决的,协动型社区设计强调多主体的协作共建,涉及更多的人的关系问题,更是如此。日本大宫市于2017年成立了大宫城市设计中心(Urban Design Center OMIYA, UDCO),是通过市民、政府、企业、教育研究机构等各种实体之间的广泛合作来促进城市发展的平台,也负责资助社区设计相关实践。UDCO所支持的包括一种"社会实验日"的项目,即由UDCO资助的"街头设计学校"在城市街道的临时开放空间进行社区设计的尝试,鼓励学员利用专业知识、现场和网络,在现场中体验"解决城市问题和创造价值的街道利用实践"。2023年11月23日的社会实验日包括两个项目主题,两组学员分别与相关政府行政人员做好了前期沟通协调准备工作,对街区的活用进行了策划。项目主题之一是利用再开发大楼前的人行道空间,在中山道沿线进行广域的社会网络构筑,即以旧中山道沿线历史积累的跳蚤市场和古董市场等为重点,通过广域的社会网络,在大宫市的街道上创造新的"市(市场)文化"的尝试。项目主题之二是对大荣桥周边临时空地和周边街道的一体利用,改善环境并创造街头文化,活用大宫车站周边舞蹈学校逐渐聚集的趋势,通过舞蹈的魅力,展开"临时空地和周边街道的综合利用",来促进银座街道的声名传播与人流量增加。这些由各方主体合作成立的设计中心提供资助,社会主体提出思路,政府行政部门积极配合,相关人员公共实践的社区设计实验,其中主体间沟通的成本是最高的,资金人力的投入则是精益的。可以说,设计项目既体现了"最小成本试点"的精益思维,也在实践过程中促进了社区团结,以治理匠艺推进了社会再造。

(二)政府治理匠艺化的文化源流

第一,自下而上的公民文化与城市自治体的培养。匠人政府的实践与精益治理变革之间的差异在于,匠人政府实践更多源自政府与社会"面对面"的部门与社会主体之间的自发合作,自下而上地推进政府治理变革;精益治理变革则从政府内部开始,聚焦于一线政府职员的工作，发动藏于基层部门的改革力量，压减政府行政成本。所以，政府治理匠艺化的文化源流之一是城市的公民文化，包括荣誉、自由与正义三种公民价值，继而使城市社会"有一种脱离个人主义的倾向，最终朝着共同利益的方向演化"[①]。真正与社会紧密合作，"让我们一起做点什么"的匠人精神才会在治理中发挥作用。

第二，现代城市政府的最佳治理匠艺，一是放权社会，二是配合社会。仅仅依靠政府的创新能力很难适应经济社会越来越多样化的需求，与其"硬着头皮"继续挖掘政府行政管理的潜质，不如将公共事业的权责利一并让渡给社会，政府负责试点的风险防控与工作配合。当然，这种多元共治的未来也是有前提的，即社会的成熟度不断提升，以及政府的职能转变能够顺利推进。所以，政府治理匠艺化的文化源流之一，便是政府对市场社会的合理宽容和职能的相应调整，将政府置于社会之中，政府对社会的信任与包容便是基础。没有"服务他人，亦是服务自己"的认知，不可能改变政府与社会的关系。

第三节 中国政府的"匠人政府"变革实践

从当前现有政府治理实践中寻找匠人精神与治理匠艺的痕迹，中国政府在匠人政府变革方面其实已经做出了很多努力，中国和西方在政府治理变革方面并不存在以往理论上认为的"代差"，而仅仅是不同经济社会文化结构下政府职能角色与调适模式的差异。

具体到政府治理的匠艺方面，主要的匠人政府变革还是集中在与市场社会"面对面"的政府部门中，包括"放管服"、优化营商环境中的各种变革实践，以及与设计相关的一些政府职能的调整。在政府治理、公共服务供给方面，通过近年来各地方政府在"放管服"改革与优化营商环境方面的"竞赛"，已经实现了政务技术方面的跨区域"趋同"，

[①] [美] 彼得·G. 罗：《公民现实主义》，葛天任译，译林出版社2021年版，第18页。

可以在技术支持下提供更为"均质"的公共产品。在此基础上,未来政府治理相关改革的重点一定会放在制度试点、变迁与扩散方面,尤其在地方政府之间会形成公共产品"附加价值"的"设计竞争",即一种在文化层面的制度竞争,以满足经济社会对个性化公共产品越来越高的需求。也可以这样讲,在已有的政务技术同质化成效基础上,唯有设计方面可以为各地政府治理改革提供富有内涵的"竞争舞台",继续提供中央政府与经济社会所需要的地方政府治理改革的必要激励。

"1900 年之后,设计就是为未来而设计,也就是将未来作为一种当下的可能性来实现。'名副其实的(worthy of the name)'政治也是如此。政治要起到动员作用,也总是打着'未来会比过去更好'的名义来进行。"[1] 无论政治还是政府治理,为了未来而进行的设计是一切变革的前提。中国匠人政府的变革实践与政府部门各种各样的相关设计工作紧密相关。围绕对于中国政府改革的上述相关认识,从以下三个领域的案例中,可以感受到匠人政府变革的趋势。

一 政党建设与政府治理的美学化

由于中国党政关系的独特性,政府的改革势必涉及政党,而政党的建设也势必需要政府的配合。以党建为核心工作目标,基层党组织与政府部门积极推进党建与基层治理"美学化",带动了政府治理的变革,可视为一种"匠人政府"变革的实践案例。H 省 X 县以"美学"为核塑造乡村党建的形象与文化,聘请专业艺术设计团队进行场景营造,将全县 187 个村级组织活动场所设计成富有审美价值且突出标准化元素的党建基地与基层治理活动中心,在政治权力强化基层组织建设、重塑基层政府形象的同时,尝试重塑乡村文化生态以实现基层治理变革。

(一)基层治理符号元素与群体仪式美学化:J 市 X 县的探索

文化的塑造和扩散需要标识符号,文字设计与语言审美等符号在乡

---

[1] [澳]托尼·弗赖、[美]克莱夫·迪尔诺特、[澳]苏珊·斯图尔特:《设计与历史的质疑》,赵泉泉、张黎译,江苏凤凰美术出版社 2020 年版,第 147 页。

村党建与基层政府治理中具有根本性的影响。作为重要的政治符号与基层治理符号，党建元素具有重要的社会文化导向意义。"所有的政治符号，在权力关系中都有其起因和结果。政治符号与权力实践的这种联系，并不必然地是莫里斯所说的符号的'指定性'涵义；符号在政治上的重要性也许在于其'评价性'（Appraisive）或'说明性'（Prescriptive）涵义。"[①] 作为政治符号的党建元素与乡土传统文化符号在形式和意义上相结合，给予乡村社会"评价性"和"说明性"的表述功能是"双重性"的，既符合作为制度的传统文化对大众个体、社会生活群体交往行为的规则化要求，同时也符合党性的制度评判。从简单对立到寻求统一，体现了政党理论思维的成熟和政治权力为弥补过去失误所做的转变。X县基层治理以"党建美学"为引领，符合当地相关环境的符号的"美学化"满足了民众的审美需求：将党建符号融入中国传统文化符号"鲁班锁"，同时推出《党建标准体系》、《质量手册》，对"党建元素植入""材料应用协调""融入村史文创"等文化符号的建设作了标准化的规范。阵地的标准化建设也按照审美要求整体推进，规范化的党建阵地由艺术家设计，强调"去衙门化、去官僚化、去刻板化"，并由党员群众评价并使用。此外，党员工作时间佩戴党员徽章的严格制度也体现了一种符号的"指定性""说明性"功能，这些标识在辨识度、外观设计等方面的规范化，不断将党的文化内涵注入乡村社会，体现了政治权力重塑乡村社会文化的努力。

文化的塑造和扩散也需要身体力行。群体仪式为此提供了平台。仪式是一种集体艺术，意思是"我们的感官以一种有意义的、熟练的、创造性的、积极的、与人共享的方式对世界作出反应"[②]。既然是创造性的，就必然不拘泥于固定形式；既然是与人共享的，就必然是开放参与的。基层党组织活动与政府治理活动应当具有这样的仪式性。"精神

---

① [美] 哈罗德·D.拉斯韦尔、[美] 亚伯拉罕·卡普兰：《权力与社会：一项政治研究的框架》，王菲易译，上海世纪出版集团2012年版，第107页。
② [美] 艾里希·弗洛姆：《健全的社会》，孙恺祥译，人民文学出版社2018年版，第291页。

图 8-1　X 县美学党建基层场景设计效果

资料来源：网络图片。

健全的社会的基础不可能就是纯理性知识加上几乎完全没有共同的艺术体验，……创造一种非宗教性质的集体的艺术和仪式是十分必要的。"[1] 当然，弗洛姆也承认这种集体的艺术不应该是被人为地"发明创造"出来的，而应该"文火慢炖"，慢慢培育出来。所以，开放化的"群体仪式"是一种培育精神健全社会的方式，以党建和基层治理的集体行为带动社会整合需要持续性和开放性，需要成为一种艺术去付出人性，而非流于表面的"浅交往"或纯粹的经济理性。X 县党建与基层治理美学以一种开放化的集体活动，向全体民众提供美学的艺术体验。美学元素增加了活动本身的吸引力，重复的、熟练的、创造性的、共享的集体活动形成了区域内全体民众的群体仪式，仪式感强化着群体向心力。乡村党建与基层治理的资源由此变成乡村社会整合的动力源。

---

[1]　[美] 艾里希·弗洛姆：《健全的社会》，孙恺祥译，人民文学出版社 2018 年版，第 292 页。

（二）政党与政府治理美学化的意义

第一，美学治理以提升包括政党、政府在内的全社会审美品位为直接价值目标。匠人政府变革，核心就是提高政党、政府和全社会对于治理的审美水平，包括基于广泛持续协商的制度审美，以及各种需要艺术创造的设计工作。设计工作可以外包给市场，也可以依靠政党和政府内部能力来实现，但对于审美水平的考验是一致的。X县通过美学治理，将审美水平的要求直接摆上桌面，将美学的治理过程的重要性抬升到了对效率的追求之上，对于各多元治理主体来说，都是一种有意义的"匠艺训练"。

第二，重建城市与乡村的社会文化结构。文化的塑造和扩散需要实际内容，满足现实精神和物质需求是文化经久不衰的根本原因。从乡村振兴角度看，党的基层建设与政府治理的美学化可以被视为国家在基层乡村社会"文化"危机下的主动"补救"。X县乡村党建与基层治理的美学化，将党和政府各种规则制度与乡村文化本身保留下来的生活习俗尽可能加以融合，搁置摩擦矛盾与冲突，相互影响并缓慢变迁，一定程度实现了乡土社会的初步重建。

二 政务大厅现场设计的多样化

政府治理现代化的方向之一，是包括政务大厅在内的"政务公共空间"资产，应避免与市场社会竞争城市空间，而应转向对话市场社会，形成动态合作治理模式，这也是匠人政府变革的重要逻辑之一。作为城市公共空间的政务大厅，疫情之后的空间使用效率更多受到空间功能灵活性的决定。灵活性可以为政务大厅提供更加低成本、高效率的资源利用可能，其本身是精益的，其表现是匠艺的。

（一）政务大厅现场设计与场景评估分析

虽然在政务服务流程方面，国务院于2022年出台了《关于加快推进政务服务标准化规范化便利化的指导意见》，但事实上各地政府对于政务大厅现场设计依然有着较大的自由裁量空间，设计思路与场景风格有着明显差异。以中部地区W市J区政务大厅和东部地区S市H区政务大厅为例，进行简单的设计比较讨论，可以感受到治理匠艺在不同地区的多样化表达。

W市J区政务大厅选址于该区中央商务区，租用了一座写字楼的部分楼层（图8-2）。在越来越强调各级政府应"过紧日子"的当前，公共财政经费已无法支持过于粗放型的公共服务模式支出，精益治理的意义便在于此。多样性的政务大厅现场设计，虽然在模式选择上符合各地经济社会文化的差异性特质，但在"过紧日子"的评价标准下，不同模式是存在精益程度上的差距的。比如，与新建政务大厅相比，租用现有商业楼盘的部分空间则更加精益。此外，在设计方面，租用的模式可以将政务大厅尽可能地融入当地商业社会，采取更加开放的设计形式以安慰办事市

图8-2 租用写字楼的W市J区政务服务大厅

资料来源：笔者拍摄。

民，邻近商业主体也在客观上增加了整个环境的人流量，提高了政务大厅及其周边主体的交互水平，也许有助于提高周边商业主体产出。而新建独栋政务大厅的模式则无法为周边提供经济上、社会交往上与情绪上的正外部性，其本身的财政投入则不免被视为巨大的浪费，设计方面也缺乏环境的整体观感，市民办事更多停留在"进门办件"初期的"负心态"[①]层面。

---

① 精益治理的基本假设是：类似政务审批与医院服务等公共事项，被服务方实际上在服务开始前的心态并非处于平和状态，而是"负面"状态，即"负心态"。这些公共服务必须追求使被服务方在服务全流程中实现心态的"转正"。

下篇　"匠人政府"

内部场景设计方面，J区政务服务大厅不涉及公共产权的使用限制，写字楼的环境可以在商用、公益使用等方面灵活调整。商用的部分包括咖啡厅与其他公司商户，公益使用方面则灵活设置了公共自习区、自助办件区、公共休憩区等（图8-3）。这些"舒适区域"的设计，有效调和了政务审批工作的"刚性"，对提升公共服务的公众满足感、获得感具有潜在的情绪意义。

（左上）安静的免费公共自习区域

（左下）审批办件自助区域，满足多种使用功能

（右上）党建宣传与公共休憩区域

图8-3　W市J区政务服务大厅内部多样化的"舒适区域"设计
资料来源：笔者拍摄。

S市H区政务大厅则选址于区政府办公楼群的一侧副楼中，属于典型的"前店后厂"模式。周边环境多为安静住宅社区，以及其他相关政府部门院落。因此，外部场景整体上带来一种"严肃感"，同时商业化的舒适区域并不多，区域功能的灵活性较差。内部场景设计方面，虽然整体布局呈现政务大厅经典的"回字形"设计，但受到"前店后厂"模式的空间限制，审批服务的功能区域占绝对比重，几乎不存在W市J

区政务服务大厅的舒适区域设计（图8-4）。当然，虽然无法说在办理行政事务的政务大厅中"体验比目的更加重要"①，但公众体验起码应当作为政府考虑的重要指标，而毫无疑问，大厅内部的现场设计与整体营造对公众体验的影响最为直接。

图8-4　S市H区政务服务大厅的内部情况
资料来源：笔者拍摄。

从简单的比较来看，J区政务服务大厅的内外部设计较H区更贴合"将政府置于社会之中"的理念，具体细节也稍微多一些匠艺审美，尤其在"舒适区域"的设计方面，J区政务大厅具有更多的"社会属性"，让日常审批的功能空间可以灵活调整为公众交互的社会舒适空间，其成本也并非难以承担。当然，这些差异并不证明H区政务大厅的设计完全缺乏合理性，其将政务服务视为"快餐性"活动，尽可能少地干扰办事人员的正常事业，降低其大厅内"行走成本"与"时间成本"，虽然在"情绪成本"方面未能考虑周全，但依然是规范、精益

---

① 王澍：《设计的开始》，中国建筑工业出版社2002年版，第152页。

和成功的范例。从匠人政府变革的视角来总结，可以说，政务大厅的改善是无止境的，场景设计与营造是值得思考的匠人政府改革方向。"每一个设计对象多多少少都有改善的空间"①，政府组织内外部的"设计师"是极为敏感的改良者，对待政务大厅这种设计对象，有相当大的发挥匠艺魅力的空间。

（二）未来政务大厅现场设计的多重想象

第一，公众、企业等办事者与政务服务人员之间形成"可视化联结"。"人与人之间的物理距离"应当成为政务大厅现场设计的重要考量因素，这种设计理念突出了空间场景的社会交互价值，更为"可视化联结"提供了基础。未来的中国各城市政务大厅现场设计，在内部空间营造上应该会向着"无遮挡""淡化分区界限""亲密性""可接触"的方向改善，提高政府职员/雇员与社会主体的交互机会，同时将政务大厅建设为相互可视的多功能公共交往区域。如图8-5所示，从办公场景、信息数据到办事人员，完整的可视化设计给政务服务一种亲密感，这种设计毫无疑问需要政府未来在审美水平上提升档次。

图 8-5　"人到苏州必有为服务大厅"

资料来源：笔者拍摄。

---

① 彭圣芳、武鹏飞主编：《设计学概论》，湖南科学技术出版社2023年版，第51页。

第二，政务大厅应成为更广泛环境空间（社区/街区）的一部分。"周边景观与建筑一样重要。"① 一方面，空间多样性符合美学意义上的人性需求。政务大厅作为环境空间的一部分，应当为这个空间提供多样性的增益，而不是相反。足够的多样性环境空间可以提供更高级的美感，增加社区/街区的魅力，反过来也必然会潜移默化地改变市场社会对政务服务的感观。另一方面，"向周围借景"是建筑设计中的一项重要法门。为了让政务大厅成为社区/街区环境的一部分，融入地方性文化环境之中，在政务大厅现场设计中更多地考虑"向周围借景"是未来不错的选择。"向周围借景"的极致是"淡化环境界限"。这种极致的处理在目前政务大厅现场设计方面的应用极少，原因在于政府自身出于功能原因必须保持与市场社会一定的距离，以方便具体管理。但在未来，寻求多元主体治理的展开，政府与市场社会的边界在定义上势必越来越模糊，尝试一种"淡化环境界限"的政务大厅现场设计也是不错的选择。如图8-5中苏州火车站外商圈中设置的"人到苏州必有为服务大厅"，旨在打造"家门口的人社服务站"（图8-6），便是一种完全"淡化环境界限"的现场设计尝试。

第三，政务大厅既处于政府组织的"边界"上，也处于市场社会的"边界"上。政务大厅应该成为政党、政府乃至市场社会的、不知不觉的连续性的、呈现渐变过度的关键节点，这种过度是一种主体间的交互调适结果，如同彩虹的色彩频谱，自然而协调。2022年财政部发布了《关于盘活行政事业单位国有资产的指导意见》，主旨思想是提高行政事业单位的国有资产使用效益，放开市场化运营相关资产的管控，以支撑政府过紧日子的要求。2024年1月，全国机关事务工作会议上国家机关事务管理局进一步强调实施全面节约战略，组织盘活利用相关行政事业单位国有资产。作为行政事业单位重要的国有资产，政务大厅

---

① ［美］妮娜·莱文特、［美］阿尔瓦罗·帕斯夸尔-利昂：《多感知博物馆：触摸、声音、嗅味、空间与记忆的跨学科视野》，王思怡、陈蒙琪译，浙江大学出版社2020年版，第210页。

下篇 "匠人政府"

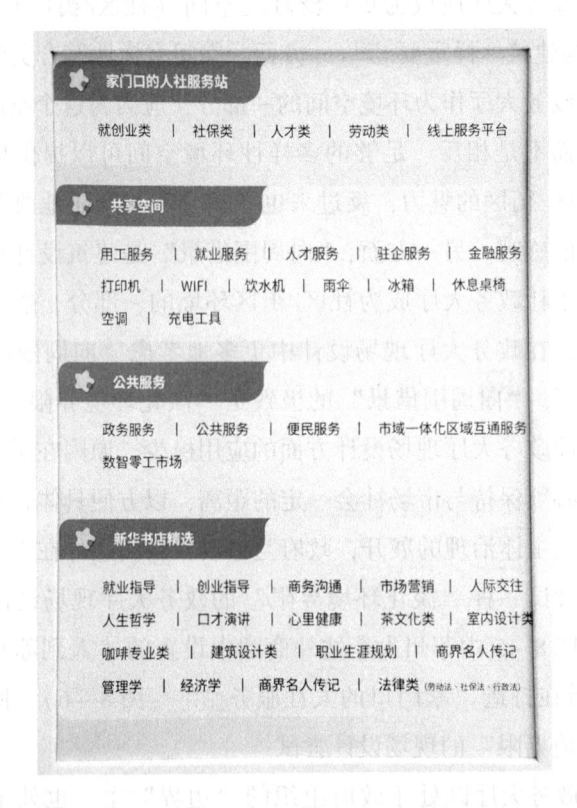

家门口的人社服务站
就创业类 | 社保类 | 人才类 | 劳动类 | 线上服务平台

共享空间
用工服务 | 就业服务 | 人才服务 | 驻企服务 | 金融服务
打印机 | WIFI | 饮水机 | 雨伞 | 冰箱 | 休息桌椅
空调 | 充电工具

公共服务
政务服务 | 公共服务 | 便民服务 | 市域一体化区域互通服务
数智零工市场

新华书店精选
就业指导 | 创业指导 | 商务沟通 | 市场营销 | 人际交往
人生哲学 | 口才演讲 | 心理健康 | 茶文化类 | 室内设计类
咖啡专业类 | 建筑设计类 | 职业生涯规划 | 商界名人传记
管理学 | 经济学 | 商界名人传记 | 法律类（劳动法、社保法、行政法）

图 8-6　"人到苏州必有为服务大厅"的各项职能服务
资料来源：笔者拍摄。

的部分闲置、低效利用空间资源完全可以在制度内实现市场化盘活。因此，未来政务大厅将出现更多社会化、市场化的功能区域与相应的设计模式，政府与市场社会的边界将进一步模糊化，多样性的美感会更多地体现在政务大厅内部设计之中。完全可以想象咖啡馆的舒适性设计未来将在政务大厅中出现，或者通过市场化的资产盘活，这些令人舒适的设计元素将伴随着市场小微主体不断进入政务大厅。

第四，场景评估体系的建构与应用。这种场景评估体系基于"场景理论"，不仅应当成为未来政府治理匠人对政务大厅现场设计的标准，也应成为公共服务领域研究者必须关注的方法。客观来说，关于政务大厅的"现场设计"中存在多少的匠艺生产,任何一种研究方法都很难得出确切的数据答案。为了能够更好地在多地展开政务大厅现场设计的"匠艺"比较,采取一种质性与量化相结合的办法是一种次优选择,当然其中依然充满着不可回避的主观性,在此仅当作一种案例证据加以呈现。对于各地现场数据的采集,可以继续基于"场景理论"并借鉴"场景测量"的方法,结合精益管理中现场管理的相关思想,尽可能客观地导入数据以方便比较。在此,初步设计了一个具体场景评估维度体系(表8-1),其中,"功能"(function)指标主要关注政务现场设计所能满足公共产品生产与供给的基本价值情况;"感性"(sensitivity)指标实质上强调的是对于"艺术性"的感知,或者可以直接理解为"性感";"材料"(material)指标更多关注现场设计中材料运用对"公共性"的表达,以及在财政成本方面的考量。此三种指标正是设计学中所聚焦的"F. M. S. 值"——设计产品所具有的包含附加价值在内的真实价值。此外,加入"空间"(spatiality)指标,强调对政府现场整体空间设计的价值判断。

表8-1　　　　政务大厅现场场景评估体系的初步设计

	一级指标	二级指标
内部场景	功能(function)	柜台数量、等候区域面积占比等
	感性(sensitivity)	舒适区域面积占比、多元感官刺激点数量等
	材料(material)	色彩搭配与意义、多种材料之间适配程度等
	空间(spatiality)	布局紧凑性、空间有效利用率等
周边场景 (500M×500M)	舒适物	舒适物类型、舒适物数量、舒适物排列等
	生产场景	工业生产场景面积、商务生产场景面积等
	生活场景	住宅区场景面积、生活服务场景面积等

资料来源:笔者自制。

第五,政务大厅的部分闲置空间可加以设计以便市场化利用。虽然匠人政府关注"设计",但一些"设计家"却将"设计"弃之如敝屣。

当然，这种说法有些夸张，其具体的意味实质上是对于"匠艺"的怀念。"工匠并不设计，因为他的这套工具不能按一种设计来任意确定功能内容。"① 这种匠艺强调一种在尊重历史基础上的"循环利用"，也因此具有一种神秘的"魅影"。拿这个标准重新回顾第四章 Y 市与 J 市的案例，重新设计一种政务大厅（厦），期待围绕政务大厅（厦）形成城市边缘新的中心，这显然是现代工商业城市设计的思维。而回归传统匠艺思想，则更可能采取 J 市的方法，在已有的城市历史之上，将政府的功能"插接"在市场社会之中。当然，Y 市的合理性已经讨论过了，近年来的现场设计也已做出了改革。现代设计的弊端终究会在东方传统思维的审美中露出马脚，而改变是渐进与及时的。在审批政务不断简化的过程中，Y 市政务大厅（厦）存在逐渐增加的巨大空间浪费，与精益治理相违背的现状却为新的设计营造提供了空间。传统匠艺"循环利用"的思想将发挥作用，政务大厅（厦）中部分空间功能的改造已呈现出一定的创新。当然，由于资产制度限制，目前尚无法将政府公共财产交由市场经营，但市场社会参与政务大厅（厦）的匠艺化改造，是下一步探索的改革路径，也是精益治理、匠人政府的应有之义。

第六，培养政府政务大厅自己的"设计师"，也是匠人政府的变革重点。设计不仅包含了艺术与工艺的价值，同时也是一种基本的生产活动。如工厂精益生产线一般，必须依靠生产线一线员工来思考精益变革，而非依靠外部"所谓的"管理学大师，政务大厅现场作为公共服务"生产线"的终端，其所包含的设计生产也必须依靠一线公务员或雇员群体，设计者必须向一线公务员或雇员群体学习，或者一线公务员或雇员群体本身便是优秀的设计者。现今社会，可以看到随着社会需求的多元化，创意活动在向所有职业渗透，设计已不再是设计师独享、难以复制的专业。"传统上与艺术家相关的'波希米亚式'②情感，如今

---

① 王澍：《设计的开始》，中国建筑工业出版社 2002 年版，第 159 页。
② 所谓"波希米亚式"，即罗姆人在历史上浪迹天涯所形成的生活方式，表现出浪漫不羁的艺术风格。

通过将'创意经济'所重视的实验精神和大胆想象广泛注入工作场所，使之不再仅限于艺术家，从而提升而不是削弱了工作场所的效率。"①既然艺术设计、创意场景可以提升效率，那么政府的场景设计是否也必然与政务3E所潜在相关？逻辑上显然是成立的，也就是说，通过现场设计而推进的匠人政府变革，最终将影响到精益治理的价值实现。这是匠人精神为政府精益治理提供的独特"艺术红利"。

三 艺术乡建与乡村治理的匠人化

中国政府的"匠人化"，涉及城市与乡村两个治理场域。城市更新和乡村营造是匠人政府变革的重要领域之一，无论城市还是乡村，政府引导并参与的场景设计与社会治理都应体现政府的匠人精神。以下以F市S区QT村的艺术乡建为案例，介绍一下中国政府当前在乡村与城市两个治理场域中，参与场景设计与引导基层治理变革的匠艺水平。所谓艺术乡建，实质是从艺术的视角对乡村建设进行整体思考与布局，并深入建设实际之中。黑格尔曾在其手稿中提出如下观点："艺术作为面向未来的和解力量。"②虽然黑格尔晚期调整了对艺术与"审美乌托邦"意义的看法，但艺术对于社会整合的作用是不言而喻的，乡村治理融入艺术元素已成为中国各地乡村振兴所探索的重要方向。

（一）乡村建设中的"小尺度设计"

艺术乡建并非将艺术家置于中心点，围绕各色个性化的艺术形式来激发乡村社会的活力，艺术本身并不能带来实实在在的发展，而且"艺术本身并不能教授，但工艺可以"③。所以，艺术乡建是以艺术品位，即审美为价值取向，通过工艺营造而推进乡村最终实现可持续的发展。判断这种可持续发展程度的最重要标准，一是艺术乡建的市场化、

---

① ［加］丹尼尔·亚伦·西尔、［美］特里·尼科尔斯·克拉克：《场景：空间品质如何塑造社会生活》，祁述裕、吴军等译，社会科学文献出版社2019年版，第151页。
② 转引自［德］于尔根·哈贝马斯《现代性的哲学话语》，曹卫东译，译林出版社2011年版，第37页。
③ 彭圣芳、武鹏飞主编：《设计学概论》，湖南科学技术出版社2023年版，第92页。

产业化的实现，二是社会文化认知与传统的形成。

　　QT村邻近F市著名水乡旅游村落FJ村，两个村落自然环境资源相似，FJ村得益于政府支持与商业开发，已迅速成为乡村旅游热点，QT村的主要产业则依然还是农副业。若从"全域旅游"的概念来看，自然环境资源相似的村落完全可以整合形成乡村振兴的"产业集群"，形成"1+1>2"的效果。QT村艺术乡建的实践中，以大学艺术系的老师学生为主，政府与村委在政策和社会资本方面进行支持，引入各色社会组织积极参与，从乡村场景的小尺度设计切入，利用符合自然和人文环境的工艺进行营造（图8-7）。这些小尺度设计的场景营造，最迷人之处在于其并不是一种突兀的、高大的建筑表达，而是满足了建筑学最

图8-7　QT村艺术乡建相关场景营造

资料来源：笔者拍摄。

重视的价值之一——"在穿越这些城市,同时却不会想到建筑"①,即身临其境且回归原始的"文化感知"。如此,传统"扑面而来",小场景本身便是一种善治。

QT 村的艺术乡建不仅在场景设计与营造方面提供了较为高级的审美水平,同时也通过各种艺术形式,进行着乡村社会重新整合的尝试。可以说,艺术乡建在 QT 村正在不断地回忆着旧传统并创造着新传统。五年间,各种仪式活动在 QT 村不断试点。一些仪式略显生硬,难以为社会所理解;一些仪式遵循村落传统,勾起了群体回忆;一些仪式加入了创新,获得了社会青睐,也许可以创造新的传统而流传下去。

五年间,政府对于 QT 村艺术乡建的支持仅限于政策与社会资源带动方面,具体所需资金则以社会基金会为主、村集体经济为辅的形式进行支持。所以,虽然截至 2024 年年初,QT 村艺术乡建由于乡村旅游的市场化门槛问题被按下了"暂停键",但政府基本保证了公共利益不受损。从这一点来说,政府的治理选择是精益的,同时确确实实撬动了社会资源投入艺术乡建,为 QT 村未来进一步投入改造并实现市场化打好了不错的基础。

(二)场景再造中政府治理匠艺

第一,艺术乡建的治理成本适中,政府参与适度。所谓"治大国如烹小鲜","在手艺活里,盲目的、粗暴的力量只会产生反作用"②。过度参与到具体的艺术乡建之中,对于政府的公共性而言是有损害的,会降低政府的精益水平。一方面,政府不应以社会公共资源为基础来分担个别村落集体的艺术乡建事业风险,仅聚焦于保证基本兜底是正确思路;另一方面,政府过度插手也会为艺术乡建的持续健康运营造成压力,甚至扭曲基本的市场规律。所以,政府并不必须是公共服务的"亲力亲为者",而往往是"资源整合者"。"政府总是把情况搞糟,要

---

① [法]让·鲍德里亚、[法]让·努维尔:《独异之物:建筑与哲学》,周荇译,北京出版社 2020 年版,第 22 页。
② [美]理查德·桑内特:《匠人》,李继宏译,上海译文出版社 2015 年版,第 210 页。

么排斥性地按照它自己的形象建设，或者与社会的其他部分完全不协调。……公共空间建设危机，不是缺乏设计技术的问题，而是一个政府和公民社会没有处理好关系的问题。"①

第二，政府的治理匠艺体现在动员各种社会资源以投入空间的匠艺营造中。"那些充满创意的有趣案例并非源自什么宏伟的大规划或造价铺张高昂的公共设施。相反，他们更关注人们的日常生活，提供更贴近生活，有时候甚至是幽默和讽刺的策略"②，进而改善居民生活，并提高空间的丰富性与生动性。这些匠艺的营造应该是深入社会生活的，这些匠艺的劳动，也可以进一步把政府拉进社会之中。

第三，制度审美也是匠艺的体现，即调节社会关系（生活和生产关系）以形成各方多赢。比如城市更新中的"场景再造"。目前中国各地方政府正在加速推进城市更新工作，以解决短期内经济发展动力不足的问题。而这些政策的集中设计与实施，恰恰证明城市更新的过程中政府治理的重点是制度建构的"审美"水平，其次才是具体场景再造中的匠人精神，二者都属于匠人政府的治理匠艺解读范畴。

小结　"匠人政府"的边界问题

本章论述至此，政府治理中存在匠人精神，与市场社会面对面的政务部门存在匠艺实践，匠人政府变革是政府改革的一个有价值的方向，这些判断是确定无误的。但任何对"政府是什么""政府应该怎么样"的问题认知都会有其局限性，匠人政府变革也必然有其边界，并不是所有政府部门、所有政务事项都需要同步强化匠人精神，这也是符合逻辑的判断。在此，对于匠人政府的边界问题，应该有一个初

---

① ［美］彼得·G. 罗：《公民现实主义》，葛天任译，译林出版社 2021 年版，第 23 页。
② ［美］基思·莫斯可、［美］罗伯特·林：《城市生活空间的小尺度创新设计》，潘琤译，中国建筑工业出版社 2021 年版，第 11 页。

第八章 "匠人政府"的变革实践

步的认识。

综合上文，对匠人政府变革的紧迫性一定是来自具体的、不可忍受的政府内外制约善治实现的问题，涉及政府内部管理方面，首先就是政务工作分工带来的如工厂流水线"劳动之兽"的问题，尤其是基层公务员工作分工的不断细化，使其变成了流水线上的劳工，丧失了对全工作流程的准确理解以及对工作本身的兴趣；其次，与人沟通以形成权责利的均衡，往往是为公共行政管理所忽视的政府工作，而在政府内部，以及政府与外部主体的交往中，这种工作是必不可少的，也是形成善治的基础；再次，政务活动和政府内部行政管理的创新改革阻力重重，难以启动，而企业和社会组织对于改革则更加灵动，以至于政府的公共管理理论与实践往往向市场与社会学习管理变革经验。

上述这些具有代表意义的问题，制约了实现善治的机会，也从反面提供了一些对于匠人政府边界的模糊信息。其一，匠人政府变革可以针对政务服务流水线工作，尽可能实现政府职员对公共价值的直接"触碰"；对于在效率标准约束下的工作，分工的适度也是匠人政府变革所需思考的问题。"一个反复履行某种职责的人也同样能够获得一种技艺，一种有节奏的匠人技能，不管他或者她信奉的是哪个神或者哪些神。"[1] 因此，匠人政府更适于政务执行过程中的质量提升改革，与精益治理相配套，可以获得更大的成果，让政府"花得更少、做得更好"。其二，无论是对于政务执行的流水线改造还是设计与人沟通交往以形成规则共识，都属于制度建设的领域。可以说匠人政府在这一点上与精益治理完全不同，前者长于制度建设，后者则长于技术应用。其三，对于改革创新，匠人精神较精益思维更加传统，但对创新的态度也是勇敢的。而且，对于政务服务工作过程体验感的重视，与精益治理对于3E结果的追求，显得相得益彰。可以说，匠人政府变革更善于对工作过程体验感、人性化的改善。

---

[1] [美]理查德·桑内特：《匠人》，李继宏译，上海译文出版社2015年版，第218页。

下篇 "匠人政府"

总而言之，匠人政府的边界，虽不是绝对意义上的，但在实践中完全可以对以下领域进行聚焦改革：匠人政府变革更擅长从制度的角度针对政务流水线工作的价值感知改善，强调工作过程而非结果的体验感，为包括政府在内的多元治理主体提供"令人满意"而非"最为科学"的善治。

结　论
"作为选择的"政府治理现代化

至此，在阐释追求极致科学性的精益治理基础上，通过"巧匠"理论引出并创新了匠人政府的理论讨论，如引论中所述，科学与人性并非对立并行的一对范畴，而是相互支撑的不同概念，共同指引着政府治理现代化的发展。在此更加抽象地对比一下精益治理与匠人政府理论之间的异同，如表1所示。

表1　　　　　　　　精益治理与匠人政府的比较

	精益治理	匠人政府
共通之处	● 都包容创新，支持改革，认为只有改革创新才能满足市场社会需要 ● 都以政府的公共性为哲学底色，在此基础上强调不同关注点的改革 ● 都强调调动政府职员的改革意愿，依靠一线政府职员而非政治官僚 ● ……	
差异之处	● "花得更少、做得更多" ● 成本第一的管理改革 ● 长于管理技术与工具 ● 客户体验的结果标准；以3E的结果标准为最重要的价值取向	● "花得更少、做得更好" ● 质量第一的人的教训 ● 长于制度设计与演进 ● 相互成就的过程标准；以过程的体验标准为最重要的价值取向

续表

	精益治理	匠人政府
差异之处	• 追求完美的"正确性"价值而忽视"功能性"价值 • 强调工作的科学分工与技术精进 • 管理学的理性的、科学的认知 • ……	• 在"正确性"价值之上追求满意的"功能性"价值 • 强调志业的持久专注与匠艺传承 • 社会学的感性的、人性的认知 • ……

资料来源：笔者自制。

精益治理与匠人政府的共通之处与差异之处在逻辑上无法穷尽，上述内容也仅是摘其精要简而论之。从根本上说，此两个改革方向并不相悖，而是共同拉动着政府治理现代化，同时强调着科学和人性的重要性。当然，政府治理现代化的方向并不只此二者，各种意识形态与社会思潮都对现代性有着自己的认识。当前，从物质领域——各种城市公共基础建设，到精神领域——各种曾经"叱咤风云"的社会思潮，西方社会已遍地"现代性的遗迹"。这些曾经标榜自己为人类社会现代性标志的"遗迹"，已经在不断而来的"未来"中一个个被否定、被推翻、被搁置、被遗忘。因此，在种种失败背景下，如何再一次定义"现代性"以及再一次在"现代性"的定义之上讨论政府治理的现代化，是需要一些勇气和野心的。所以，提出精益治理与匠人政府，并非指向政府治理现代化一个必然的未来，而是提供一种可供参考选择的变革方向，即阿普特所谓"成为现代意味着将生活看成是偏好、选择，并且是可以替代的"[①]。

话说回来，任何一种对政府治理现代化的理解，逻辑依据一定是市场社会的需求的变化。任何一种组织，都面临两种环境——内部环境与外部环境。内部环境或多或少表现出等级制的责任关系，外部环境则更多表现出水平化的责任关系。组织生存与发展实质上是追求对内平衡和

---

① [美]戴维·E.阿普特：《现代化的政治》，陈尧译，上海人民出版社2016年版，第7页。

对外平衡，而内部的平衡最终要体现出组织与外部环境的协调，这是组织存在的价值意义。政府作为一种组织也不例外。政府对内平衡涉及组织内部环境等级制的合理性探讨，根本上需要讨论是否有利于政府实现对外责任的实现与资源的整合。所以，作为本书的结论，虽然提出要给予政府治理现代化更多的选择，维持对"现代性"意义的包容心态，但一切还是要从市场社会需要的变化来思考，尤其是前文所提到的，在公共性的政务领域，个性化需求的发展变化，及其对于政府内部环境的变革引导。

一 "个性化"的政府公共服务

长期以来，政府公共行政追求极致的科学化发展，强调3E的价值标准，并因此忽视了人性化的意义，从根源上讲，政府行为的"公共性"是根本的推动力量。困在"公共性"的"枷锁"之中，政府治理行为只能通过将经济社会个体简化为同质性的统计单位，机械化地提供同质同量的、可供科学证明的公共服务。这里如此表达对"公共性""质疑"并非认为政府的公共属性存在问题，而是要思考在政府治理的公共属性的规范下，是否可以保证个性化服务的呈现，是否可以控制政府治理的"公共性"能够实现"善治"而避免"群体压迫"？

包括审批事项在内，各种政务服务看似可以完全以精益思维来认知，进行标准化的改革，但只要涉及人与人的交往，政务服务必然涉及人性化的成分，而且并不比标准化的成分低。精益治理代表了政务的标准化，匠人政府则强调治理的人性化。在公共性要求的标准化之上寻找满足个性需要的人性化，政府公共服务夹在二者之间，左右为难。客观来说，当政府越来越多地谈论提高公众对于政府改革的"获得感"时，实质上就已经开始关注市场社会的主观精神感知了。这种对于影响客体主观性感知的需求，仅聚焦于政府公共服务能够提供什么物质性产品已远远不够，精神方面、审美方面的增量需求才是政府治理现代化所应关注的重点。如此，精益治理要求在政府公共产品供给方面以更小成本提供更多产出，实现公共性的最大化，匠人政府变革则在精神和审美方面为政府公共服务提供更高的附加价值，期待实现更多个性化的满足。

在坚守政务服务的公共性底线之上，个性化发展的趋势判断下，政府治理的各式现代化变革可以充满想象。政府治理与社会其他层面的现代化一样，充满了"流动性"，在流动性中寻找确定的政府治理变革方向，似是缘木求鱼。

二 "流动的"政府治理现代性

在《流动的现代性》一书中，鲍曼提出了"液化"的概念，进而将现代性隐喻为一种因各种制度、社会文化"液化"而带来的"流动性"境况，"'液化'的力量已经从'制度'转移到了'社会'，从政治转移到了'生活政治'——或者说，已经从社会共处（social cohabitation）的宏观层次转移到了微观层次。……保持流体的形状要求长期予以密切注意，同时保持警惕，并付出持久的努力——而且即使是这样，这种努力之取得成功也只是一种预想"[1]。如此，从"液化"和"流动性"的视角切入，可以说国家治理现代化也是一种处于不断变化着的、难以固化的，因此也根本上无法绝对定义的概念。而作为国家治理现代化的核心表现，政府治理的现代性将由于直面社会的"流动"的种种现实而变得愈加"液化"，应称之为"流动的"政府治理现代性。任何的"现在"都是向前动态发展变化的，人们根本"不可能强占这样一个'现在'：它被我们所谓的意识流、生活的流动、各种事情和事件——随人们所愿——牵引着，它不断地在消散"[2]。所谓政府治理的现代性，也呈现一种流动性的持续变迁，因而永远无法对其定义，就如同"文化"的概念一样，不仅变动不居，而且永无共识。

进一步讨论这种流动的政府治理现代性。如果强求对于政府治理现

---

[1] ［英］齐格蒙特·鲍曼：《流动的现代性》，欧阳景根译，中国人民大学出版社2018年版，第33页。

[2] ［法］让－弗朗索瓦·利奥塔：《非人：漫谈时间》，夏小燕译，西南师范大学出版社2019年版，第37页。

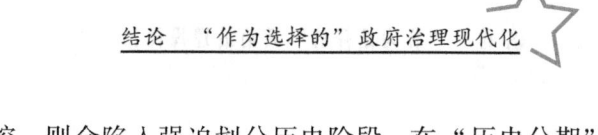

代性的理解与掌控，则会陷入强迫划分历史阶段，在"历史分期"的基础上理解人类社会的误区。"历史分期属于现代性的一个特色执念。历史分期是将事件置于贯时性的一种方式，而贯时性又受到周期原则的支配。"① 在周期原则下，仿佛包括政府治理在内的一切都将存在着"起点"→"终点"，而后又开启一个新时代的"周期循环"。但显然，这种认识论并不合理。对于现代性的客观理性的认知，就是保持开放性，包容一切连贯地前进的可能，去除一切历史分期逻辑的简单认识论，把政府治理的现代化作为一种持续的流体来理解。

具体到当代各种政府治理的变革上来，事实上，不同社会、不同城市、不同传统下对于政府的理解是千差万别的。目前盛行于全球的、被广泛认可的政府职能角色，也只是一种说服力比较成功的意识形态，一种满足于经济社会发展要求的意识形态，一种符合人类文化发展方向的意识形态。具体到每一个国家，甚至国家中的每一座城市，对于政府应当是什么样子、政府治理现代化应当向哪个方向发展等问题的感知都是不同的。在宏观上一种几乎统一的对于政府认知的意识形态下，微观上存在着各种政府治理的现代性；无论在城市还是乡村中，这些不同的政府治理现代性的实践反过来又一步一步改造着宏观上的意识形态，当然也推动着公共行政理论的发展。如从匠人政府所强调的政府治理的审美来说，"构成美的一种成分是永恒的，不变的，……另一种成分是相对的，暂时的"②。政府治理的现代性中一定存在永恒的、不变的成分，而作为"流体"的相对的、暂时的成分，可以从理论上展开想象。把握政府治理永恒的、不变的成分，一种统一的意识形态概念体系之上，拥抱一切具体的、流动的政府治理现代化可能，是研究的正确立场。

---

① ［法］让-弗朗索瓦·利奥塔：《非人：漫谈时间》，夏小燕译，西南师范大学出版社2019年版，第38页。

② ［德］于尔根·哈贝马斯：《现代性的哲学话语》，曹卫东译，译林出版社2011年版，第11页。

三 "多面向"的未来政府治理

面对这样一种流动的政府治理现代性,并包容一切可能的政府治理现代化,未来政府治理的图景虽依然不甚清晰,却也有话可说了。

讨论现代性,自然而然会引来对后现代性的思考。那么,政府治理的现代化进程中,除了认知政府治理的现代性,是否也必然会引向对其的"后现代性"的畅想呢?事实上,"应该要说后现代已经被蕴含在现代里了,因为现代性、现代的时间性在自身中包含了一种冲动:超越自身抵达一种不同于它自己的状态中"[①]。从这个意义来说,政府治理的未来即包含在当前、现代的各种变革的冲动中,既来自政府组织之外,也来自政府组织内部。从哈贝马斯的观点来讨论,我们可以通过"效果历史观念"来认识现代或当前,这种观念"期待面向未来,决定现在,并左右着我们对过去的把握。由于我们在面向未来的时候汲取了过去的经验,因此,真实的现在就被当作一个继承传统和革新过去的场所而持续存在下去"[②]。可以说,即是在"现在"持续存在的"现代",面向着后现代,即不远的未来,继承传统与革新过去成为一对相辅相成的范畴,通过现代或当前的变革而联系在一起,并不断孕育出通向后现代的可能。

那么,既然现代或当前的变革是永恒的中心点,那么所谓流动的政府治理现代性即是指一种流动的变革。所谓政府治理变革的流动性,即强调变革的历史延续性与开放包容性。前者尊重一切已发生的过去,如新公共管理运动引出至今的精益治理变革;后者尊重一切正在生成的想象力,如匠人政府理论与实践的探讨。继承而不击碎延续着的政府精益治理变革实绩,匠人政府变革可以绘制一幅具有说服力

[①] [法] 让-弗朗索瓦·利奥塔:《非人:漫谈时间》,夏小燕译,西南师范大学出版社2019年版,第37页。

[②] [德] 于尔根·哈贝马斯:《现代性的哲学话语》,曹卫东译,译林出版社2011年版,第16页。

的未来图景。

从理论上看,始于人性多元性的匠人精神,将我们对未来政府的思考引入了"匠人政府"的立论之中,这种"匠人政府"势必彰显着人性的多元性,并重塑着社会对政府治理的理解。既然政府的匠人精神更多体现于与市场社会"面对面"的层面,"匠人政府"便不是自上而下、自外而内建构的,而是起于基层、自下而上、自内而外开花结果的。如此,"匠人政府"必然不是千人一面的标准化政府,而是反映现实多元性、以多面示人的自觉的政府。

从实践上看,各国政府治理、政务"面貌"存在高度的差异性,"摆脱现代化的普遍性而进入跨文化的多元性"[1],是可见的必然未来。而在西方社会中间,各国政府的差异性同样巨大,包括匠人在政府治理中的作用,也是完全不同的。还是以政府治理中的设计举例,如整个现代化过程中,欧美设计路径存在显著差异,这些设计对于政府治理又存在着持续的影响——"机器化大工业生产与传统手工制作之间的矛盾,正是造成第一次世界大战后美国设计与欧洲设计形成鲜明的风格差异的根源"[2]。而欧美设计的风格差异表现在政务"面貌"上,显现出一种"功能"方面的大相径庭——欧洲国家追求小而精,美国追求大而全。[3]如政务服务大厅这般"出于功能需求的设计,并不一定指向功能主义的设计风格,它所导致的审美需求受到不同文化和环境的影响,因而所呈现的形式也不尽相同"[4]。所以,单向度的政府治理现代化同"历史终结论"一样幼稚,寻找多向度或"多面向"的未来政府治理是理论与实践必要尝试的工作。

最后,引用亚力克·福奇对于美国经济社会创新能力的描述:"世界上很少有国家能同时拥有孩子般的天真好奇和加尔文主义的工作道

---

[1] [哥伦比亚]阿图罗·埃斯科瓦尔:《为多元世界的设计:激进的相互依存、自治和世界构造》,张磊、武塑杰译,江苏凤凰美术出版社2023年版,第168页。
[2] 彭圣芳、武鹏飞主编:《设计学概论》,湖南科学技术出版社2023年版,第62页。
[3] 当然,这是一种极为简单的风格归纳比较。
[4] 彭圣芳、武鹏飞主编:《设计学概论》,湖南科学技术出版社2023年版,第64页。

德，以及近乎无限的金融资本来维持这种张力。"① 天真好奇与工作道德，是推动任何事业前行的根本，政府治理的变革也不例外。政府治理现代化离不开这两种能力，天真好奇带来无尽的想象和创造力，工作道德带来可控的预期与安全感，精益治理与匠人政府变革均源自这两种能力的发挥，而这两种能力最终会将我们带向一个更加多面向的政府治理未来。

---

① ［美］亚力克·福奇：《工匠精神：缔造伟大传奇的重要力量》，陈劲译，浙江人民出版社2014年版，第192页。

主要参考文献

中文专著

《马克思恩格斯全集》(第三卷),人民出版社 2002 年版。

《习近平关于"不忘初心、牢记使命"论述摘编》,党建读物出版社、中央文献出版社 2019 年版。

本书编写组编著:《2016 全国两会文件学习参考》,人民出版社 2016 年版。

陈丹青:《局部:伟大的工匠》,北京日报出版社 2020 年版。

李晓西:《中国市场化改革的推进与随思录》,吴敬琏等主编:《中国经济 50 人看三十年——回顾与分析》,中国经济出版社 2008 年版。

梁漱溟:《乡村建设理论》,商务印书馆 2015 年版。

彭圣芳、武鹏飞主编:《设计学概论》,湖南科学技术出版社 2023 年版。

王澍:《设计的开始》,中国建筑工业出版社 2002 年版。

新华社中央新闻采访中心编:《2022 全国两会记者会实录》,人民出版社 2022 年版。

周晓寒、田辉:《精益管理之道:企业持续经营高效运转的逻辑》,机械工业出版社 2015 年版。

竹立家、杨萍、朱敏:《重塑政府:"互联网+政务服务"行动路线图(实务篇)》,中信出版集团 2016 年版。

日本日立东大实验室：《社会 5.0：以人为中心的超级智能社会》，沈丁心译，机械工业出版社 2020 年版。

中文译著

[澳] 托尼·弗赖、[美] 克莱夫·迪尔诺特、[澳] 苏珊·斯图尔特：《设计与历史的质疑》，赵泉泉、张黎译，江苏凤凰美术出版社 2020 年版。

[德] 本雅明：《单向街》，陶林译，江苏凤凰文艺出版社 2015 年版。

[德] 黑格尔：《哲学史讲演录》（第 2 卷），贺麟、王太庆译，商务印书馆 1960 年版。

[德] 马克斯·J. 弗里德伦德尔：《论艺术与鉴赏》，邵宏译，商务印书馆 2016 年版。

[德] 马克斯·韦伯：《儒教与道教》，洪天富译，江苏人民出版社 2010 年版。

[德] 于尔根·哈贝马斯：《现代性的哲学话语》，曹卫东译，译林出版社 2011 年版。

[德] 于尔根·哈贝马斯：《现代性的哲学话语》，曹卫东译，译林出版社 2011 年版。

[法] 埃米尔·涂尔干：《社会分工论》，渠东译，生活·读书·新知三联书店 2013 年版。

[法] 皮埃尔·布迪厄：《社会学的问题》，曹金羽译，上海文艺出版社 2022 年版。

[法] 让-弗朗索瓦·利奥塔：《非人：漫谈时间》，夏小燕译，西南师范大学出版社 2019 年版。

[法] 让·鲍德里亚、[法] 让·努维尔：《独异之物：建筑与哲学》，周莽译，北京出版社 2020 年版。

[哥伦比亚] 阿图罗·埃斯科瓦尔：《为多元世界的设计：激进的相互依存、自治和世界构造》，张磊、武塑杰译，江苏凤凰美术出版社

2023年版。

［加］贝淡宁：《贤能政治：为什么尚贤制比选举民主制更适合中国》，吴万伟译，中信出版社2016年版。

［加］丹尼尔·亚伦·西尔、［美］特里·尼科尔斯·克拉克：《场景：空间品质如何塑造社会生活》，祁述裕、吴军等译，社会科学文献出版社2019年版。

［美］埃里克·莱斯：《精益创业2.0》，陈毅平译，中信出版社2020年版。

［美］艾里希·弗洛姆：《健全的社会》，孙恺祥译，人民文学出版社2018年版。

［美］爱德华·威尔逊：《知识大融通：21世纪的科学与人文》，梁锦鋆译，牟中原、傅佩荣校，中信出版社2016年版。

［美］鲍·凯特、［美］德鲁·劳克尔：《精益办公价值流：管理和办公过程价值流图析》，张晓光、谢安平译，中国财政经济出版社2010年版，"导言"第1页。

［美］彼得·G.罗：《公民现实主义》，葛天任译，译林出版社2021年版。

［美］彼得·J.卡岑斯坦编：《权力与财富之间》，陈刚译，吉林出版集团有限责任公司2007年版。

［美］布鲁斯·康明斯：《无蜘蛛之网，无网之蜘蛛：发展型国家的系谱》，［美］禹贞恩：《发展型国家》，曹海军译，吉林出版集团有限责任公司2008年版。

［美］查默斯·约翰逊：《通产省与日本奇迹——产业政策的成长（1925—1975）》，金毅、许鸿艳、唐吉洪译，曹海军校，吉林出版集团有限责任公司2010年版。

［美］戴维·E.阿普特：《现代化的政治》，陈尧译，上海人民出版社2016年版。

［美］道格拉斯·C.诺思：《制度、制度变迁与经济绩效》，杭行译，

韦森译审，格致出版社、上海三联书店、上海人民出版社2008年版。

［美］德博拉·奈廷格尔、［美］贾亚堪斯·瑞尼瓦萨：《超越精益：推动企业升级的整体性策略》，蔡春华译，浙江教育出版社2018年版。

［美］菲利普·塞尔兹尼克：《社群主义的说服力》，马洪、李清伟译，上海世纪出版集团2009年版。

［美］弗朗西斯·福山：《信任：社会美德与创造经济繁荣》，郭华译，广西师范大学出版社2016年版。

［美］哈罗德·D.拉斯韦尔、［美］亚伯拉罕·卡普兰：《权力与社会：一项政治研究的框架》，王菲易译，上海世纪出版集团2012年版。

［美］汉娜·阿伦特：《人的境况》，王寅丽译，上海世纪出版集团2009年版。

［美］基思·莫斯可、［美］罗伯特·林：《城市生活空间的小尺度创新设计》，潘玮译，中国建筑工业出版社2021年版。

［美］杰弗瑞·莱克、［美］詹姆斯·弗兰兹：《持续改善：组织基业长青的密码》，曹嬿恒译，中国电力出版社2013年版。

［美］卡斯·桑斯坦：《简化：政府的未来》，陈丽芳译，中信出版社2015年版。

［美］莱斯特·M.萨拉蒙：《政府治理与公共行为的工具：对中国的启示》，李婧、孙迎春译，《中国行政管理》2009年第11期。

［美］兰迪·T.西蒙斯：《政府为什么会失败》，张媛译，新华出版社2017年版。

［美］李·G.鲍曼、［美］特伦斯·E.迪尔：《组织重构——艺术、选择及领导》，桑强、高杰英等译，高等教育出版社2005年版。

［美］理查德·桑内特：《匠人》，李继宏译，上海译文出版社2015年版。

［美］罗纳德·H.科斯等著：《财产权利与制度变迁——产权学派与新制度学派译文集》，刘守英等译，格致出版社、上海三联书店、上海人民出版社1994年版。

主要参考文献

［美］马克·格雷班：《精益医院：世界最佳医院管理实践》，张国萍等译，机械工业出版社 2011 年版。

［美］妮娜·莱文特、［美］阿尔瓦罗·帕斯夸尔－利昂：《多感知博物馆：触摸、声音、嗅味、空间与记忆的跨学科视野》，王思怡、陈蒙琪译，浙江大学出版社 2020 年版。

［美］史蒂芬·海勒、［美］薇若妮卡·魏纳：《公民设计师：论设计的责任》，滕晓铂、张明译，江苏凤凰美术出版社 2017 年版。

［美］亚力克·福奇：《工匠精神：缔造伟大传奇的重要力量》，陈劲译，浙江人民出版社 2014 年版。

［美］尤金·巴达赫：《跨部门合作——管理"巧匠"的理论与实践》，周志忍、张弦译，北京大学出版社 2011 年版。

［美］约翰·R. 霍尔、［美］玛丽·乔·尼兹：《文化：社会学的视野》，周晓虹、徐彬译，商务印书馆 2002 年版。

［美］约翰·齐斯曼：《政府、市场与增长——金融体系与产业变迁的政治》，刘娟凤、刘骥译，吉林出版集团有限责任公司 2009 年版。

［美］詹姆斯·N. 罗西瑙主编：《没有政府的治理》，张胜军、刘小林等译，江西人民出版社 2001 年版。

［美］詹姆斯·P. 沃麦克、［英］丹尼尔·T. 琼斯：《精益思想》，沈希瑾、张文杰、李京生译，机械工业出版社 2011 年版。

［日］赤木明登：《造物有灵且美》，蕾克译，湖南美术出版社 2016 年版。

［日］大来佐武郎：《东奔西走——一个经济学家的自传（中译本）》，丁谦等译，国际文化出版公司 1985 年版。

［日］今井正明：《改善：日本企业成功的奥秘》，周亮、战凤梅译，机械工业出版社 2015 年版。

［日］今井正明：《现场改善：低成本管理方法的常识》，周健等译，机械工业出版社 2015 年版。

［日］今野晴贵：《吸血企业：吃垮日本的妖怪》，王晓夏译，上海译文

出版社 2022 年版。

[日] 名和太郎：《经济与文化》，高增杰、郝玉珍译，中国经济出版社 1987 年版。

[日] 熊泽诚：《日本式企业管理的变革与发展》，黄咏岚译，商务印书馆 2003 年版

[日] 野中郁次郎、[日] 胜见明：《创新的本质》，林忠鹏、鲍永辉、韩金云译，人民邮电出版社 2020 年版。

[英] E. P. 汤普森：《英国工人阶级的形成（上）》，钱乘旦等译，译林出版社 2013 年版。

[英] 阿诺德·汤因比：《人类与大地母亲：一部叙事体世界历史》，徐波等译，上海人民出版社 2016 年版。

[英] 安东尼·邓恩、[英] 菲奥娜·雷比：《思辨一切：设计、虚构与社会梦想》，张黎译，江苏凤凰美术出版社 2017 年版。

[英] 黛安娜·科伊尔：《市场、国家和民众》，郭金兴译，中信出版集团 2022 年版。

[英] 菲利普·史密斯：《文化理论——导论》，张鲲译，商务印书馆 2008 年版。

[英] 弗朗西斯·培根：《学术的进展》，刘运同译，上海人民出版社 2007 年版。

[英] 杰夫·摩根：《蝗虫与蜜蜂：未来资本主义的掠夺者与创造者》，钱峰译，中国人民大学出版社 2014 年版。

[英] 克莱夫·迪诺特编：《约翰·赫斯科特读本：设计、历史、经济学》，吴中浩译，江苏凤凰美术出版社 2018 年版。

[英] 罗伯特·罗茨：《新的治理》，木易编译，《马克思主义与现实》1999 年第 5 期。

[英] 齐格蒙特·鲍曼：《流动的现代性》，欧阳景根译，中国人民大学出版社 2018 年版。

[英] 斯托克：《转变中的地方治理》，常晶等译，吉林出版集团股份有

限公司 2015 年版。

［英］威廉·荷加斯：《美的分析》，杨成寅译，上海人民美术出版社 2022 年版。

［英］约翰·比切诺、［英］马蒂亚斯·霍尔韦格：《精益工具箱》，王其荣译，机械工业出版社 2016 年版。

［英］约翰·赫斯科特著，［英］克莱夫·迪诺特、［土］苏珊·博兹泰佩编：《设计与价值创造》，尹航、张黎译，江苏凤凰美术出版社 2018 年版。

［英］约翰·凯伊：《市场的真相：为什么有些国家富有，其他国家却贫穷？》，叶硕译，上海译文出版社 2018 年版。

中文期刊

丁辉、朱亚鹏：《模式竞争还是竞争模式？——地方行政审批改革创新的比较研究》，《公共行政评论》2017 年第 4 期。

方宁：《相对集中行政许可权试点实践探析》，《中国行政管理》2018 年第 12 期。

侯亮、唐任仲、徐燕申：《产品模块化设计理论、技术与应用研究进展》，《机械工程学报》2004 年第 1 期。

胡昱：《新产业革命的端倪：设计与制造并行》，《光明日报》2014 年 4 月 10 日第 16 版。

李志强、陈泽珅：《制度变迁与技术进步对中国经济增长的影响》，《经济与管理研究》2015 年第 12 期。

卢敦基：《科学与人性的冲突及其可能的未来——读爱德华·威尔逊〈知识大融通〉》，《浙江社会科学》2017 年第 5 期。

潘墨涛、汤蕤蔓：《后工业社会乡村匠人复兴实证考察——顺德绣娘的"匠人化"要素初探》，《暨南学报》（哲学社会科学版）2019 年第 3 期。

邵晓峰、黄培清、季建华：《大规模定制生产模式的研究》，《工业工程与管理》2001年第2期。

熊易寒：《自负的深刻：社会科学何以洞察人性》，《探索与争鸣》2017年第5期。

扬立军、曹春善：《精益思想与精益生产》，《经营与管理》2003年第1期。

鄞益奋：《公共政策评估：理性主义和建构主义的耦合》，《中国行政管理》2019年第11期。

祝贺、唐燕：《英国城市设计运作的半正式机构介入：基于CABE的设计治理实证研究》，《国际城市规划》2019年第4期。

学位论文

何颖：《多维视野中的非理性及其价值研究》，博士学位论文，黑龙江大学，2002年。

邱国庆：《尤金·巴达赫跨部门合作的"巧匠"理论研究》，硕士学位论文，辽宁大学，2018年。

王磊：《面向客户需求的精益产品开发方法研究》，博士学位论文，上海交通大学，2011年。

邹其昌：《理解设计治理：概念、体系与战略——设计治理理论基本问题研究系列》，《中国设计理论与国家发展战略学术研讨会——第五届中国设计理论暨第五届全国"中国工匠"培育高端论坛论文集》，上海，2021年。

中文网络

《国务院关于加强数字政府建设的指导意见》，中华人民共和国中央人民政府，2022年6月23日，https://www.gov.cn/zhengce/content/2022-06/23/content_5697299.htm。

英文专著

Barnett, J., *An Introduction to Urban Design*, New York: Harper &

Row, 1982.

C. Wright Mills, *White Collar: The American Middle Classes*, New York: Oxford University Press, 1951.

Francis Fukuyama, *The End of History and the Last Man*, New York: Free Press, 1992.

G. Peters, *Advanced Introduction to Public Policies*, Massachusetts, USA: Edward Elgar, 2015.

John Ruskin, *The Seven Lamps of Architecture*, London: George Routledge and Sons, 1901.

Kenagy, Charles, *Designed to Adapt: Leading Healthcare in Challenging Times*, Bozeman, MT: Second River Healthcare Press, 2009.

Max Webber, *General Economic History*, New Brunswick, N. J. : Transaction Books, 1981.

Ostrom, E. , *Governing the Commons: The Evolution of Institutions for Collective Action*, Sydney, Australia: Cambridge University Press, 1990.

Richard Sennett, *The Craftsman*, New Haven: Yale University Press, 2008.

S. Yoshida, *One-Page Information-Kaizen*, GTR Institute Japan, December 2, 2003.

Thomas Piketty, *Capital and Ideology*, The Belknap Press of Harvard University Press, 2020.

英文期刊

Andrew Erridge, J. Gordon Murray, "Lean Supply: A Strategy for Best Value in Local Government Procurement?", *Public Policy and Administration*, Vol. 13, No. 2, Summer, 1998.

Carmona, M. , "Design Governance: Theorizing an Urban Design subfield", *Journal of Urban Design*, Vol. 8, 2016.

David Krings, Dave Levine, "Trent Wall, The Use of 'Lean' in Local Government", *ICMA Public Management Magazine*, Vol. 88, No. 8, 2006.

Generally David Levi-Faur & Jacint Jordna, "The Rise of Regulatory Capitalism: The Global Diffusion of a New Order", *The American Academy of Political and Social Science*, Vol. 598, No. 1, March 2005.

Lan Zhiyong, David H. Rosenbloom, "Editorial: Public Administration in Transition?", *Public Administration Review*, Vol. 52, No. 6, 1992.

Marijn Janssena, Elsa Estevez, "Lean Government and Platform-based Governance—Doing more with Less", *Government Information Quarterly*, Vol. 30, Supplement 1, January, 2013.

Matthew Carmona, "Design Governance: Theorizing an Urban Design Subfield", *Journal of Urban Design*, Vol. 21, No. 6, 2016.

Mc Cann Leo, Hassard, John S, Granter Edward, Hyde, Paula J., "Casting the Lean Spell: The Promotion, Dilution and Erosion of Lean Management in the NHS", *Human Relations*, Vol. 68, No. 10, 2015.

Richard J. Zarbo, "Creating and Sustaining a Lean Culture of Continuous Process Improvement", *American Journal of Clinical Pathology (AJCP)*, Sep., 2012.

Romer, P. M., "Increasing Returns and Long-run Growth", *Journal of Political Economy*, Vol. 94, No. 5, 1986.

Spear, Steven, H. Kent Bowen, "Decoding the DNA of the Toyota Production System", *Harvard Business Review*, Vol. 77, No. 5, Sept. Oct., 1999.

Sune Dueholm Müller, Pernille Kræmmergaard, Anja Reinwald, "Dynamic Relationships in e-Government Initiatives: Craftsmanship, Partnership, Companionship, and Entrepreneurship", in Christina Keller, et al., *Nordic Contributions in IS Research*, SCIS 2012, Lecture Notes in Business Information Processing, Vol. 124, Berlin Heidelberg: Springer,

2012.

Zhu, C. & Yi, W., "A Review of Literature on Public Service Co-Production", *Journal of Public Administration*, Vol. 10, No. 5, 2017.

Zoe Radnor, "Lean in UK Government: Internal Efficiency or Customer Service?", *Production Planning & Control: The Management of Operations*, Vol. 24, Issue 10 – 11, 2013: Operations Management in the Public Sector.

Zoe Radnor, "Transferring Lean Into Government", *Journal of Manufacturing Technology Management*, Vol. 21, Iss. 3, 2010.

英文报纸

Auckland Council, *Business Improvement District (BID) Policy (2016)*, June, 2016, part 1.

Auckland Council, *Emergency Budget 2020/2021*, July 30, 2020.

Connecticut Department of Energy & Environmental Protection, *Average Processing Time for Select Permits, Before and After Lean Projects*, 2013.

Eugene M. Rader, *A Modern Craftsman Revival*, Virginia Commonwealth University, 2015.

Hegel, G. W. F., *Werke (Band 13)*, Suhrkamp-Werkausgabe.

Hegel, G. W. F., *Werke (Band 16)*, Suhrkamp-Werkausgabe.

Highways England, *Lean Support to Highways England 2015 – 2020*, 2016 – 4 – 26.

John Maleyetf, *Improving Service Deliveryin Government with Lean Six Sigma*, IBM Center for The Business of Government, 2007.

Melbourne City Council, *Melbourne City Council: Council Plan 2013 – 2017*, 2013.

The State of Wisconsin, Office of the Governor, *Relating to the Wisconsin "Lean Government" Initiative*, Executive Order # 66, July, 2012.

The State of Wisconsin, Office of the Governor, *Wisconsin Lean Government Program: Annual Report July 2014 - June 2015*, "Executive Summary", 2015.

The UK's Cabinet Office, the Government Procurement Service, *Government Sourcing: A New Approach using LEAN*, 2012.

Trish Livingstone, *Putting Patients First Transforming Healthcare in Saskatchewan*, Kaizen Promotion Office, Strategy and Innovation Branch, Saskatchewan Ministry of Health, 2013.

U. S. Environmental Protection Agency, *Lean and Information Technology Toolkit*, December, 2015.

Wis DOT, *Lean Government Annual Report: Fiscal Year 2013*, August, 2013.

Wis DOT, *Lean Government Annual Report: Fiscal Year 2014*, 2014.

Wis DOT, *Wisconsin Department of Transportation: Lean Government Annual Report: Fiscal Year 2015*, 2015.

英文网络

David Drickhamer, "Using Lean Thinking to Reinvent City Government", *Lean Enterprise Institute*, April 1, 2008, https://www.lean.org/the-lean-post/articles/using-lean-thinking-to-reinvent-city-government/.

Kate Jackson, "City of Melbourne Gets Lean and Keen", January 23, 2014, http://www.governmentnews.com.au/2014/01/city-of-melbourne-gets-lean-and-keen.

Ken Miller, "Lean Government's Promise of Going? Lean, Governing", May 21, 2009, www.governing.com/blogs/public-great/lean-government.html.

McKinsey Center for Government, "Transforming Government Performance through Lean Management", December 12, 2012, https://www.mckinsey. com/~/media/mckinsey/dotcom/client _ service/Public% 20Sector/PDFS/MCG_ Transforming_ through_ lean_ management. ashx.

National Highways, *Lean in National Highways*: *Road Investment Strategy Period 2 (2020 - 2025)*, https://nationalhighways. co. uk/media/5e0awawn/lean-in-national-highways-ris-2-period-2020-2025. pdf.

Saskatchewan Health Quality Council, "2012 - 15 - HQC Supports a System-wide Commitment to Continuous Improvement Learning through the Development of the Lean-Improvement Leader's Training program", https://www. saskhealthquality. ca/about-us/health-quality-council-history.

Saskatchewan Health Quality Council, "Connected Care—A Summary of Learnings from the Emergency Department Waits and Patient Flow Initiative", https://www. saskhealthquality. ca/wp-content/uploads/2021/06/Connected-Care-Summary-of-Learnings-from-ED-Waits-and-Patient-Flow-Initiative. pdf, September, 2018.

U. S. Environmental Protection Agency, *Lean Government Methods Guide*, https://www. epa. gov/sites/default/files/2014-01/documents/lean-methods-guide. pdf.

U. S. Environmental Protection Agency, *Lean in Government Starter Kit Version 4. 0*: *How to Plan and Implement Successful Lean Initiatives at Environmental Agencies*, https://www. epa. gov/sites/default/files/2017-11/documents/lean-starter-kit-version-4. pdf.

后 记

本书是在博士毕业论文的基础上，拓展增加了18万字后的成果。而自2014年进入国家行政学院博士研究生班学习至今，业已过去了整整十年。此时在从老家太原开往武汉的高铁上写下本书后记，回想离开北京驻足武汉大学也已过去了整整三年。

最初确定聚焦精益管理展开对政府改革的研究，实属无心插柳。在第一次开题的准备中，原希望从理查德·桑内特对"匠人"的研究出发，探讨公共行政的匠人精神，且2015年李克强总理也正在中国各行各业强调"工匠精神"的培养，而与"企业家政府"对照展开，故主题定位为"匠人政府"。但开题设计并未通过，完全从零开始的理论"痴念"实实在在是很难具有广泛的说服力的。不过，虽然对"匠人政府"假说的研究被否定了，用以支撑政府行政"匠人精神"的理论假说的"精益管理"却被导师们敏锐抓住，这便成了毕业论文转向"精益政府理论与实践研究"的开端。2017年，集中探讨"放管服"改革背景下精益政府理论与实践的论文答辩通过，并因此获得北京市优秀博士毕业生，在毕业典礼上作为博士毕业生代表发言，那一年奇妙的感觉至今难忘。

此后进入清华大学公共管理学院做博士后研究，对于"匠人政府"的思考始终没有停滞，并希望在博士毕业论文的基础上进一步积累资料，形成书稿，而2020年起新冠疫情给了我将这几年的思考写下来的安静环境与坚决决心。如此，在精益政府研究基础上进一步展开"匠人政府"的探讨，便成了本部《精益治理与"匠人政府"》。整体上，如果说本书的前半部分是管理学视角下的现代政府，那么后半部分则是社会学视角下的现代政府。不同学科视野下对于政府治理现代性的理解显然是有差异的，研究的焦点与任务也是不同的，呈现出一个政府治理现代化的一些有趣的方向，便是价值所在。政府的改变不会结束，任何一种对改革未来的讨论也会在实践中被洗练，对于精益治理与"匠人政府"的研究也是如此，在本书初步尝试之后，值得未来继续展开。

回到当前的2024年底，在疫情后期全球经济下行压力增大、国家安全问题和不稳定性增加的背景下，政府如何花最少的钱做最高质量的事，是公共行政领域最现实的研究热点。尤其在美国再一次进入"特朗普周期"，马斯克被任命为美国"政府效率部"的联合负责人，负责精简政府、削减冗员、重塑官僚体系，政府的精益化变革正在全球加速，而各国政府在全球投资疲软背景下，政府效率方面的竞争也将更加激烈。增效的同时，提质的问题也被提了出来，中国政府强调"过紧日子"的同时，更强调政府部门责任更好履行，强调"大钱大方、小钱小气，集中财力办大事"。如此看来，拖了近十年的"精益治理"与"匠人政府"的研究依然具有时代前沿性，这也算是对我这些年在科研上些许懒惰的一丝安慰，希望未来还是要勤奋一些。

本书出版，在此要衷心感谢博士期间的学业导师们，感谢国家行政学院李军鹏教授对本人博士学业论文的指导，感谢宋世明教授、马宝成教授在本书研究过程中的充分认可。要衷心感谢清华博士后期间合作导师胡鞍钢教授、周绍杰教授的指教，尤其是孟健军教授对我研究的启发和赴日本游学的支持，一切令我终生受益。要衷心感谢国家自科基金、国家社科基金、教育部人文社科基金、湖北省社科基金和武汉大学政治与公共管理学院的支持，使我可以安心展开持续性思考，并进一步对政府行政成本和未来政府改革方向展开可能的研究。最后感谢中国社会科学出版社编辑们的付出，著作出版不易，今后还请继续赐教。

从国家行政学院到武汉大学，人生十年一睡梦，第一部独作成书付梓，是以为纪念。

潘墨涛
2024 年 12 月 21 日